思索
사색은 나라를 생각하고(思) 나를 찾자(索)라는 뜻이다.

해조음

『벽암록』풀이

해로슈풍

『벽암록』 풀이

김 흥 호

김흥호사상전집간행회 편

머리말

동양인과 불교

　사람이 추구하는 가치가 셋 있는데 하나는 자연이요, 또 하나는 신이요, 또 다른 하나는 인간이다. 서양 철학사에서 보면 고대 천 년은 자연을 사랑하는 때요, 중세 천 년은 신을 사랑하는 때요, 근대 천 년은 인간을 사랑하는 때다.
　서양 사람의 관심은 인간에게 있고, 중동 사람의 관심은 신에 있고, 동양 사람의 관심은 자연에 있는 것 같다. 서양 사람이 가장 아름답다고 생각하는 것은 인간이다. 그들은 신들도 인간으로 표현하고, 자연도 인간으로 표현하고, 사람도 인간으로 표현한다. 그러나 동양 사람들이 제일 좋아하는 것은 자연이다. 신도 자연이요, 사람도 자연이요, 자연도 자연이다. 서양 사람들이 아름다움을 표시하는 조각이나 그림은 거의 다 인간이다. 반면에 동양 사람의 그림은 거의 다 자연이다. 모나리자의 얼굴 뒤에는 산과 들이 희미하게 보이는 데 비하여 동양의 산수화는 높은 산,

넓은 물에 배 한 척이 떠있고, 그 배에 탄 사람은 점 하나에 불과하다.

서양 사람에게는 신도 인간이다. 왕이 신이 되기도 하고, 영웅이 신이 되기도 한다. 그러나 동양 사람의 신은 산이요, 물이다. 동양에도 신이란 말이 없는 것은 아니다. 그러나 신보다 훨씬 높은 것이 자연이요, 천지다. 그래서 동양 사람들은 천지신명이라고 한다. 우선 천지가 있고 그다음이 신이다. 이런 의미에서 동양 사람이 말하는 신은 아니마요, 신이 아니다. 신이라면 신난다는 신이지 천지를 창조한 신은 아니다.

불교는 본래 인도의 산물이다. 인도는 동양이라기보다는 서양에 가깝다. 인도의 지도 계급은 아리안 족으로 희랍 사람과 같은 민족이다. 플라톤의 이상국가에 통치 계급, 방위 계급, 산업 계급이 있듯이 인도에는 브라만 계급, 크샤트리아 계급, 바이샤 계급이 있다. 그 밖에 수드라라는 노예 계급이 있는데 이것이 인도의 카스트라는 제도이다.

석가는 크샤트리아 무사 계급에서 나왔다. 석가의 모든 관심사도 소크라테스와 마찬가지로 인간에게 있었다. 인간의 생로병사가 문제가 되고, 석가가 마지막 남긴 말도 너 자신을 의지하라는 것이었다. 인간 위에 인간이 없고, 인간 밑에도 인간은 없다. 인간은 모두 평등하다. 인간은 인간에게 절할 필요가 없다. 인간은 누구나 가장 존귀하다. "천상천하유아독존天上天下唯我獨尊" 이것이 인간이다. 인간에게는 좋은 점이 32가지나 있다. 그래서 32

호상이라고 한다. 인격의 존엄, 인격의 완성, 인격이 가장 높다는 이러한 생각이 원시불교 석가의 생각이었다.

초대불교에서 석가가 죽을 때 내가 죽으면 불에 태워 재가 남거든 물에 내다버리고 아무것도 남기지 말라고 당부하였다. 그 이유는 만일 무덤이나 무엇이 남아 있으면 그것을 보고 절하게 되어 인간평등이 깨어지기 때문이다. 그래서 석가가 세상을 떠난 후에는 자기의 모양을 그리지도 못하고, 조각도 못하게 하였다. 그러나 불교가 동쪽으로 전해져서 중국으로, 한국으로, 일본으로 가게 되면서 석가의 인간성은 떠나가고, 석가는 하나의 자연이 되어 절대자로서 인간들의 숭배의 대상이 되고, 불상은 나라에 차고, 불전은 절간이 되고 말았다. 절하지 말라는 불교가 백 번도 절하고, 천 번도 절하는 절간이 되고 말았던 것이다.

석가는 인간으로서 깊이 사색하는 하나의 인격이다. 석가는 깊이 생각하여 많은 말을 남겨놓았다. 45년 설법을 통하여 5천 2백 권에 달하는 팔만대장경을 남긴 사람이다. 분석에 분석을 더하고, 사변에 사변을 더하고, 반복에 반복을 더하여 그야말로 장광설을 늘어놓은 것이다. 이런 불교가 동양에 와서는 생각이 변하여 무념무상이 되고, 장광설이 변하여 30방棒이 되고, 팔만대장경은 변하여 불립문자不立文字가 된다.

석가의 도를 전해들은 많은 제자 가운데에서 동양 사람이 제일 좋아하는 제자는 가섭이었다. 가섭만이 석가의 전통을 이어받게 된다. 그것은 석가와 가섭 사이에 동양적인 요소가 들어있기 때문이다. 동양적인 요소란 다른 것이 아니다. 인간의 자연화다. 어느 날 석가가 많은 사람들 앞에서 연꽃을 꺾어들었다. 그것을 보고 가섭이 웃었다는 것이다. 여기에 석가는 하나의 연꽃이 되고, 사변은 끊어져서 직관이 된다. "정법안장 열반묘심 실상무상 미묘법문 불립문자 교외별전" 소위 이심전심의 불심종佛心宗이 된다. 석가의 그 많은 가르침 중에 동양에서 번창하는 것은 불심종佛心宗뿐이다. 이것을 요사이는 선禪이라고 한다. 우리나라에 있는 것도 선종禪宗과 교종教宗뿐이다. 선종은 직관의 종교요, 교종은 신앙의 종교다. 인간 석가는 어느새 도망가고, 자연 석가인 아미타불이 예배의 대상이 되어 나무아미타불을 백 번이고, 천 번이고 부르고 절하는 타력종他力宗이 되었다.

"너 자신을 의지하라"는 석가의 유언은 간데없고 아미타불의 공덕으로 극락에 왕생하는 정토종淨土宗이 온 천하에 가득 차있다. 선불교도 본래는 가만히 앉아서 생각하는 것이었지만 생각하기 싫어하는 동양 사람은 가만히 앉아있을 수가 없다. 동양의 불교는 선종이라고 하지만 돌아다니기를 좋아한다. 이 절에서 다른 절로 스승을 찾아 돌아다니고, 산을 찾고, 물을 찾고, 좌승이 변하여 행승이 되었다. 구름 따라 물 따라 그들은 그저 나그네처럼 돌아다니는 운수雲水다. 그들은 아무것도 가진 것 없이 언젠가 한 번은 부처가 되기를 소원하면서 자기의 본성을 찾아간다.

생각해서 자기를 알던 불교가 여러 가지 경험을 통해서 자기의 본성을 보는 불교로 바뀐 것이다. 이것을 견성성불見性成佛이라고 한다. 견성이란 별것이 아니다. 자기 속의 자연을 찾는 것이다. 몸은 나무처럼 되고, 마음은 돌처럼 되는 것이 불도佛道다. 이리하여 인간적인 모든 애착을 버리고, 나도 하나의 자연이 되어서 자연과 하나가 되는 것이 바로 불도다. 석가가 부처가 되었다는 말은 하나의 연꽃이 된 것이다. 연꽃이라고 해도 좋고, 벚꽃이라고 해도 좋다.

"석가성불 산천초목 동시성불"이라는 말이 있다. 어떤 사람이 부처가 무엇이냐고 물었더니 "뜰앞의 잣나무"라고 대답하기도 한다. 어느 때는 "베 서 근"이라고도 하고, 어느 때는 "볏짚 울타리"라고도 한다. 유명한 불교 시인 소동파蘇東坡는 "계성변시광장설溪聲便是廣長舌 산색기비청정신山色豈非淸淨身 야래팔만사천게夜來八萬四千偈 타일여하거사인他日如何擧似人"이라고 말한다. 흐르는 시냇물이 8만 4천 설법이요, 푸른 산이 그대로 청정법신淸淨法身이라는 것이다.

동양의 불교는 완전히 자연불교가 되어 동양인의 구미에 맞는 불교가 되었다. 사변적인 불교는 실천적인 불교가 되고, 추상적인 불교는 구상적인 불교가 된다.

동양인들이 생각하는 자연의 본질은 무엇일까? 그것은 한마디로 '깨끗'이다. 산도 깨끗하고, 물도 깨끗하고, 몸도 깨끗하고, 마음도 깨끗하다. "제악막작諸惡莫作 중선봉행衆善奉行 자정기의自淨其意 시즉불교是卽佛敎"다. 불교란 별것이 아니다. 악은 버리고, 착해지고 깨끗해지는 것, 그것이 불교다.

하늘이 더러워지면 비가 와서 씻어 내리고, 물이 더러워지면 흙에 걸러 깨끗해지고, 흙이 더러워지면 불에 태워 깨끗해지고, 불이 더러워지면 바람에 날려 깨끗해지고, 바람이 더러워지면 비로 쓸어 깨끗해진다. 지수화풍地水火風이 서로 씻으며 돌아간다.

쓸고 닦는 것이 자연의 본질이다. 몸을 닦고 마음을 닦아 빛이 나도록 닦는 것이 불도요, 이것이 '깨끗'이다. 정토종이란 땅을 깨끗하게 하는 것(정토淨土)이요, 깨끗한 나라를 만드는 일이다. 깨끗한 세계, 그것이 동양 사람의 이상이요, 깨끗한 사람, 청렴한 사람, 이것이 동양 사람의 이상형이다.

우리는 탐관오리를 싫어한다. 더러운 무리들이기 때문이다. '깨끗'이 동양 사람의 이상이기에 깨끗한 사람을 존경하고, 깨끗한 것을 숭배한다. 산이라도 깨끗하면 숭배하고, 날씨라도 깨끗하면 좋아한다. 몸도 깨끗하면 건강하다는 말이 되고, 마음도 깨끗하면 건강한 정신이 된다.

하늘땅은 깨끗하여 건곤乾坤이라고 한다. 건곤이라는 말은 건강이란 말과 같은 의미다. 깨끗하고 건강한 것이 힘이 있고, 빛이 있다. 빛과 힘의 철학이 이기설理氣說이다. 이理와 기氣도 '깨끗'을 말하는 철학이다. 깨끗한 사람이 성인이요, 더러운 사람이 죄인이다.

부처란 별것이 아니다. 깨끗한 것이다. 돌부처를 보고 절을 한다. 얼른 보면 우상숭배 같지만 우상숭배가 아니다. 그것은 자연숭배다. 석가를 보고 절하는 것이 아니고 돌을 보고 절을 한다.

돌은 깨끗하기 때문이다. 동양은 깨끗한 것을 신神으로 삼는다. 태백산이 신이 되고, 백두산이 신이 되고, 태양이 신이 되고, 태음이 신이 됨도 모두 깨끗하기 때문이다. '깨끗', 아침에 깨고, 저녁에 끝을 맺는다고 '깨끗'이다.

깬 사람, 끝을 낸 사람, 이런 사람이 부처다. 부처는 우리말로 각覺이라고 번역한다. 깬 사람이다. 깬 사람만이 깨끗한 사람이요, 끝을 낸 사람이다. 모든 애착에서 끝을 낸 사람이다. 깨끗한 땅이 정토요, 깬 사람, 끝낸 사람이 불타佛陀다. 산도 깨끗하고, 물도 깨끗하지만 불처럼 깨끗한 것은 없다. 불도 연기 나고 냄새가 나는 동안은 그리 깨끗하지 않다. 석유든 휘발유든 바람을 집어넣어 흰 불이 되고 푸른 불이 되면 내가 없어지고 깨끗한 불이 된다.

내가 없는 흰 불, 이것이 무아無我의 불교다. 불교는 무아를 좋아한다. 내가 없다. 천상천하 유아독존인 '유아有我'의 불교가 나 없는 '무아無我'의 불교로 바뀌는 것, 이것이 인도의 종교로부터 동양의 불교로 오는 과정이다. 동양 사람은 죽어서 천당 갈 생각도 없고, 죽어서 사람이 될 생각도 없다. 어떤 스님에게 죽어서 무엇이 되겠냐고 물었다. 자기는 죽어서 소가 되어 가난한 농부 집에 태어나 일생 농부를 위해 일했으면 좋겠다고 했다. 소가 되어 농부를 돕는 것, 이것이 자비요, 보살행이다.

동양 사람은 신이 될 생각도 없고, 사람이 될 생각도 없다. 자연이 되면 그것으로 족하다. 동양 사람은 괴로울 때나 슬플 때나 대자연을 찾아간다. 그곳에는 슬픔도 없고, 괴로움도 없는 하나의 정적이 있을 뿐이다. 공자는 목덕木德을 위주로 했고, 노자는 무위자연無爲自然을 위주로 했다.

동양화된 불교도 청정자연을 그 본질로 한다. 나무의 싹이 터 미묘법문微妙法門이 되고, 나무에 꽃이 피어 정법안장正法眼臟이 되고, 나무에 잎이 무성하여 열반묘심涅槃妙心이 되고, 나무에 열매가 무르익어 실상무상實相無相이 된다. 열매는 참이요, 잎은 착함이요, 꽃은 아름다움이요, 싹은 깨끗함이다. 이것을 진선미성眞善美聖이라고 한다.

동양 사람은 진선미성을 나무에서 찾는다. 그리고 언제나 푸른 빛을 좋아한다. 그것은 평화의 빛이기 때문이다. 평화 속에 안심安心이 있고, 자연 속에 입명立命이 있다. 불교는 내가 없는 깨끗한 종교요, 동양 사람은 내가 없는 깨끗한 사람들이다.

차례

머리말: 동양인과 자연   4

일러두기   17

1. 달마와 무제(무無·비非·불不)   18
2. 조주의 큰 길(지도무난至道無難)   26
3. 마 대사의 임종(마대사불안馬大師不安)   34
4. 덕산과 위산(덕산도위산德山到潙山)   42
5. 설봉의 모래 한 알(설봉진대지雪峰盡大地)   50
6. 운문의 좋은 날(일일호일日日好日)   58
7. 법안과 혜초(법안혜초문불法眼慧超問佛)   62
8. 취암의 눈썹(취암미모翠巖眉毛)   68
9. 조주의 사 대문(조주동서남북趙州東西南北)   72
10. 목주의 얼간이(목주약허두한睦州掠虛頭漢)   77
11. 황벽의 술찌끼(황벽당주조한黃檗噇酒糟漢)   81
12. 동산의 베 서 근(마삼근麻三斤)   87
13. 파릉의 흰 눈(파릉은완리巴陵銀椀裏)   95
14. 운문의 입장(운문대일설雲門對一說)   100
15. 운문의 회심(도일설倒一說)   104
16. 경청의 계란 쪼기(경청초리한鏡清草裏漢)   112

17. 향림의 품은 계란(향림서래의香林西來意)　121

18. 충 국사의 무봉탑(숙종청탑양肅宗請塔樣)　125

19. 구지의 외손가락(구지지두선俱胝指頭禪)　130

20. 용아의 얻어맞기(용아서래의龍牙西來意)　138

21. 지문의 연꽃(지문연화하엽智門蓮華荷葉)　142

22. 설봉의 독사뱀(설봉별비사雪峰鼈鼻蛇)　147

23. 보복의 산놀이(보복묘봉정保福妙峯頂)　152

24. 철마와 위산(유철마도위산劉鐵磨到潙山)　157

25. 연화봉의 지팡이(연화암주부주蓮華庵主不住)　162

26. 백장의 높은 산(백장대웅봉百丈大雄峯)　166

27. 운문의 가을(운문체로금풍雲門體露金風)　171

28. 남전의 진리(열반화상제성涅槃和尙諸聖)　175

29. 대수의 불길(대수겁화통연大隋劫火洞然)　184

30. 조주의 큰 무(조주대나복趙州大蘿蔔)　192

31. 마곡의 지팡이(마곡지석요상麻谷持錫遶床)　196

32. 정 상좌의 큰 절(임제불법대의臨濟佛法大意)　201

33. 진조의 먼 눈(진상서간자복陳尙書看資福)　209

34. 앙산의 산놀이(앙산문심처래仰山問甚處來)　214

35. 문수 앞의 세 사람(문수전삼삼文殊前三三)　219

36. 장사의 꽃놀이(장사일일유산長沙一日遊山)　224

37. 반산의 빈 마음(반산삼계무법盤山三界無法)　229

38. 풍혈의 도장(풍혈철우기風穴鐵牛機)　238

39. 운문의 볏짚 울타리(운문금모사자雲門金毛獅子) 243

40. 남전의 꽃나무(남전여몽상사南泉如夢相似) 248

41. 조주의 큰 죽음(조주대사저인趙州大死底人) 256

42. 방 거사의 흰 눈(방거사호설편편龐居士好雪片片) 261

43. 동산의 추위(동산한서회피洞山寒暑廻避) 266

44. 화산의 북 치기(화산해타고禾山解打鼓) 271

45. 조주의 옷 한 벌(조주만법귀일趙州萬法歸一) 276

46. 경청의 빗소리(경청우적성鏡淸雨滴聲) 281

47. 운문의 마음(운문육불수雲門六不收) 286

48. 왕 태부의 화로(왕태부전다王太傅煎茶) 291

49. 삼성의 물고기(삼성이하위식三聖以何爲食) 296

50. 운문의 자유(운문진진삼매雲門塵塵三昧) 304

51. 설봉의 진리(설봉시십마雪峰是什麼) 309

52. 조주의 돌다리(조주석교약작趙州石橋略彴) 314

53. 백장의 물오리(마대사야압자馬大師野鴨子) 318

54. 운문의 두 손(운문근리심처雲門近離甚處) 323

55. 도오의 문상(도오점원조위道吾漸源弔慰) 327

56. 흠산의 화살(흠산일촉파삼관欽山一鏃破三關) 332

57. 조주와 촌놈(조주지도무난趙州至道無難) 336

58. 조주도 모르는 것(조주시인과굴趙州時人窠窟) 341

59. 조주의 절대계(조주유혐간택趙州唯嫌揀擇) 345

60. 운문의 지팡이(운문주장자雲門拄杖子) 350

61. 풍혈의 티끌(풍혈약립일진風穴若立一塵) 354

62. 운문의 보물(운문중유일보雲門中有一寶) 359

63. 남전의 고양이(남전양당쟁묘南泉兩堂爭猫) 364

64. 조주의 신발(남전문조주南泉問趙州) 369

65. 철인의 질문(외도문불유무外道問佛有無) 373

66. 암두의 칼(암두십마처래巖頭什麼處來) 377

67. 부 대사의 금강경(양무제청강경梁武帝請講經) 382

68. 앙산의 이름(앙산문삼성仰山問三聖) 387

69. 남전의 동그라미(남전배충국사南泉拜忠國師) 391

70. 백장의 입 없는 말(위산시립백장潙山侍立百丈) 395

71. 백장의 말 없는 말(백장병각인후百丈倂卻咽喉) 399

72. 백장의 입 있는 말(백장문운암百丈問雲巖) 401

73. 마조의 진리(마대사사구백비馬大師四句百非) 405

74. 금우의 밥통(금우화상가가소金牛和尙呵呵笑) 410

75. 오구의 몽둥이(오구문법도烏臼問法道) 415

76. 단하의 눈(단하문심처래丹霞問甚處來) 420

77. 운문의 호떡(운문답호병雲門答餬餅) 425

78. 보살이 본 물(십육개사입욕十六開士入浴) 429

79. 투자의 모든 소리(투자일체성投子一切聲) 434

80. 조주의 갓난애(조주해자육식趙州孩子六識) 438

81. 약산의 큰 사슴(약산사주중주藥山射麈中麈) 442

82. 대룡의 뿌리(대룡견고법신大龍堅固法身) 447

83. 운문의 기둥(운문노주상교雲門露柱相交)　452

84. 유마의 사랑(유마불이법문維摩不二法門)　456

85. 동봉의 호랑이(동봉암주대충桐峯庵主大蟲)　461

86. 운문의 빛(운문유광명재雲門有光明在)　466

87. 운문의 약(운문약병상치雲門藥病相治)　471

88. 현사와 장님(현사접물이생玄沙接物利生)　475

89. 운암의 한 손, 한 눈(운암문도오수안雲巖問道吾手眼)　480

90. 지문의 지혜(지문반야체智門般若體)　485

91. 염관의 코뿔소(염관서우선자鹽官犀牛扇子)　490

92. 석가의 설법(세존일일승좌世尊一日陞座)　495

93. 대광의 춤(대광사작무大光師作舞)　500

94. 능엄의 눈(능엄경약견불견楞嚴經若見不見)　504

95. 장경의 알맞이(장경유삼독長慶有三毒)　509

96. 조주의 세 마디(조주삼전어趙州三轉語)　514

97. 금강경의 공덕(금강경경천金剛經輕賤)　519

98. 천평의 잘못(천평화상양착天平和尙兩錯)　523

99. 숙종의 부처(숙종십신조어肅宗十身調御)　528

100. 파릉의 푸른 칼(파릉취모검巴陵吹毛劍)　533

벽암록 주요 선사 법계표　538

벽암록 해제　541

찾아보기　543

일러두기

1. 김흥호 선생은 월간 『사색』 42호에서부터 105호(1974년 4월~1979년 7월)까지 『벽암록』 100칙을 풀이하여 연재하였다. 이 책은 그 글들을 모아 〈김흥호 사상전집〉 기획에 맞추어 불교사상의 제4권으로 간행되었다.

2. 『벽암록』은 모두 100칙이며, 한 칙은 각각 〈수시垂示〉, 〈본칙本則〉, 〈송頌〉으로 구성되어 있다. 선생은 월간 『사색』에 연재할 때 〈본칙本則〉과 〈송頌〉을 중심으로 풀어나갔다. 또 〈본칙本則〉은 〈본문〉으로, '칙則'은 '장章'이라 하여 이 책에서도 그대로 하였다.

3. 교정을 위한 원문대조는 다음을 사용하였다.
    1) 『벽암록』(kr.buddhism.org)(삼성출판박물관 소장본)
    2) 『佛果圜悟禪師碧巖錄』 CBETA 電子版.
        資料底本: 大正新脩大正藏經 Vol. 48, No. 2003(buddhism.lib.ntu.edu.tw)
    3) 諸子百家 中國哲學書電子化計劃 『碧巖錄』(ctext.org)

4. 이 책은 다음과 같이 출판된 바 있다.
    『연꽃이 피기까지는: 벽암록 해설』, 풍만 1983.
    『푸른 바위에 새긴 글: 벽암록 풀이』, 솔 1999.

1. 달마와 무제

『벽암록』제1장에는 달마와 양무제의 재미있는 이야기가 나온다. 그것은 한마디로 〈무無 · 비非 · 불不〉이라고 할 수 있다. 무비불 하면 뭔가 부처 이름처럼 들리기도 한다. 석가불이라든가, 아미타불이라든가 하는 식으로 들릴 수도 있다. 그런데 무비를 한문으로 무비無非라고 쓰면 '아닌 것이 없다'는 말이 된다. 무비불無非佛이라 하면 이 세상에 부처 아닌 것이 없다는 말이다. '석가성불 산천초목 동시성불'이란 유명한 말이 있다. 석가가 부처가 되어보니 산천초목이 벌써 부처이더라. 결국 부처 아닌 것은 나뿐이었는데 부처가 되어보니 우주에 부처 아닌 것이 없더라고 한다. 석가는 우주만물을 기성불旣成佛이라고 하고, 부처가 되기 전 자기를 미성불未成佛이라고 했다. 부처란 말은 깨달았다는 말이니 미성불은 아직 깨닫지 못했다는 말이고, 기성불은 이미 다 깨달았다는 말이다.

세상에 깨닫지 않은 물건은 아무것도 없다. 다만 사람만이 깨닿지 못한 것뿐이다. 우리는 사람이 제일 잘났고, 모든 만물은 다 사람만 못한 것으로 생각한다. 돌에게 절하면 우상숭배라 하고, 미신이라고도 하지만 불교는 돌이건 나무건 우상도 아니고, 미신도 아니다. 그들은 모두 깬 부처다. 우리 사람은 아직 깨지도 못했으니 돌만도 못하므로 돌에게 절함이 마땅하고, 돌 아니라 흙에라도 절해야 한다고 한다.

얼핏 생각하면 괴상한 이야기지만 그렇게 말하는 데는 하나의 이유가 있다. 그것은 부처라 하면 깨달은 존재인데 깨달았다는 말을 다른 말로 하면 이 세상에 대해서 아무런 미련이나 애착이 없는 구름이나 물 같은 사람이라는 것이다. 한마디로 욕심 없는 사람이다. 그렇기 때문에 욕심이라는 입장에서 보면, 세상에 제일 어리석은 사람이 욕심 많은 이요, 제일 더러운 사람도 욕심 많은 이다. 또 제일 죄 많은 사람도 욕심 많은 사람이요, 제일 나쁜 사람도 욕심 많은 사람이다. 욕심은 사람의 눈을 어둡게 하고, 나라를 망치게 한다. 욕심이 사회를 어지럽게 하는 가장 나쁜 것이라고 생각할 때 돌이나 나무나 다른 동물들은 아무 욕심이 없는 것 같다.

그들은 물 한 모금으로 족하고, 풀 한 포기로 족하고, 자리 하나로 족하다. 이렇게 보면 아무 욕심 없는 돌은 결국 부처라고 해도 과언이 아니며, 우주만물이 다 부처라고 해도 지나친 말이 아니라는 것도 이해가 갈 것이다. 결국 자연은 성숙한 부처요, 사람은 미성숙한 상태다. 사람도 성숙해지면 아무 욕심이 없어지고 부처가 되는 것이다. 이런 의미에서 무비불이란 말이 타당할 것이다.

그러나 내가 오늘 말하려고 하는 '불' 자는 '부처 불佛' 자가 아니고 '아니 불不' 자다. '무無' 자도, '비非' 자도, '불不' 자도 모두 '아니다' 또는 '없다'는 부정의 말이다.

우리 동양 사람들은 '없다'는 말을 참 좋아한다. 무소식이 희소식이라는 말이 있듯이 아무것도 없는 처지를 가장 좋아한다. 아무것도 없다는 말은 다 완성된 세계요, 더할 나위없는 세계다. 그래서 완성된 세계를 될 수 있는 대로 무無니, 비非니, 불不이니 하는 말로 표현한다.

옛날 중국에 달마라는 유명한 법왕이 찾아왔다. 달마는 석가의 28대 법손法孫이다. 석가가 부처가 된 후에 가섭이 두 번째로 부처가 되고 계속 내려오다가 스물여덟 번째가 달마다. 달마는 부처요, 깨달은 사람이요, 진리의 왕이라고 해서 법왕이라고 한다. 이 달마가 무슨 생각이 들었는지 인도에서 중국으로 오게 되었다. 마치 태양처럼 중국의 동쪽하늘에 나타난 것이다. 이때 중국은 남북으로 갈라져 남쪽은 양나라이고, 북쪽은 위나라인데 달마가 온 곳은 남쪽이었다. 이때 양나라 왕, 무제는 달마를 환영하여 큰 잔치를 베풀고 자기의 업적을 보고하였다. 사실 양무제는 불심천자란 이름을 가졌는데 불교의 발전을 위해서 그만큼 노력한 사람도 드물다. 절도 많이 짓고, 승려도 보호하고, 불경도 번역한 그의 공덕은 이루 말할 수 없이 크다고 할 수 있다. 양무제는 달마 부처님 앞에 자기의 업적을 다 보고하였다. 그랬더니 달마의 말씀이 "무無"라는 것이었다. "무"란 무공덕이란 뜻이다. 그까짓 업적은 공덕이 될 수 없다는 것이다. 무제는 깜짝 놀랐다. 자기의 공덕이 아무것도 없다면 모든 노력이 허사인 것만 같았을 것이다. 그래서 다시 물었다. 나의 공덕이 없다고 하는 당신은 부처님이 아닙니까? 그랬더니 달마가 "비非"라고 대답했다. 아니라는 것이다. 온 천하가 부처님이라고 대환영하는 달마가 부처인 것은 온 천하에 모르는 사람이 없는데 그 달마가 부처가 아니라니 이거야말로 큰일이다. 부처란 진리를 깨달은 사람인데, 그러면 진리도 깨닫지 못한 달마가 28대 법왕이 되어 중국까지 왔단 말인가.

무제는 서슴지 않고 그러면 도대체 진리가 무엇입니까 하고 물었다. 그랬더니 달마는 "불不" 하고 대답했다. 불이란 불식不識이란 말로 자기는 진리가 무엇인지 알지도 못한다는 말이다. 무제는 그만 말문이 막히고 말았다. 이럴 수가 있나. 자기가 무슨 여우에 홀렸단 말인가. 이것이 꿈이란 말인가. 온 천하를 들어 환영하는 달마 법왕은 엉터리란 말인가. 무제가 어쩔 줄 모르고 어안이 벙벙해 있는 틈을 타서 달마는 어디론가 자취를 감추고 말았다.

이때 남쪽에는 혜가慧可라는 중이 진리탐구에 열을 올리다가 결국 최후의 난관에 부딪쳐 자기의 마지막 통하는 길은 중국을 찾아온 달마를 만나는 길밖에 없다고 생각했다. 그래서 남쪽을

다 찾았으나 달마는 보이지 않았다. 달마는 북쪽에 가있었다. 혜가는 강을 건너 북쪽으로 가서 달마를 찾았다. 달마는 9년 동안 소림사라는 절에서 엉덩이가 뭉그러지도록 앉아 있는 것뿐이었다. 만일 중국에 불교를 전하러 왔다면 왕을 설득시키고 백성들을 설득시켜 온 천하에 불교를 펼쳐가야 할 것인데 아무것도 안 하고 엉덩이가 썩어지도록 앉아만 있다는 것은 또 하나의 재미 있는 이야기다.

이런 생각은 희랍에도 있다. 아리스토텔레스의 신은 형상의 형상이라고 해서 모든 만물을 움직이면서 자기 자신은 움직이지 않는다고 한다. 마치 아름다운 꽃처럼 모든 벌을 움직이면서 자기 자신은 움직이지 않는 것과 같다. 좀 더 깊이 생각해보면 수레바퀴의 중심은 움직이지 않는다. 원주圓周인 바퀴가 움직이지, 바퀴의 중심은 절대 움직이는 법이 없다.

이런 생각은 맹자에게도 있다. 맹자는 사십에 부동심不動心이란 말을 한다. 마음이란 움직이는 것이 아니라는 말이다. 사실 우리는 밤낮 마음이 변하는 것처럼 생각하여 인심조석변人心朝夕變이라고 하지만 진짜 가운데 자리 잡은 마음은 변할 이치도 없고, 움직일 이치도 없다. 희랍 사람들은 영혼이 불멸이라고 하지만 중국 사람들은 마음이 부동심이요, 불멸이요, 영원하다고 한다. 마음은 더하는 것도 아니고, 덜 하는 것도 아니다. 이런 생각은 마음이 중심이라고 생각하면 으레 있을 법한 이치다. 중국 사람은 신의 영원성도 주장하지 않고, 영혼의 불멸성도 주장하지 않고, 마음의 영원성을 주장한다. 마음이 곧 부처요, 신이요, 영혼이다. 달마는 9년 동안 엉덩이가 썩도록 움직이지 않았다. 부처이기 때문이다. 마음이기 때문이다. 진리이기 때문이다. 과연 달마는 법왕답게 9년을 앉아 있었다.

이때 달마의 주변을 돌아다닌 이가 혜가다. 신광혜가神光慧可라고 해서 중국에서는 보기 드물게 똑똑한 사람이다. 그런데 무엇인지 모르게 안타까워서 견딜 수가 없었다. 마치 껍질 속에 있는 병아리처럼 자유가 없었다. 사람은 진리라는 껍질을 깨기 전에는 도저히 시원한 세계를 볼 수가 없다. 누구나 부처가 되기 전에는, 기성불이 되기 전에는, 욕심이 끊어지기 전에는, 돌멩이가 되기 전에는 자유가 없다. 혜가는 껍질 속의 병아리가 껍질을 쪼듯이 열심히 쪼았지만 도저히 혼자의 힘으로는 깨질 것 같지 않았다. 어미 닭의 도움이 필요했다. 그래서 찾아간 이가 달마다. 혜가는 달마를 찾아가서 만나줄 것을 요구했다.

달마는 만나고 싶지 않았다. 죽더라도 한번 제 힘으로 깨쳐보라는 것이었다. 그러나 달마의 문전에서 혜가는 3일을 떠나지 않았다. 100일 동안 눈이 내려 무릎을 넘는 추운 겨울날, 혜가의 정성도 그 이상은 지탱할 수 없게 되었다. 마지막 남은 것은 진리를 위하여 자기의 생명을 바치는 것뿐이다. 드디어 비수를 꺼내서 자기의 왼팔을 잘랐다.

왼팔이 떨어지는 동시에 문이 열렸고 달마의 얼굴이 나타났다. 너는 무엇 때문에 팔을 자르면서까지 그렇게도 야단이냐. 혜가는 이 순간을 놓칠세라 달마에게 대들었다. 마음이 괴로워서 그렇습니다. 달마는 그런 것이야 문제가 되느냐. 마음을 이리 내놓아라. 내가 아무 괴로움도 없는 마음으로 만들어줄 터이니. 마치 의사가 환자에게 다친 팔을 내놓으라는 식이다. 내놓기만 하면 곧 치료해줄 것이요, 치료를 받으면 영원히 평안함을 얻을 수가 있다.

그래서 이번 기회에 마음속에 붙어 있는 괴로움을 청산키 위하여 마음을 내어놓기로 하였다. 그리하여 내어놓을 마음을 찾았다. 그런데 마음이 없었다. 아픈 어린애를 업고 온 어머니가 의사 앞에 아기를 내려놓는 찰나에 아이가 행방불명 된 것이나 마찬가지다. 혜가는 그만 낙심하여 마음이 없다고 솔직하게 달마에게 고백할 수밖에 없었다. 달마는 그 말을 듣고 이렇게 대답했다.

"마음이 없어? 마음이 없으면 다행이지. 무엇이나 마음이 있기에 고민도 있을 텐데. 마음이 없으면 아무런 괴로움도 없을 것 아닌가."

그 말을 듣고 보니 혜가도 과연 그럴 거라고 생각했다. 일체가 마음의 장난인데 마음이 없으면 아무런 문제도 없지 않겠느냐. 그 말에 혜가는 오랫만에 껍질 속에서 깨어 나온듯한 느낌이 들었다. 그 이후에는 아무 문제가 없었다. 모든 번민과 고뇌가 사라지고 만 것이다. 마음이 없어진 것이다. 밤낮 괴롭던 마음이, 밤낮 괴롭던 원수가, 밤낮 괴롭던 문제가 다 없어지고 만 것이다. 그때 달마는 혜가에게 "내가 네게 안심을 주노라"고 말했다.

이것이 달마와 혜가가 만난 이야기다. 그리하여 혜가는 제29 종宗이 되었다. 중국에서는 선禪의 종조宗祖라고 하여 달마가 제1 조祖가 되고, 혜가가 2조가 되었다. 단종에서 세조가 되듯이 인도에서 내려오던 종宗이 중국에 와서 조祖가 되었다.

그러나 부처가 된 것은 확실하다. 중국 사람도 부처가 되었다. 이것은 동양 사람도 부처가 될 수 있다는 가능성을 종교적으로 보여준 것이다. 고뇌도 없어지고, 걱정도 안 되고, 아픈 것도 모르게 된 것이 무비불이다. '무無·비非·불不'은 자유의 징표요, 참부처다.

2. 조주의 큰 길

〈지도무난至道無難〉은 참 좋은 말이다. 어른에게는 아무 문제가 없다는 말이다. 사람이 밤낮 고민에만 시달리게 되어 있다면 인생이야말로 비극일 것이다. 그러나 사람은 어른이 될 수 있는 소질을 가지고 있기에, 그리고 어른이 되기만 하면 어떤 어려움도 없어지기에 인생은 즐겁고, 세상은 기쁜 것이다. 마치 가난에 쪼들려 먹을 것이 없어서 아침저녁으로 끼니를 이어가기도 어렵던 사람이 근검저축하여 부자가 되면 배부른 것은 말할 것도 없고 옛날에 배고프던 생각조차도 다 잊어버리는 것과 같다.

사람은 누구나 다 어른이 될 수 있는 소질을 가지고 있다는 것을 불교에서는 불성佛性이라고 한다. 그리고 어른이 되면 부처라고도 하고, 도인이라고도 하고, 지도至道라고도 한다. 지도는 도에 이르렀다는 말로서, 지도니 도인이니 하는 것은 성인이라는 말이다. 대인이라고 해도 마찬가지 말이다. 모든 종교가 가르치는 것은 지도무난 한마디로 그친다. 어른이 되면 아무 걱정이 없다는 것이다. 부자가 되면 먹을 걱정이 없다는 말과 마찬가지다. 어른은 육체적인 어른이 된다는 말이 아니라 정신적인 어른을 말한다. 아무리 육체적으로는 아이라도 정신적으로는 어른이 될 수 있고, 또 육체적으로는 어른이라도 정신적으로는 어른이 아니라고 할 수 있다. 내가 없어진 경지를 지도至道라고 한다. 지도가 되면 어려움이 있을 이치가 없다.

내가 지도무난이란 말을 처음 듣기는 『벽암록碧巖錄』 제2장의 조주趙州 스님한테서 들었다. 조주란 중국 하북성에 있는 지명인데 북경에서 한구로 가는 길가에 있다. 지금부터 1200년 전 당나라에는 조주라는 곳에 유명한 스님이 살고 있었다. 그 스님의 이름은 종심從諗이지만 하도 유명해서 조주라는 고을 이름이 그만 그 스님의 이름이 되고 말았다. 지금은 조주 스님 하면 다 알지만 종심 스님 하면 잘 모른다.

이 스님은 좀 늦된 사람이다. 60세가 되어서야 진리를 깨닫고 120세까지 중생을 제도하다가 이 세상을 떠나간 사람이다. 모세가 80세에 사명을 깨닫고 120세까지 유대 민족을 지도한 것과 비슷하다. 『벽암록』 100장 중에는 조주 스님의 말이 12번이나 나온다. 모두 좋은 말들이다. 앞으로 다 알게 되겠지만 하여튼 조주는 좋은 스승을 가졌다. 스승이라기보다 정신적 아버지라고 하는 편이 좋을 것이다.

우리나라에도 족보를 문제 삼는 사람이 많지만 육체적인 족보는 있으나마나 하다. 그런 족보는 강아지도 가질 수 있고, 돼지도 가질 수 있다. 그런 족보 때문에 인종 차별이 나오고 남북전쟁이 나오고 야단들이다. 족보를 가지려면 정신적인 족보를 가져야 한다. 조주의 정신적인 아버지는 남전南泉이다. 또 남전의 아버지는 유명한 마조馬祖다. 마조도 굉장한 사람이다. 강아지나 돼지들과는 비할 수도 없는 하나의 용마龍馬라고 해도 좋다.

조주가 남전을 찾아간 때가 18세, 그런데 남전이 세상을 떠난 것은 조주가 57세 때다. 근 40년이나 남전에게 매달려 있었지만 불도를 깨닫지 못했다. 그러다가 스승이 죽은 후 3년, 그때서야 비로소 깨달았으니 조주의 고행 수도도 어지간히 오랜 시간이었다고 볼 수 있다.

조주가 처음 남전을 만났을 때 남전은 누워서 쉬고 있었다. 남전은 자리에서 일어나지도 않은 채, "자네, 어디서 왔나?" 하고 물었다. 조주는 "산동山東 서상瑞像에서 왔습니다." 남전은 웃으면서 "서상서 왔어? 거기에는 잘 생긴 부처라도 있다는 말인가?" 조주는 이렇게 대답했다. "별로 잘 생긴 부처는 없지만 누워 있는 부처가 있습니다." "뭐? 누워 있는 부처가 있어? 그럴 리가 있나." 남전은 벌떡 일어나서 네게 스승이 있느냐고 물었다. 조주는 공손하게 "선생님, 그동안 안녕하셨습니까?" 하고 큰절을 하였다. 남전은 어쩔 수 없이 조주의 스승이 되고 말았다. 남전은 조주에게 한 대 얻어맞았지만 언젠가는 한번 원수를 갚기로 하고 자기의 제자가 될 것을 허락하였다.

조주가 밤낮 찾은 것은 도道라는 것이다. 불교가 중국에 들어

와서 불도가 된다. 불도가 된다는 말은 합리적인 서양 종교가 직관적인 동양 종교로 변한다는 말이다. 이렇게 해서 나타난 중국 불교가 선禪이다. 조주는 선의 거물이다. 어느 날 조주가 남전에게 "도가 무엇입니까?" 하고 물었다. 남전은 "평상심시도平常心是道"라고 대답했다. 아무 문제가 없는 사람이 도인道人이라는 것이다. 도인이 되려면 어떻게 해야 되느냐고 다시 물으니 도인은 되려고 해서 되는 것이 아니다. 되려고 하면 도리어 못 되게 된다. 마치 바울이 행함으로 구원을 얻는 것이 아니고 믿음으로 구원을 얻는다고 한 말과 비슷하다.

물론 도인이 되려면 되려고 애를 써야 하는 것도 사실이지만 되려고 해서만 되는 것도 아니다. 되려고 해서 된다면 세상에 못 될 사람이 누가 있겠나. 부자가 되는 것도 마찬가지다. 부자가 되려고 애를 써야겠지만 애쓴다고 부자가 다 되는 것은 아니다. 세상에는 무엇이나 다 그렇다. 그렇지 않은 것이 사실은 없다. 부자가 되기 전에는 노력해야 될 것 같지만 부자가 되어보면 반드시 노력만으로 된 것도 아니다. 노력 외에 다른 요소가 첨부되어서 되게 마련이기 때문에 조주가 도를 얻으려면 어떻게 하면 되느냐고 했을 때 남전은 얻으려고 하면 오히려 얻지 못하고, 얻으려고 하지 않으면 더욱 도를 알 수가 없을 것이라고 대답하였다.

도는 결국 얻으려고 애써도 안 되고, 그렇다고 애쓰지 않고는 안 되는 참으로 까다로운 존재다. 그러나 도를 얻지 않으면 안심安心이 없고, 도를 얻어야 입명立命이 된다. 결국 도는 얻겠다, 안 얻겠다 하는 시비선악을 초월한 세계다. 돈도 마찬가지다. 돈은 좋은 것도 아니고, 나쁜 것도 아니다. 좋게 쓰면 좋고, 나쁘게 쓰면 나쁘다. 다만 돈이 우리에게 필요한 것은 우리에게 자유를 주기 때문이다.

도道도 마찬가지다. 도만 가지면 자유다. 길만 있으면 자동차가 자유롭게 달리듯이 도만 있으면 어디에나 갈 수 있다. 천국에도 가고, 지옥에도 갈 수 있다. 자유로울 수 있는 힘, 그것이 도다. 그것이 거저 얻어지지 않는 것은 말할 것도 없다. 소위 상신실명喪身失命이라고 한다. 생명을 내걸고 혜가慧可 같이 팔을 잘라 가면서 애를 쓰지 않으면 안 된다. 그러나 애만 쓴다고 다 되는 것은 아니다. 달마達磨를 만났으니 팔을 자른 보람이 있어 혜가가 되었지만 달마를 못 만났더라면 팔을 잘라보았댔자 아무 소용이 없다. 도의 세계는 자력自力과 타력他力이 합친 곳에서 이루어지는 것이지, 어느 한편으로 되는 것이 아니다. 그렇기 때문에 도는 언제나 중도中道. 종교와 과학이 합친 곳에서 이루어지는 것이지, 과학만 가지고도 안 되고, 종교만 가지고도 안 된다. 선생과 학생이 힘을 합하여야 한다.

그래서 조주는 언제나 일곱 살 난 아이에게서도 배울 것은 배워야 하고, 백 살 난 사람에게도 가르칠 것은 가르쳐야 한다고 입버릇처럼 말했다고 한다. 하여튼 벽암록의 십분의 일 이상을 차지할 정도로 조주는 배우는 데도 눈치가 빨랐고, 가르치는 데도 눈치가 빨랐다.

한번은 어떤 중이 찾아와서 부처가 무엇이냐고 물으니 "차나 한 잔 마시고 가지(끽다거喫茶去)" 하고 대답했다. 또 다른 제자가 와서 진리가 무엇이냐고 물으니 "차나 한 잔 마시고 가지" 하고 같은 대답을 했다. 모두 어쩔 수 없이 차나 한 잔씩 마시고 갈 수밖에 없었다. 조주가 글 가르치기가 귀찮아서 그러는지, 혹 차를 한 잔씩 마시라는 데 무슨 뜻이 있는지를 알지 못하고 하여튼 한 대 얻어맞은 사람처럼 모두 떠나가는 것이었다.

한번은 수제자가 "선생님은 오는 사람마다 차나 한 잔씩 마시고 가라고 하시니 그것이 도대체 무슨 뜻입니까?" 하고 물었다. 조주는 웃으면서 "그대도 차나 한 잔 마시고 가지" 하고 대답했다고 한다. 결국 그렇게 친절하게 가르쳐주어도 한 놈도 아는 놈이 없었다. 참으로 차나 한 잔 마실 수 있다면 이 세상에 아무 문제가 없을 텐데, 꿀 먹은 벙어리처럼 그저 빙그레 웃을 뿐일 텐데 차를 제대로 마신 놈이 없어 밤낮 근심 걱정으로 세월이 모자랄 정도라는 것이다.

예수가 자기를 찾아오는 제자들에게 나를 따르려거든 각각 자기 십자가를 지고 나를 따르라고 했는데 조주는 차를 한 잔씩 마시라고 권면을 했다. 내게서 이 쓴 잔을 떠나게 해달라고 기도도 했지만 결국 쓴잔을 마신 덕으로 하나님의 아들이 되었다. 쓴 엽차를 들이키면서도 그것이 무슨 뜻인지 모르니 조주의 가슴인들 오죽 쓸쓸했을까.

하여튼 평상심시도란 스승의 말은 진리였다. 평상심이란 일체를 초월한 마음이다. 결국 이러쿵저러쿵 갈고 쪼개고 찧고 까부는 데에는 등걸(박樸)은 없다. 인격은 없다. 인격은 통일된 세계요, 아무 상처가 없는 세계다.

조주가 입버릇처럼 한 말이 또 있다. 그것은 지도무난至道無難이다. 힘센 사람에게는 아무 어려움이 없다는 것이다. 다만 힘이 약한 사람만이 짐이 크니 무거우니 이러쿵저러쿵 불평불만 야단들이다(유혐간택唯嫌揀擇). 그래서 말 많은 놈치고 되먹은 놈 없더라고 했더니 그 말을 듣고 있던 제자가 일어나서 "선생님은 왜 이러쿵저러쿵 하십니까?" 하고 덤벼들었다. 스승은 "내가 그랬었나?" 하며 시치미를 떼었다. 그러자 제자가 "그것도 모릅니까?" 하고 질문하니 "자, 알겠다. 어서 절하고 물러가라"고 하였다는 것이다.

지도무난이란 말은 조주가 처음 말한 것은 아니다. 달마의 제자가 혜가요, 혜가의 제자가 승찬僧璨인데 승찬은 유명한 『신심명信心銘』이라는 책에서 이런 말을 했다.

"지도무난至道無難. 유혐간택唯嫌揀擇. 단막증애但莫憎愛. 통연명백洞然明白. 호리유차毫釐有差. 천지현격天地懸隔."

이 말은 지도至道면 아무 문제가 없다. 오직 이러쿵저러쿵이 문제다. 그것도 밉고 곱고 차별하는 마음이 없으면 아무 문제가 없지만 만일 추호라도 차별하는 마음이 있으면 그 결과는 하늘과 땅만큼이나 서로 멀어지게 된다. 마치 어머니의 사랑과 비슷하다. 어머니의 사랑은 지극한 것인데 다만 잔소리가 문제다. 물론 아이들이 미워서 하는 것은 아니니까 문제는 안 되지만 만일 계모처럼 정말 마음에 틈이 있다면 그야말로 영영 원수가 되게 마련이다.

선생님이란 정신적인 어머니이다. 선생님의 사랑은 절대적인 것이다. 어머니의 젖이 무한히 흘러나오듯이 선생님의 말씀도 무한할 것이고, 어머니의 손길이 부드럽듯이 선생님의 눈빛은 언제나 부드러워야 되겠지. 태양의 에너지가 무진장으로 쏟아지고, 달빛의 부드러움이 젊은이를 움직이듯 하나님의 사랑도 지도무난이요, 어머니의 사랑도 지도무난이요, 스승의 사랑도 지도무난이다. 아무것도 아낄 것 없고 잔소리할 필요도 없다. 그저 먹이고, 그저 입히는 것뿐이다. 그 속에 사랑이 차있고, 지혜가 빛난다.

사랑이 평등이라면 지혜는 차별이다. 꼭 같이 사랑하면서도 다 다르게 살려간다. 어린애는 어린애답게, 어른은 어른답게. 같은 것을 먹이되 젖의 밀도는 큰 애와 작은 애가 또 다르다. 즉 같으며 다르고, 다르며 같다. 어머니의 젖에는 농도가 다르듯이 어머니의 사랑에는 지혜가 섞여있다. 어머니의 솜씨에는 맛이 각각 달라도, 어머니의 손길에는 언제나 따스함이 깃들이듯 어머니의 지혜 속에는 사랑이 가득 찬다. 젖과 손을 가진 어머니에게는 아무 문제가 없다. 어린애는 웃으며 자랄 뿐이다. 그것이 큰 길이기 때문이다.

3. 마 대사의 임종

『벽암록』 제3장 〈마대사불안馬大師不安〉에는 마馬 대사의 임종 이야기가 있다. 마 대사라 하면 벽암록 제2장의 주인공 조주의 스승인 남전의 스승이다. 성이 본래 마馬 씨라서 마 대사라고도 하고 마조馬祖라고도 하지만 날쌘 망아지처럼 용감무쌍하고 정말 생명이 약동하는 인간이었던 모양이다.

어느 날 원주院主가 스님의 건강을 염려하여 오늘 건강이 어떠냐고 물었다. 마조는 수일 전부터 중태에 빠져 거의 임종을 앞두고 있었다. 이때 마조의 대답이 "햇님(일면불日面佛), 달님(월면불月面佛)"이었다. 마치 갇혔던 망아지가 울타리를 뛰어넘듯이 현실이란 상대(일월日月)세계를 벗어나서 열반의 절대(불佛)세계로 뛰어 들어가듯, 또한 멀리 가있던 아들이 엄마를 찾아 달려오고, 싸움터에 나갔던 남편이 사랑하는 아내를 만나러 뛰어오는 것과 같다.

지금 마조는 마라톤 선수가 마지막 목적지를 향해 뛰어들 듯이 있는 힘을 다하여 뛰고 있는 것이다. 숨이 하늘에 닿을 듯하고, 땀이 비 오듯 하면서 뛰고 있는 것이다. 햇님이 달님에게 찾아들 듯이 마조는 죽음을 한마디로 뛰어드는 것이라고 생각했다. 불나방이 불속에 뛰어들어 불이 되듯이, 열반에 뛰어들어 불佛이 되는 것이다. 과연 마조는 망아지답게 자기가 묻힐 곳을 정해 놓고 2, 3일 병석에 누워 땀을 흘리다가 서기 788년 2월 4일 나이 80세로 세상을 떠났다. 깨끗이 목욕하고 법의를 갈아입고 똑바로 앉아서 세상을 떠났다. 그는 도를 통한 사람만도 139명이라는 많은 제자를 남겨놓고 뒤에는 아무 미련도 없는 듯이 망아지답게 뛰어 달아났다.

정말 그는 살았던 사람이다. 햇님, 달님. 일면불日面佛, 월면불月面佛. 1800년을 살았다면 일면불, 하룻밤을 살았다면 월면불. 천 년을 살면 어떻고, 하루를 살면 어떠리. 나가는 것만이 그들의 관심이다. 그러나 나간다고 해서 혼자만 나가는 것이 아니다. 마조처럼 139명이나 끌고 나가려면 그것이 그리 쉬운 일이 아닐 것이다. 마조도 혼자서 생사를 벗어난 것은 아니었다. 마조에게도 스승은 있었다. 바로 남악南嶽이다.

남악이 어느 날 법당에 들어가 보니 어떤 젊은이가 열심히 참선을 하고 있었다. 남악은 한번 보아 그것이 용마龍馬임을 알아볼 수 있었다. 생명이 약동하는 용마가 자기가 용마인 것을 알지 못하고 소처럼 우두커니 앉아서 새김질을 하듯 참선을 하고 있는 마조를 보고 우스워서 견딜 수가 없었다.

"여보게 젊은이, 자네 거기서 뭘 하고 앉아있나?"

젊은이는 거들떠보지도 않고 눈을 지그시 감은 채 참선을 하고 있다고 대답을 했다. 남악은 놓칠 새라 다시 물었다.

"참선은 해서 무엇이 되려고 그러나?"

"부처가 되옵지요."

얼마 후에 마조가 가만히 앉아 있노라니까 어디선가 무엇을 가는 소리가 들려왔다. 마조가 눈을 뜨고 문 밖을 내다보니 남악이 열심히 기왓장을 돌에 문지르고 있었다. 마조는 시끄러워서 견딜 수가 없었다.

"스님, 거기서 무엇하고 계십니까?"

"음, 지금 기왓장을 가는 중이다."

"기왓장을 갈아 무엇 하시렵니까?"

"기왓장으로 거울을 만들려고 하네."

마조는 어이가 없어 웃음보를 터뜨리고 말았다.

"스님, 기왓장을 아무리 간다고 거울이 됩니까? 그만하시고 제발 좀 조용히 해주세요."

그랬더니 이번에는 남악이 물었다.

"여보게 젊은이, 참선을 하면 부처는 될 듯 한가?"

이 말에 마조는 채찍에 얻어맞은 망아지처럼 깜짝 놀라 일어났다. 참선이라고 하면 선불교의 핵심이요, 성불하는 유일한 불도佛道다. 그런데 이 불도佛道가 불도가 아니라는 남악의 말에 젊은 마조는 눈에 불이 나도록 정신이 들었다.

"불도가 불도가 아니로구나. 진리가 진리가 아니로구나. 해가 해가 아니로구나. 달이 달이 아니로구나. 결국 내가 내가 아니로구나. 지금까지 나라고 생각했던 나는 진정한 내가 아니였구나."

마조는 자기가 펄펄 나는 망아지 줄도 모르고 마치 소나 돼지인 것처럼 우두커니 참선만 하고 있었다. 마조는 소가 아니었다. 망아지였다.

사람은 가끔 자기가 아닌 것을 자기로 착각하고 있을 때가 얼마나 많은가. 말이 자기가 말인 줄도 모르고 소처럼 우두커니 앉아있을 때가 얼마나 많은가. 사람은 가끔 자기 망각에 사로잡혀 있을 때가 한두 번이 아니다. 사람은 자기가 사람인 줄을 모르고 자기를 신이라고 생각하는 때도 있고, 자기를 짐승이라고 생각하는 때도 있다. 또한 대통령이라고 생각하는 때도 있고, 마나님이 되어 식모를 달달 볶고 있을 때도 있다. 사람이 언제부터 자기가 사람임을 잊었는지 알 수는 없으나 하여튼 마조는 자기가 망아지임을 잊어먹고 송아지인 체 생각하고 앉아서 새김질을 하고 있었다. 그러나 송아지가 말이 될 리는 없다. 말이 되는 것은 망아지뿐이다. 부처가 되는 것은 부처뿐이지, 돌멩이가 부처가 되는 것도 아니고, 나무가 부처가 되는 것도 아니다. 부처가 되는 것은 부처뿐이다. 그러나 세상에는 별 엉터리가 다 있는 법이다. 부처는 부처만이 될 수 있다고 하면 자기는 이미 부처인 양 착각을 하는 얼간이들이 얼마든지 있다.

옛날 법안法眼이라는 스님이 참선을 하는데 그 절에 사무를 맡아보는 현측이라는 스님은 좀처럼 법당에 들어오지를 않았다. 법안은 괘씸하게 생각하여 이렇게 책망을 했다.

"모든 중들이 다 열심히 참선을 하고 예불을 하는데 그대는 도대체 어찌하여 참선도 안하고 예불도 안하고 그저 놀고만 있는가?"

현측은 법안을 나무라는 눈초리로 말했다.

"부처를 본다는 뜻의 법안이라는 이름을 가졌으면 이름값이나 할 겸 내가 부처임을 보아줄 것이지 아직도 내가 부처인 줄도 모르고 나보고 참선을 하고 예불을 하라니 이거야말로 법안이 아니고 법불안이로구나."

현측은 법안의 눈을 뜨게 해주고자 자기가 청봉靑峰 스님에게 인가받은 이야기를 하였다.

"내가 청봉을 만나 부처가 무엇이냐고 물었더니 청봉이 '불장사가 불씨를 구하러 왔구만(병정동자래구화丙丁童子來求火)' 하길래 내가 곧 부처인 줄 알고 더 이상 찾지 않기로 하였습니다."

의기양양하게 대답하는 것이었다. 그 말을 들은 법안은 어이가 없는 듯이 욕을 퍼부었다.

"내 그런 줄 알았다. 너 같은 놈은 부처는 커녕 강아지만도 못한 짐승이다."

현측은 그만 어안이 벙벙하여 치밀어오르는 분노를 참을 길이 없어 결국 자리를 박차고 그 절을 떠나고 말았다. 현측은 산을 넘고 물을 건너, 가는 곳도 정함 없이 길을 걸어가고 있었다.

그러다가 또 다시 법안을 생각하게 되었다.

"수백 명을 지도하는 이름 높은 스님인데 나를 몰라보았다고 해도, 그래도 어딘지 훌륭한 데가 있을 테지. 다른 데를 찾아 어디를 가도 더 나은 스님이 있을라구. 역시 돌아가서 일을 도와드려야지."

이렇게 생각하고 또다시 법안을 찾아가서 자기의 경솔함을 사죄하고 다시 선생님에게 배우려고 돌아왔다고 말하고, 또다시 옛날 청봉 스님에게 물었듯이 부처가 무엇이냐고 물어보았다. 그랬더니 법안은 "불 장사가 불씨를 구하러 왔구만" 하고 청봉과 같은 대답을 했다.

그 순간에 현측은 깨달은 것이다. 이번에는 가짜로 깨달은 것이 아니라 진짜로 깨달은 것이다. 법안은 기쁨을 감추지 못하고 결국 인가를 해주고 말았다. 인연이라면 인연이다. 수십 년 동안 법안 밑에 있으면서도 깨닫지 못했다가 법안에게 욕을 먹고 떠나다가 다시 돌아와서 진리를 깨닫는 경험을 하게 되는 것은 어찌된 까닭일까. 그냥 인연이라고밖에 할 수가 없다.

마조도 스승 밑에서 열심으로 도를 구하고 부처가 되겠다고 참선에 골몰했다. 그런데 오늘이 인연인지 스승과 외골수에서 만나게 된다. 그리고 유일한 길이라고 생각했고, 유일한 길이라고 배워왔고, 유일한 길이라고 알고 있던 이 길이 유일한 길이 아니라는 스승의 말에 마조는 당황하지 않을 수 없었다. 마조는 땅위에 엎드려 이마를 조아리고 부처가 되는 비방을 물었다.

"어떻게 하면 부처가 될 수 있겠습니까?"

남악은 이렇게 대답했다.

"여기 소가 끄는 달구지가 있다고 하자. 달구지가 나가지를 않을 때 소를 때려야 하느냐? 달구지를 때려야 하느냐?"

젊은 마조는 이 말에 깊이 깨달은 바가 있었다. 그리고 자기가 하는 모든 일이 달구지를 때리고 있는 데 불과하다는 것을 알게 되었다. 달구지를 때려서 달구지가 가는 것이 아니다. 소를 때려야 한다. 엉덩이가 뭉그러지도록 참선을 했다고 해서 부처가 되는 것이 아니다.

부처란 별것이 아니다. 깬 정신이다. 즉심성불卽心成佛이다. 뜻이 더러우면 쓰는 것이 부처요, 모르는 것이 있으면 묻는 것이 부처요, 할 일이 있으면 하는 것이 부처지, 가만히 앉아 있다고 부처가 되는 것이 아니다. 짐을 끌 것이 있으면 끌고, 태울 사람이 있으면 태우고, 뛸 때는 뛰고, 먹을 때는 먹는 것이 망아지인 것뿐이다. 망아지가 뛸 때 망아지인 것처럼 마조는 남악 밑에서 오랫동안 지성을 다하여 배운 결과 자기의 본질을 발견하고 도일道一 선사로서 그의 도명道名을 떨치게 된다.

깨달았다는 것이 깨달은 게 아니다. 깨달았다는 말은 힘을 가지는 것이다. 참기 어려운 것을 참고 돌아와서 다시 머리를 숙이는 현측처럼 겸손하게 머리를 숙이고 스승 앞에 엎드려 자기의 본질을 알아내는 것이 깨닫는 일이다. 그리하여 종당 망아지가 되어서 천 리를 뛰어도 고단한 줄 모르고, 만 리를 달려도 피곤한 줄을 모르는 생명의 약동, 이것이 부처요, 산 사람이다.

이러한 생명의 약동은 거저 되는 것도 아니고, 하루 이틀에 되는 것도 아니다. 아무리 좋은 스승을 만난다고 한들 영어, 독일어가 하루 이틀에 되는 것도 아니고, 과학, 철학이 하루 이틀에 되는 것도 아니다. 달구지가 가지 않을 때 달구지를 때려야 하나, 소를 때려야 하나. 소머리가 으스러지도록 소를 때려야 한다. 우리들의 머리는 소머리다. 소머리와 무엇이 다르랴.

그러나 우리는 본래 소가 아니다. 말이다. 말씀이다. 말씀이 곧 하나님이요, 마음이 곧 부처다. 말씀이 통해야 하나님이 통하고, 마음이 열려야 부처가 된다. 마음은 나는 것도 아니고 죽는 것도 아니요, 더하는 것도 아니고 덜 하는 것도 아니다.

불생불사의 마조 앞에 병환은 무엇이며 병환을 염려하는 원주의 문안은 또 무엇일까. 망아지 새끼는 어찌해서 이틀씩이나 앓아누웠으며 139명의 제자들은 왜 이리도 간호에 바빴든가.

"마대사불안馬大師不安. 원주문원주문院主問. 화상근일존후여하和尙近日尊候如何. 대사운大師云. 일면불日面佛. 월면불月面佛."

이것이 벽암록의 본문이다. 마치 천리를 달리려는 용마의 우렁찬 콧소리가 들리는 듯하다. 마조에게 있어서는 병이 병이 아니요, 죽음이 죽음이 아니었을 것이다. 앓는 소리는 알리는 소리요, 죽음은 유명을 달리하는 달림일 것이다. 해가 달리고, 달이 달리듯 오늘도 망아지는 어디를 달리고 있을까.

4. 덕산과 위산

『벽암록』 제4장은 〈덕산도위산德山到潙山〉이다.

옛날 덕산에 범 한 마리가 배가 고파 견딜 수가 없었다. 그래서 덕산을 등지고 위산을 찾아갔다. 위산에 늙은 범 한 마리가 있다고 들었기 때문이다. 덕산은 위산에 가서 동으로 달리고 서로 달리며 바위틈 풀 사이를 샅샅이 뒤졌으나 아무것도 찾지를 못했다. 덕산은 "아무것도 없군" 하고 위산을 나가버렸다. 그러나 덕산은 무엇인가 아쉬운 듯이 "없을 리가 없을 텐데, 내가 너무 서두른 것이 아닌가" 하고 다시 위산으로 돌아들었다. 그때 늙은 위산의 호랑이가 기분 나쁘다는 듯이 웅얼거리며 나타났다.

"덕산의 젊은 애숭이가 아닌가?"

덕산은 젊은 혈기가 있었다. 곧 몸을 바위에 숨기고 덤벼들 채비를 갖추었다. 위산은 화난대로 하자면 당장에 없애버릴 수도 있었으나 젊은 범의 용기가 귀엽기도 하였다. 위산은 덕산을 골려줄 양으로 늙은 범의 지혜를 나타내어 바위 뒤에 숨은 젊은 덕산을 향하여 돌을 하나 굴려 떨어뜨리려고 슬그머니 돌 옆으로 앞발로 다가갔다. 그랬더니 덕산의 젊은 범도 벌써 눈치를 챘음인지 캭 소리를 치며 달아나고 말았다. 아슬아슬한 순간이었다. 먹느냐, 먹히느냐 하는 순간에 두 마리가 다 그들의 명맥을 보존한 셈이다.

물론 여기서 덕산이란 유명한 주덕산이요, 865년에 입적한 당나라의 명승 선감 대사 또는 견성 선사를 말한다. 육조 혜능, 청원, 석두, 천황, 용담, 덕산으로 법통이 전해진다.

덕산 하면 점심點心하고 깊은 인연이 있다. 주덕산 하면 당대 금강경 박사로서 최고의 학식을 자랑하고 있었다. 그는 자나 깨나 배워야 한다고 생각했다. 천겁을 겪어 부처의 위의威儀를 배우고, 만겁을 거쳐 부처의 제행諸行을 배워야 결국 성불하는 것이지, 하루아침에 부처가 된다든지, 부처는 학문과는 별개의 것으로 생각하는 선禪에 대하여 깊은 경멸을 품었다. 그는 불교의 진리를 선양宣揚하기 위하여 선이 들끓는 예주로 갔다. 거기서 선도들을 만나 그들의 어리석음을 깨쳐주기 위해서였다. 예주에 도착하니 때마침 점심때였다. 그는 길가의 떡집으로 들어갔다.

"점심 좀 주시오."

"어서 오시오, 어서 짐을 내려놓구려."

떡을 파는 할머니는 친절하게 말하며 짐을 벗겨주었다. 짐은 참 무거웠다. 그 속에는 주덕산이 피땀 흘려 연구한 금강경 주석이 있었다. 그는 거대한 자기의 연구논문을 의기양양하게 가져온 것이다. 떡 파는 할머니는 깜짝 놀라 이 무거운 것이 다 무엇이냐고 물었다. 덕산은 자기의 연구논문이라고 대답했다.

"당신은 굉장한 학자이구려."

그 말에 덕산은 만족한 얼굴을 하였다.

"그렇다면 내가 하나 물을 것이 있소. 내가 지금까지 깨치지 못한 말이 금강경 속에 있는데 그것은 과거심過去心도 불가득不可得이요, 현재심現在心도 불가득이요, 미래심未來心도 불가득이란 말이오. 당신이 지금 점심을 먹으려고 하는데 도대체 어느 마음에 점을 찍으려고 하는 것이오?"

과거심은 지나갔으니 찍을 수 없고, 미래심은 오지 않았으니 찍을 수 없고, 찍을 수 있다면 현재심뿐인데 현재심도 찍으려는 순간 사라지고 마니 현재심이라고 찍어질 것 같지가 않았다. 덕산은 말문이 막힌 사람처럼 아무 대답도 못하고 있었다. 노파는 떡 상을 들고 안으로 들어가버렸다. 산골 노파의 질문 하나 대답할 수 없는 박사 주덕산은 슬펐다. 자기의 입장이 잘못된 것을 느꼈다. 생각해보면 자기의 입장이 뚜렷하게 있는 것도 아니었다. 석가의 말을 앵무새처럼 따라 외우고 그것을 해석해본 것에 불과했다.

자기의 시간관은 과거에서 현재를 거쳐서 미래로 흘러가는 시간관이었다. 그래서 천 년을 배워야 하고, 만 년을 배워야 하고, 이 세상에 또 태어나고 또 태어나, 무수히 많은 윤회의 바퀴를 돌 수밖에 없었다. 이런 생각은 과학적인 사고방식이요, 땅에 붙은 사고방식이요, 합리론적 사고방식이요, 실증주의적 사고방식이요, 기계론적 사고방식이다. 거기에는 아무 입장도 없고 힘도 없다. 사변이 있을 뿐이었다. 그런 것을 가지고 누구를 가르쳐 보겠다고 나온 자기가 부끄럽기 짝이 없었다.

마치 물에 뜬 거품처럼 삽시간에 과거에서 현재로 그리고 미래로 흘러가는 불쌍한 자기였다. 일체가 흘러가도 흘러가지 않는 세계, 그것이 금강산이요, 금강경이 아니었던가. 금강석처럼 불변하는 세계, 존재의 입장을 잡지 못하고 어디서 힘이 나올소냐. 마음에 점을 찍었다는 말은 입장을 가졌다는 말일 것이다. 움직이지 않는 한 점을 찍어야 한다.

덕산은 목이 잘린 사람처럼 - 사실 노파의 보이지 않는 칼에 목이 잘리기도 했지마는 - 노파 앞에 무릎을 굴하고 불씨를 부탁했다. 그리고 그는 자기가 가지고 온 금강경 주석을 모두 불살라버렸다.

불타의 49년 설법이 나에게 무슨 소용이 있으며, 8만 4천 법문이 나와 무슨 상관이 있으랴. 나 없는 세계에 45년 설법은 공염불이요, 8만 4천 법문은 마법에 불과하다. 교외별전敎外別傳이요, 불립문자不立文字다. 그는 다시 자기를 찾기 위해서(직지인심直指人心) 자기를 찾아줄 수 있는 스승을 찾았다. 스승만 찾으면 부처가 될 수 있다(견성성불見性成佛). 그는 또다시 노파에게 천 번 배례하고 자기를 찾아줄 스승을 가르쳐 달라고 부탁했다. 노파는 여기서 십 리를 더 가면 용담원에 숭신 스님이 있으니 찾아가라고 했다. 용담원은 작은 암자에 불과했다. 암자에는 아무도 보이지 않았다.

"용담, 용담하고 사람들이 떠들어 굉장한 곳인 줄 알고 찾아와 보니 담이 있는 것도 아니고, 용이 있는 것도 아니로구나."

덕산은 중얼거렸다. 그때에 숭신이 병풍 뒤에서 나타나며 이렇게 말했다.

"담도 보이지 않고, 용도 보이지 않는 여기가 용담이다."

덕산은 또다시 자기의 경솔을 한탄했다. 무거운 몽둥이로 얻어맞은 것 같은 느낌이었다. 담이 있어도 보지 못하고, 용이 있어도 보지 못하는 자기 주제에 또다시 입을 잘못 놀렸으니 창피막심이요, 온 천하가 모두 담이요, 모든 만물이 다 용인데 그것을 못 보는 자기가 가엾기도 하였다.

"천재일우千載一遇에 만난 이 스승을 다시 놓쳐서는 안 된다. 떡 파는 노파는 관음보살이요, 용담 스님은 부처임에 틀림없다."

그는 밤늦게까지 마음의 문을 열고 스님의 말씀에 귀를 기울였다. 스님은 밤도 늦었으니 물러가서 자라고 하였다. 그때서야 덕산은 자기로 돌아와 스님께 인사를 하고 밖으로 나왔다. 밖은 칠통漆桶 같은 암흑이었다. 덕산은 첫 길이라 동서를 분간할 수 없었다. 덕산은 스님을 향하여 아무것도 보이지 않는다고 중얼거렸다. 용담은 초에 불을 붙여 덕산에게 주었다. 덕산이 촛불을 들고 막 토방에서 뜰로 내디디려고 할 때 용담은 촛불을 훅 불어 꺼버렸다.

그때 덕산은 확연대오廓然大悟, 진리의 세계에 돌입할 수가 있었다. 진리를 깨달은 덕산의 법열은 말로 다할 수가 없었다. 덕산은 그때서야 무아의 세계로 들어갈 수가 있었다. 촛불 같은 자기 지혜를 믿으려고 했고, 촛불 같은 용담에게 의지하려고 했다. 자기도 용담도 의지할 것이 못 된다. 토방 돌 밑에 펼쳐진 대지 위에 자기의 발을 디디고 밤하늘에 수없이 반짝이는 별빛을 등불 삼아 밤길을 걷는 것이다. 대지가 직지인심이요, 별 하늘이 견성성불이다. 나도 없고 너도 없는 캄캄한 세계에 하늘도 있고 땅도 있고, 없는 것이 없다. 덕산은 다시 공겁이래의 무명을 뿌리째 꺼주신 용담에게 깊이 큰 절을 했다. 용담은 이런 말을 했다.

"아까 절을 했으면 됐지 또 무슨 절을 그렇게 하나."
"스님의 말씀을 다시는 의심하지 않겠습니다."

덕산은 이렇게 대답했다. 덕산은 오랜 회의에서 벗어날 수가 있었다. 광명정대의 아침햇빛이 가슴 한가운데에 떠올라온다. 덕산도 생명의 호랑이가 된 것이다.

호랑이가 된 덕산이 이번에는 호랑이라고 이름난 위산潙山의 영우靈祐 선사를 찾아갔다. 영우는 유명한 백장의 수제자다. 덕산보다 20년이나 나이 많은 늙은 호랑이요, 그 밑에는 1,700의 새끼호랑이들이 득실거리는 위산을 향해서 젊은 덕산이 승부를 겨루기 위해 찾아간 것이다. 맨 처음에 덕산이 위산에 나타났을 때는 겁도 내지 않고 법당에 올라가 동분서주 안하무인격으로 "아무도 없군" 하고 의기양양하게 절문을 나가려고 했다. 그러다가

"그래도 왔던 길에 그냥 갈 수 있나" 하고 다시 돌아와 위산에게 인사를 하였다. 그랬더니 위산이 손에 총채를 집어 들려고 했다 (취불자取拂子). 덕산은 힘 있게 한 번 소리를 지르고 대문으로 달아나고 말았다.

그날 밤 위산은 수좌를 불러 아까 왔던 젊은이의 동정을 물었다. 위산은 아까 왔던 젊은이가 장차 이 나라에서 제일가는 스님이 될 것이라고 말하면서 마음의 기쁨을 감추지 못했다는 것이다. 용이 용을 알고, 범이 범을 안다는 격으로 위산도 범이요, 덕산도 범이었다. 두 호랑이가 서로 만나 으르렁 댄 것은 불과 짧은 시간이었지만 그들은 서로 뱃속까지 들여다보고 평생의 기쁨을 나눌 수가 있었다. 이것이야말로 만남의 순간이요, 유희삼매의 순간이라고 할 수 있다. 덕산도 생명의 약동이요, 위산도 생명의 약동이다. 생명과 생명의 부딪침이 얼마나 아름다운 풍경일까.

어떤 스님은 이 그림을 옛날 후한 광무제 때 몽고군에게 포로가 되어 오랑캐 임금 앞에 끌려간 비기 장군 이광에 비유했다. 이광은 수없이 상처를 입고 거의 빈사 상태가 되어 몽고 왕 앞에서 죽은 척하고 있었다. 몽고 왕도 이광이 거의 시체와 다름없음을 알고 들것에 담아 두 말 사이에 뉘어 두었다. 이광이 조금 눈을 떠 사면을 살펴보니 자기를 지키고 있는 말 탄 군인이 다른 곳을 보고 있었다. 이광은 죽을힘을 다하여 말 위로 뛰어 올라 적군을 떨어뜨리고 그 무기를 빼앗아 왕 앞에서 도망치고 말았다. 몽고군들이 따라 나섰지만 이광의 활을 당해낼 수가 없었다. 그래서 이광은 무사히 자기 진지까지 돌아왔다는 고사가 있는데 덕산이야말로 이광보다도 더 날쌘 놈이라고 격찬을 했다.

덕산은 그 후 위산의 말대로 당대의 가장 큰 스님의 하나가 되어 덕산의 몽둥이와 임제의 고함은 오늘날까지도 이야기 거리가 된다. 덕산은 대답해도 30방, 대답 못해도 30방, 덕산의 몽둥이 하면 당대 떨지 않는 중들이 없었다.

한번은 덕산이 이렇게 말했다.

"오늘 저녁에는 아무도 질문해서는 안 된다. 만일 묻는 자가 있으면 몽둥이로 30대를 맞을 줄 알아라!"

한 중이 덕산 앞에 어정어정 걸어 나갔다. 덕산은 입을 열기도 전에 한대 갈겼다.

"스님, 저는 아직 말도 하지 않았는데 왜 때리는 겁니까?"

"너는 어디서 왔느냐?"

"저는 멀리 신라에서 왔습니다."

그 말을 듣자 또 한대 갈겼다.

"멀리 신라에서 이렇게 스님을 찾아왔는데 자꾸 때리기만 하면 어떻게 합니까?"

"네가 신라를 떠나기 전에 한대 맞았어야 했을 터인데."

그 말에 신라의 중은 크게 깨달았다. 역시 몽둥이의 효력은 대단하였다.

5. 설봉의 모래 한 알

 『벽암록』제5장은 〈설봉진대지雪峰盡大地〉라는 것이다. 진대지란 '온 천하'라는 말과 같다. 설봉 스님이란 설봉산의 의존義存이라는 중이다. 당나라 말기 폭군 무종의 불교 박해로 불교가 기를 죽이고 있을 때 오직 설봉만이 심산유곡에서 법등을 밝히고 있었다.
 설봉산에 모여드는 승려가 1,700여 명, 열심히 도를 닦아 꺼져가는 등불에 기름을 더하여 갔다. 설봉은 덕산의 수제자이다. 어려서부터 불교 가정에서 자라 9세에 출가할 뜻을 밝히고, 12세에 절에 가서 시동이 되었다가 17세에 머리를 깎고 중이 되었다.
 24세부터 스승을 찾기 시작하여 유명하다는 스님은 다 찾아 다녔다. 그는 어디나 가면 식모食母가 되었다. 남자 승려들이 제일 하기 싫어하는, 식사를 맡아보는 것이 설봉의 갸륵한 점이다.
 설봉은 처음부터 덕산의 제자는 아니었다. 동산의 양개 스님 밑에서 수도하고 있던 때다. 그때 동산이 우물가를 지나 가다가 설봉이 쌀을 일고 있는 것을 보고 물었다.

"식모, 그대는 지금 무얼 하고 있는 건가?"

설봉은 바보처럼,

"쌀을 일고 있습니다."

동산은 우물가에 흩어진 쌀알을 보면서 다시 물었다.

"쌀을 일고 있는 건가? 돌을 일고 있는 건가?"

"쌀과 돌을 한꺼번에 일고 있습니다."

그러자 동산은 이렇게 나무랐다.

"그렇다면 대중들이 무엇을 먹고 사나?"

그때 설봉은 쌀 일던 함지박을 뒤집어엎고 말았다. 동산은 설봉의 신경질을 꺾을 놈은 자기가 아니라고 생각하고 설봉을 권하여 덕산에게 가게 하였다.

그 당시 덕산의 몽둥이는 유명한 것이었다. 찍 해도 때리고, 짹 해도 때리고, 아무리 날쌘 놈이라도 덕산의 손아귀에 들어가면 좀처럼 몽둥이를 피하기가 어려웠다. 이래도 치고 저래도 치고 결국 피투성이가 되는 수밖에 길이 없었다. 동산이 권하는 말에 설봉은 응낙하기로 하였다.

설봉은 덕산을 찾아갔다. 설봉은 덕산에게 진정으로 자기를 맡기고 싶었다. 이것이 마지막 기회가 되기를 원했다.

"여기서 깨달아야지, 덕산 이상의 선지식을 어디서 또 찾아볼 수 있겠는가?"

설봉은 진심으로 덕산의 가르침을 듣고 싶었다. 자기도 이승에서 불타가 될 수 있는 인연을 가지고 태어났을까. 우선 그것을 물어야 했다.

"저도 이번 기회에 진리를 깨달을 가능성이 있을까요?"

덕산은 우선 몽둥이로 한 대 먹이고 무슨 그런 망령된 소리를 하느냐고 노발대발하며 이렇게 일러주었다.

"불성佛性 없는 사람이 어디 있느냐. 타지 않는 나무는 없는 법이다."

타지 않는 나무가 없다고 하는 말에 설봉은 여간 마음이 놓이지 않았다. 불도 강한 불이요, 나무도 참나무인데 젖은 기운이 아직 마르지 않아 흠이다.

설봉은 마침내 마음을 가라앉혀 이번 기회에 견성성불見性成佛할 결심을 가졌다. 설봉은 덕산한테 가서도 모든 사람이 하기 싫어하는 식모 일을 맡았다. 배우고 닦고 할 수 있는 최선의 힘을 다하였다. 그러나 마지막 한 고개가 넘어가지 않았다. 무엇인가 눈앞에 한 장 엷은 종이가 가리어져 있다. 그것이 비록 한 장이라 할지라도 그것은 만 장이나 다름이 없었다. 눈에 먼지 하나가 들어가 있어도 눈을 못 뜨기는 마찬가지다. 먼지 하나나 지구덩이나 무엇이 다를까. 일념이 삼천이요, 일순이 영겁이다. 한마디 거짓이 전 인격을 멸망으로 인도하기는, 종이 한 장이 눈을 가리나, 종이 만 장이 눈을 가리는 거나 마찬가지다.

선禪에서 견성성불 하기까지는 초년병이나 육군대장이나 마찬가지다. 하나님 앞에서는 성범聖凡이 모두 죄인이며 성범의 구별이 없다. 도리어 자기의 부족함을 알고 있는 죄인이 자기의 부족함을 모르는 바리새교인보다 얼마나 나은지 모른다. 지식의 세계에서도 마찬가지다. 각자覺者가 되기 전에는 학자나 학생이나 마찬가지다. 학자라고 해서 교만한 꼴을 하는 사람은 겸손한 학생보다도 얼마나 못한 것인지 모른다. 부처가 되기 전에는 100보나 50보나 마찬가지다. 100보가 50보보다 낫다고 생각하기 때문에 이 세상은 더욱 나빠져 간다.

설봉은 그것을 알고 있었다. 설봉이 괴로워하는 것도 그것 때문이다. 산 밑에 선 사람에 비하면 산마루에 거의 가까운 설봉은 한없이 높은 세계에 살고 있었다. 그러나 설봉은 산꼭대기에 서야 한다. 산꼭대기에 서서 온 천하를 돌볼 수 있는 사람 없이는 천하는 구원 받을 가망이 없다. 세상에는 언제나 동서남북을 다 바라볼 수 있는 도에 통한 사람이 필요하다. 그런 사람이 한 사람이라도 좋다. 진리는 언제나 한 사람에 의하여 계승되는 것이지 수많은 사람이 다 진리를 깨달을 필요는 없다. 석가를 계승한 사람이 가섭이면 족하다. 한 사람의 각자가 있으면 그다음 사람들은 그 덕으로 산에 올라가지 않아도 평안하게 살 수 있을 것이다. 그러나 그 한 사람이 나오기까지는 수많은 사람이 저마다 견성성불 하겠다고 노력을 해야 한다. 그 가운데서 한 사람이라도 부처가 된다면 얼마나 다행한 일인가.

그런데 설봉은 덕산 밑에서 십여 년의 세월을 보냈으나 덕산이 세상을 떠나기까지 견성을 못하고 말았다. 그때 설봉의 나이는 44세였다. 남은 길은 또다시 임제 스님을 찾아가는 길밖에는 없었다. 덕산의 몽둥이와 임제의 고함은 당시 불교계에서 쌍벽을 이루고 있었기 때문이다. 전신이 피투성이가 되도록 덕산에게 얻어맞았으나 설봉은 그것으로도 도에 들어가지 못했다.

이제 남은 길은 귀청이 터지도록 고함소리를 들어 소리 없는 소리를 들어야 한다. 나이는 벌써 40이 넘어 50을 바라보는 이때에도 그는 자기 발로 설 기운이 없었다. 그는 친구를 따라 길을 떠났다. 십여 년의 세월을 세상에서 제일가는 스님을 모시고도 도에 통하지 못한 채 정들었던 덕산을 떠나가는 설봉의 가슴은 몹시 아팠다.

그러나 금생에 성불하지 못하면 내생에 또다시 생사를 되풀이해야 한다. 설봉이 친구와 더불어 길을 떠나 호남 예주 오산진에 도달했을 때 큰 눈에 싸여 그 이상 더 갈 수가 없었다. 그들은 민가에 숙박하면서 길이 트이기를 기다릴 수밖에 도리가 없었다. 좁은 민가에 갇혀서 세월을 보내기란 쉬운 일이 아니었다.

설봉에게는 밤이 무서웠다. 극도의 불안은 밤이 와도 잠을 이루게 하지 않았다. 밤만 되면 그는 불안을 이기는 유일한 방법으로 정좌를 하고 허리를 펴고 참선을 했다. 참선을 하는 순간이면 세상만사가 다 해결되는 듯했다. 소위 무의식의 세계로 돌입하면 의식 세계에 나타났던 모든 세계는 간 곳 없이 사라지고 마는 것이다.

설봉은 참선을 좋아했다. 틈만 있으면 참선을 했다. 낮에도 하고 밤에도 하고 그러는 동안에 그의 몸은 뻿대처럼 말라갔다. 참선의 덕으로 얻어지는 평안이요, 억지 춘향이의 아름다움이다.

삼경이 지나도록 참선을 하여 몸은 솜처럼 피곤해도 눈에 든 먼지 하나 때문에 온 천하(진대지盡大地)는 암흑이었다. 그는 이 암흑을 헤어날 수가 없었고, 그에게는 이 먼지를 빼버리기까지 잠을 이룰 수가 없었다. 마치 손끝에 박힌 가시가 제아무리 작다 할지라도 그것이 있는 동안은 잠을 이룰 수가 없는 것과 같았다.

옆에서 철모르고 자던 친구가 잠깐 밖에 나갔다가 들어오면서 은근히 권면을 하였다.

"밤도 거의 지난 모양이고, 오늘은 날씨도 좋을 모양인데, 또 먼 길을 가야 할 터이니 날이 다 밝기 전에 잠깐이라도 눈을 붙이는 것이 어떻겠는가?"

친구는 벌써 실컷 자고 더 이상 잠이 안 오는 모양인지 자기도 정좌하고 참선에 들어갔다. 이때 설봉은 사실대로 친구에게 고백을 했다.

"수많은 경전을 읽고 수많은 참선을 해왔지만 나를 잊고 잠 한번 편히 잘 수가 없으니 이 일을 어찌하면 좋은가?"

"자네, 미안하지만 내게라도 자네의 문제가 무엇인지 한번 말해줄 수가 없겠나?"

설봉은 이런 문제, 저런 문제, 자기 속에 있는 문제를 모조리 털어 놓았다. 친구는 웃으며 이렇게 말을 하였다.

"그런 문제야 자네뿐인가. 누구나 다 가지고 있는 문제지."

그 말에 설봉은 크게 깨달았다. 누구나 가지고 있는 문제를 가지고 내가 왜 이렇게 야단이지. 누구나 가지고 있는 문제를 아무리 가지고 야단쳐 보았댔자 그것은 타산他山의 돌을 나르는 격이다. 나에게는 나의 고유한 문제가 있을 것이 아닌가. 나만이 가지고 있는 고유한 문제가 무엇인가. 나만이 할 수 있는 고유한 할 일이 무엇인가. 그때 설봉의 눈앞에는 언젠가 가 본 일이 있는 상골산이 나타났다. 아무도 가지 않는 상골산을 개척하는 일이다. 그의 눈에서는 비늘 같은 것이 떨어져 나갔다. 그의 마음은 가라앉았고 그에게는 수십 년 밀렸던 잠이 한꺼번에 쏟아지기 시작했다. 며칠을 잤는지 모른다. 잠에서 깨보니 친구는 벌써 간 곳이 없다.

그는 상골산으로 들어가 서릿뫼(설봉雪峰)로 이름을 고치고 암자를 짓고 찾아오는 젊은이들을 가르치기 시작했다. 깊고 험한 산이라 세상과의 왕래는 거의 없었다. 폭군 무종이 불교를 탄압할 때도 그 기세가 설봉까지는 미치지 못했다. 전국의 젊은 승려들은 박해를 피하여 스승을 찾아 설봉에게 모여 들었다. 1,700여명의 승려가 질서정연하게 수도에 열중하였다. 당 말의 혼란도 설봉을 더럽히지는 못했다. 설봉의 녹은 눈물은 또다시 흘러내려서 당나라 사람들의 메마른 갈증을 풀어주었다. 설봉의 도를 계승한 높은 제자가 56명이나 되는 큰일을 해놓았다. 설봉이 아니었으면 이 일을 누가 했으랴.

설봉은 부지런히 자기가 할 일을 해나갔다. 설봉이 상골산에 들어간 것이 47세, 설봉이 세상을 뜬 것이 87세, 40년 동안을 하루같이 젊은이들을 길러내느라고 수고하였다. 식모食母 설봉은 어느새 식모識母 설봉으로서 진리를 깨닫고 생명을 얻은 참사람이 되었던 것이다. 그것이 그의 나이 44세 때 어느 눈 오는 날 밤, 오산의 어떤 민가에서 이루어진 것만은 사실이다.

『벽암록』제5장, "설봉시중운雪峰示衆云. 진대지찰래盡大地撮來. 여속미입대如粟米粒大. 포향면전抛向面前." 설봉은 옛날을 회상하면서 1,700명이나 모인 젊은 스님들 앞에서 작은 모래알 하나를 주어들고 대중 앞에 내던지면서 이런 말을 했다는 것이다.

"자, 지구를 집어 드니 모래알만 하구나. 자, 너희들 받아보아라."

온 천하를 통일하여 모래 한 알로 만들어버렸다고 해도 그것이 눈에 들어 있는 한은 칠통불회漆桶不會, 암흑세계다. 역시 눈에 들어가면 장님이 되어 아무것도 모르게 된다. 최후의 한 꺼풀까지 벗겨버려야 한다. 그리고 중생을 위해서 자기 자신을 던져주어야 한다. 둘이 하나가 되고, 하나가 영(0)이 될 때 영봉이 되고, 설봉이 될 수 있을 것이다.

설봉은 지知에서 행行으로 넘어간 사람이다. 지와 행의 그 사이를 각覺이라고 한다. 당나라 희종은 설봉에게 진각 대사라는 호를 내려주고, 설봉이 개척한 절의 현판을 응천설봉사應天雪峰寺라고 써주었다. 설봉이 입적한 것은 서기 908년이다.

6. 운문의 좋은 날

〈일일호일日日好日〉은 『벽암록』 제6장에 있는 운문의 말이다. 운문 스님이 어느 날 제자들에게 이렇게 말했다.

"15일 이전은 내가 묻지 않겠다. 15일 이후에 대하여 너희들의 생각을 말해보라."

그러나 제자들은 그 말의 뜻을 알 수가 없었던지 아무 말도 내놓지 못했다. 그때 운문은 할 수 없이 혼자 중얼거렸다.

"하루하루가 다 좋은 날이지."

사람은 누구나 다 행복할 수가 있다. 태양이 만인의 것이며, 행복도 만인의 것이다. 빛나는 태양을 그대로 소유할 수 있듯이, 사람은 행복을 그대로 소유할 수 있다. 행복을 소유한 사람은 영원을 소유한 사람이다. 영원은 하루에 있다. 하루를 건강하게 산 사람은 영원을 소유한 사람이다. 세상에서 건강한 육체와 건강한 정신을 소유한 사람처럼 행복한 사람이 또 있을까.

행복은 건강에 있다. 몸이 아파도 불행하고, 마음이 아파도 불행하다. 몸이 아프든, 마음이 아프든, 아픈 사람은 언제나 불행하다. 몸과 마음에 아픔이 없어야 한다. 마음에 짓눌림이 없고, 몸에 짓밟힌 데가 없어야 한다. 운문은 오랫동안 마음의 짓눌림과 몸의 짓밟힘 속에 살고 있었다. 그러면서도 자기가 짓눌리고 짓밟히고 있는 줄을 몰랐다.

운문에게는 두 선생이 있었다. 몸의 병을 가르쳐준 사람이 목주睦州라는 스님이요, 마음의 병을 가르쳐준 사람이 설봉雪峰이라는 스님이다. 목주는 본래 제자들에게 거칠기로 유명한 스님이다. 운문은 목주를 찾아간다. 문밖에서 한참 대문을 두드렸으나 좀처럼 열어주지 않았다. 문밖에서 제자로 받아줄 것을 애원하자 목주는 문을 조금 열고 들어오는 운문의 멱살을 잡고 깨달은 바를 말해보라고 한다. 깨달으려고 온 운문에게 할 말이 있을 리가 없다. 그는 말을 못하고 머뭇거리는 운문을 밖으로 내밀고 문을 닫아 버렸다.

이때 운문의 발이 채 빠져 나오기도 전에 목주가 문을 닫고 만 것이다. 운문의 발목은 육중한 대문에 견딜 수가 없어 그만 부러지고 말았다. 운문은 아파서 견딜 수가 없어 소리를 질렀다. 그 순간 운문은 자기가 병신임을 깨달았다. 발목이 부러진 후에야 자기의 몸 전체가 병신이 아닌 데가 없음을 깨달았다.

목주는 발목이 부러진 운문을 설봉에게 보냈다. 운문은 설봉을 만나자 부처가 무엇이냐고 물으며 자기의 의견을 털어 놓았다. 설봉은 날카로운 목소리로 무슨 잠꼬대냐며 욕을 퍼부었다.

운문은 그때서야 자기의 얼이 빠진 것을 알았다. 운문은 설봉에게 깊은 절을 했다. 운문은 자기가 병신인 줄 알았을 때 몸의 건강을 되찾게 되었고, 자기의 얼이 빠진 것을 알았을 때 자기의 얼을 되찾을 수가 있었다.

어느 날 설봉은 요사이 본 바가 무엇인가 하고 물었다. 운문은 여러 성현이 본 바와 추호의 차이도 없다고 대답하였다. 운문도 영원을 가지게 된 것이다. 심신의 건강이 회복된 사람은 영원을 회복하게 된다. 성현에게는 어제도 없고, 오늘도 없고, 내일도 없다. 어제는 어제에게 맡기고, 내일은 내일에게 맡기고, 오늘은 오늘에게 맡길 뿐이다. 성현에게 있는 것은 하루뿐이다. 영원이 하루요, 하루가 그대로 호일好日이요, 호일이 그대로 행복이다. 행복은 하루에 있다.

『벽암록』제6장 본문에 "운문수어운雲門垂語云 십오일이전불문여十五日已前不問汝 십오일이후도장일구래十五日已後道將一句來 자대운自代云 일일시호일日日是好日"이라고 기록되어 있다. 설두雪竇는 이러한 송頌을 붙였다.

거각일去却一. 점득칠拈得七. 상하사유무등필上下四維無等匹. 서행답단유수성徐行踏斷流水聲. 종관사출비금적縱觀寫出飛禽跡. 초용용草茸茸. 연멱멱煙羃羃. 공생암반화낭자空生巖畔花狼藉. 탄지감비순약다彈指堪悲舜若多. 막동착莫動著. 동착삼십방動著三十棒.

오늘을 버리고 하루를 얻었으니 하나를 버리고 일곱을 얻은 것과 같다. 영원만 얻은 것이 아니라 무한도 얻었다. 무한에 있어서는 위나 아래나 동이나 서나 남이나 북이나 모두 마찬가지다. 무한을 얻으면 신도 얻는다. 사뿐사뿐 걸어가서 흘러가는 물소리를 끊을 수도 있고, 얼핏 쳐다보고 날아가는 새의 뒤 자취도 그릴 수 있는 절묘와 신통을 가질 수도 있다. 그러나 그것은 쉽게 되는 것이 아니다. 한길 이상 자란 풀과 캄캄한 연기의 벽을 뚫고 나간 사람만이 영원의 하루를 붙잡을 수 있다. 천사가 꽃을 뿌리고, 하늘이 거문고를 타는 영원의 하루를 놓쳐서는 안 된다. 놓치면 곤봉이 30대이고 끝없는 지옥이 계속된다.

7. 법안과 혜초

『벽암록』 제7장 〈법안혜초문불法案慧超問佛〉은 유명한 혜초慧超의 이야기이다. 혜초는 신라 사람으로 중국에 가서 불명佛名을 떨친 일세의 대도사다. 인도 출신으로 중국에 와서 밀교의 초조初祖가 된 금강지金剛智의 제자로서 혜초는 인도에 가서 불도를 닦고 불경을 가지고 돌아온 삼장법사이다. 그의 인도 여행기는 『왕오천축국전往五天竺國傳』으로 1908년 감숙성의 돈황 천불동에서 프랑스의 동양학자 폴 펠리오에 의해 발견되어, 8세기의 인도와 중앙아시아에 관한 기록으로는 유일한 학문적 증거물이 되었다.

그는 723년에 인도로 들어가 727년에 돌아왔다. 떠날 때는 30세였으며 돌아와서는 스승 금강지와 더불어 밀교경전들을 번역했다. 그 후 금강지의 후계자인 인도인 불공삼장不空三藏과 더불어 밀교경전을 연구하다가 중국 오대산의 건원 보리사에서 주지가 되어 80여 세에 입적하였다.

이러한 혜초가 『벽암록』 제7장의 주인공이다. 이 7장의 본문은, "혜초자화상慧超咨和尙 여하시불如何是佛 법안운法眼云 여시혜초汝是慧超"이다.

혜초가 선생님에게 물었다.

"부처가 무엇입니까?"

법안法眼이 대답했다.

"네가 혜초다."

요즘 식으로 말하면 혜초의 입학원서에는 불교학 전공, 법안 학장이 주는 졸업장에는 신라국 혜초라고 적혀있다는 것이다. 석가를 따라 25년을 수행하고도 인가를 얻지 못한 아난다가 있는가 하면 연꽃 한 송이에 불도를 계승하는 가섭도 있다. 불이 무엇이냐는 혜초의 물음에 '네가 혜초다'라는 대답으로 법안法眼의 불통佛通이 혜초에게로 이어진다. 마치 21일 동안 품은 계란 속에서, 노란 병아리의 주둥이는 계란껍질을 안에서 쪼고, 큰 어미 닭은 계란껍질을 밖에서 쪼아 병아리가 깨어나오는 것처럼 혜초의 한마디 물음과 법안의 한마디 대답으로 봄날은 무르익고 꾀꼬리는 꽃 속으로 숨는다.

설두는 법안과 혜초의 무르익었던 봄이 그리워 이와 같은 시로 노래 부른다.

강국춘풍취불기江國春風吹不起
자고제재심화리鷓鴣啼在深花裏

삼급낭고어화룡三級浪高魚化龍
치인유호야당수癡人猶戽夜塘水

봄은 무르익어 강남의 봄바람조차 일지 않는데, 어디서 꾀꼬리가 꽃 속에 숨어 우네. 잉어가 폭포를 뛰어넘어 용이 되어 날아가듯 혜초가 성불하여 법안과 같이 날아갔는데, 아직도 연못에서 잉어 잡겠다고, 계란껍질 속에서 병아리를 찾겠다고 하는 어리석은 사람처럼, 혜초문불 법안여시가 무슨 뜻일까 하고 깨어진 껍질을 더듬지 마라.

법안과 혜초는 영원한 생명이 되어 오늘도 자유자재로 날아다니고 있다. 혜초가 '문불問佛'하면 법안이 '여시汝是'하는 폼이 마치 큰 새가 울면 작은 새가 따라 울듯하고, 혜초가 "새가 무엇이냐?" 하고 물으면 법안은, "너도 날지 않느냐"고 대답을 한다. 나는 것이 새요, 새가 나는 것이다. 혜초는 혜초가 되어 날아야 불佛이다. 불이란 날아오르는(비飛) 사람이요, 기체가 된 사람이다. 선생님 기체후氣體候라고 한다. 불이란 선생님이요, 혜초(지혜초월智慧超越)는 기체후다. 기체가 되어야 날 줄도 안다. 법안과 혜초는 기체가 되어 날아다닌다. 아주 날아가기 전에 잠깐 법안法眼의 이력서를 살펴보기로 한다.

법안法眼의 본명은 문익文益으로 절강성 항주杭州 출신이며 7세에 출가하여 불학과 유학을 겸한 시인이었다. 불도를 찾아 헤매다가 복건성 장주漳州의 지장(계침桂琛) 선사를 만나게 된다. 지장은 문익의 박학에 놀라지 않을 수 없었다. 그는 유식론, 화엄론에 정통한 학승이었다. 그러나 지장은 아무리 꽃이 아름다워도 뿌리가 없어서는 안 될 것이라고 생각하여 "사람은 뿌리가 있어야지, 뿌리가 없으면 아무리 아름다운 꽃이라도 낙엽과 별로 다를 것이 없다"고 했다. 승조僧肇도 사람은 천지동근天地同根 만물일체萬物一切라고 했는데 그대와 산하대지山河大地는 같은가, 다른가 하고 시험문제를 냈다.

문익이 다르다고 대답하자 지장은 두 손가락을 펴보였다. 깜짝 놀란 문익이 같다고 하자 이번에도 지장은 두 손가락을 펴서 또 보여주었다. 문익은 알 수가 없어 그만 창피막심하게 되었다. 유식화엄의 기염은 얼굴을 쳐들 수 없게 되어 다른 곳으로 길을 떠나려 했다. 지장은 어디로 갈 것이냐고 물었다. 문익은 부끄러운 듯이 이렇게 맥없이 대답했다.

"그저 돌아다니는 것이지요."

돌아다니는 까닭이 있을 것 아니냐고 지장이 다시 묻자 그것조차 모르겠다고 실토하고 말았다. 지장이 "모르는 것이 사실이다" 하고 대답하는 순간 문익은 무엇인가 얻은 바가 있었다.

결국 실재의 세계는 모르는 세계이다. 일체 아는 것을 털어버리고 모르는 세계에 도달하는 것이 실재에 도달하는 길일 것이다. 뿌리는 모르는 것이다. 모르는 세계와 하나가 되는 것이다. 문익은 용기를 얻어 아는 것을 떨쳐버리고자 길을 떠났다. 지장도 대문 밖까지 나와 전송을 하고 헤어지려는 찰나에 지장은 문

앞에 있는 돌을 가리키며 물었다.

"그대는 삼계유심三界唯心 만법유식萬法唯識이라고 했는데 이 돌은 마음 안에 있는 것인가, 마음 밖에 있는 것인가?"

문익은 대답했다.

"심외무법心外無法하니 이 돌도 마음속을 벗어나지 못할 것입니다."

그랬더니 이번에는 지장이 다시 질문을 던졌다.

"빈 몸으로 가기도 어려운데 돌은 왜 마음속에 담고 가지?"

문익은 돌에 맞은 사람처럼 그 자리에 쓰러져 일어설 수가 없었다. 그는 떠나던 길을 멈추고 다시 지장원으로 돌아와 지장 선사 밑에서 참선 정진을 계속했다. 문익의 지식은 좀처럼 떨어져 나가지 않았다. 입만 열면 화엄경을 비롯한 어려운 논리와 높은 지식이 줄줄 이어 쏟아져 나왔다. 그러나 지장은 일체의 지식을 웃어 넘겼다. 아무리 많은 지식일지라도 뿌리가 없으면 그것은 죽은 지식에 불과하기 때문이다.

"그대는 불도를 꿈에도 모르는군. 본래 불도란 지식이 아니야."

문익은 그만 지장 앞에 무릎을 꿇고 애원을 했다.

"스님 앞에서는 논리도 지식도 아무 쓸데가 없습니다. 이제는 할 말도 없고 늘여 갈 생각도 끊어졌으니 제발 목숨을 건져주십시오."

그때 지장이 "네가 다시 불도를 말하면 불도는 네 것이 되리라" 하고 말하자 이 말이 문익의 귀에는 고막이 터질 듯이 강하게 들려왔다. 전신에서 땀이 쏟아지고 막혔던 담이 무너지듯 문익의 눈이 떠지고 말았다. 장님이 눈을 뜨듯 그는 진리의 눈을 뜨게 되었다. 이리하여 그는 법안法眼이 된 것이다.

8. 취암의 눈썹

『벽암록』 제8장에는 취암翠巖의 이야기가 나온다. 〈취암미모 翠巖眉毛〉라는 취암 스님의 눈썹 이야기다. '눈썹이란 본래 아무 쓸데없는 것처럼 보이지만 사실 그것처럼 중요한 것이 없다'라는 말인데 무용지용無用之用의 예로 잘 쓰인다. 무용지용이란 장자의 말로서, 위대한 사람은 큰 나무 같아서 젓가락이나 이쑤시개로는 쓸 수 없지만 큰 집의 대들보나 기둥으로 쓰인다는 것이다. 무용이대용無用而大用이란 말이다. 하늘이나 허공은 소용小用은 안되지만 대용大用은 된다.

눈썹이 무용지용의 예로 쓰이는 까닭은 눈썹이 그것으로는 볼 수도 없고 들을 수도 없어 아무 소용이 없는 것 같아도 만일 사람에게 눈썹이 없다면 그는 문둥병자라는 증명이 되는 것이기 때문이다. 세상에서 제일 무서운 병이 문둥병이다. 문둥병에 걸리면 눈썹이 떨어진다. 문둥병은 신경이 마비되는 병이다. 불에 손을 집어넣어도 뜨거운 줄 모른다. 옛날 사람들은 신을 거역한 사람이 천벌을 받아서 문둥병에 걸린다고 생각했다. 문둥병을 천형병天刑病이라고 생각했다. 그래서 눈썹이 없다는 것은 천벌을 받은 사람이요, 무서운 문둥병환자이다. 눈 하나만 못쓰게 되는 것이 아니다. 신경이 마비되고 정신이 빠져나가고 신이 빠져나가는 것이다. 눈썹이 없다는 것은 얼마나 무서운 일인지 모른다. 눈 하나가 없을지언정 눈썹이 없어서는 안 된다. 눈썹은 아무 쓸데없는 것처럼 보이나 정신이 있고 신경이 성하다는 표다. 눈썹은 부분적인 소용에 쓰여지는 것이 아니라 전체가 성하다는 말이다. 눈썹은 적게 보면 무용이지만 크게 보면 그처럼 필요한 것이 없기에 그것이야말로 대용이다.

그런데 취암미모란 무슨 말일까?

어느 여름 취암이 특강을 했다(취암하말시중운翠巖夏末示衆云).

"여름 내내 너희를 위하여 강의를 했는데(일하이래一夏以來 위형제설화爲兄弟說話), 아직도 내 눈썹이 붙어 있는가(간취암미모재마看翠巖眉毛在麽)?"

보복이 말하기를(보복운保福云), "도둑놈 같이 얼은 빼놓고(작적인심허作賊人心虛)."

장경이 말하기를(장경운長慶云), "빠지기는커녕 더 났는데 뭘(생야生也)."

운문이 말하기를(운문운雲門云), "이놈아, 도망 못 간다(관關)."

이것이 원문의 전부다. 취암 스님이 여름 내내 강의를 한 후 아직 내 눈썹이 있나 보라고 한다.

8. 취암의 눈썹 69

그 뜻을 옛날 희랍 신화의 프로메테우스와 관련지어 생각해 보기로 하자. 프로메테우스가 하늘에 올라가 태양으로부터 불을 훔쳐 갈품에 붙여가지고 내려와 사람들에게 갖다주었기 때문에 사람들은 많은 동물을 이겨 만물의 영장이 되었고, 문화를 건설하여 승리자가 되고 자유인이 되었다고 한다. 그래서 프로메테우스는 인간의 구세주가 되었지만, 천신들은 사람들이 너무 강해져서 신까지도 무시하게 되었기 때문에 몹시 노여워하였다. 천신들은 사람이 이렇게 거만하게 된 것은 프로메테우스가 태양신 모르게 불을 훔쳐다준 탓이라고 하여 프로메테우스를 어떤 절벽 푸른 바위(취암翠巖)에 결박해 놓고 독수리를 시켜 매일 같이 그의 간을 쪼아 먹게 하였다. 그리하여 간이 새로 돋아나면 또 쪼고 또 쪼아 프로메테우스는 계속해서 심한 고난을 겪는다는 이야기다. 즉 사람을 동정한 죄로 천벌을 받는다는 이야기다.

취암미모라는 말은 "내가 금년 여름 너희들을 사람이 되게 하기 위하여(문화인), 하늘에서 불(불법佛法)을 훔쳐다 너희들에게 주었는데 내가 하늘의 형벌을 받아 문둥이(천형병天刑病)가 되지 않았는지 모르겠다"고 하는 것이다. 거기에 대해 그 말을 듣고 정말 마음이 밝아진 보복은 "선생님이 훔쳐 오신 그 불의 덕으로 내 마음이 환하게 밝아졌습니다(심허心虛). 정말 고맙습니다"라고 말한다. 이것은 또 "하늘의 불은 훔쳐오지 못하고 내 집의 돈만 훔쳐가는 좀도둑이지 뭐냐. 하려면 하늘의 불을 도적하지 내 지갑을 털어서 지금까지 있던 것도 더 없게 한단 말이야.

네가 무슨 선생이냐" 하고 농담을 건 답변이라고도 볼 수 있다.

하여튼 흐뭇한 풍경이다. 장경도 "눈썹이 없어지기는커녕 눈썹이 더 자랐네." "불도 훔쳐오지 못하고 무슨 큰 소리만 치노" 하고 농담을 거니 운문도 "너 같은 좀도둑이 어디로 도망가려고. 자, 이 관문을 빠져나가 보라. 너 같은 놈은 독안에 든 쥐새끼다. 아예 잡아 없애버려야겠다. 하여튼 취암 스님, 이제는 죽어도 한이 없겠소" 하고 최고의 찬사를 퍼붓는 말이다. 마치 봄동산에 소풍 간 것 같은 흐뭇한 풍경이다. 진리를 깨닫는 기쁨처럼 큰 기쁨이 어디 있으랴. 취암미모는 사랑 자체다.

취암은 10세기경의 호주湖州 사람으로 명주明州 취암에 살았다고 하여 취암 선사라고 하는 영삼令參 선사다. 그는 설봉의 제자이다. 보복은 장주漳州 보복선원의 개조로서 종전從展 선사 역시 설봉의 제자이다. 장경은 복건천주福建泉州 소경원昭慶院 주지로 역시 설봉의 제자이며 '일일호일'의 운문 역시 설봉의 제자로 취암과 세 사람은 사제관계라기보다는 선후배 관계이다. 결국 친구들끼리 소풍간 것이라고 해도 좋다. 하여튼 취암에 동감했음에는 틀림이 없다. 취암도 동생들이 자기 말을 잘 듣는 데 대해 흐뭇함을 금할 수 없었을 것이다.

9. 조주의 사 대문

『벽암록』제9장은 〈조주동서남북趙州東西南北〉이라는 것이다. 동서남북이란 사통팔달四通八達, 소위 도道에 통했다는 말이다. 요즘 말로는 자유인이다. 도에 통한 사람을 자유인이라고 한다. 조주라는 사람은 자기가 확실히 진리를 깨달았다는 자신을 가지고 있었다. 마음에 걸리는 것이 아무것도 없는 자유인이었다. 사람은 누구나 자유를 그리워하고, 자유를 사랑한다. 조주 당시에도 조주를 그리워하고, 조주를 사랑한 사람이 얼마나 많았는지 모른다.

조주는 앞서 벽암록 제2장에 〈지도무난至道無難〉이라고 말한 주인공이다. 지도至道란 도에 통한 사람, 자유인이란 말이다. 도에 통한 자유인에게는 아무 어려움이 없다는 것이다. 마음에 무엇이든 걸리는 것이 있을 때가 어려운 것이다. 마음에 아무것도 걸리는 것 없이 가을 하늘처럼 맑게 개어 있는데 무엇이 어려울 것이 있느냐는 말이다. 그래서 조주는 지도무난이라고 한다.

어떤 사람이 조주에게 묻기를(승문조주僧問趙州),

"조주란 어떤 사람입니까(여하시조주如何是趙州)?"

조주가 말하기를(주운州云),

"동문, 서문, 남문, 북문(동문서문남문북문東門西門南門北門)이다."

이것이 원문의 전부이다.

조주는 물론 종심從諗 선사이다. 조주라는 성에 살고 있었기 때문에 조주 스님이라고 불리는 것뿐이다. 어떤 사람이 단도직입적으로 조주의 심장을 찌른 것이다. '네가 무엇이냐?' 이런 찌름에 조주는 '나는 자유다'라고 대답했다는 것이다. 물론 조주가 자유다, 라고 한 말은 자유라고 뽐내는 말이 아니다. 조주는 나이 육십에 깨달은 후에도 여전히 배우기 위하여 이십 년 동안이나 천하를 두루 돌아다녔다는, 글자 그대로 겸허한 스님이었다. 조주는 '아무리 어린아이라도 나보다 나으면 배워야 하고, 아무리 백 살이 되었어도 나보다 못하면 가르쳐주어야지'라고 생각하여 서원을 세우고 살았던 사람이다. 거저 배우고, 거저 가르치는 것뿐이다.

내가 잘났다는 것이 길이 아니라, 배우는 것이 길이다. 다 안다는 것이 길이 아니라, 알고자 하는 것이 길이다. 진리를 깨달았다는 말은 다 알았다는 말이 아니라, 죽을 때까지 배우고 싶다는 말이다. 배워서 무슨 학자가 되겠다는 것이 아니라 나보다 못한 사람에게 알려주겠다는 것이다. 내 것이라든가, 내가 가지겠다든가, 내가 되겠다는 것이 아니다. 가지면 무엇하고, 되면 무엇하며, 내 것이 어디 있는가. 물도 내 물이 아니고, 돈도 내 돈이 아니고, 생명도 내 생명이 아니고, 마음도 내 마음이 아니다. 다 전체의 것이다. 전체의 것을 받아서 전체로 돌리는 것뿐이다. 거저 받는 마음, 거저 주는 마음, 받고 싶은 마음, 주고 싶은 마음, 거저 받고, 거저 주어서 사는 날까지, 힘 있는 데까지 한결같이 가는 것뿐이다. 그것이 길이요, 그것이 자유다.

물론 가노라면 동문(발심發心)도 거치고, 남문(수행修行), 서문(보리菩提), 북문(열반涅槃)도 거치게 된다는 것은 많은 선배들의 경험담이니 우리의 경험과 멀 수는 없을 것이다. 누구에게나, 맨 처음에는 알려고 결심하고(발심發心), 애를 쓰며 노력하고(수행修行), 알게 된 다음(보리菩提)에는 아름답게 살아가는(열반涅槃) 계단이 있을 것이다. 세상에 알고 싶은 마음이 없는 사람도 없을 것이고, 알려고 노력하지 않는 사람도 없을 것이고, 또 그렇게 노력해서 알지 못하는 사람도 없을 것이고, 또 알고 살아가면서 진리와 하나가 될 때 기쁘지 않을 사람도 없을 것이다. 이런 경험은 조주만의 경험이 아니라 모든 사람의 경험일 것이다. 조주만의 길이 아니다. 누구나의 길이다. 조주만이 자유인이 아니라 누구나 다 자유인이다.

젊은 중은 열이 나서 조주를 찾아가 수십 년 동안 간 칼로 단도직입적으로 조주의 심장을 뚫으려 했지만 조주의 심장이 그렇게 만만하게 뚫릴 것인가. 천만에. 벌써 화살은 동문, 서문을 지나 지구를 한 바퀴 돌아, 활을 쏜 젊은 중의 뒤통수에 명중하지 않았을까. 젊은 중의 마음도 뚫리면 조주와 별로 다를 것이 없을 것이다. 조주의 마음이 네 마음이요, 네 마음이 또 내 마음이다. 다 같은 마음이요, 알고 싶은 마음이요, 안 마음이지, 어디 다른 마음이 있을 리 없다. 다 같은 마음이요, 한 마음이다.

사람은 누구나 다 성城이다. 산위에 세운 성이다. 문을 닫으면 쥐새끼 한 마리 빠져 나갈 틈이 없는 성이요, 문을 열면 동풍, 서풍이 마음대로 들어올 수 있는 성이다. 강할 때는 금강석처럼 강하고, 무를 때는 물처럼 무르다. 한번 문을 닫으면 일체가 범할 수 없는 성역이 되고, 한번 열면 모든 것을 포섭하는 피난처가 된다. 사람은 그런 것이다. 인격은 그런 것이다. 강할 때는 강철보다 강하고, 무를 때는 무른 메주보다 더 무르다. 조주가 무엇이냐고 하는 질문에 네 앞에 장엄하게 하늘을 찌르는 성도 안 보이느냐, 라고 묻는 반문도 되지만 조주라는 성은 문이 사방에 뚫려서 아무라도 들어올 수 있는 구원의 성이지, 하는 대답도 된다.

젊은 중이 장엄하게 우뚝 솟은 조주의 인격에 감탄을 금할 수가 없었음은 말할 것도 없을 것이다. 동서남북의 모든 문을 열어놓고 환영하는 조주 스님의 자비에 감격하여 마지않았을 것이다. 네가 무어냐고 묻는 질문에 '당신이 나보다 나으면 내가 겸손히 무릎을 꿇고 배우리다. 만일 당신이 나에게 배울 것이 있으면 얼마든지 배워가시오' 하는 조주의 겸허한 마음이 눈에 보이는 것 같다. 아마 조주도 젊은 중에게서 많이 배웠을 것이고, 젊은 중도 조주에게서 많이 배웠을 것이다. 그들 사이에는 유무상통有無相通으로 서로 통하는 우정을 금할 수 없었을 것이다. 진리의 세계는 늙고 젊고가 있을 수 없다. 서로 진리의 꿀을 한 움큼씩 따먹고 꿀 먹은 벙어리처럼 아무 말도 못하고 법열에 잠긴 것이 아닐까.

10. 목주의 얼간이

『벽암록』제10장은 〈목주약허두한睦州掠虛頭漢〉이라는 것이다. 허두虛頭란 머리가 텅 비어 아무것도 든 것이 없는 깡통이란 말이다. 세상에는 아무것도 모르면서 아는 체 큰소리치는 사람도 있고, 정말 아무것도 모르면서 자기는 꼭 알고 있다고 착각하는 사람도 있다. 철학의 세계는 아는 것만 가지고는 안 된다. 알고 또 알아야 한다.

목주는 제6장에 나오는, 운문의 발목을 부러뜨려 불법을 깨닫게 한 사나운 스님이다.

어느 날 목주가 어떤 중에게 물었다(목주문승睦州問僧).

"어디서 왔나(근리심처近離甚處)?"

중이 무섭게 고함을 질렀다(승변할僧便喝).

그랬더니 목주가(주운州云),

"내가 너한테 야단을 맞는구나(노승피여일할老僧被如一喝)."

중이 또 소리를 질렀다(승우할僧又喝).

목주가 말하기를(주운州云),

"계속해서 큰소리치면 어떻게 할 생각이냐(삼할사할후작마생 三喝四喝後作麼生)?"

그때야 중은 거꾸러지고 말았다(승무어僧無語).

목주는 한 대 후려갈기며 깡통 같은 녀석이라고 욕을 퍼부어 내쫓고 말았다(주변타운州便打云 저약허두한這掠虛頭漢). 이것이 본문의 전부이다.

학교 선생이 되고 종교 지도자가 되면 밤낮 같은 소리만을 되풀이 하면서 평생을 보내게 되는 수가 많다. 오늘도 큰소리치고 내일도 또 큰소리치면서 마치 바람에 흔들리는 허수아비처럼 아무 의미 없는 삶을 계속하는 사람들이 얼마나 많은가. 오늘도 공장에서 쇠를 깎고, 내일도 밭에서 풀을 뜯고, 오늘도 학교에서 강의를 하고, 내일도 교회에서 설교를 하고 하루하루 시간에 쫓겨서 사는 인생이 얼마나 많은가.

목주의 말대로 세 번 네 번 소리를 쳐서, 도대체 어떻게 하자는 것이냐. 밥을 먹고, 싸고, 세월을 보내서, 도대체 어떻게 하자는 것이냐. 목주의 말은 무서운 말이다. 시간은 끊어져야 시간이지, 끊어지지 않으면 시간이 아니다. 시간은 때 시時와 사이 간間이 합쳐서 된 것이다. 끊어진 것이 시간이요, 이 끊어진 시간을 사는 삶만이 정말 인생이다.

시간은 계속되는 것이 아니다. 오늘도 내일도 계속된다면 그것은 시간이 아니다. 오늘과 내일은 끊어져야 한다. 오늘은 오늘로서 살고, 내일은 또 내일로서 살아야 한다. 오늘의 나와 내일의 나는 계속된 것이 아니라 오늘은 오늘의 나요, 내일은 내일의 나다. 오늘도 새 오늘이요, 내일도 새 오늘이다. 마치 샘이 오늘도 새 물이요, 내일도 새 물인 것처럼 오늘도 새 하루요, 내일도 새 하루가 되어야 한다. 그것이 참이요, 그것이 사는 것이다.

그런데 오늘도 하루요, 내일도 하루요, 밤낮 같은 하루라면 그것은 계속하는 하루요, 묵은 하루요, 죽은 하루요, 썩은 하루지 산 하루가 아니다. 산 하루는 끊어져야 한다. 어제와 오늘은 같은 하루가 아니다. 어제와 오늘은 전혀 다르다. 어제와 오늘이 연결된 것은 아무것도 없다. 전후는 완전히 끊어져버렸다(전후제단前後際斷).

하루를 더 살고 죽는 것이 아니다. 오늘은 오늘로 장사지내고, 내일은 내일로 장사지내는 것뿐이다. 세상에는 오래 사는 것을 복이라고 생각하는 사람들이 있다. 그러나 그것은 망상에 불과하다. 천 년을 살면 어떻고, 만 년을 살면 어떠랴. 그것은 껍데기에 붙은 망상에 지나지 않는다.

천 년을 살아도 그것이요, 만 년을 살아도 그것이다. 죽은 하루를 천 번을 곱하건, 만 번을 곱하건 그것은 죽은 하루지 산 하루는 아니다. 시간의 축적이 영원은 아니다. 그것은 장시간長時間일 뿐이다. 영원은 시간을 초월하는 데 있는 것도 아니다. 시간을 초월한 세계는 시간 없는 세계요 무시간이지 영원이 아니다. 영원은 찰나 속에 있고, 끊어진 시간 속에 있다. 끊어진 시간만이 산 시간이요 그것이 참시간이다.

  참은 빈 깡통이 아니다. 참은 껍데기가 아니라 속이요 찰나이다. 찰나를 사는 것이 참이다. 시간을 초월한 동시에 시간에 내재하는 것이 참이다. 하루를 알차게 사는 것이다. 내일을 바라는 것도 아니고, 어제를 그리워하는 것도 아니고, 오늘을 뜻있게 살자는 것도 아니다. 일체를 초월하여 일체에 내재해서 사는 것뿐이다. 그것을 끊어진 시간이라고 한다. 하루를 사는 것뿐이다. 하루를 사는 것이 영원을 사는 것이다. 오늘로 끝을 맺는 것이 아니라 오늘이 터져 나가는 것이다. 오늘도 터져 나가고, 내일도 터져 나가고, 모레도 터져 나가는, 샘솟는 하루하루, 그것이 사는 것이다.

11. 황벽의 술찌끼

『벽암록』제11장은 〈황벽당주조한黃檗噇酒糟漢〉이라는 것이다. 황벽은 황벽산에 살던 희운希運 선사이다. 유명한 마조도일馬祖道一의 솜씨를 뽑아가진 백장회해百丈懷海의 제자로 키가 일곱 자이고 나면서부터 선에 통했다는 위걸이었다.

그러나 한때는 참빛을 찾아 얼마나 헤맸는지 모른다. 어느 날 낙양에서 문전걸식을 하면서 목숨을 이어가고 있을 때였다. 어느 집 문 앞에서 목탁을 두드리고 바리때를 내놓았더니 창문을 살며시 열고 어떤 할머니가 욕을 퍼부었다.

"받을 셈도 무던히 많다."

황벽은 어이가 없어 빈 바리때를 뒤집어엎으며 물었다.

"여보 할머니, 아무것도 준 것 없이 내가 받으려고만 한다니 무슨 뜻이오?"

노파는 아무 말 없이 웃으며 문을 잠가버렸다. 황벽은 얼핏 육감으로 이 노파가 보통 노파가 아니라는 것을 눈치 채고 다시

문을 두드려 열어 달라고 한 후 공손히 노파의 가르침을 청했다. 노파는 황벽의 겸손한 태도에 마음이 끌렸던지 다음과 같이 일러주었다.

"쓸데없이 돌아다녀봐야 아무것도 안 돼. 이제부터는 공연히 쏘다니지 말고 곧장 강서의 마조를 찾아가라."

마조는 『벽암록』 제3장의 주인공이다. 황벽은 깊이 사례하고 곧장 강서로 갔다. 가보니 마조는 이미 세상을 떠나고 그의 수제자 백장이 스승 무덤 옆에 초막을 짓고 스승의 떠나심을 추모하고 있었다.

황벽은 백장에게 마조의 이야기를 들려달라고 부탁했다. 백장은 자기의 경험을 한 토막 이야기해주었다.

어느 날 백장이 마조를 찾아가니 마조는 담에 걸려 있던 총채를 내주었다. 백장이 마조에게 "먼지를 털까요?" 하고 물으니 마조는 다시 총채를 빼앗아 담에 걸었다. 마조는 백장에게 "후일 네 제자가 너에게 묻는다면 어떻게 할 것인가?" 하고 물었다. "저도 다시 총채를 빼앗아 담에 걸겠습니다" 하고 대답하자 마조는 고막이 터져 나갈듯 고함을 질렀다는 것이다.

이 고함에 백장이 얼이 빠져 사흘이나 아무것도 듣지를 못했다고 하자 황벽도 얼이 빠져 귀가 막히고 말았다. 백장이 황벽에게 "자네도 마조의 제자가 되었네" 하고 말하니 황벽은 스님 덕으로 마조의 솜씨를 본 것뿐이니 자기는 백장의 제자임에 틀림이 없다고 하였다.

백장은 또 이런 얘기도 들려주었다.

어느 날 마조가, 산에 갔다 오는 백장을 보고 요새 산에 무서운 호랑이가 있다는데 보지 못했느냐고 묻자 백장은 무서운 모습을 하고 으르렁거렸다. 그 후 황벽도 무서운 호랑이가 되어 수많은 사람을 물어뜯게 된다.

『벽암록』제11장에는 또 이런 말이 있다. 어느 날 황벽이 무리를 보고,

"이 얼빠진 놈들, 밤낮 쏘다니면 무얼 하나. 천하에 선사가 없는 줄도 모르고."

(황벽시중운黃檗示衆云. 여등제인汝等諸人. 진시당주조한盡是噇酒糟漢. 임마행각恁麽行脚. 하처유금일何處有今日. 환지대당국리還知大唐國裏. 무선사마無禪師麽.)

그 말을 듣고 있던 한 중이 묻기를,

"여기저기 수백 명씩 학생을 거느리고 가르치는 그들은 선사들이 아니고 무엇입니까?"

(시유승출운時有僧出云. 지여제방광도령중只如諸方匡徒領衆. 우작마생又作麽生.)

황벽이 말하기를,

"내 어디 선禪이 없다고 했나. 사師가 없다고 한 것뿐이지."

(벽운檗云. 부도무선不道無禪. 지시무사只是無師.)

"너희들은 유명한 선생을 찾아 자꾸 돌아다니는데 세상에 유명한 선생이 있으면 무얼 하냐. 너희들이 얼빠진 망둥이들인데.

주조한酒糟漢이란 술을 짠 찌꺼기란 말이다. 술 짠 찌꺼기처럼 얼빠진 놈들이란 말이다. 쌀알이 빠져서 바람에 날리는 쌀겨처럼 유명한 도사나 법사나 선사를 찾아 밤낮 발바닥이 닳도록 돌아다니면 무얼 하나. 너희 눈알도 발바닥같이 닳아 눈을 떴다고 해도 보지 못하는 주제에 누구를 찾겠다고 돌아다니며, 도대체 세상에 도사가 없다는 것을 아직도 모르고 있느냐. 이 얼빠진 놈들아!"

이렇게 욕을 퍼붓자 한 젊은 중이 질문을 했다.

"요새 여기저기 수백 명을 이끌고 강의하는 스님들이 얼마든지 있는데 그들이 선사가 아니면 누가 선사입니까?"

황벽은 이렇게 꾸짖었다.

누가 선禪이 없다고 했나. 사師가 없다는 것뿐이지. 누가 도道가 없다고 했나. 그 도를 체득한 사람이 없다는 말이지. 누가 스님이 없다고 했나. 속알이 든 스님이 없다는 말이지. 물론 속알이 든 스님이 없다는 말도 아니다. 너희들이 속알머리가 없다는 것이다. 속알은 자기 속에 있는 것인데 자기 속에서 진주를 찾지 않고 마치 산에 가서 생선을 구하는 사람처럼 돌아다니기만 하면 어떻게 하자는 것이냐. 진주잡이 여인처럼 자기 속의 바다를 깊이 탐구해 들어가라는 것이다. 생각을 거듭하여 깊이 파고 들어갈 것이지, 이 사람의 말 한마디 듣고, 저 사람의 말 한마디 듣고 언제 깨달을 것이냐? 깨닫는 것은 자기가 깨닫는 것이지 남이 깨닫게 해주는 것이 아니다. 깨달음이란 자기의 종교경험으로 터

득되는 것이요, 자기의 피부로 차고 뜨겁고를 알아가는 세계이지, 남의 말이나 남의 글을 통해서 이해되는 성질의 것이 아니다. 자기의 속을 파 들어가서(지관타좌只管打坐) 자기의 몸과 마음을 꿰뚫어(신심탈락身心脫落) 그 속에서 터져 나오는 생명의 샘을 퍼마실 때에야 비로소 깨달았다고 할 수 있을 것이다.

그러므로 깨닫는 데는 언제나 천고만난千苦萬難의 자기 뚫음(일이관지一以貫之)이 필요하다. 하나도 자기요, 둘도 자기요, 셋도 자기다. 내가 무엇이며(기사구명己事究明) 내 속에 무엇이 있는지 곧게 곧장 파들어가야 한다(직지인심直指人心). 깨달음은 마음의 통일이지 마음의 산만散漫이 아니다. 마치 렌즈로 태양열을 모으듯이 나의 정신이 통일되어 불이 붙을 때 그 불로 자기를 보는 것(견성성불見性成佛)이 깨달음이다.

자기의 정신 광명으로 자기의 형상을 보는 것이지 그 외의 어떤 것도 아니다. 쓸데없이 말과 글에 걸려 이 스님 저 스님을 찾아다니면 그것은 교외별전도 아니요, 불립문자도 아니다. 선에는 본래 스승이 없는 법이다. 석가도 혼자 깨달았고 달마도 혼자 깨달았지, 둘이나 셋이 같이 깨달은 것이 아니다. 사람은 살아도 혼자 살고, 죽어도 혼자 죽지, 둘이, 셋이 같이 사는 것이 아니다. 혼자 깨달았을 때에만 다 같이 살게 되는 것이다(이심전심以心傳心).

스승이 있어도 내가 깨어야 하고, 스승이 없어도 내가 깨어야 한다. 말을 물에 끌고 갈 수는 있어도 물을 마시게 할 수는 없다.

스승은 물에 끌고 갈 수는 있어도 먹여줄 수는 없다. 먹는 것은 내가 먹는 것이다. 내가 먹어야 내 배가 부르지 남이 먹어줄 수도 없고, 먹여줄 수도 없다. 선에는 본래 스승이 없다(본래무일물 本來無一物). 선은 있어도 스승은 없는 것이다(보리본무수菩提本無樹).

"누가 선이 없다고 했나? 스승이 없다는 말이지"라고 한 황벽의 한마디는 선禪의 본질을 꿰뚫고도 남음이 있다.

12. 동산의 베 서 근

『벽암록』제12장은 〈베 서 근(마삼근麻三斤)〉이라는 장이다. 어떤 중이 동산에게 부처가 무엇이냐고 물었더니 동산이 "베 서 근"이라고 대답했다(승문동산僧問洞山 여하시불如何是佛 산운山云 마삼근麻三斤). 이것이 전부다. 여기서 말하는 동산이란 동산 지방에 살던 수초 선사守初禪師를 말한다.

동산이란 곳은 호북湖北 양양襄陽에 있는 지명이다. 수초는 오대五代의 어지럽던 시대에 불교가 전멸의 위기에 처하였을 때 마지막까지 불교의 불씨를 유지해간 사람이다. 빨간 숯 덩어리가 재속에 묻혀 있을 때는 불기운이 얼마든지 오래 가지만 박해와 탄압의 거센 바람이 불어 숯덩어리를 싸고 있던 재나 신도들이 자꾸 사라져가면 나중에는 까만 숯덩이만 남게 된다. 그 속의 불씨를 마지막까지 보전하기 위해서는 처음에 가졌던 첫사랑을 결사적으로 지켜가야 한다.

동산이야말로 첫사랑을 계속 지킨 수초守初 스님이었다. 동산의 숯불은 무섭게 빨갛고, 무섭게 탄다. 마치 태양처럼 흰 불똥이 튀는 것 같았다. 이때도 무서운 박해의 바람 때문에 아마 측근자들은 다 도망치고 동산만 혼자 우뚝 남아 있었는지도 모른다.

박해를 받으면서도 불도를 지켜야 했던 중들의 고민과 어려움이 가히 짐작이 된다. 불도를 떠나서 세상으로 돌아가야 하는 것인지, 마지막까지 고집하다가 생명을 바쳐야 하는 것인지, 그들에게는 현실적인 고민이 한두 가지가 아니었을 것이다.

불도를 버리고 살 것인지, 불도를 지키다 죽을 것인지 고민에 고민을 거듭하던 한 중이 심각한 얼굴로 동산에게 물었던 것 같다. 도대체 불도라는 것이 무엇인가 하고 동산에게 묻자 수초의 불똥이 번개처럼 튄다.

베 서 근(마삼근麻三斤)이 그 당시에 무엇을 의미했는지는 모르나 우리의 상식으로는 시체를 싸는 것이 베라고 생각한다. '베 서 근'은 죽는다는 말과 같은 뜻일 것이다. 부처가 별거냐. 죽는다는 거지. 동산의 베 서 근은 무서운 말이다. 부처가 무엇이냐고 묻는 중은 지금 불도를 떠나서 고향으로 돌아가 장가들고 아들 낳아 부모님을 모시고 친척들과 같이 재미있게 살 것을 꿈꾸고 있었을지도 모른다. 또 그렇게까지 생각은 안 했다고 해도 불교는 자기를 행복하게 해줄 수 있는 길이라고 생각하여 좇아왔는지도 모른다. 거기에 대한 동산의 한마디는 너무나 지독하다고 할 수 있다.

어쩌면 묻는 그 중이 수제자인지도 모른다. 아마 송사리들 앞에서는 그런 말을 하지 않았을 것이다. 그 제자가 아주 큰 물고기였기에 동산은 그 물고기를 놓치기가 너무 아까워서 고래를 쏘는 대포창처럼 단도직입적으로 그 제자의 가슴 한복판을 '죽음' 또는 '베요' 하고 불똥을 튀겼는지도 모른다. 무서운 말이다. 서 근 베 홑이불, 다시 말해서 부처란 죽는 거다. "부처란 게 별거냐. 죽는 거야." 사람들은 죽는 거라고 하면 눈알이 뒤집혀버린다. 그러나 죽는다고 해서 눈알이 뒤집힐 것은 없다. 눈알이 뒤집히는 것이 아니라 눈을 감는 거다. 죽음이란 별것 아니야. 눈을 감는 거야. 그러니 삶도 별것 아니야. 그것은 눈을 뜨는 거야. 눈을 뜬다는 것은 육신의 눈만 뜨는 것이 아니다. 마음의 눈도 떠야 하고, 정신의 눈도 떠야 하고, 영혼의 눈도 떠야 한다. 눈을 못 뜨면 살았어도 산 것이 아니다. 동산의 베 서 근은 눈을 감고 불(화火)이 무엇이냐고 묻는 장님 제자 앞에서 이렇게 말하는 것일 게다.

"이놈아, 죽으면 베 서 근이야. 네가 베 서 근이야. 네가 죽은 놈이야. 네 놈이 얼빠진 놈이야. 얼이 빠졌으니 얼을 찾고 있는 거지. 부처란 얼이고 정신이고 마음이지 별건가. 부처란 너 자신이지 별건가. 이놈, 네가 네 자신을 찾고 있으면서 네 주머니의 돈을 나보고 달라는 것이냐. 네 놈이야말로 미친 놈 아닌가. 네 놈이야말로 죽은 놈 아닌가. 죽은 놈이 죽는 것이 무서워서 도망친다면 그래 어디로 도망을 칠 것인가. 똥을 콧잔등에 발라놓고 똥을 피한다면 어디로 갈 것인가."

업은 애 찾는 격으로 자기 자신이 부처인 줄도 모르고 부처가 무엇이냐고 묻는 얼빠진 친구를 앞에 놓고 동산도 기가 찼을 것이다. 거기에 돌이라도 있고 나무라도 있었다면 들고 쳤을지도 모른다. 거기에는 아무것도 없었다. 때마침 누가 베를 베다가 껍질을 벗겨 말려 가지고 시장에 내다 팔기 위해 삼베를 저울에 달고 있었다. 저울 눈금을 보니 서 근 가량 되었다. 서 근이면 홑이불 한 감은 될 법했다. 동산은, 불이 무엇이냐고 묻는 제자가 번뇌의 불이 붙어 백 간 기와집에서 "불이야" 하고 외칠 때 제자에게 베 서 근의 물을 쏟아 부어준다. 또는 날아가려는 참새 한 마리 위에 베 서 근으로 엮은 그물을 덮어씌운다. 동산의 재빠른 솜씨는 참으로 놀랄만하다. 베 홑이불에 참새는 정말 붙잡혔을까. 부처가 "죽음이야" 하고 뒤집어씌운 그 홑이불 속에서 죽은 제자의 시체가 꿈틀꿈틀 살아 나왔을까.

『벽암록』 제12장에는 아무런 설명이 없다. 설명이 필요 없기 때문이다. 설명을 붙이지 않아도 온 세상 사람이 그 결과를 다 알고 있기 때문이다. 온 세상 사람이라고 애매하게 말할 것도 없다. 누구나 온 세상 사람 아닌 사람이 없기 때문이다. 한 사람 한 사람 가만히 자기 살을 꼬집어보면 알 것이다. 꼬집어보아서 정말 내 살이 아픈지, 내 마음이 아픈지, 내 정신이 아픈지, 내 얼이 아픈지 알아보아야 한다. 애통하는 자는 복이 있나니 저희가 위로를 받을 것이라고 한다. 정말 아픔을 느끼는 사람은 시체가 아니다. 살아난 것이다. 아무리 동산수초가 베 홑이불을 덮어씌워도 아무 소용이 없을 것이다. 산 사람에게 베 홑이불이 무슨 소용이 있담. 베 홑이불을 툭툭 벗어버리고 일어나는 부처님 앞에서는 베 홑이불은 아무 맥도 못 쓴다. 불 속에 던져진 베 홑이불처럼 불을 더욱 빛나게 하는 소재 밖에는 되지 않는다. 동산수초의 불덩어리는 베 서 근이 들어감으로써 더욱더 강해질 것이다. 오늘도 베 서 근이란 한마디 때문에 동산수초의 불은 영원히 타고 있다고 할 수 있다.

불이 무엇이냐? 베 서 근이다.

불이 무엇일까? 베 서 근이 타는 것이 불이다. 생명이란 별것이 아니다. 죽음이 타는 것이다. 내 속에서 죽은 밥이 타고, 죽은 소가 타고, 죽은 김치가 타는 것이 생명이지, 그 외 별 것이 아니다. 죽음을 떠나서 생명이 있는 것이 아니다.

동산의 이야기 가운데는 이런 말도 있다. 동산이 어느 날 등잔을 청소하고 있었다. 그때 갑자기 어떤 중이 나타나 "선생님, 진리가 무엇입니까?" 하고 대들었다. 그때 동산은 "심지는 괜찮은데 기름이 없구나" 하고 대답했다는 것이다.

불이란 별 것이 아니다. 장작이 붙는 것이요, 기름이 붙는 것이요, 베 서 근이 붙는 것이다. 우주가 붙는 것이요, 아버지가 붙는 것이요, 어머니가 붙는 것이요, 세계가 붙는 것이요, 전체가 붙는 것이다. 붙는 것이 불이다. 몸의 불, 마음의 불, 정신의 불, 영혼의 불이 반짝이는 것이 불이다. 불이 무엇입니까? 불이 불이다.

불이 불이지 그 이상 더 설명할 것이 없다. 사실 동산은 아무런 대답을 안했어도 좋을 뻔 했다. 불이 무엇이냐고 물었을 때 불속에 밀어버렸으면 불속에 들어가서 뜨거운 줄을 혼자서도 알았을 터인데. 마치 그 제자가 유치원 어린이나 되는 것처럼 "엄마, 불이 무어야?" 하고 물어보는 어린이에게 엄마가 쓸데없는 짓인 줄은 알면서도 "불이란 뜨거운 거야" 하고 따뜻하게 대답해 주었다.

"불이 무어야?"

"불이란 뜨거운 거지."

불은 베 서 근, 정말 친절한 어머니의 사랑이다. 불속에 떠밀어 넣지 않고 불이란 베 서 근이라고 정말 따뜻하게 말해주는 동산의 친절함에 눈시울이 뜨거워진다. 동산이 언제부터 저렇게 의젓하게 나이가 들었나. 동산은 본래 일일호일의 운문의 제자다. 동산이 운문에게 부처가 무엇이냐고 물었을 때에는 운문은 동산처럼 그렇게 부드럽지 않았다. 운문은 불이 무엇이냐고 묻는 동산의 손가락을 꼭 잡고 불속에 가서 떠밀어 넣었다. 불이 뜨거운 줄도 모르고 끌려간 동산은 그만 소리를 지르며 불의 뜨거움을 가슴 깊이 간직하게 되었다. 그것이 처음을 지킨다(수초守初)는 것이다. 아마 동산은 그때 어지간히 뜨거웠던 모양이다. 그래서 자기 제자에게는 좀 더 친절하게 대했는지 모른다.

이제 동산이 운문과 만났던 이야기를 하나 적고 이 글을 끝내기로 한다. 동산은 운문이 큰 선생이라는 것을 얻어 듣고 운문에게 찾아갔다. 운문이 이런 질문을 던졌다.

"어디서 왔나?"

"사도 출신입니다."

"지난 여름은 어디 있었나?"

"호남 보자사에 있었습니다."

"그러면 언제 거길 떠났지?"

"8월 25일에 떠났습니다."

그때 운문은 참다못해 채찍으로 한 대 내리갈겼다. 적어도 운문이 물어보는 것은 출신을 묻는 것도 아니고, 주소를 묻는 것도 아니고, 떠난 날짜를 묻는 것도 아니었기 때문이다. 그의 소속을 묻고 있고, 그의 경지를 묻고 있고, 그가 깨달은 날짜를 묻고 있는 것이다. 운문은 진리를 말하고 있는 것이다.

그런데 동산의 답변은 하나같이 속세의 미혹뿐이다. 운문은 참아낼 수가 없었을 것이다. 적어도 운문을 찾아 구름문을 통하여 하늘나라로 날아가려는 새라면 아직 사도에 속해 있거나, 보자사에 살거나, 8월 25일에 떠난 고깃덩어리여서는 안 된다. 사도, 보자사도, 8월 25일도 없는 영원 무한에 살아야 한다.

동산은 한 대만 얻어맞은 것이 아니었다. 회초리가 부러져 나가도록 육십 대를 얻어맞았다는 것이다. 고문당한 죄수처럼 피투성이가 되어 감방으로 끌려가듯 동산수초도 자기 방으로 돌아갔을지 모른다. 진리를 깨달아 보겠다고 운문을 찾은 동산은 기가 막혔다. 아픈 상처를 어루만지면서 밤이 깊도록 잠도 못 이루고 어두운 한밤을 들여다보고 있는데 또다시 고문하려는 형리처럼 운문은 다시 동산을 불러들였다. 새까만 밤이다. 동산은 자기의 캄캄한 마음이 무서웠을 것이다. 그는 벌벌 떨면서 운문에게 이렇게 말했다.

"선생님, 왜 또 부르십니까? 또 때리시려는 것입니까? 선생님, 제가 무슨 죄를 졌다고 이렇게 가혹하게 저를 때리십니까?"

그때 운문은 머리끝까지 화가 치밀어 집이 떠나가도록 소리를 질렀다.

"이 뚱뚱아, 너 같은 천치가 무엇 하러 강서 호남을 돌아다니며 아깝게 밥만 축내는 거냐?"

그때 똥집이 빠져 나가듯 하더니 동산은 한 번에 텅 빈, 큰 산이 되고 말았다. 이것이 동산의 탄생이다. 동洞은 통이라고도 발음할 수 있으니 동산 스님보다 통산 스님이 더 옳을지도 모른다. 그래서 나는 통산 스님이라고 부르기로 하였다. 운문의 고함에 똥집이 터져 나가고 깨끗한 산골이 된 것이다.

이때부터 '운문의 할喝' 하면 천하의 명물이 되었다. 그 고함 소리에 동산의 고막이 터졌을 뿐만 아니라 똥집이 터지고, 욕심의 자루가 터져 나가고, 번뇌의 주머니가 터져 나갔기 때문이다.

13. 파릉의 흰 눈

『벽암록』제13장은 〈파릉은완리巴陵銀椀裏〉라는 장이다. 파릉은 경치 좋기로 이름난 동정호에 자리 잡은 명승지이다. 파릉을 이름으로 할 만큼 호감顥鑒 스님은 파릉의 명물이었다. 파릉은 유명한 운문雲門의 제자다.

파릉이 처음 운문을 찾아갔을 때의 일이다. 운문은 옛날 자기가 설봉 스님에게 찾아갔을 때 받은 화두를 지금 다시 자기를 찾아온 파릉에게 던졌다. 그 화두는 "문을 열면 달마 대사가 들어오신다"는 말이다. 그 말은 진리는 햇빛처럼 우주 안에 꽉 차있어서 문만 열면 진리는 언제나 들어오게 마련이라는 말이다. 진리는 언제나 문 밖에서 기다리고 있다. 선생님은 언제나 문을 두드리고 있다. 운문은 문을 열어 설봉 선생님을 맞아들였다. 운문이 구름문(운문雲門)을 열어주지 않았더라면 설봉은 얼어 죽었을지도 모른다. 운문은 자기가 스승을 구원해준 것이 너무도 자랑스러워서 기고만장하여 지금 새로운 신입생 앞에서 뽐내고 있는 것이다. 너도 문을 열어라. 그리하여 나로 하여금 들어가게 하라. 그것이 운문의 소원이었을 것이다. 파릉은 그 말을 못들은 체 하고, "선생님의 콧구멍에 꽉 차있는 것은 그 놈이던가요?" 하고 딴전을 부린다. 설봉이 운문을 열고 들어와서 어디로 갔나 했더니 운문 당신의 콧구멍에 틀어박혀 있다는 것이다. 운문이라고 해서 문이 열린 줄 알았더니 열리기는커녕 도리어 절벽같이 막혀버렸다는 것이다.

"너는 문을 열고 선생님을 들어오게 했다고 뽐내고 있지만, 뽐내는 동안에 열린 문은 도리어 철통같이 닫쳐지고 너도 모르게 네가 담벼락처럼 되었는데, 그것도 모르고 아직 열린 줄로만 생각하고 운문이라고 호를 붙이고 있는 네 모습이 가소롭기만 하다."

운문은 하도 어이가 없어서 또 딴전을 피운다.

"요 벼룩 같은 놈 보게. 물기도 잘하고 뛰기도 잘하네. 네가 뛰어야 얼마나 뛰겠나."

아마 마루 틈으로 벼룩이 뛰쳐나와 운문을 물어뜯고 달아났던 모양이다. 파릉은, "벼룩은 이쪽이요, 이리 뛰고 있어요. 스님 걱정 마세요. 제가 잡겠습니다" 하고 스님의 말을 가로채려고 한다. 그러나 파릉에게 빼앗길 운문이 아니다. 운문이 벼룩을 좇아 가다가 재채기를 한다.

"콧구멍이 막혀서 답답하더니 네 놈이 콧구멍에 들어가 간질이는 바람에 재채기가 나와 막혔던 달마가 통째로 나와버렸군"

하고 코를 풀었다. 이때 파릉은 벌써 벼룩이 되어 운문에게 붙잡히고 만 것이다. 이리하여 파릉도 운문의 제자가 되었다. 어느 날 어떤 중이 물었다.

"교종이 있는데 선종은 왜 또 필요합니까?"

"흰 물결을 바라보다가 잡았던 노를 놓치고 말았구만" 하고 대답하였다.

교종이건 팔만대장경이건 모든 말(어語)은 흰 물결(백랑白浪) 같은 거라고 생각했다. 흰 물결은 보기에는 좋지만 항해하는 데는 아무 쓸데가 없다. 물결이 커지면 항해하는 데 성가실 뿐이다. 교종은 아름답지만 말 뿐이요 말썽거리다. 말은 어떤 말이 제일 좋은가? 없는 말이 제일 좋다. 법은 어떤 법이 제일 좋은가? 없는 법이 제일 좋다. 문은 어떤 문이 제일 좋은가? 없는 문이 제일 좋은 문이다.

교종이 지의 세계, 철학의 세계라면 선종은 행의 세계, 종교의 세계라고 생각했다. 흰 물결에 정신이 팔리면 젓던 노를 놓치고, 철학에 정신이 팔리면 종교의 세계가 멀어지고 만다는 것이다. 막대기만 쳐다보다가 달을 놓치는 수가 있다.

동양에 있어서 철학은 어디까지나 수단이지 목적은 아니다. 목적을 잃지 않도록 하는 것이 파릉의 노파심일 것이다. 언젠가 어떤 중에게 총채를 주었다. 그 중은 "본래 깨끗한데 총채는 해서 무엇 합니까" 하고 대들었다. 파릉은 "깨끗하니까 쓸어버려야지" 하고 소리를 질렀다. 깨끗하다는 생각이 바위보다 더 큰 무엇인지도 모른다. 생각으로는 안 된다. 생각을 넘어선 세계라야 한다. 말을 넘어선 세계라야 한다. 사람을 살리는 것은 행의 세계이다. 사는 세계는 힘의 세계이다. 우리에게 필요한 것은 힘이지 말이 아니다. 말도 힘을 위한 말이요, 지知도 힘을 위한 지다.

제13장의 본문에 어떤 중이 물었다(승문파릉僧問巴陵).

"데바종이 무엇입니까(여하시데바종如何是提婆宗)?"

"흰 그릇에 눈을 담은 것이다(파릉운巴陵云 은완리성설銀椀裏盛雪)."

데바는 용수龍樹 보살의 도를 계승한 15대 대종사다. 용수 보살도 많은 책을 썼지만 데바 존자도 많은 책을 쓴 사람이다. 본래 그는 철학자로 말이 많았는데 용수 보살의 설법에 그만 감탄하여 제자가 되었다. 그는 용수 보살 앞에 놓인 물그릇에 바늘을 던졌다. 용수 보살을 바다로 생각하고 자기를 물고기로 생각한 것이다. 그는 용수 보살 앞에서 마음대로 뛸 수가 없었다. 그리하여 그는 14조 용수의 뒤를 이어 15조가 되었고, 그의 후손인 28조가 선종의 개조인 달마 존자이다. 그렇기 때문에 데바종이 따로 있을 리가 없다. 그런데 그때는 데바종 하면 수다스런 사람들의 모임으로 생각한 듯하다. 혹은 말 잘하는 사람들의 별명이 된 듯하다. 청산유수와 같은 웅변술에 당시의 승려들이 도취하였는지도 모른다. 혹은 그들의 설교가 선종 스님들의 참선보다 훨씬 화려했는지도 모른다.

하여튼 어떤 중이 데바종이 무엇이냐고 물었다. 그때 파릉은 흰 그릇에 흰 눈이라고 대답했다. 흰 그릇에 아무리 흰 눈을 담아 보아야 여전히 흰 빛깔이지 아무 변화가 없다. 결국 말은 천 마디를 해도 말이지 거기서 한 건의 행도 나오지 않는다는 뜻이다.

14. 운문의 입장

『벽암록』제14장은 〈운문대일설雲門對一說〉이라는 것이다. 어떤 중이 운문에게 물었다. 석가 평생 설법이 무엇입니까? 운문이 대답하기를, 대일설이라 했다(승문운문僧問雲門 여하시일대시교如何是一代時敎 운문운雲門云 대일설對一說).

운문은 벌써 여러 번 나온 달마 대사 13대 법손 문언 대사요, 운문종의 개조다. 어떤 중이 석가 45년 설법의 핵심이 무엇입니까 하고 물었다. 운문은 서슴지 않고 "맞서는 것뿐이지" 하고 대답했다는 것이다. 석가의 모든 설법에 맞서는 것이다(대일설對一說).

옛날부터 사자는 짐승들의 왕이라고 하였는데 사자는 새끼를 낳으면 산꼭대기에 데리고 올라가서 산골짜기로 차버린다는 것이다. 사자새끼는 데굴데굴 굴러 내려가다가 골짜기에 다다르면 그다음에는 앞발을 쳐들고 다시 기어 올라와 어미를 향하여 막 대드는데 어미사자는 대드는 놈은 기르고, 대들지 않는 놈은 기르지 않고 죽으라고 내버린다는 것이다. 운문은 법왕 중의 법왕인 석가의 일대 설법을 사자후獅子吼라고 생각했을지 모른다. 그리고 그 사자후는 어미에게 대드는 사자새끼의 사자후가 제일 볼만한 사자후라고 생각했을지도 모른다.

석가의 일대 설법은 사자새끼의 일대 설법이요, 그것은 어미에게 대드는 새끼의 우렁찬 울부짖음이라고 할 수도 있다. 석가가 그렇게 대들었으니 그 소리를 들은 모든 사자새끼들도 역시 대드는 일뿐이다. 어미사자를 향하여 기어 올라가서 어미를 죽이려고 대드는 것이다. 부처를 만나면 부처를 죽이고, 조사를 만나면 조사를 죽인다고 한다. 운문은, "내가 석가가 탄생할 때 거기 있었으면 석가를 맷돌에 박살을 내어 개밥에 집어넣었을 것을" 하고 말하며 그때 거기에 없었던 것을 못내 분해했다. 사자새끼가 되는 길은 대드는 것이다.

공자도 인仁에 대해서는 양보해서는 안 된다고 한다(당인불겸사當仁不謙師). 사람 되는 데 누구에게 양보하랴. 양보하면 토끼새끼요 쥐새끼지, 사자새끼는 못된다. 사람 되는 문제에 있어서는 아무한테도 양보할 수 없다. 부모님에게도, 선생님에게도, 아니 하나님에게도 양보할 수 없다. 하나님이건, 선생님이건, 부모님이건 대드는 것이다. 그래서 하나님보다 더 나아지고, 선생님보다 나아지고, 부모님보다 나아지는 것이 신앙이요, 효孝요, 제자다. 부모님이 가장 기뻐하는 것이 있다면 자식이 부모를 이기는 것이다(기자승어부其子勝於父).

석가가 우리에게 가르친 것이 무엇일까? 석가에게 맞서라는 것이다. 대들라. 이거라. 그것이 팔만대장경이요, 49년의 설법이다. 대들란 말은 입장을 가지라는 말이다. 선생이란 별것이 아니다. 하나의 입장을 가진 사람이다. 석가도 별것이 아니다. 하나의 입장을 가진 사람이다. 어느 산봉우리에 서서 온 천하를 내려다보고 한 소리가 45년 설법이요, 팔만대장경이지 별것인가. 마치 큰 봉, 작은 봉, 뾰족한 봉, 둥근 봉처럼 나누면 대승大乘이요, 소승小乘이요, 돈頓이요, 원圓이 될 것이고, 계절에 따라 봄의 꽃, 여름의 물, 가을의 단풍, 겨울의 눈, 이런 식으로 보면 법화法華니, 화엄華嚴이니, 반야般若니, 금강金剛이니 하는 경들이 되겠지만 하여튼 하나의 산꼭대기에 올라가서 하는 소리이지 골짜기에서 보고 지르는 소리는 아니다.

석가가 우리에게 가르친 것은 우리도 산꼭대기에 올라가서 (향상일로向上一路) 하나의 입장을 얻어서 온 세상을 한번 보라는 것이다. 석가가 금강산에 올라가 보면 나는 지리산에 올라가 보고, 석가가 묘향산에 올라가 보면 나는 백두산에 올라가 본다. 석가는 누구고, 나는 누구인가. 석가도 불성을 가졌고 나도 불성을 가졌지, 석가만 올라가고 나는 밑에 있으라는 법이 어디 있을까. 모두 불성이 있다는 말은 누구나 올라갈 수 있다는 말일 것이다. 그러기 위해서는 석가와 경쟁을 해야 한다. 석가가 뛰면 나도 뛰고, 석가가 앉으면 나도 앉는다. 석가가 출가하면 나도 출가하고, 석가가 6년 고행하면 나도 고행하고, 석가가 깨달으면 나도 깨달고, 석가가 설법하면 나도 설법한다. 똑같은 불성을 가진 내가 왜 석가한테 지느냐 말이다. 질 이유가 하나도 없다.

이렇게 해서 석가에게 이겨야 그것이 석가의 참제자요, 석가의 친구이다. 석가도 못 올라갈 높은 봉우리에 서서 석가가 야호 하면 나도 야호 하고, 부르면 대답하고, 들면 치는, 번개 같은 호응 없이는 정말 살았다고 할 수가 없을 것이다. 석가의 49년 설법이 도대체 무엇이냐. 석가와 맞서라는 것이다. 선생에게 대드는 학생, 아버지에게 대드는 아들, 하나님께 대드는 사람이 아니고서야 어떻게 제자요, 아들이요, 신도라고 할 수 있으랴.

그러기 위해서는 선생에게 대들기 전에 자기에게 대들어야 한다. 자기를 이긴 사람만이 선생에게도 이길 수 있을 것이다. 불교에서는 나를 세 가지로 분석한다. 탐욕貪慾과 진노瞋怒와 치정癡情이다. '나'라는 것은 탐욕과 진노와 치정이 합친 것이다. 나를 이긴다는 것은 탐욕과 진노와 치정을 이긴다는 것이다. 소위 탐진치貪瞋痴 삼독三毒을 빼버려야 내가 살 수 있다. 치정을 끊는 것이 출가요, 탐욕을 끊는 것이 성불이요, 진노를 끊는 것이 설법이다.

석가란 별것이 아니다. 자기를 이기는 것이다. 산중의 적은 이기기 쉬워도 심중의 적은 이기기 어렵다는 말이 있지만, 이렇게 어려운 것을 싸워 이기는 것이 정말 싸우는 것이니 자기와 싸우지 않는다면 싸운다고 할 것이 없지 않을까. 그래야 운문의 대일설이 실감나게 내 것이 될 것이다.

15. 운문의 회심

『벽암록』제14장은 〈대일설對一說〉, 제15장은 〈도일설倒一說〉이다. 본문은 이렇다.

"승문운문僧問雲門. 불시목전기不是目前機. 역비목전사시여하亦非目前事時如何. 문운門云. 도일설倒一說."

한 중이 이렇게 묻는다.

"눈앞에 있는 세계나 눈앞에 일어난 사건이 아니라 그것을 초월한 세계가 불교가 아닙니까?"

이때 운문은 불교의 교敎 자도 모르는 이 돌중에게 돌아가라고 한번 소리를 지른다. 네 정신으로 돌아가라는 것이다. 얼빠진 소리 좀 작작하고 네 생각을 뒤집어엎으라는 것이다. 도일설倒一說, 세상 사람들이 가진 생각을 뒤집어엎어야 석가의 생각이 된다. 석가는 세상을 떠난 사람이 아니라 세상에 들어온 사람이다. 석가는 이상세계를 사는 사람이 아니라 현실세계를 사는 사람이다.

물론 이 현실은 이상을 지나온 현실이다. 이상세계에서 머무는 것이 아니라 이상에서 다시 돌아온 현실이다. 사람들은 누구나 현실을 떠나 이상으로 간다. 시골을 떠나 서울로 올라가는 것이나 마찬가지다. 그러나 일단 이상에 다다르면 현실로 되돌아갈 생각은 안 한다. 한번 이상에 도취되면 이상의 술에서 깰 생각을 안 한다. 이상에서 깨어나 현실로 돌아가야 이상에 갔던 보람이 있을 터인데, 세상에는 학교에 입학만 하지 졸업을 못하는 학생이 얼마나 많은가. 교회에 입교만 하지 졸업 못하는 교인이 얼마나 많은가. 일생 학생이요, 일생 교인이다. 밤낮 낙제만 거듭하여 끝내 졸업할 줄 모르는 낙제생들에게 운문은 도일설이라고 소리를 지른다.

학교도 졸업하고, 교회도 졸업하고, 종교도 졸업하고, 철학도 졸업하고, 아무튼 졸업하라는 것이 석가의 가르침이지, 입학만 시켜놓고 자연에 관하여, 인생에 관하여, 신에 관하여 밤낮 설법만 하고 있는 것이 석가의 가르침이 아니다. 석가란 별것이 아니다. 열반을 졸업하고, 극락을 졸업하고, 영원히 사바세계에서 중생과 같이 신음하고, 중생과 같이 고민하고, 중생과 같이 죽어가는 베 서 근, 그것이 부처이다. 오늘도 졸업하고, 내일도 졸업하고, 죽고 죽어 매일 죽자는 것이 석가의 도다. 살자는 것이 아니다. 도일설, 죽자는 것이다. 입학하자는 것이 아니다. 졸업하자는 것이다. 밤낮 부처가 무엇이냐고 야단들 하지 마라. 부처를 졸업해버릴 수 없을까? 어떤 사람은 부처라는 말만 들어도 귀가 더러움 탄다고 강물에 가서 씻었다고 한다. 뜻을 알았으면 말은 잊어버리고 말아야지, 밤낮 불교에 붙어 있으려고 하면 옛날 세상에 붙어 있는 것과 무엇이 다르랴. 쇠사슬로 매어 있는 것이나 금사슬로 매어 있는 것이나 무엇이 다르랴. 모두 매어 있기는 일반이 아니냐. 생生에서 해탈만 해서는 안 된다. 사死에서부터 다시 해탈해야 한다. 생사生死를 모두 초월해야 하는 것이 부처다. 현실을 떠나서 이상으로 가고, 이상을 떠나서 다시 현실로 돌아올 때 참부처는 형성된다.

석가에 대립하여 이상세계에 올라가는 것을 대일설이라고 하면, 다시 산꼭대기를 떠나서 시냇물이 흐르는 마을로 내려오는 것이 도일설이다. 대일설對一說, 도일설倒一說은 둘이 아니다. 둘이면서 하나다. 서울에 와서 공부하고 다시 시골로 돌아가는 지성인이 많아야 농촌이 깰 수 있는 것처럼, 이론의 세계에서 다시 현실의 세계로 돌아가는 것이 도일설이다. 대일설이 지혜라면 도일설은 자비이다.

열반부주涅槃不住의 보살이 되어 일체 중생이 성불하기까지는 부처가 되지 않겠다는 보살원이야말로 대승불교의 극치라고 할 수 있을 것이다. 이 세상을 초월한 세계에 대해서 말해 달라는 중의 물음에 대하여 운문의 도일설은 천지를 뒤집어엎는 대격동이 아닐 수 없다. 설두는 도일설을 한없이 칭찬하여 찬송을 부른다.

"도일설분일절倒一說分一節. 동사동생위군결同死同生爲君訣. 팔만사천비봉모八萬四千非鳳毛. 삼십삼인입호혈三十三人入虎穴. 별별別別. 요요총총수리월擾擾悤悤水裏月."

도일설, 네 생각을 뒤집어엎으면 석가의 생각이 분명해질 거야. 이 속세에 살면서 중생과 같이 죽고, 같이 사는 것이 석가의 비결이야. 석가의 제자가 팔만 사천이나 된다고 하지만 그들은 석가의 참뜻을 안 사람들인 봉황새가 아니야. 석가의 참뜻을 안 사람은 가섭 한 사람과 그의 후계자 달마까지 28명, 그리고 중국의 혜가 2조부터 혜능 6조에 이르는 5명과 합하여 33명뿐이다. 그 사람들만이 범을 잡기 위해서 범굴에 들어간 사람들이다. 그렇다고 해서 특별할 것도 없지만 하여튼 그들은 하늘에 떠있는 달님이 아니야. 바람소리 요란하고 미친 듯 날뛰는 파도 속으로 물에 빠진 사람을 건져주려고 물속에 뛰어든, 물속의 달님들이야. 하늘의 달이 아니야. 대일설을 뒤집어엎은 물속의 달님이지.

석가를 졸업해서 세상으로 뛰어 들어가지 못하고 달을 가리키는 막대기를 좇아 다니는 강아지처럼 밤낮 부처님만 찾고, 밤낮 염불로 세월을 보내는 맹추들이 너무 많다. 그들을 위하여 운문은 이런 소리를 했다.

"세존초생하世尊初生下. 일수지천一手指天. 일수지지一手指地. 주행칠보周行七步. 목고사방운目顧四方云. 천상천하유아독존天上天下唯我獨尊. 사운師云. 아당시약견我當時若見. 일방타살一棒打殺. 여구자끽각與拘子喫却. 귀도천하태평貴圖天下太平."

이 말이야말로 진정으로 자유를 사랑하는, 불교의 핵심이 무엇인가를 잘 보여준다. 만약 내가 석가 탄생 시 자기가 세상에서 제일 잘났다고 고백하는 것을 들었다면, 석가를 몽둥이로 박살을 내서 개밥으로 넣어주었을 것이라는 말이다. 세상에 폭언이 있다면 이 이상의 폭언이 없을 것이고, 세상에 불경不敬이 있다면 이 이상의 불경이 없을 것이다. 그러나 이런 말이 없었더라면 불교는 영원히 우상숭배가 되고 내세종교가 되었을 것이다. 천상천하에 유아독존은 석가에 한한 것이 아니다. 일체 중생이 실유불성悉有佛性이요, 초목국토가 모두 부처 아닌 것이 없는데 건방지게 조그만 것이 무엇이 잘났다고 손을 들고 야단쳤을까.

어느 날 중들이 운문을 찾아가서 "선은 너무도 심오하고 초연하여 도저히 중생은 가까이 할 수 없는데 선생님은 선으로도 중생이 구원된다고 생각하십니까" 하고 물었다. 운문은 그 말을 듣고 "구원될 수 없겠지" 하고 대답했다. 이 말을 전해들은 선승들은 화가 머리끝까지 치밀어 그 말을 취소하라고 덤벼들었다. 그 말을 들은 운문은 이렇게 골탕을 먹였다.

"너희들이 구원되지 못했으니까 구원될 수 없다는 거지."

이미 자기들은 구원받았다고 자처하는 놈이나, 교리가 흔들리면 밥벌이가 떨어질까 겁을 먹는 놈이나 모두 구원받지 못한 것만은 사실이다. 운문은, 자기의 구원을 내동댕이치고 남의 구원을 문제 삼는 사람들에게 도일설을 부르짖는다. 가엾은 무리들, 그들은 석가, 달마도 수도 중中이란 말을 듣지 못했을까. 그들은 언제 자기를 구원하고 또 다시 도일설하여 남을 구원할 수 있을까. 석가, 달마도 수도 중(中)이란 말은 그들의 비원이 너무도 크기 때문에 그렇다. 모든 중생을 다 부처로 만들기 전에는 그들은 부처가 될 수 없기 때문이다.

마치 사람을 버스에 다 태우기 전에는 버스를 안 타는 차장과 같아서 모든 중생을 다 구원하기까지 자기는 성불하지 않겠다는 것이 부처의 도일설의 심정이다. 이런 심정도 모르고 유아독존으로 떠들어대는 사람들의 마음이 가엾기 짝이 없다. 운문이 몽둥이로 박살내서 개밥에 넣지 않았으면, 세상의 건방진 도깨비들이 뒤를 이어 중생을 구원하는 것이 아니라 오히려 지옥으로 몰아넣고 세상을 피바다로 만들고 말았을 것이다. 이 운문의 폭언, 폭행이야말로 평화건설에 큰 돌이 되지 않을 수 없었던 것이다.

어느 날 운문은 은은히 들려오는 종소리를 듣고 있다가 이렇게 탄식했다.

"세상은 한없이 넓구나. 그런데 왜 종소리에 옷을 입혔지?"

부처뿐만 아니라 세상은 한없이 넓고 깨끗하다. 사람의 마음도 마찬가지다. 그런데 그 아름다운 종소리에 더러운 옷을 입히고, 그 아름다운 부처에게 누더기를 입히듯 주석이니, 해석이니 하는 것들을 이리 붙이고, 저리 붙여 종소리조차도 울리지 못하게 하고, 철학이니, 종교니, 선이니, 교니 하고 야단법석을 떨며 종소리에 옷을 입히듯 불도를 쓰레기로 뒤덮은 것이 얼마나 많으냐. 이 모든 갈등을 떨쳐버리고 부처란 말만 들어도 귀가 더러워졌다는 불도들이 언제나 나올까. 도일설, 일체를 뒤집어 훨훨 벗어버리고 정말 자유인이 되어서 종소리를 들을 수는 없는 것일까. 종에 옷을 입혀야 종소리가 들리는 것일까.

종소리에 옷이 어디 있고, 부처의 도가 어디 있을까. 부처가 어디 있고, 중생이 어디 있고, 선이 어디 있고, 교가 어디 있나. 종소리뿐이다. 산을 넘고, 들을 넘고, 물을 넘고, 집을 넘어 한없이 울려 퍼지는 자유의 종소리가 은은히 들려온다. 누가 감히 이 종소리에 옷을 입히고, 투구를 입히고, 칼을 채워주랴. 어떤 사람은 운문으로부터 소리를 듣고 길을 알았고, 빛깔을 보고 마음을 밝혔다고 했더니 운문이 그것이 무슨 말인가 하고 반문했다가 다시 혼자서 중얼거리며 빙그레 웃었다.

"관세음보살이 돈을 가지고 와서 호떡을 샀는데 알고 보니 그것이 만두였다지."

백은은 먼 산에서 들려오는 종소리를 듣고 도를 깨치고, 향엄은 대나무 쪼개지는 소리를 듣고 그의 심성이 열렸다고 하며, 무문은 밥 먹으라는 종소리에 활연대오豁然大悟 했다고 한다. 영운은 복숭아꽃이 피는 것을 보고 이십 년간 쌓였던 의심이 풀어지고, 시인 황산곡은 물푸레나무의 향기를 맡고 대각했다고 한다.

깨닫고 보면 진리니 생명이니 하는 것은 다른 데 있는 것이 아니다. 누구나 다 본래 진리임을 알 수 있을 것이다. 지금 번뇌니 고민이니 하는 것이 모두 본래 보리요, 정념이었다는 것을 알 수 있게 될 것이다. 호떡인 줄 알았는데 사다 먹어보니 만두라는 것이다. 내가 바보인 줄 알았는데 도일설, 뒤집어 보니 부처라는 것이다.

번뇌즉보리煩惱卽菩提. 밤낮 부처니 보살이니 하며 절만 하고 돈만 갖다 바치면 무얼 해. 한번 도일설 하고 자기 자신이 부처임을 깨달아 자기에게 절하고 자기의 삶을 시작해야 정말 자기를 존경할 줄 알 것이 아닌가. '천상천하 유아독존'이라고 까부는 석가를 박박 갈아서 개밥에 넣어버린 까닭은 내가 천상천하에 유아독존이기 때문이다. 밤낮 사대주의로 남만 잘났다고 하지 말고, 우리 속에서도 잘난 것을 끄집어내야 하지 않을까. 이상을 초월에서 찾지 말고 내재에서 찾자. 햇님만이 빛이 아니다. 내 속의 정신 광명은 햇빛보다 억만 배 밝지 않을까. 햇빛은 밖의 세계만을 보게 하지만 우리의 정신은 남의 속도 꿰뚫어보는 고귀한 빛이 아닐까. 밖으로 향했던 눈을 안으로 도일설 하여 우리의 정신과 문화 속에서 참다운 가치를 찾는 것, 그것이 심즉시불心卽是佛이요, 도일설의 교훈이리라. 남의 말을 듣기 전에 곰곰이 내 말을 들어보고, 남에게 묻기 전에 도일설 하여 스스로 생각해보라는 것이 운문의 마음일 것이다.

16. 경청의 계란 쪼기

『벽암록』 제16장의 제목은 〈경청초리한鏡淸草裏漢〉이다. 경청 鏡淸은 운문雲門과 동창으로 설봉雪峰 의존義存의 제자다. 경청의 선禪이 이름 높은 것은 그의 눈치 때문이다. 마치 깨끗한 반사경에 수억 광년의 희미한 별빛이 비춰지듯이 아무리 깊은 풀 속에 감춰진 보석이라도 거울 같이 맑은 경청鏡淸의 마음에 비치면 전광석화電光石火, 하나도 놓치지 않는다. 거울은 사는 것이지 아는 세계가 아니다. 대승大乘이 어떻고, 소승小乘이 어떻고, 참선이 어떻고, 염불이 어떻고, 즉심시불卽心是佛이냐, 즉심성불卽心成佛이냐 하고 이러쿵저러쿵하지만 그것은 지知의 세계이지 도道의 세계는 아니다. 도는 한 길뿐이다. 그저 사는 것이다. 무언가 이상하게 사는 것이 아니다. 평범하게 사는 것이다.

옛날 동산洞山 스님은 도응이라는 제자가 천인千人이 공양하는 음식을 먹고 살아간다는 소식을 듣고 대성통곡하며 사도가 떨어진 것을 슬퍼했다고 한다. 무슨 기적이나 이상이 있으면 그것을 도라고 알기 쉬운데 도란 그런 것이 아니다. 평상심이 도道인 것뿐이다. 어떤 이적에도 흔들리지 않는 만세 반석 같은 마음이 도이다. 그것은 욕심 없는 마음이요, 경청과 같이 깨끗한 마음이다. 행운도 악운도 천사도 악마도 감히 엿볼 수 없는 확고부동의 경지이다. 경청이 경청사의 주지가 되었을 때 산신이 그의 틈을 엿보았으나 도무지 틈이 없더라는 것이다. 아침부터 밤까지 도를 행해도 도의 흔적이 없고, 하루 종일 도를 말해도 도의 체가 없다. 밥은 밤낮 먹어도 물리지 않고, 김치는 밤낮 먹어도 싫증이 안 난다. 도란 나의 본질을 살아가는 것일 뿐이다. 이렇게 살아갈 수 있는 도인은 아무리 미미한 징조라 해도 놓치지 않고 어미 닭이 전광석화처럼 계란을 쪼는 줄탁지기啐啄之機를 체득할 수가 있다.

다음은 본문이다.

"승문경청僧問鏡清. 학인줄學人啐. 청사탁請師啄. 청운清云. 환득활야무還得活也無. 승운僧云. 약불활조인괴소若不活遭人怪笑. 청운清云. 야시초리한也是草裏漢."

어떤 중이 경청에게, "제가 병아리처럼 계란 속에서 쫄 테니 선생님은 어미 닭처럼 밖에서 쪼아주세요" 하고 부탁을 하였다. 경청은, "물론 쪼아는 주겠지만 계란 속은 이미 썩어버린 지 오래 됐는데 병아리라는 너는 아직 그 속에서 살아 있느냐?" 하고 물었다. 중은, "아무래도 살아야지요. 살지 못하면 친구들의 놀림감이 되지 않겠어요?" 하고 대답했다. "지푸라기만도 못한 녀석!"

하고 경청은 떠밀어버렸다.

중은 자기가 거의 깨닫게 되었다고 생각하고 선생님의 도움을 청하러 갔다. 깨닫게 되었다고 생각한 녀석치고 깨달은 녀석은 없다. 진리의 세계에서는 언제나 막혔다고 생각할 때 열리고, 열렸다고 생각할 때 막히는 것이 법칙이다. 깨닫게 되었다고 생각하는 이 중도 깨닫기는커녕 다 죽어 있었다. 다 죽은 녀석이 살았다고 망상하고 있는 것뿐이다. "이 녀석아, 너는 네 자신이 죽은 줄도 모르고 있느냐?" 이렇게 묻는 경청에게 중은 친구들에 대한 체면을 위해서라도 깨달아야 한다고 망령을 떤다. 깨닫는다고 하는 것은 나의 문제도 아니고 친구들의 문제도 아니다. 줄탁지기啐啄之機라고 하듯이 스승과 제자간의 비밀 속의 비밀이다. 닭이 계란을 품고 21일이 지나면 병아리가 깨어 나온다. 닭과 계란의 비밀은 닭과 병아리도 모른다. 스승과 제자와의 관계도 하나님만이 알 수 있는 비밀 중의 비밀이다. 깨달음은 닭과 계란도 알지 못하는 본능의 세계다. 그 사이는 사고와 말로 헤아릴 수 있는 세계가 아니다. 어린애를 낳는 순간은 아무도 모른다. 다만 어머니에게 느껴지는 진통을 통해서 때가 가까워 옴을 알 뿐이다.

이러한 비밀은 스승과 제자, 부모와 자식, 친구와 친구, 개인과 사회, 국가와 민족, 어디서나 일어나는 나와 너의 만남이다. 그것은 무심無心의 묘창妙唱이요, 무작無作의 영기靈機로서 함 없이(무위無爲) 하고(위爲), 길 없이 가는 줄탁啐啄의 비밀이다. 줄탁의 세계는 인위적인 세계가 아니다. 그것이야말로 자연적인 참 생명의 세계요, 본능의 세계다. 그 세계는 아무도 모르는 비밀의 세계다. 경청이 설봉 스님 밑에서 글을 배우고 있을 때 당당밀밀지堂堂密密地라는 말씀을 들었다. 그때 경청은 이렇게 대들었다. "비밀은 무슨 비밀이오?" 그때 설봉은 엄숙하게 "차렷!"이라 하면서 "비밀이 아니고 무엇이란 말인가" 하고 소리를 질렀다. 그 말에 경청도 "차렷!" 하고 경례를 부쳤다. 그때서야 설봉은 웃으면서, "그러면 그렇지. 그것뿐이지. 귀하다면 그것이 귀하지. 그렇게 귀한 것이 비밀이 아닐 수가 있나" 하였다. 이때 경청은 생의 비밀에 눈물을 흘렸다. "제 평생 오늘처럼 감격스러운 순간은 또 없었습니다." 설봉도 대답했다. "나도 그렇다. 내가 좀 지나쳤나?" 경청은, "천만에요. 스님의 자비는 백골난망입니다." 설봉은, "신세를 진 것은 나지, 나야" 했다.

어느 날 경청이 설봉을 찾아가니 스님은, "어디 갔었느냐?" 하고 물었다.

"잠깐 나갔다 왔습니다."

"밖에 나갔으면 달마 스님을 만나 보았겠지?"

"달마 스님이 어디 있습니까?"

"어디 있는지 네가 알 것 아니냐?"

"저도 모릅니다. 스님이 알고 계실 텐데요."

줄탁지기啐啄之機는 스승만의 기機도 아니요, 제자만의 기機도 아니다. 스승과 제자를 초월해 있으면서 스승과 제자 속에 내재해 있는 고귀하고도 은밀한 현실적인 영기靈氣다.

어떤 중이 경청에게 물었다. "빨리 깨달으려면 어떻게 하면 되나요?"

"너 대신 내가 깨달아주면 될 것 아니냐?"

또 어떤 중이 이런 질문을 던져왔다.

"어떻게 하면 진리와 하나가 될 수 있을까요?"

"네가 진리와 하나가 될 것이 아니라 진리가 너와 하나가 되면 될 것이 아니냐."

"진리가 나와 하나가 되려면 어떻게 하면 되지요?"

"구름이 산봉우리에 걸릴 수는 있어도, 달이 하늘을 버리고 내려올 수는 없지 않느냐?"

제발 진리니 도니 큰소리 좀 집어치우고 구름이 너를 감싸고 있는 줄이나 느껴보라는 뜻일 것이다.

진리를 찾기 전에 선생을 찾아라. 선생을 찾을 것도 없다. 선생이 벌써 내 앞에 와있지 않느냐. 하늘에 계신 달님을 내려오라고 하기 전에 산을 싸고 있는 구름을 느껴봄이 어떨까. 진리를 깨닫기 전에 선생을 느낄 수는 없을까. 길은 언제나 가까운 데 있다. 이 세상에 꽉 차 있는 것이 선생 아닐까. 선생이란 나보다 먼저 난 사람이다. 내가 세상에 왔을 때는 벌써 수십억 선생이 먼저 와 있지 않은가. 내가 난 곳이 선생이요, 내가 난 때가 선생이요, 불조산하佛祖山河 일체중생一切衆生이 선생인데, 선생 아닌 것이 어디 있을까. 일체가 나보다 앞서 난 선생들이다.

일체가 기성불旣成佛이요, 아직 부처가 되지 못한 것은 나 하나뿐이다. 줄탁지기啐啄之機란 아직 부처가 되지 못한 것은 나 하나뿐임을 깊이 깨닫는 것이다. 내가 거의 깨달아가고 있다든가 친구들보다 내가 낫다든가 하는 생각을 가진 얼간망둥이는 백년이 지나도 부처가 못된다. 비밀이란 별것이 아니다. 바보 천치는 나뿐이라는 것이다. 그것이 비밀이요, 그것만이 창피하고, 그것만이 부끄러운 일이다. 스승도 자기가 제일 못난 줄을 알고, 제자도 자기가 제일 못난 줄을 알고 서로 사력을 다하여 노력하면 줄탁지기啐啄之機를 얻을 수 있을 것이다.

경청과 같은 시대에 남원南院이란 스님이 있었다. 이분은 가끔 줄탁啐啄이란 말을 잘 썼다. 아마 그 당시에 유행한 철학이었던 모양이다. 하루는 남원이 학생들에게 그들의 노력부족을 탓한 일이 있었다. "너희들은 줄탁啐啄의 눈(체體)은 가졌으나 줄탁의 발(용用)은 없구나."

그때 학승 가운데 한 사람이 물었다. "선생님, 줄탁의 발이란 무슨 뜻인가요?" 그랬더니 남원은 이렇게 대답했다. "작가는 발이 없는 법이다."

학승은 발이 없는데 눈은 왜 있느냐고 대들었다. 남원은 몽둥이로 후려갈겨 내쫓아버렸다. 중은 할 수 없이 운문을 찾아갔다. 운문은 그 말을 듣고 나서 이렇게 물었다. "남원의 몽둥이가 부러졌느냐?"

그 말을 듣고서야 이 중은 깨달은 바가 있었다. 줄탁의 눈이 뜨인 모양이다. 줄탁의 용이란 별것이 아니다. 남원의 몽둥이가 줄탁의 용이요, 남원의 몽둥이를 볼 수 있는 눈이 줄탁의 체다. 이 중은 남원의 은혜에 감사하기 위하여 남원을 찾아갔다. 그러나 그때는 이미 남원이 세상을 떠난 뒤였다. 철이 나서 효도를 하려고 하니 부모님은 이미 세상을 떠나고 없는 것과 같다. 중은 눈물을 흘리며 남원의 도를 계승한 풍혈을 찾아갔다. 풍혈은 이렇게 말을 꺼냈다. "그대는 스님이 살아계실 때 줄탁을 물은 중이 아닌가?" 중은 부끄러운 듯이 고개를 숙였다. "그때 왜 그렇게 대들었지?"

중은 자신이 바보였다고 대답했다. 풍혈은 "그대는 이미 바보가 아니다" 하고 인정해주었다. 자기를 바보라고 생각하는 사람은 이미 바보가 아니기 때문이다.

설두는 줄탁에 대하여 노래를 부른다.

"고불유가풍古佛有家風. 대양조폄박對揚遭貶剝. 자모불상지子母不相知. 시수동줄탁是誰同啐啄. 탁각유재각啄覺猶在殼. 중조박重遭撲. 천하납승도명막天下衲僧徒名邈."

진짜 선생님들은 독특한 가풍을 가지고 있다. 고추가 맵고, 초가 시듯 그들의 태도는 진지하기 짝이 없다. 고추는 언제나 맵고, 초는 언제나 시듯 그들의 가르침에는 거짓이 없고, 억지가 없다. 거짓으로 매울 수도 없고, 억지로 실 수도 없다. 맵고 신 것이 그대로 자연이듯 스승의 자비심은 대자대비로 추호의 거짓이나 억지가 없다. 제자를 만나 때리기도 하고, 어떤 때는 칭찬도 하면서 모든 사람들을 끌어내자는 진정뿐이다.

줄탁지기啐啄之機는 아들도 모르고, 어미도 모른다. 다만 생사를 넘어선 진지함이 있을 뿐이다. 자칫하면 어미가 죽을 수도 있고, 아이가 죽을 수도 있다. 줄탁지기는 위기일발을 넘어서는 아슬아슬한 세계다. 교육은 제자를 깨닫게 하려 한다고 되는 것이 아니고, 선생을 따라다니기만 해서 깨닫는 것도 아니다. 깨달음은 사제師弟 안에 있으면서 사제를 넘어서는 기막힌 세계이다. 자모불상지子母不相知이다. 어미 닭도, 계란도 언제 깨날지 서로 모른다. 부모가 아무리 애를 써도 자식이 언제 철들 것인지는 전혀 알 수가 없다.

인류가 언제 철이 들 것인지는 신도 아는 바 없으리라. 다만 사느냐, 죽느냐 하는 아슬아슬한 순간만이 있을 뿐이다. 계란이 할 수 있는 것은 생각하는 것뿐이고, 어미 닭이 할 수 있는 것은 사랑하는 것뿐이다. 어미 닭이 알을 품듯이 더욱 사랑하고, 더욱 사랑하여(중조박重遭撲) 스스로 깨나오기를 기다릴 뿐이다. "이 바보 자식!" 하고 경청이 때리는 것도 사랑의 한 표현이다. 바보 자식(초리한草裏漢)이라 했다고 그것을 우습게 생각하지 마라. 바보 속에 부처가 있는 것을 경청이 보았기 때문이다.

진리는 평범함 속에 있다. 효가 효도라는 명분 속에 있는 것이 아니라 모자의 실제 정 속에 있듯이 불도는 깨닫는 데 있는 것이 아니라 사랑 속에 있다. 도덕이니 종교니 거추장스런 것이 다 없어지고, 적나라한 인간과 인간이 부딪치는 곳에 줄탁이 있고, 깨달음 없는 깨달음과 바보 아닌 바보가 드러난다. 잡초 우거진 그 속에 이슬이 빛나듯 초리草裏 속에만 경청鏡淸이 빛난다.

17. 향림의 품은 계란

『벽암록』 제17장은 〈향림서래의香林西來意〉라는 것으로 본문은 "승문향림僧問香林 여하시조사서래의如何是祖師西來意. 임운림云 좌구성로坐久成勞"이다.

어떤 중이 향림에게 "달마 스님은 무엇하러 인도에서 중국까지 왔습니까?" 하고 물으니 향림은 "진땀을 빼면서 앉아 있으려고 왔지" 하고 대답했다. 달마는 인도에서 와서 아무것도 안하고 9년 동안 담벼락만 쳐다보고 엉덩이가 뭉그러지도록 앉아 있다가 혜가를 만나보고는 인도로 돌아가버리고 말았다.

불교의 본질은 깨는 데 있고, 깨기 위해서는 어미 닭이 계란을 품고 있듯이 오랫동안 진땀을 빼면서 앉아 있어야 한다. 달마가 중국을 구하기 위해서 할 수 있었던 것은 중국을 품에 안고 앉아 있는 것뿐이었다. 9년 만에 병아리 하나가 깨어나왔다. 그것이 신광혜가이다. 그는 깨나오는 병아리를 보고 어디론지 사라져버렸다.

부처가 왜 왔나. 안아주러 왔지. 그밖에 다른 뜻이 있을 리가 없다. 인생이 왜 왔나. 그것도 마찬가지다. 안아주러 온 것뿐이다. 사랑하러 왔다. 그것뿐이다. 죽으러 왔다고 해도 좋다.

이 세상에 왜 왔나. 죽으러 왔다. 누구를 위해서 죽는단 말이냐. 중생을 위해서 죽으러 온 것이다. 사실 인생은 왜 왔냐고 묻지만 올 수 있는 것은 부처뿐이지, 중생이 온 것은 아니다. 그것은 어미 닭으로부터 계란이 떨어져 나오듯 떨어진 것이고 타락한 것이지, 온 것이 아니다.

온 것(여래如來)이 되려면 부처가 되어야 한다. 부처가 되기 전에는 올 수도, 갈 수도 없는 것이다. 그렇기 때문에 인생이 왜 왔나 하는 문제는 자칫하면 인생이 아니면서 인생인 줄 착각하는 어리석음에 빠지게 한다. 부처가 되기 전에는 인생이라고 할 수가 없다. 적어도 인생이라고 하기 위해서는 부처가 되어야 한다. 이런 질문은 함부로 할 수가 없다. 인생의 의미가 있느냐 없느냐 하는 것도 마찬가지다. 인생이 되기 전에는, 부처가 되기 전에는 아무도 알 수가 없고, 부처가 되고 인생이 되면 묻지 않아도 누구나 알 수 있는 것이다. 그런고로 이런 문제는 백만 번 물어도 모르고, 아무리 좋은 대답을 들어도 알 수가 없다.

그런 질문에 대답해보려고 애쓸 것이 아니다. 그보다는 부처가 되는 것이 중요하다. 아는 것보다 되는 것이 빠르다. 알려면 백년하청百年河淸이다. 그것은 영원히 모르는 것이다. 그러나 부처가 되면 인생의 의미는 저절로 알아진다.

향림은 운문의 제자로서 18년 동안을 그 밑에서 견딜 수 없는 것을 견디고, 참을 수 없는 것을 참으며 지낸 사람이다. 향림은 운문에게 오기 전에도 여러 번 큰 스님을 찾아다녔다. 그러다가 운문이야말로 진짜 자기의 어머님이란 것을 알게 되었다. 운문은 18년 동안 계속 물어주었다. 묻는 말은 한마디, "이것이 무엇이지(시십마是什麽)?" 하는 말이다. 곧 "너는 누구냐?" 하는 말이다. '나'라고 하는 이것이 무엇인지만 알면 된다. 인생의 의미가 무언지는 내가 누구인지 알면 저절로 풀어진다.

선생의 집요한 물음에 따라 향림도 피나게 대답하였다. 그러나 좀처럼 인가를 얻을 수가 없었다. 스승은 계속 묻고, 제자는 계속 대답했다. 그러다 18년 만에 성불成佛을 경험하게 된다. 물을 필요도, 대답할 필요도 없게 되었다. 그러나 그 후에도 3년 더 계속 눌러 있다가 향림은 운문 문하에 사철四哲이 된다. 그는 고향으로 돌아가 익주益州 향림원의 지주가 되었다. 그때 그의 나이가 40세요, 그 후 80세가 되기까지 그는 계속 알을 품고 좌구성로坐久成勞를 하였다.

어느 날 그는 대중에게 "나는 40년, 이제 타성일편打成一片"이라는 한마디를 남기고 세상을 떠났다. 40년 계속해서 그는 공부해갔다. 마치 불속에 집어넣었던 단 쇠가 모루 위에서 두들겨 맞듯이 그는 사십 평생을 자기의 심신을 두드리고 두드려 하나의 금강검이 되었다. 쇠를 끊고 돌을 자를 정도의 금강검이 되어 많은 제자의 거짓을 벗겨주는 데 40년을 보냈다.

사람은 누구나 다 불성을 가지고 있다고 하지만 자기 속에서 불성을 찾아내는 사람은 거의 없다. 계란에서 병아리를 보는 사람이 누구랴. 그러나 진짜 스님이 되면 제자들 속에서 잠자고 있는 불성을 꿰뚫어보고 그 마음을 개발하여 계란에서 병아리를 만들어간다. 10년이고 20년이고 땀을 빼며 앉아 있는 스승의 모습이 그립다. 오로지 부처를 깨우기 위한 일편단심으로 황무지를 개척하여 은밀한 전토田土를 개발하고, 나무를 심고, 곡식을 심어 근농勤農이 되기란 쉬운 일이 아니다. 좌구성로坐久成勞는 쉬운 일이 아니다. 일체 중생이 실유불성悉有佛性임을 믿고 금강보검으로 일도양단一刀兩斷, 계란 속에서 병아리를 끄집어내는 산파가 좌구성로坐久成勞다.

18. 충 국사의 무봉탑

『벽암록』 제18장은 〈숙종청탑양肅宗請塔樣〉이라는 것인데 숙종은 당나라의 임금이고, 이야기의 주인공은 임금의 스승인 혜충慧忠 스님이다. 혜충을 충 국사忠國師라고도 하는데 어떤 사본에는 "충 국사 무봉탑無縫塔"이라고 되어 있다. 무봉탑이란 말이 더 친근하다. 무봉無縫이란 하나도 꿰맨 데가 없다는 것이다. 옛날부터 천의무봉天衣無縫이란 말이 있다. 천사들의 옷은 꿰매지 않았다는 것이다. 천사들의 옷만 꿰매지 않은 것이 아니다. 모든 자연은 다 꿰매지 않았을 것이다.

사람도 옷이라고 쓰고 있으니 꿰맸겠지만 사람의 타고난 신체는 그대로 무봉無縫이지 꿰맨 데가 있을 리 없다. 사람이나 자연이나 모두 통째로 사는 것이지 어디를 꿰매어 가닥이 진 것이 아니다. 생명은 본래 하나지 둘일 수가 없다. 아무리 약한 피부일망정 그것이 통째로 하나가 되어 있으니 우리가 살아갈 수 있지, 만일 바늘구멍 하나라도 있었다면 살아남을 사람은 하나도 없으리라. 우리는 본래 타고나기를 무봉으로 타고났다. 사람은 났다 죽으면 그것으로 완전한 것이지 그 이상 있을 리가 없다. 사람은 하루를 살든, 백년을 살든 난 날이 정월초하루요, 죽는 날이 섣달그믐이다. 동그라미가 크건 작건, 동그라미는 그것으로 완전하고, 그것으로 무한하다. 일 년이 봄, 여름, 가을, 겨울로 돌아가서 백 년을 돌아도 완전하고, 천 년을 돌아도 완전하듯 인생도 생로병사의 춘하추동을 겪으면 그것으로 완전하고 무한한 것이지 그이상을 필요로 하지 않는다.

부처란 하나의 원이요, 생로병사지 그밖에 아무것도 아니다. 생로병사야말로 부처의 본질이요, 부처의 생명이다. 생로병사를 내놓고 부처를 다른 데서 찾으면 그것은 현실을 내놓고 이상을 다른 곳에서 찾는 것이나 마찬가지다. 이상은 언제나 현실 속에 있지, 현실을 떠나서 있는 것은 아니다. 아름다움이 있다면 꽃이 아름답고, 참된 것이 있다면 물이 참되고, 좋은 것이 있다면 풀이 그대로 좋은 것이지, 꽃을 떠나서, 물을 떠나서, 풀을 떠나서 어디서 또 참을 찾으랴. 죽는 것이 그대로 참이요, 나는 것이 그대로 아름다운 것이지, 죽는 것을 내놓고 어디서 참을 찾고, 나는 것을 제외하고 어디서 미를 찾을 수 있을까. 생사야말로 인생의 핵심이요, 이것을 내놓고 다른 데 또 무엇이 있는 것이 아니다.

『벽암록』 제18장은 충 국사의 이야기다. 충 국사가 죽게 되었을 때 임금이 그에게 물었다.

"선생님이 세상을 떠나시면 선생님을 위해서 무엇을 해 올릴

까요?"

　마치 배부른 사람에게 무엇을 먹겠느냐고 자꾸 캐묻는 것이나 마찬가지다. 충 국사는 생로병사를 다 끝내고 달처럼 원만한 인간의 완성을 보려는 찰나인데 남의 속은 알지도 못하고 무엇을 원하느냐고 자꾸 대드는 임금이야말로 주책바가지임에 틀림없다. 너무 귀찮아서 그는 정 그렇게 해주고 싶으면 나를 위해서 무봉탑이나 만들어달라고 했다. 일체가 완전하니 너도 완전하라는 부탁일 것이다. 그래도 임금은 그 소리가 무슨 소리인지 몰라 또다시 "탑의 모양은 어떤 식으로 만들까요?" 하고 물었다. 그래서 하는 수 없이 내 제자인 탐원耽源에게 탑 모양을 말해 두었으니 내가 죽거든 물어보라고 했다. 충 국사가 죽은 후에 왕은 그를 위해 탑을 세울 생각으로 탐원을 불러다 그 형태를 물었다. 그랬더니 탐원은 "상지남湘之南 담지북潭之北"이라고 대답하였다.

　우리식으로 말하면 제주도는 남쪽, 백두산은 북쪽이란 말과 같다. 충 국사와 왕의 거리가 제주도 남쪽과 백두산 북쪽처럼 멀다는 뜻도 되고, 무봉탑은 완전무결이니 제주도 남쪽이 결국 백두산 북쪽과 연결된 하나가 아닌가 하는 말도 된다. 온 천지가 무봉탑이요, 진여불성眞如佛性이 무봉탑이요, 마음도 무봉탑이요, 몸도 무봉탑이요, 사람도 누구나 무봉탑이니 무봉탑은 무봉탑이지 무슨 식이 있는 것도 아니고 만들어 세울 수 있는 것도 아니다. 있는 그대로가 무봉탑이다. 탐원은 계속해서 노래를 부른다.

　"상지남 담지북, 중유황금충일국, 무영수하합동선, 유리전상

무지식, 상지남 담지북, 남쪽 끝, 북쪽 끝, 하늘 끝, 땅 끝, 마음 끝, 몸 끝."

하여튼 우주라도 좋고, 부처라도 좋고, 나라도 좋고, 너라도 좋다. 이 대자연에 가득 찬 것이 있다면 황금덩어리다. 이 아름다운 자연을 어찌 황금에다 비하랴. 그 이상의 좋은 것으로 꽉 차 있는 것이다. 진리를 깨달은 사람은 태양 밑의 나무처럼 그림자가 없다. 진리를 깨달은 사람은 걱정도 없고 죄악도 없다. 무영탑이란 말도 있지만 무봉탑이나 무영탑이나 마찬가지다. 모두 죄 없는 사람, 그림자 없는 사람, 빛의 아들들, 부처들이다. 이런 부처들이 어디를 가는지 다 함께 같은 배를 타고 있다. 지구란 삼십오억 부처님들이 타고 있는 배인지도 모른다.

"글쎄, 이 배를 타고 어디로 갈까. 아마 지구란 배를 타고 하늘이란 집으로 가겠지."

그래서 설두는 유리집(유리전瑠璃殿)이란 말을 쓴다. 배에서 내려 유리집에 들어가니 거기는 지식이라는 것이 없는 세계다. 마음만 먹으면 다 되는 세계이니 과학이니, 철학이니, 종교니, 예술이니 하는 것은 다 필요 없는 세계이겠지. 거기에 있는 것은 생명뿐일 것이다. 진리를 깨달은 사람에게 지식이 무엇 때문에 필요하겠는가. 생명만으로 족할 것이다. 생명이 충만한 인생, 그것이 무봉탑이다. 충 국사는 말을 한다.

"이제는 지식이 끝나고 유리집에 드는 판인데 지식은 얻어 무엇 하나."

인생이란 별것이 아니다. 황금충일국黃金充一國이요, 무영탑이요, 무지식이다. 인생이야말로 무봉탑이다. 무봉탑, 무봉탑, 온 인류가 같이 부르고 싶은 노래이다.

숙종황제肅宗皇帝. 문충국사問忠國師. 백년후百年後. 소수하물所須何物. 국사운國師云. 여노승작개무봉탑與老僧作箇無縫塔. 제왈帝曰. 청사탑양請師塔樣. 국사양구운國師良久云. 회마會麽. 제운帝云. 불회不會. 국사운國師云. 오유부법제자탐원吾有付法弟子耽源. 각암차사卻諳此事. 청소문지請詔問之. 국사천화후國師遷化後. 제소탐원帝詔耽源. 문차의여하問此意如何. 원운源云. 상지남湘之南. 담지북潭之北. 설두착어운雪竇著語云. 중유황금충일국中有黃金充一國. 무영수하합동선無影樹下合同船. 유리전상무지식瑠璃殿上無知識.

19. 구지의 외손가락

『벽암록』제19장은 구지 스님이 누가 와서 어떤 질문을 하여도 손가락 하나만을 내세웠다는 이야기이다. 이것을 〈구지지두선俱胝指頭禪〉이라고 한다. 이렇게 손가락 하나를 내세웠다든가, 물어보자마자 때렸다든가, 타지 스님같이 무슨 질문을 해도 막대기만 두드렸다든가, 마엄 스님처럼 창을 뽑아들었다든가, 무업 스님처럼 무슨 질문을 해도 "쓸데없는 생각은 그만하시지(막망상莫妄想)" 하였다든가 하는 여러 가지 방법이 있지만 하여튼 그들이 모두 깨달은 분들인 것만은 사실이다.

그런데 그들은 어떻게 깨달았을까? 깨닫는 무슨 비결이 따로 있을까? 결국 그 대답은 없다는 것뿐이다. 그것을 무슨 비결이나 있는 것처럼 생각하고 찾아다니는 사람들을 볼 때 구지는 한심스러웠을 것이다. 그래서 토끼의 뿔을 찾듯 실없이 찾아다니는 사람을 보고 매를 때리는 사람도 있고, 욕을 하는 사람도 있고, "글쎄"하고 땅을 치는 사람도 있고, 구지같이 "무엇이 있겠나"

하고 손가락을 내미는 사람도 있었다.

구지가 너무 오랫동안 누구나 오면 손가락을 내밀었기 때문에 사람들은 그 손가락에 무슨 깊은 뜻이 있을 거라고 생각하여 그 손가락의 뜻이 무엇일까 하고 찾는 사람도 있었다. 구지 밑에 심부름하는 아이가 있었는데 자기가 스님의 뜻을 아는 것처럼 손님이 와서 "스님이 계신가?" 하고 물으면 으레 손가락을 내세웠다. 이 손가락에 깊은 의미가 있는 것처럼 생각한 사람들은 이 어린애에게 질려서 스님은 만나보지도 못하고 가버리곤 했다. 물론 스님을 만나도 손가락을 내세우는 것 이외에 아무 대답도 없을 것이 너무도 뻔했기 때문이다. 사람들은 구지한테보다도 우선 어린애한테 우롱을 당하는 것이 보통이었다.

이 말을 들은 구지는 너무도 기가 막혀서 당장 어린애를 불러 사람들이 나의 행방을 물었을 때 무엇이라고 대답했느냐고 물었다. 그랬더니 어린애는 구지 앞에서도 손가락을 내세웠다. 그때 구지는 가혹하게도 어린애의 손가락을 잘라버렸다. 어린애는 피가 나는 손을 움켜잡고 치료하려고 뛰어갔다. 그때 스님이 뒤에서 불렀다. 어린애는 스님의 부름을 거역할 수가 없어서 뒤를 돌아보았다. 그때 스님이 허공을 향하여 손가락을 높이 세웠다. 어린애도 따라서 손가락을 세우려고 하였으나 자기의 손가락은 이미 없었다. 바로 그때 자기의 가슴이 미어터지게 떠나가는 것이 있었다. 그것은 대의단大疑團이었다. 모든 의심이 쑥 빠져나간 것이다.

구지는 언제나 위로 손가락을 세웠다는데 그것은 달을 가리키는 막대기처럼 위로 올라가라(향상일로向上一路)는 뜻인지도 모른다. 인생의 모든 문제는 올라가는 데 있다. 하나도 올라가고, 둘도 올라가고, 셋도 올라가고, 넷도 올라간다. 결국 올라가서 얻는 것은 진리 하나를 깨닫는 일이다. 그렇다면 구지의 손가락은 올라가서 진리 하나를 붙잡으라는 말인지도 모른다. 그것은 구지가 아니면 모르는 말일까. 올라가야 되는 줄은 누구나 다 알고, 진리를 깨달아야 하는 것은 누구나 다 아는 사실이다. 사람이 찾는 것은 어떻게 올라가야 하며 진리를 깨닫는 방법은 무엇인가 하는 것이다. 그러나 그것은 아무도 모른다. 묻는 사람도 모르고, 질문을 받은 사람도 모른다.

다만 묻는 사람은 진리를 깨닫지 못한 것뿐이고, 질문 받은 사람은 진리를 깨달은 것뿐이다. 진리를 깨달은 사람은 있다. 부처는 있다. 그러나 깨닫는 방법은 없다. 그것뿐이다. 그런 의미에서 선생은 존재 자체이다. 있는 것뿐이다. 마치 산이 있듯이 있는 것뿐이다. 어린 제자라고 산을 줄일 수는 없다. 어른이 쳐다보아도 산이요, 어린애가 쳐다보아도 산이다. 산은 영원불변하다. 산에 올라가는 것은 올라가는 사람에게 달려있다. 동쪽으로 올라가도 좋고, 서쪽으로 올라가도 좋다. 땅을 두드리며 올라가도 좋고, 손가락을 세우고 올라가도 좋고, 쓸데없는 소리를 하지 말라고 고함을 치면서 올라가도 좋다. 올라가면 된다. 힘을 쓰면 된다. 아무리 그 길이 험하더라도 오르고 또 오르면 못 오를 리가 없을 것이다.

 구지도 본래부터 깨달은 사람은 아니다. 그는 다만 사람은 누구나 깨달을 수 있는 소질을 가지고 있다는 것을 알았고 왜 이런 소질을 두고 아직 바보처럼 헤매고 있는지 무척이나 기가 막히게 생각했다. 그래서 그는 견딜 수가 없어서 어떻게 하면 내 속의 깨달을 수 있는 소질을 깨게 만드나 하고 힘차게 찾아 오르고 또 올랐다.

 그러던 중 어느 해 어떤 산에서 피나는 수도를 거듭하다가 더 높은 산을 향해서 떠나려 하는 참에 비몽사몽간에 산신의 지시를 받게 되었다. 내일 여기에 육신을 쓴 보살이 찾아올 터이니 하루만 더 참으라는 것이다. 그런데 다음날 그곳에 찾아온 이는 천룡天龍 스님이었다. 구지는 깊이 환영하고 산신의 이상을 말하였더니 천룡은 하늘을 향하여 손가락을 세웠다. 그 순간 구지의 가슴에서는 뭉치고 뭉쳤던 모든 의심이 독 밑이 빠지듯 빠져 나가고 말았다. 그 후 구지도 누가 무엇을 물어보든 손가락 하나를 내밀었다. 그러나 진짜 그 뜻을 아는 사람은 아무도 없었다. 그런데 손가락 하나를 잘린 어린애가 그 뜻을 알게 되었다. 이리하여 천룡의 불도가 구지로 전해지고 구지의 불도가 동자에게로 전해지게 된 것이다.

 불도佛道는 이심전심으로 전해진다. 이심전심이라고 해도 깨닫는 것뿐이다. 천룡도 깨닫고, 구지도 깨닫고, 소년도 깨달았다. 손가락 때문에 깨달은 것이 아니다. 깨달을 인연이 되어 깨달은 것뿐이다. 일체가 인연소생이라고 하지만 그럴만한 인연이 있어서 그렇게 되었을 것이라고 생각된다. 필요한 것은 손가락이 아니다. 그 손가락을 본 사람이 어찌 한 두 사람이었겠는가. 수많은 사람이 보고도 못 깨달은 것을 구지는 어떻게 깨닫고, 소년은 어떻게 깨달았을까. 깨달을 때가 되어서 깨달은 것뿐이다. 그런데 그 깨달을 때란 거저 오는 것이 아니다. 상신실명喪身失命하며 노력하든지, 전생의 인연이 무르익든지 하지 않으면 안 된다.

돈을 버는 것도 마찬가지다. 노력하든지, 부모의 재산을 물려받든지 하는 두 가지 길밖에 없을 것이다. 부모의 유산은 올 때가 되면 올 것이니 거기에 관심을 쓸 필요는 없고, 부모의 유산을 받게 되었다고 해도 부모님이 우리에게 마음 놓고 유산을 맡길 수 있도록 노력하고 애를 써서 돈을 가질 만한 자격을 만들어가야 한다. 그렇게 되려면 노력이 필요하다. 노력에는 언제나 진실이 뒤따른다. 거짓으로 노력할 수는 없다. 땅에도 거짓이 없고, 하늘에도 거짓이 없다. 인생이라고 거짓이 허용될 까닭이 없다. 손가락은 어디까지나 손가락이지 거짓일 수 없다. 누구나 그대로 참이듯 손가락도 참이다. 하나의 참을 얻을 때 천하의 참을 얻을 수가 있다. 오르고 또 오른다는 것이 그대로 참이다. 거짓으로 올라갈 수는 없다. 한 걸음 한 걸음 쌓아 올라가노라면 자기도 모르는 사이에 산정에 도달하고 스승이 사는 존재의 세계를 자기도 가지고, 자기도 존재가 될 수 있을 것이다.

손가락 하나를 위로 올렸다는 말은 달을 보라는 말도 되고,

올라가라는 말도 되고, 참을 찾으라는 말도 되고, 억만 가지로 해석해도 다 맞아 들어갈 것이다. 선에서는 그것을 일좌一坐라고 해석할지 모른다. 달마가 엉덩이가 물크러지도록 앉았으니 너도 앉아보라는 것이다.

앉아보든지 서보든지 요는 가장 어려운 길을 가는 것이다. 어려움 속에 참이 있기 때문이다. 가장 어려운 길이 무엇일까 하고 생각하여 그 길을 가면 거의 틀림이 없을 것 같다. 일단 깨달은 후에는 사는 것 자체가 진리이니 손가락을 들든 발가락을 들든 그것은 문제가 안 된다. 본문은, "구지화상俱胝和尙 범유소문凡有所問 지수일지只竪一指." 이것이 전부다.

그런데 설두의 찬송은 대단하다.

"대양심애노구지對揚深愛老俱胝. 우주공래갱유수宇宙空來更有誰. 증향창명하부목曾向滄溟下浮木. 야도상공접맹구夜濤相共接盲龜."

중생을 사랑하는 늙은 구지 스님, 천지가 생긴 이래 이렇게 인간을 사랑한 사람이 또 어디 있을까. 중생을 위해 뗏목을 띄워 주었으니 거친 파도에 눈먼 거북이들이 뗏목에 달라붙어 살게 되었구나.

구지가 세상을 사랑했다는 것은 구지만이 아니다. 부모님으로부터 우주 만물에 이르기까지 인류를 사랑하지 않은 이가 누굴까. 세상을 향해 뗏목을 보냈다는 것은 어린애의 손가락을 잘라 떨어뜨렸다는 말인데, 어린애의 손가락이 잘려질 때 어린애의 손가락이 잘린 것만이 아니라 구지의 모가지도 잘리고, 악마의 모가지도 잘리고, 교만의 모가지도 잘렸을 것이다. 그리고 떨어진 것은 낙엽이요, 뗏목이요, 구세주요, 천국이요, 극락이요, 영원한 생명이다.

자기 목을 자른 사람이 아니고서는 남의 손가락을 자를 수가 없을 것이다. 천룡도 목 잘린 용이요, 구지도 목 잘린 구지다. 이들은 자기 목을 잘라 세상을 구했으니 구지의 사랑이 얼마나 깊은가. 설두는 "우주가 생긴 이후 구지처럼 세상을 사랑한 이가 없다"고 한다.

진리를 깨달은 사람들이란 자기가 없는 사람들이다. 자기가 없는 사람들에게 인연이 있을 까닭이 없다. 해가 뜬다고 해에 무슨 인연이 있겠는가. 이런 사람들은 거저 사는 사람들이다. 거저 사는 사람처럼 세상을 사랑하는 사람은 없다. 그들은 스스로 있는 것뿐이지만 마치 산처럼 모든 사람을 그리로 끌고 가고, 모든 사람의 눈을 높여주고, 모든 사람에게 아름다운 세상을 보여줄 수가 있다. 산은 하나의 흙덩이가 위로 솟은 것뿐이지만 산 전체가 하나의 손가락이요, 지구도 손가락이요, 우주도 하나의 손가락이다. 그들은 있는 그것만으로 다른 이유 없이 우리를 살려주고 있다. 일생 써도 다 못 쓰는 손가락처럼, 해도 일생 써도 다 못 쓰고, 달도 일생 써도 다 쓸 길이 없다. 일생 써도 다 못 쓸 것을 붙잡고 사는 사람이 깨달은 사람이다.

무엇을 붙잡아야 일생 쓰고도 다 못 쓸까. 아무것이나 좋다. 하나를 잡아라. 그것이 자기 자신이건 자기의 손가락이건 아무

것이라도 좋다. 그것을 붙잡으면 살고 그것을 놓치면 죽는다. 그것은 누구에게나 다 주어진 것이다. 그것을 불성이라고 하고, 진여眞如라고도 하는데 진여나 불성은 일생을 써도 다 못 쓰는 손가락이지 그 이외에 다른 것일 리가 없다. 어디 손가락뿐이랴. 입도, 코도, 눈도, 몸도, 우주도, 세계도 무엇 하나 일생을 쓰고 남지 않을 것이 있으랴.

일체가 진리요, 일체가 생명이요, 일체가 부처다. 부처를 부처로 깨달으면 된다. 손가락이 부처다. 입이 부처다. 눈이 부처다. 부처님을 존경만 하면 그것으로 족하다. 지금까지 너무 무시했던 사람들은 깊이 반성할 필요가 있다. 손가락 하나, 입 하나, 돌 하나, 무엇 하나 귀하지 않은 것이 없다. 아끼고 또 아끼는 것이 구지의 깊은 사랑이요, 그것이 인류를 사랑하는 길이지, 그밖에는 아무것도 없다. 구지의 사랑, 그렇게 깊다는 그 사랑도 손가락 하나를 있는 그대로 쓴 사랑이리라.

20. 용아의 얻어맞기

『벽암록』제20장은〈용아서래의龍牙西來意〉라는 제목으로 '서래의'는 제17장에도 나왔던 것이다. 달마가 인도에서부터 중국까지 그 먼 길을 왜 왔을까. 석가가 이 세상에 왜 왔을까. 인생은 이 세상에 왜 왔을까. 나는 이 세상에 왜 왔을까. 인생의 목적은 무엇일까. 이런 문제는 인생이 있는 곳에는 어디나 있게 마련이다.

왜 사는가. 이것은 생에 대한 지독한 의심이다. 의심이라고 해도 좋고, 불만이라고 해도 좋다. 사람이 사람대접을 받고 살 때에는 불만도 없고, 의심도 없지만 사람이 사람답게 살 수 없게 되면 불만이 나오는 법이다. 용아도 사람으로 태어났지만 사람대접을 받는 것 같지 않아 "나는 왜 태어나서 이런 고생을 할까" 하고 자기의 신세를 한탄하고 비관하며 언제나 불평불만을 억누를 수가 없었다. 그래서 그 당시의 유행어를 따라 "부처님은 왜 세상에 오셨을까" 또는 "달마 대사는 왜 중국에 오셨을까" 하고 자기의 인생관을 남에게 물어보러 다녔다.

　여기서는 두 스님을 찾아갔다고 한다. 취미翠微와 임제臨濟다. 그런데 그들의 대답은 하나같이, 물어보는 용아龍牙를 쳤다는 것이다. 세상에 아무리 질문이 날카로워도 대답하지 못할 질문은 없다. 산이 아무리 높아도 하늘을 능가할 산이 없는 것이나 마찬가지다. 질문이 있기 전에 벌써 대답은 있는 법이다. 마치 벌레가 나오기 전에 풀이 푸르듯이 인생의 모든 문제는 인생 이전에 다 해결되어 있는 것이다. 어린애가 나오기 전에 어머니가 있듯이 인생이 나오기 전에 대답은 있는 것이다. 그러나 아이가 자라서 어버이가 되듯이 물음을 묻다가 자기가 대답을 하게 되는 것이 또한 인생일 것이다. 묻는 인생은 젊은 인생이요, 대답하는 인생은 늙은 인생이다. 묻는 것도 인생이요, 대답하는 것도 인생이다. 젊은이는 끝없이 묻고, 늙은이는 끝없이 대답하다 보니 묻느냐, 대답하느냐는 결국 젊었느냐, 늙었느냐의 차이밖에 되지 않을 것이다. 용아는 젊었으니 물었고, 취미나 임제는 늙었으니 대답한 것뿐이다. 젊은이는 아무리 물어도 끝이 없다. 취미와 임제가 선판禪板, 포단蒲團(방석)으로 대답해주어도 그것이 용아에게 대답이 될 리가 없었다.

　그래서 용아는 "두 분 다 서래의西來意는 모르시는군요(무조사서래의無祖師西來意)"하고 대들었고, 늙은이의 대답이 아무리 거듭되어도 물음은 끊어지지 않았다. 그래서 또다시 임제에게 묻는 것이다. 젊음 속에는 대답이 없고, 늙음 속에는 물음이 없다.

다시 말해서 물음 속에는 대답이 없고, 대답 속에는 물음이 없다. 물음은 영원히 물음이요, 대답은 영원히 대답이다. 다만 물음이 대답으로 변할 뿐이다. 젊은이가 늙은이로 변할 뿐이다. 물음은 어느새 대답이 되고, 대답은 어느새 물음이 된다. 인생은 물음과 대답뿐이다. 인생(생生)은 묻고, 인사(사死)는 대답한다. 생사가 그대로 물음과 대답이요, 인생과 자연이 그대로 물음과 대답이다. 사는 것 자체가 물음이요, 죽는 것 자체가 대답이다. 생을 떠나 사가 없고, 사를 떠나 생이 없다. 생사가 합친 것이 사람이라면 사람은 물음이요, 동시에 대답이다. 지혜로 묻고, 사랑으로 대답하고, 마음으로 묻고, 몸으로 대답한다.

몸은 없고 마음이 날 뛸 때가 젊은 시절이요, 마음은 없고 몸만 있는 때가 늙은 시절이다. 불교에서 인생을 묻는 젊은이에게 '가만히 앉아 있거라(좌선坐禪)'라고 지도하는 것은 그에게 대답을 주는 것이다. 대답이란 별 것이 아니다. 몸이라고 해도 좋고, 늙음이라고 해도 좋다. 선판을 가져오라고 하고, 포단을 가져오라고 해도 마찬가지이다. 용아가 조사서래의祖師西來意를 물을 때 취미는 선판을 가져오라고 하고, 임제는 포단을 가져오라고 했다. 대답은 그 속에 있기 때문이다. 늙음이요, 몸이요, 죽음이요, 자연이다. 포단을 보고도 대답인 줄 모르고, 선판을 보고도 대답인 줄 모르니 선판으로 치고, 포단으로 쳤다고 할 수가 있다. 그러나 용아가 아무리 맞아도 그것이 대답이 안 된다고(무조사서래의無祖師西來意) 하는 것은 젊기 때문이다. 늙으면 저절로 알아질 것을 젊어서는 억지로 알 필요도 없고, 억지로 알아지지도 않는다.

알 수 없다고 솔직히 고백하는 용아의 순진성이 사랑스럽고, 모를 것을 뻔히 알면서도 선판으로 치고, 포단으로 치지 않을 수 없는 늙은이들의 진실성이 또한 볼 만하기도 하다. 귀 없는 젊은이와 입 없는 늙은이들이 노래 부르고 춤추는 것이 또한 장관이다.

본문을 적어둔다.

용아문취미龍牙問翠微. 여하시조사서래의如何是祖師西來意. 미운微云. 여아과선판래與我過禪板來. 아과선판여취미牙過禪板與翠微. 미접득변타微接得便打. 아운牙云. 타즉임타打卽任打. 요차무조사서래의要且無祖師西來意. 아우문임제牙又問臨濟. 여하시조사서래의如何是祖師西來意. 제운濟云. 여아과포단래與我過蒲團來. 아취포단과여임제牙取蒲團過與臨濟. 제접득변타濟接得便打. 아운牙云. 타즉임타打卽任打. 요차무조사서래의要且無祖師西來意.

21. 지문의 연꽃

『벽암록』제21장은 〈지문연화하엽智門蓮華荷葉〉이다. 지문智門은 제17장 좌구성로坐久成勞의 주인공 향림香林의 제자요, 『벽암록』100장의 찬송을 쓴 설두雪竇의 선생이다. 향림이 운문의 제자이고 보니 운문, 향림, 지문, 설두의 순서가 된다. 지문은 호북湖北 덕안德安 지문사智門寺의 주지였기에 지문이라고 불린다. 선禪에서 말하는, 오리 다리는 길고, 학의 다리는 짧다는 역설도 지문의 말이다. 연화란 연꽃이란 말이고, 하엽荷葉이란 연잎이란 말이다. 연이건, 복숭아건, 풀이건, 나무건 무엇이든지 좋다. 꽃이냐, 잎이냐 하는 것이 문제다.

어떤 중이 지문에게 물었다. "연이 물 밖에 나오기 전에는 무엇이었을까요?" 하니, "연꽃이지" 하고 대답했다. "연이 물위에 나온 후에는 무엇인가요?" 하고 또 물었다. "연잎이지" 하고 대답했다는 이야기다.

보통 생각으로는 물속이 잎이고, 물 밖이 꽃이라고 할 텐데,

보통 생각과 숱한 감정을 꺾어버리자는 것이 선禪이기 때문에 감정과 생각으로는 알 수도, 느낄 수도 없는 세계를 지시하기 위해 상식을 뒤엎는 것이다. 결국 사람이 쉽게 빠지는 것이 감정이요, 사람이 매여 있는 것이 생각이다. 사람이 사로잡혀 있는 편견과 사람이 빠져 있는 감정, 이 두 가지를 뿌리 뽑기란 쉬운 일이 아니다. 감정에서 벗어나 뜻(의지意志)에서 살고, 지식에서 벗어나 얼(영혼靈魂)에서 살아야 한다.

정情과 지知에서 살기는 쉽지만 뜻(의지)과 얼(영혼)로 살기는 힘들다. 지문은 물속의 세계를 뜻의 세계인 꽃으로 보고, 물 밖의 세계를 얼의 세계인 무성한 잎이라고 본 듯하다. 지정知情에 사는 것이 아니라 뜻과 얼에 사는 사람이 부처요, 보살이지 별것이 아니다. 얼이란 말 대신에 행行이라고 해도 좋고, 자연이라고 해도 좋고, 돌이라고 해도 좋고, 몸이라고 해도 좋다. 뜻이라는 말 대신에 마음이란 말을 쓰기도 한다. 마음이 곧 부처라는 말은 뜻이 곧 부처라는 말이다. 뜻만 있으면 누구나 부처가 될 수 있다. 성性이라고 해도 뜻이란 말이다. 불성佛性이 있다는 말은 누구에게나 다 부처가 되겠다는 뜻이 있다는 말이다. 부처가 되겠다는 뜻을 발견하면 그것이 견성見性이요, 견성하면 성불成佛은 틀림이 없다.

뜻만 있으면 다 부처이다. 연꽃 이전은 뜻이요, 연꽃 이후는 얼이다. 얼이란 어른이요, 성숙한 사람이요, 건강한 육체라는 말이다. 뜻이란 굳은 마음이요, 건강한 정신이다. 지식이 아니라 육체요, 감정이 아니라 정신이다. 육체가 없어지고 정신이 나간 후에 감정과 지식만으로 무엇을 어떻게 하자는 것인지 모르겠다. 육체가 건강해야 한다. 정신이 건강해야 한다. 건강한 육체가 얼이요, 건강한 정신이 뜻이다. 할 뜻을 가져야 하고, 할 몸을 가져야 한다. 아무 일 없이 알기만 하고 느끼기만 해서야 나라는 어디 있고, 집은 누가 짓나. 일은 해야 하고, 뜻은 이루어야 한다. 뜻의 꽃을 피우고, 얼의 잎이 무성하도록 이루어놓아야 한다.

불도佛道는 나의 감정이나 나의 지식욕을 만족시키는 것이 아니다. 불국佛國을 이룩하고, 불도를 펴야 한다. 불국을 이룩하기 위해서는 불체佛體가 필요하고, 불도를 펴기 위해서는 불용佛用이 필요하다. 지정知情에 빠진 소인이 아니라 지정을 초월한 대인이 되는 것이다. 설두는 여기에 이런 노래를 붙였다.

　　　연화하엽보군지蓮華荷葉報君知
　　　출수하여미출시出水何如未出時
　　　강북강남문왕로江北江南問王老
　　　일호의료일호의一狐疑了一狐疑

연꽃이니 연잎이니 하고 지문이 여러분에게 알려준 뜻은 연꽃 같은 인생과 연잎 같은 자연을 통째로 말해준 것뿐이다. 진리의 꽃과 생명의 잎을 알려주고 가지게 해준 것이 지문의 지혜와 사랑일 것이다. 그런데 그것을, 물에서 나오면 어떻고, 나오기 전에는 어떻고, 동서로 갈라놓고 따져보았댔자 밤낮 그것이 그것이지 알 도리가 없다. 계란이 먼저냐, 닭이 먼저냐, 꽃이 먼저냐, 잎이 먼저냐. 나오기 전에는 어떻고, 나온 후에는 어떻고, 계란은 어떻고, 닭은 어떻고, 아무리 뺑글뺑글 돌아보았댔자 머리만 어지럽고 눈만 돌 뿐이다. 그것을 미망迷妄이라고 한다. 강남에 가서 묻고, 강북에 가서 묻고, 왕 서방한테 묻고, 이 서방한테 물어 보았댔자 하나의 의심이 풀리면 또 하나의 의심이 생길 뿐이다. 제일 원인을 찾아 헤매는 사람처럼 가도 가도 끝이 없다. 제일 원인이니, 하나님이니 하고 찾아가면 어떻게 하자는 거냐. 마치 별을 따겠다는 어린애같이 가도 가도 끝없이 맴도는 것뿐이다. 그것보다는 진리의 꽃을 피우고, 생명의 잎을 돋게 하라. 진리를 깨닫고, 생명을 얻으라. 연꽃을 묻기 전에 연꽃이 되고, 연잎을 묻기 전에 연잎이 되라. 연꽃이란 건강한 정신이요, 연잎이란 건강한 육체다.

이러니저러니 하기 전에 몸을 닦고 마음을 털어버려라. 마루를 닦듯이 몸을 닦고, 먼지를 털듯이 마음을 털어버려라. 마음의 꽃을 피우고, 몸의 잎을 돋게 하라. 튼튼한 몸, 푸른 몸, 힘 있는 몸, 아름다운 마음, 빛나는 마음, 명랑한 마음을 가져라. 다시는 피기 전이니, 후니 하지 마라. 내 마음이 피어야 하고, 내 몸이 돋아야지 몸과 마음을 내놓고 또 무엇이 있담. 진리도 마음의 꽃이 핌이요, 생명도 몸의 열매가 달리는 것이지 별것 있느냐. 나다. 내가 본체다. 너도 문제가 안 되고, 남도 문제가 안 된다. 쏠

데없이 나라가 어떻고, 사회가 어떻고 하지 마라. 그보다 내 마음을 잡고, 내 몸을 기르자. 본체本體와 묘용妙用, 내 몸과 내 마음, 그것도 복잡하다. 오직 나다. 내가 깨어야 한다. 내가 있어야 한다. 지문이고, 연꽃이고, 그것이 아니다. 나다. 내가 깨는 거다. 내가 뛰는 거다. 영체靈體로 뛰고, 의용意用으로 깨는 거다.

본문을 써 둔다.

승문지문僧問智門. 연화미출수시여하蓮華未出水時如何. 지문운智門云. 연화蓮華. 승운僧云. 출수후여하出水後如何. 문운門云. 하엽荷葉.

22. 설봉의 독사뱀

『벽암록』 제22장은 〈설봉별비사雪峰鼈鼻蛇〉이다.

어느 날 설봉이 밖에 나갔다가 들어와 사람들에게, "남산에 독사가 있다. 너희들 조심하여야 한다"라고 하였다. 장경長慶이 그 말을 듣고 이렇게 말했다. "오늘 우리 집안에 누군가가 꼭 물려 죽을 거야." 이 말을 어떤 중이 현사에게 전했다. 현사가 말하기를, "아마 능형(장경혜릉長慶慧稜)이 먼저 물릴걸. 나는 상관이 없지"라 했다. 중이, "스님, 그것은 무엇 때문입니까?" 하고 물으니 현사가 말하기를, "남산에 있는데 무슨 상관이야." 그때 운문이 지팡이를 설봉 앞으로 내던지면서 "아이고 뱀이야" 하고 놀랜 모습을 하였다.

본문은 다음과 같다.

설봉시중운雪峰示衆云. 남산유일조별비사南山有一條鼈鼻蛇. 여등제인汝等諸人. 체수호간切須好看. 장경운長慶云. 금일당중今日堂中.

대유인상신실명大有人喪身失命. 승거사현사僧擧似玄沙. 현사운玄沙云. 수시능형시득須是棱兄始得. 수연여차雖然如此. 아즉불임마我卽不恁麽. 승운僧云. 화상작마생和尙作麽生. 현사운玄沙云. 용남산작십마用南山作什麽. 운문이주장雲門以拄杖. 찬향설봉면전擯向雪峰面前. 작박세作怕勢.

    설봉은 밖에 나갔다가 독사를 보고 왔다고 공갈을 친다. 독사는 밖에만 있는 것이 아니고 어디나 있다. 독사라고 하기 전에 운명이라고 해도 좋고, 죽음이라고 해도 좋고, 자연이라고 해도 좋다. 우리를 웃기기도 하고, 울리기도 하는 것, 꽃이 피었다고 웃고, 단풍이 들었다고 우는 동안 어느새 백발이 찾아오고, 죽음이 찾아오니 한마디로 시간이라고 해도 좋다. 시간은 남산에만 있는 것이 아니라 어디에나 있다.

    그런데 설봉이 남산에 가서 뱀을 보았다고 하자, 장경이 집 속에도 있다고 맞장구를 치는 것도 무리는 아니다. 오늘 집안에서 누군가가 죽을 거라고 장경은 허풍을 떤다. 누군가가 죽는 것이 아니다. 운명에 휩쓸린 사람은 다 죽을 것이고, 벌써 죽은 지도 오랠 것이다. 이제 새삼스레 누군가가 죽을 거라고 하는 말이 우습기도 하다.

    그래서 어떤 중이 그 말을 듣고 현사에게 가서 고해 바쳤더니 현사는 장경이 먼저 물릴 것이라며 자기는 마치 운명을 초월한 것처럼 말한다. 중이 현사에게 그 비결을 물었더니 이렇게 능청을 떤다.

"뱀이야 남산에 있지, 나와 무슨 상관이냐."

그때 운문이 이렇게 소리치며 지팡이를 내던진다.

"남산은 무슨 남산이야. 뱀은 네 옆에도 있다."

운명은 어디에나 있다. 운명에게 지면 누구나 먹힌 목숨이다. 운명을 이기면 마치 독사의 머리를 짓밟은 것 같아서 그때야말로 참다운 생명을 얻을 수가 있다. 진리를 깨달았다는 말은 자기의 운명을 이겼다는 말이요, 자기의 원수를 이겼다는 말이다. 다시 말해서 자기 자신을 이긴 것이다. 운명이건 독사건 다 자기 자신이다. 시간이건 자연이건 다 자기 자신이다. 자기 자신을 이긴 사람은 살고, 자기 자신에게 진 사람은 죽는다.

남산에만 독사가 있는 것이 아니다. 내가 독사다. 내가 나를 이겨야 한다. 나를 이기면 자유요, 나를 못 이기면 노예다. 어느 때는 그것이 선생이 되기도 하고, 어느 때는 아버지가 되기도 하고, 신이 되기도 한다. 선생을 이기고, 아버지를 이기고, 신을 이긴다. 물론 복종으로 이기지만 이기기는 이겨야 한다. 운명에 복종하고, 진리에 복종하고, 자연에 복종함으로써 이긴다. 하여튼 진리에 복종하려면 진리에 저항하는 나와 싸워야 한다. 싸워 이겨야 한다. 여기에 고행이 필요하고, 수도가 필요하다. 행 없이 어떻게 자기와 싸울 수 있을까. 설봉이 나갔다 와서 하는 말이다.

"나가서 싸워야지 우두커니 앉아 있다가는 자칫하면 뱀에게 물린다."

참선도 자기와 싸울 때는 좋지만 참선에 빠져 무감각해지면 안 된다. 참선이 끝이 아니다. 참선이 첫걸음이다. 참선이 끝나면 올라갈 산이 태산 같다. 더욱이 설봉처럼 머리에 눈까지 이고 있는 산이라면 좀처럼 올라가지지 않는다. 정말 독사가 되어 지독하게 달라붙지 않으면 안 된다.

"설봉雪峰 삼투자三投子 구동산九洞山"이라고 한다. 투자에게 세 번, 동산에게 아홉 번 시험을 쳤지만 다 떨어지고, 덕산을 찾아갔다가도 얻어맞고 떨어지고, 또 치고 또 치고 열 번 스무 번 쳤지만 다 떨어지고, 마지막 흠산欽山을 찾아갔는데 눈 속에서 날을 기다리다가 친구 암두의 인연으로 밑이 빠져 나가듯 깨달은 사람이 설봉이다. 자기 속에서 나오는 것이 있어야지, 남에게서 얻은 것 가지고는 안 된다는 친구의 말에 가슴이 뚫려 쏟아지는 생명의 말씀에, 1,700여 명의 제자를 먹일 수 있었던 설봉 스님이다.

설봉은 언제나 "하늘을 덮고 땅을 덮으라(개천개지蓋天蓋地)"고 한다. 통째로 살라는 말이다. 마치 어린애를 통째로 낳는 어머니처럼 자기 자신을 새롭게 창조한 거듭난 삶이다. 어디서나 주인이 되면 어느 것이나 참이라고 하듯 자기를 이긴 사람은 어디서나 주인이 될 수 있다. 하늘을 덮고 땅을 덮을 수 있는 사람, 그것이 설봉의 진면목이기도 하다. 오늘도 설봉산의 독사가 되어 닥치는 대로 물어 죽이는 지독한 녀석이다.

그러나 장경과 현사와 운문은 벌써 스승의 뜻을 알아차리고 물리지 않을 방비를 한다. 운문처럼 독사를 향하여 지팡이를 내던지는 놈도 있고, 현사처럼 남산에서 일어나는 일이지 자기와는 상관없다는 놈도 있고, 남산의 독사가 아니라 방안의 독사라고 미리 자리를 비키는 장경도 있다. 모두 설봉의 수제자들이다. 이 놈들이야말로 독사를 파먹는 독사의 새끼들이라 능숙하기가 설봉에 못지않은 놈들이다. 독사의 소굴에 들어온 1,700여 명의 대중은 그때 무엇을 하고 있었을까. 그들 중 얼마나 많은 사람들이 독사에 물렸을지 두렵다.

23. 보복의 산놀이

『벽암록』제23장은 〈보복묘봉정保福妙峯頂〉이다.

어느 날 보복保福이 장경長慶과 같이 산놀이를 갔다. 보복과 장경은 설봉의존雪峰義存의 수제자로서 모두 도道에 통한 사람들이다. 산꼭대기에 올라서서 보복은 멀리 사방을 돌아다보고 기쁨을 감출 수 없어 혼자 중얼거렸다.

"여기가 천국(묘봉妙峯)이로구나."

그랬더니 옆에 있던 장경이 항의했다.

"그 말이 옳기는 옳지만 나로서는 좀 불만인데."

이야기는 이것이 전부다. 그런데 본문에는 설두의 비평이 삽입되고, 그 이야기를 어떤 중이 경청鏡淸에게 했더니, 경청은 "장경(손공孫公)이 한마디를 붙이지 않았으면 세상은 해골로 가득 찰 뻔 했는걸" 하고 중얼거렸다는 것이다.

본문을 적어본다.

보복장경유산차保福長慶遊山次. 복이수지운福以手指云. 지저리변시묘봉정只這裏便是妙峯頂. 경운慶云. 시즉시是則是. 가석허可惜許. 설두착어운雪竇著語云. 금일공저한유산今日共這漢遊山. 도개십마圖箇什麽. 부운復云. 백천년후부도무百千年後不道無. 지시소只是少. 후거사경청後擧似鏡淸. 청운淸云. 약불시손공若不是孫公. 변견촉루편야便見髑髏遍野.

보복과 장경과 경청은 설봉의 제자로 친형제보다 더 가까운 사이다. 설두雪竇는 물론 후세 사람인데 그의 비평이 어떻게 하다가 삽입되어 들어갔다. 내용은 이렇다.

"오늘 이 사람들이 산놀이를 다 가고 웬일이지?"

그리고 다시 이렇게 말하면서 부러워했다.

"이런 친구들은, 그리고 이런 흥겨운 놀이는 백년 천년 후에도 없을 거라고 말하기는 어렵겠지만 아마 이렇게 아름답고 즐거운 놀이는 드물 것이다."

산꼭대기에 올라가면 누구나 "여기가 천국이로구나" 하고 느끼지 않을 사람이 없을 것이다. 산꼭대기에 올라가면 막힌 데가 하나도 없다. 동서남북 어디나 훤하게 터져서 온 세상을 통째로 내려다볼 수 있다.

옛날부터 사람들은 다 알았다든가, 진리를 깨달았다든가, 도에 통했다고 할 때에는 언제나 산꼭대기에 비유한다. 여기에 묘봉妙峯이라고 쓴 것도 진리의 오묘한 봉우리라는 뜻이다.

묘봉이란 말은 화엄경에 나오는 말이다. 화엄이란 말은 진리(화華)와 생명(엄嚴)이란 말이다. 옛날 선재동자善財童子가 53명의 선생을 차례차례 찾아다니는 이야기가 화엄경에 나오는데 맨 처음에 찾아간 선생님이 덕운德雲이라는 스님으로 그분이 사는 곳이 묘봉이라고 되어있다.

덕운은 '덕 있는 구름'이라는 말로 '실력 있는 구름'인데 아무데도 걸리는 것 없이 훨훨 마음대로 날아다닐 수 있는 사람을 언제나 구름에 비유한다. 자유란 말이다. 도에 통한 자유인, 그것이 '실력 있는 구름'이라고 표현되었을 것이다. 자유인에게는 일이 없다. 보통 사람으로 보면 한없이 어려운 일도, 자유인 또는 실력 있는 선생님에게는 하나의 유희에 지나지 않는다. 본문에도 산놀이라고 썼지만 산이란 진리의 산이요, 유遊란 유희삼매遊戱三昧를 말한 것이다. 유희삼매란 일체가 놀이이지, 일이 아니다.

외국 사람이 우리말을 배운다는 것은 무한한 고생이지만 우리말에 통한 우리에게는 말하는 것이 그대로 즐거움이다. 어떤 방면이든지 통하면 거기가 천국이요, 유희요, 자유요, 기쁨이요, 즐거움이다. 통하면 천국이요, 통하지 않으면 지옥이다. 수영도 할 줄 알면 즐거움이요, 할 줄 모르면 죽음이다. 할 줄 아느냐, 모르느냐에 천국과 지옥이 갈린다. 할 줄 알게 되기 위해서는 올라가는 수고가 필요하다. 올라가고 올라가서 일단 산꼭대기에만 올라가면 거기가 천국이요, 극락이다.

묘봉 위의 덕운은 진리와 생명을 비유하는 말이며 화엄이란 말이나 마찬가지 뜻이다. 보복과 장경이 진리에 통하여 진리의 산에 산놀이를 갔다는 것이다. 그런데 보복이 산에 올라가 "여기야말로 묘봉이로구나" 하고 외쳤다는 것이다. 그 말에 장경이 그 말이 옳기는 옳지만 자기로서는 전적으로 동의할 수 없는 것이 있다는 것이다. 전적으로 동의할 수 없다는 것은 산꼭대기가 진리의 묘봉임은 말할 것도 없지만 진리에 통한 그들로서는 어디나 산꼭대기지 어디라고 한정할 것은 없지 않느냐 하는 심정일 것이다.

어디나 천국이지 천국 아닌 데가 어디랴. 도에 통한 사람에게는 언제나 기쁨이지, 기쁘지 않을 때가 언제냐 하는 말이다. 보복이 산꼭대기가 제일이라고 하여 거기에 눌러 앉으면 그야말로 친구 하나를 잃게 될지도 모를 일이다. 불도가 제일이라고 눌러 앉는 사람이 가끔 있는데 그런 사람들 때문에 장경은 걱정이 되었는지도 모른다. 그래서 설두는 밤낮없이 산놀이인데 산놀이가 또 무슨 말인가 하고 한번 불평을 해놓고 이렇게 기뻐하기도 한다.

"아마 그들이 산놀이를 해도 우리를 위해서 하는지도 모르지. 그런데 정말 장경이 한마디 했구먼. 이런 산놀이가 앞으로 없지는 않겠지만 그래도 드물 거야."

나중에 경청이 그 말을 얻어듣고 장경에게 고마워한다.

"장경이 아니었으면 진리의 산꼭대기에서 말라붙어 얼어 죽었을 녀석이 셀 수 없이 많았을걸."

진리의 세계는 달라붙는 세계가 아니다. 달라붙는 것은 감정의 세계이지, 진리의 세계가 아니다. 유희삼매 할 수 있는 그들은 세상 어디나 달라붙을 데가 없는 사람들이다. 그들이야말로 자유인이며 희로애락을 초월한 놀이꾼들이다. 일하는 사람이 되지 말고 노는 사람이 되자. 노는 속에 즐거움이 있나니 그것이 생명이다. 하나님의 어린애들에게는 일이 없다. 일은 어른이 하는 것이지 애들이 하는 것이 아니다. 애들은 그저 먹고, 자고, 보고, 뛰면 그만이다. 생명의 약동, 그것이 진리를 깨달은 사람의 전부이리라.

24. 철마와 위산

 『벽암록』 제24장 〈유철마도위산劉鐵磨到潙山〉에는 여승의 이야기가 나온다. 진리에 남북이 있을 리 없고, 생명에 남녀가 있을 리 없다. 수많은 여성 부처 가운데서도 철마鐵磨는 특히 솜씨가 대단했던 모양이다. 성이 유劉 씨여서 유철마라고 하는데 철마란 쇠절구란 뜻이다. 쌀이건 돌이건 무엇이나 박살을 내버리는 유 씨는 어느새 유철마라는 별명을 갖게 되었다. 사방에서 달라붙은 명승 대덕들도 철마에게는 이론 투쟁이나 실천경쟁에 있어서 도저히 상대가 되지 않았다.

 그래서 사람들은 그녀를 쇠절구라고 존경하였다. 그녀는 담주潭州 위산 근방에 작은 암자를 짓고 살고 있었다. 여기에 나오는 이야기는 당시 선종의 거물 위앙종潙仰宗의 개조 위산영우潙山靈祐를 만난 이야기이다. 찾아가기는 유철마가 먼저 꼬리를 흔들고 달려갔다고 한다(유철마도위산劉鐵磨到潙山). 그랬더니 위산이 황소처럼 웃으면서 말을 꺼냈다.

"의젓한 암소, 그대가 왔구먼(산운山云 노자우여래야老牸牛汝來也)."

철마는 애교를 떨었다.

"내일 오대산에 큰 잔치가 있는데 당신은 안 가나요(마운磨云 내일來日 대산대회재臺山大會齋 화상환거마和尙還去麽)?"

위산은 그 소리를 듣고 웃으면서 피곤한 듯 누워버렸다(위산방신와潙山放身臥). 철마는 위산이 갈 마음이 없는 줄 알고 혼자서 바삐 나가버렸다(마변출거磨便出去).

혼자 간 모양이다. 그런데 오대산은 위산에서 5, 6천 리가 된다고 한다. 정말 혼자 갔을까. 그 후의 소식이 궁금하다. 하여튼 갔든 안 갔든 간에 그것이 문제가 아니다. 철마와 위산의 멋진 만남이 문제다. 해와 달이 만나듯이, 거울과 거울이 만나듯이, 그 가운데에는 아무런 걸림이 없었다. 이것을 직관直觀이라고 한다. 서로 상대편의 인간성을 한없이 존경하면서 마치 달이 찬 시냇물을 들여다보듯이 서로 간담을 털어놓는, 친구라면 친구고, 도우道友라면 도우이다. 만났다 헤어짐에는 아무런 걸림이 없다. 맑은 시냇물에 달빛이 스며들듯, 비친다는 생각도 없고, 비추인다는 생각도 없는 내설악의 백담을 연상케 한다. 거울과 구슬이 서로 비치듯 호胡가 오면 호胡를 비치고, 한漢이 오면 한을 비친다.

정말 마음이 통하는 친구, 이런 친구를 일생에 한 명이라도 가져본 인생은 그 얼마나 행복한 생일까. 그 관계가 친구이건, 스승이건, 부자, 부부, 군신, 무엇이든지 좋다. 부부로서 하나가 되었든, 사제로서 하나가 되었든, 붕우로서 하나가 되었든, 하여튼 하나를 경험한 사람은 복 있는 자다. 복이란 별 것이 아니다. 하나를 가진 사람이다. '덕은 외롭지 않다'고 할 때의 덕이란 말과도 같다. 정말 통하는 친구를 가진 사람은 외롭지 않다. 인간은 사회적 동물이라고 하지만 도에 통하지 않고는 사회가 없다. 한 사람도 통하는 사람이 없는데 어디 사회가 있을 수 있는가. 시장터에서 서로 싸우는 세계가 사회일 리가 없다.

 이 세상에는 사회도 없고, 이웃도 없다. 이웃이란 나와 통하는 사람만이 이웃이다. 그런데 통하는 사람이란 세상에 그리 많은 것이 아니다. 단 한 사람이라도 통하는 사람을 가졌다면 그 사람은 정말 이웃을 가진 사람이요, 그런 이웃을 위해 있는 사람들은 언제나 생명을 내놓을 수가 있다. 친구를 위하여 생명을 바치는 것처럼 귀한 것이 없다고 하지만 진정한 친구라면 그를 위하여 생명을 바치지 않을 사람은 없을 것이다.

 사랑은 자연이지 인위적인 것이 아니다. 억지로 이웃을 사랑하는 것이 아니다. 사랑하지 않을 수 없는 세계가 사랑의 세계이다. 하나님은 곧 사랑이라고 한다. 성숙한 인격은 그대로 사랑이다. 성숙한 인간이 되면 어린애의 버릇은 다 사라진다. 죄악을 찾아보려고 해도 찾을 수가 없고 믿음과 소망과 사랑이 넘칠 뿐이다. 이러한 세계는 어른의 세계다. 어른이 된다는 것은 쉬운 일이 아니다. 백발이 되기 전에 하루 빨리 철이 들어야 한다.

 철드는 세계란 쉬운 길이 아니다. 겹겹이 쌓인 적진을 몇 겹이고 뚫고 들어가는 것이다(회기철마입중성會騎鐵馬入重城). 이 어려운 싸움에서 승리하고 개선한 장군만이 이미 천하가 평정되었다는 계시를 받게 될 것이다(칙하전문육국청勅下傳聞六國淸). 그렇다고 해서 마음을 놓으면 안 된다. 언제나 평지에서 낙상하지 않도록 깨달은 후에도 더욱더 닦고 올라야 한다(유악금편문귀객猶握金鞭問歸客). 세상은 아직도 깊은 밤이요, 이 밤을 같이 걸을 친구는 과연 몇 사람이나 될까(야심수공어가행夜深誰共御街行). 정말 간담을 털어 놓을 친구가 몇 사람이나 될까. 몇 사람은커녕 한 사람이라도 있다면 인생은 결코 실패가 되지 않을 것이다.

옛날 풍혈風穴 스님에게 어떤 이가 물었다.

"위산이 말하기를, '늙은 암소 너 왔구나' 하는 말이 무슨 뜻입니까?"

풍혈 스님이 대답하기를,

"흰 구름 깊은 곳에 금룡이 번득인다(백운심처금룡약白雲深處金龍躍)."

"또 유철마가, 내일 오대산 잔치에 스님은 같이 가실 생각은 없소, 한 뜻은 무엇입니까?" 하니, 풍혈 스님이,

"푸른 물결 달빛 속에서 옥토끼가 깜짝 놀라(벽파심리옥토경碧波心裏玉兔驚)" 하고 대답하였다.

"그러면 위산이 누운 것은 무슨 뜻입니까?"

"늙어서 할 일없이 한가로이 누워 청산을 마주 본다(노도소용무사일老倒疎慵無事日 한면고와대청산閑眠高臥對靑山)."

마지막으로 또다시 물었다.

"왜 철마가 뛰어 나갔습니까?"

"산 개울물에 공을 던진 것 같아서(수상타구자水上打毬子) 가만 있으면 자꾸 자꾸 뒤떨어지니 어찌 가만히 있겠는가. 분골쇄신, 깨달은 후의 수도를 계속 하기 위해서 바삐 달려 나갔을 것이다"라고 대답했다.

진인眞人들의 진언眞言, 또한 들을 만하다.

25. 연화봉의 지팡이

『벽암록』제25장은 〈연화암주부주蓮華庵主不住〉라는 것이다. 연화 암주란 연화봉에 작은 암자를 짓고 사는 암주라는 말인데 이 사람은 운문의 제자 도심道深 선사의 수제자인 상 암주祥庵主로서 도통한 후에 큰 사찰을 맡는다든가 하지 않고, 또 대중 앞에 나서기를 싫어하여 연화봉에 작은 암자를 짓고 깊이 들어앉아 혹시 찾아오는 젊은이들이 있으면 그들을 깨우치기 위하여 있는 힘을 다하고 있었다. 말끝마다 언제나 지팡이를 높이 쳐들고(연화봉암주蓮華峯庵主 염주장시중운拈拄杖示衆云), "옛날 사람들이 이곳까지 와서는 왜 이를 더 붙잡고 있지 않았을까(고인도저리古人到這裏 위십마불긍주爲什麼不肯住)?" 듣는 사람은 무슨 말인지 몰라 말이 없다(중무어衆無語). 그리고 혼자서 중얼거리기를(자대운自代云), "이제는 더 쓸모가 없으니까 그렇지(위타도로부득력爲他途路不得力)." 그리고는 다시 하는 말이(부운復云), "그러면 어떻게 하지(필경여하畢竟如何)?" 혼자 대답하는 말이(우자대운又

自代云), "막대기를 가로 지고 곧장 깊은 산으로 들어가는 거지(즐 횡담불고인枊橫擔不顧人 직입천봉만봉거直入天峯萬峯去)" 하고 산으로 들어가고 말았다는 것이다.

암만 가르쳐주어도 모르니까 다 집어치우고 산으로, 더 깊은 산으로 들어가는 상祥 스님의 모습이 눈앞에 선하게 보인다. 수십 년을 가르쳐도 깨닫지 못하는 제자들은 왜 깨닫지 못할까. 그 이유는 하나밖에 없다. 그것은 너무 똑똑해서 그렇다. 아는 것이 너무 많아서 정말 알아야 할 것을 모르기 때문이다. 이런 조무래기들 가지고는 주장자의 이치를 알 수가 없다.

주장자란 중들이 집고 다니는 지팡이란 말인데 어떤 때는 사람의 키보다도 훨씬 더 크다. 그것을 집고 풀숲을 헤치며 지나가다가 산짐승이나 독충, 독사를 제거하는 데 쓰기도 하고 그것으로 무엇을 가리키거나, 무엇을 지시하기도 하고 어떤 때는 그것으로 후려갈기기도 한다. 그런데 지금 여기서 주장자를 쳐들고 말할 때에는 무엇이든 큰 하나를 지시하고 있다. 이쑤시개 같은 하나가 아니라 큰 하나, 우주도 그를 용납하기 어렵고, 인심도 그를 받아들이기 어려울 정도의 하나, 흔히 무無라고 밖에 할 수 없는 언어도단言語道斷의 하나를 지금 문제 삼고 있는 것이다. 우주의 본체라든가, 인류의 본성이라든가, 요샛말로 하면 존재라든가, 하나님이라든가, 무엇인가 한없이 큰 통째를 말하고 있다. 사실은 그 통째가 문제가 아니라 통째를 이해하고, 통째로 사는 사람이 그리워서 하는 소리다. 지식이나 이름을 탁 차버리고 정말 하늘과 같이 사는 사람이 그리워서 하는 소리다.

지팡이를 쳐든 것은 그런 사람이 그리워서 그런 사람 대신에 지팡이라도 한번 쳐들고 거기에 한없는 경의를 표한 것뿐이다. 지팡이님, 지팡이님, 세상에 지팡이 같이 곧은 사람, 긴 사람이 하도 없으니 지팡이 보고라도 경의를 표해야지 무엇보고 경의를 표한담. 상 암주는 언제나 지팡이를 쳐들고 "지팡이님, 지팡이님" 하고 탄식을 하다가는 하도 어이가 없어서 조무래기들을 돌아보며 말하기를, "옛날사람들은 이 지팡이를 들고 다니다가 갈 곳에 가서는 그 지팡이마저 내버렸다는데 도대체 너희들은 언제나 이 지팡이를 들 만큼 크는 거지?" 아무리 먹여도 크지 않는 난쟁이들을 앞에 놓고 기가 막혀서 하는 소리다. 교회에 천년을 가고, 절간에 만년을 가도 밤낮 교회분쟁이니 절간분쟁이니 하고 경에는 귀가 멀고 젯밥에나 얼이 빠져 헤매는 벌레만도 못한 인간들이 너무 많음을 보고 상 암주는 기가 막혀서 하는 말이다. 이놈의 지팡이도 맥을 못 추면 더 큰 것을 위해서 내버려야 하는데 이 지팡이 하나 들 수 없는 위인들이니 이런 것들을 밤낮 데리고 가르쳐봐야 무얼 한담.

그는 유치원 보모를 내던지고 또다시 소학교 선생을 찾아서 지팡이를 가로 지고 더 깊은 산으로 들어갔다는 것이다. 마치 송사리떼에 진절머리가 난 어린애가 큰 고기를 낚으러 깊은 바다로 가는 것처럼 더 깊은 산, 더 험한 산으로 들어가보는 것이다. 지팡이를 가로 지고 깊은 산으로 들어가는 상 암주를 몇이나 따라갔을까. 지팡이에 가로 걸려 상 암주마저 쓰러지지나 않았을까. 상 암주여, 지팡이를 버리고 더 깊은 산으로 들어가는 거다. 조무래기들은 고사하고 상 암주라도 더 커야겠지. 산으로, 산으로 들어가는 것이다. 남을 키울 수 없으면 자기라도 크는 것이다. 커지는 길은 한 길밖에 없다. 산으로, 산으로 들어가는 것이다. 지식을 떠나고, 세상을 떠나고, 깊은 바다로, 깊은 바다로 들어가는 것이다. 상어도 만나고, 고래도 만나면서 자꾸자꾸 들어가는 것이다.

옛날 조주는, "자, 그대들, 2, 30년 그저 앉는 것이다.(좌간이삼십년坐看二三十年). 그것도 부족하면 2, 30년을 더 앉는 것이다. 나는 벌써 40년을 앉아 있었다." 여래단좌如來端坐. 소림벽면小林壁面. 타성일편打成一片. 무타사無他事. 하나의 돌멩이가 되기까지 앉아있는 것이다. 그것이 산으로 들어가는 길이다. 그저 바보가 되는 것이다. 40년을 줄곧 앉아있는 주장자 같은 바보가 되는 것이다. 인간이 인간을 벗어나는 길은 그 길밖에 없다. 세상의 부귀영화는 모두 조무래기들에게 맡기고 주장자처럼 줄곧 타성일편이 되는 것이다. 불법은 몰라도 좋으니 불도가 되고, 중은 안 되도 좋으니 사람이 되는 것이다. 조무래기가 아닌 큰 사람, 이해와 명리에 초연한 사람, 막대기 같은 사람, 그 막대기마저도 언젠가는 한번 던지고 그대 자신이 막대기가 되어 막대기조차도 필요 없는 사람이 되는 것이다.

26. 백장의 높은 산

『벽암록』제26장 〈백장대웅봉百丈大雄峯〉은 백장百丈의 이야기이다. 백장은 마조의 수제자로서 회해懷海라는 호를 가지고 있다. 바다를 품었다는 말인데 그는 자기 마음을 바다와 같이 생각한 모양이다.

어떤 중이 백장에게 물었다(승문백장僧問百丈).

"인생에 있어서 제일 바람직한 일이 무엇이겠습니까(여하시기특사如何是奇特事)?" 그랬더니 백장은(장운丈云), "위대해지는 거지(독좌대웅봉獨坐大雄峯)" 하고 대답했다. 중은 감탄하여 깊이 경의를 표했다(승예배僧禮拜). 그러자 백장이 중을 후려갈겼다는 것이다(장변타丈便打).

세상에 제일 바람직한 것이 있다면 위대한 사람이 되는 것이겠지. 그러나 위대한 사람이 되기 위해서는 천신만고, 물에 들어가고 불에 들어가고, 얻어맞고 또 얻어맞아 순수한 자아가 되어야지 그 전에는 금강검을 이룰 수 없는 것이다. 높은 산꼭대기에 홀로 앉기란 그리 쉬운 일이 아니다. 오르고 또 오르고, 오르고 또 올라 산골짜기에 피바다를 이루기 전에는 도저히 산꼭대기에 오를 수 없다. 독좌대웅봉獨坐大雄峯 하는 비결은 변타便打하는 길밖에 없다. 얻어맞는 것이다. 그저 얻어맞는 것이다(타성일편打成一片). '아야' 하는 소리도 나오지 않도록 얻어맞는 것이다. 마치 모루 위에서 붉은 쇠가 망치에 얻어맞듯 맞고 또 맞기 전에는 순수한 강철이 될 수가 없다. 인생의 운명이란 강철이 되는 과정일 것이다. 얻어맞고 또 얻어맞아 찍소리도 못하고 얻어맞을 때 비로소 내 속에 한 줄기 금빛이 일어날지도 모른다. 백장이 오늘 대웅봉에 독좌할 수 있게 된 것도 결국 얻어맞은 덕분이다.

백장은 한때 마조를 모시고 들판을 걸은 일이 있었다. 그때 물오리 한 마리가 퍼덕 날아가고 있었다. 독좌대웅봉이 아니라 독비대허공이다. 천하의 물오리를 당해낼 놈이 하나도 없다. 마조는 물오리를 쳐다보는 백장에게 물었다. "저것이 무엇인가?" 백장은 대답했다. "물오리입니다." "어디로 갔지?" "네, 저 하늘가로 날아갔습니다." 마조는 말없이 백장의 콧대를 쥐어뜯었다. 변타가 아니라 변발이다. 백장은 아파서 견딜 수가 없었다. "아이고" 하고 소리를 질렀다. 그랬더니 "또 한 번 날아갔다고 해봐라. 이번에는 내 죽여버릴 테다." 마조는 몹시 화를 낸 모양이다. 백장은 그 정도로 쥐어뜯긴 것이 다행이었는지 모른다. 하마터면 코가 떨어질 뻔 했다. 그러나 생각해보면 기가 막혔다. 밤낮 위대해지고픈 생각뿐이지 순수해질 생각은 없지 않은가. 맞아도 맞아도 내 속에서 독사의 대가리가 또다시 머리를 든다.

칭찬을 받으면 좋아하고 욕을 먹으면 싫어하는 것이 인간의 상정이기 때문에 이 상정을 깨트린다는 일이 보통 어려운 것이 아니다. 그러나 칭찬을 좋아하고 인기를 바라는 동안까지는 진리를 깨달을 수도 없고, 하나님의 뜻에 맞출 수도 없다. 한번 세상과 인연을 끊어야 한다. 그리하여 세상으로부터 얻어맞아야 한다. 악마는 언제나 세상의 영광을 보여주면서 자기에게 절하라고 한다. 일단 절을 하면 부귀영화는 내 것이 되겠지마는 사람은 되지 않는다.

세상을 미워하기 전에는 진리와는 관계가 없다. 무아가 되기 전의 대아는 세속적인 대아이다. 무아가 된 후의 대아는 진리적인 대아이다. 대아가 되고 싶은 것이 생명의 염원이다. 그러나 생명은 진리의 무아를 통과하기 전에는 영적 대아가 될 수 없다. 인생은 죽음으로부터 시작된다. 죽음 이후의 인생이 아니면 모두 거짓이다. 죽어서 사람 노릇하는 것이 참사람이지, 살아서 사람 노릇하는 것은 참사람이 아니다. 사람은 죽은 후가 사람이다. 산 것들은 짐승이지, 사람이 아니다. 죽었다 살든지, 죽어서 살든지, 영원한 생명은 죽은 후의 생명이지, 살아서의 생명이 아니다. 죽은 후의 생명, 말씀 쉬는 생명, 깨워주는 생명, 영적 생명, 영원한 생명, 이런 생명이 참생명이다. 육적 생명은 현재뿐이요, 영원이 아니다. 세속적 인기는 현재뿐이요, 영원이 아니다. 역시 하나님의 뜻대로 사는 생명만이 영원하다. 그렇기 위해서는 육을 넘어서서 육에게 지배를 안 받아야 한다.

　백장은 마조에게 얻어맞고 돌아와서 울고 있었다. 친구들이 왜 우느냐고 물었다. 그는 마조 스님에게 얻어맞고 코를 뜯긴 얘기를 했다. 백장은 아무 까닭 없이 얻어맞은 것뿐이었다. 마조도 그저 때렸고, 백장도 그저 맞았다. 맞을 인연으로 맞은 것뿐이다. 아무 이유도 없다. 물오리가 무슨 이유가 있어서 날아간 것이 아니다. 그저 날아간 것뿐이다. 마조가 그 순간에 백장의 코를 잡아 뜯었다. 무슨 이유가 있어서 잡아 뜯은 것도 아니다. 그저 잡아 뜯은 것뿐이다. 마조가 왜 코를 잡아 뜯었을까. 그저 잡아 뜯은 것뿐이다. 무슨 이유가 있을까. 아무 이유도 없다.

　백장은 친구들에게 마조 스님에게 이유를 물어보라고 했다. 그래서 친구들은 마조 스님에게 그 이유를 물었다. 마조 스님도 알 까닭이 없다. "내가 그것을 어떻게 아느냐. 직접 회해에게 물어보아야지." 친구들은 다시 백장에게 찾아가 "선생님도 너밖에 아는 이가 없다고 너보고 물어보라고 하시더라"고 말을 전했다. 그때 울고 있던 백장이 웃음을 터트리기 시작했다. 목구멍에서 나오는 웃음이 아니라 배의 밑창에서, 발꿈치에서 나오는 웃음이다. 이 세상에 아는 사람이란 아무도 없다.

　인생이란 이유 때문에 사는 것이 아니다. '왜'를 몰라도 사는 데는 아무 지장이 없다. 물오리가 사는 것처럼 사는 것뿐이다. 왜 없이 가고, 왜 없이 온다. 왜란 인간이 만들어낸 잔꾀뿐이다. 잔꾀를 넘어서서 사는 것이다. 작은 노를 저어서 갈 수 있는 곳은 강물뿐이다. 바다가 되는 것이다. 바람을 타고 가는 바다가 되는 것이다. 백장은 자기의 울던 과거가 우스워서 견딜 수가 없었다. 그는 실컷 웃었다. 그리고 누가 와서 묻든지 한 대씩 때렸다.

27. 운문의 가을

마조 스님의 뒤를 이어서 『벽암록』 제27장은 〈운문체로금풍 雲門體露金風〉이다. 어떤 중이 운문에게 물었다(승문운문僧問雲門).

"나무가 시들고 잎이 떨어지면 어떻게 될까요(수조엽락시여하 樹凋葉落時如何)?"

"몸이 드러나고 바람이 빛나겠지(체로금풍體露金風)."

사람이 죽으면 어떻게 될까. 하나님이 드러나겠지.

운문의 대답은 지극히 간단하다. 하나님을 믿고 선지식善知識을 믿는 그에게는 자기의 생사는 문제도 안 된다. 살아도 그만, 죽어도 그만이다. 영원한 생명과 통한 이들에게는 일시적인 생사는 문제가 안 된다. 나무가 시들고 잎이 떨어지면 으레 바위가 드러나고 골짜기에는 찬바람이 몰아칠 것은 당연하지 않은가. 나무가 없어졌다고 산이 없어질 리는 없지 않은가. 현상계가 없어졌다고 실재계까지 없어질 이치는 없지 않은가. 물고기가 죽었다고 바다가 없어질 이치는 없지 않은가. 지구가 없어졌다고 허공이 없어질 리는 없지 않은가.

"수조엽락시여하樹凋葉落時如何. 체로금풍體露金風."

좋은 말이다. 나무가 시들고 잎이 떨어질 때에야 바위가 드러나고 바람이 빛날 걸. 독좌대웅봉獨坐大雄峯이다. 자기가 앉을 자리에 뿌리를 박고 앉은 사람은 수조엽락이라고 무서워할 것이 하나도 없다.

눈앞 대웅봉에 체로금풍이 보이지 않느냐. 하나님을 본 사람에게는 나무가 시들고 잎이 떨어진다고 걱정할 것이 없지 않느냐. 나를 본 자는, 자기의 본체를 본 사람은, 내 목숨이 끊어진다고 걱정할 것이 없지 않느냐. 바람을 본 사람이면 숨이 끊어졌다고 걱정할 것이 없지 않느냐. 산을 보아라. 나무가 시들고 잎이 떨어질 때 산을 보아라. 눈앞의 푸른 바위(벽암碧巖)를 보라. 『벽암록』이 우리에게 보여주려는 것은 벽암뿐이지 또 무엇이 있겠는가. 벽암을 본 사람은 나무가 시들고 잎이 진다고 서러워하지 않을 것이다. 산이 있다. 나무가 있기 전, 잎이 트기 전에 산이 있다. 산을 보라. 산을 보면 나무는 문제도 안 되지 않느냐. 누가 자기의 얼굴을 보았나. 누가 자기의 본체를 보았나. 누가 자기의 벽암을 보았나. 보면 한마디로 체로금풍이다.

하나님을 보여 달라는 사람들에게 말을 한다.

"너희들이 나와 이렇게 오래 같이 있었는데 아직도 하나님을 보지 못했느냐?"

하나님은 체로금풍이다. 몸은 드러나고, 바람은 빛나고 있다.

그대는 산을 본 일이 있나. 산은 청정법신이다. 그대는 물소리를 들은 일이 있나. 물은 일대설법이라고 한다.

산을 보고 물소리를 들을 수 있는 사람은 능히 하나님을 볼 수 있을 것이다. 그러나 아무리 산을 보아도 바위밖에 보이지 않고, 아무리 물소리를 들어도 시냇물 소리밖에 들리지 않으면, 산을 보아도 본 것이 아니요, 물소리를 들어도 들은 것이 아니다. 산이 걸어가고 물이 일어서야 능히 산을 보고 물소리를 들을 수 있다. 산은 단지 산이 아니요, 물은 단지 물이 아니다. 산은 움직여야 하고, 물은 멎어야 한다.

산이 움직이고 물이 멎는다는 말은 내 눈이 한번 뒤집히고, 내 귀가 한번 뒤집혀야 한다는 말이다. 바람을 보게 되고, 산을 듣게 되어야 "수조엽락시樹凋葉落時 체로금풍體露金"을 알 수 있으리라.

산이 죽은 산이요, 물이 죽은 물일 때, 산은 시들고 물은 마른다. 그러나 산이 살아서 움직이고 물이 살아서 날뛸 때는 몸은 드러나고 바람은 빛난다. 산은 죽은 것이 아니다. 산은 내 거울이다. 내가 죽은 것뿐이다. 물이 죽은 것이 아니다. 물 또한 내 거울이다. 내가 죽은 것이다. 내가 살면 산도 살고 물도 산다. 산은 드러나고 물은 빛난다. 산은 죽은 산이 아니다. 물도 죽은 물이 아니다. 산도 살았고 물도 살았다.

천지와 자연은 나와 아무 상관없는 해골이 아니다. 꽃이 나를 보고 웃고 있고, 새가 나를 보고 울고 있지 않느냐. 꽃과 같이 웃고, 새와 같이 울자. 웃는 자와 같이 웃고, 우는 자와 같이 울자. 하늘이 그대로 웃고, 땅이 그대로 울고 있지 않느냐. 하늘과 같이 웃고, 땅과 같이 우는 사람에게 나무가 시들고 잎이 떨어진다고 웃음이 멎고 울음이 그칠소냐. 하늘은 죽은 하늘이 아니요, 땅도 죽은 땅이 아니다. 어찌 사람만이 죽은 것이랴. 사람도 죽은 사람이 아니고, 벌레도 죽은 벌레가 아니다. 눈을 뜨고 보면 일체가 삶뿐이다. 세상에는 빈 곳이 없듯이 인생에는 죽음이 없다. 인생은 영원한 생명이요 체로금풍이다.

자기의 본체를 발견한 사람, 남산을 한번 바라본 사람, 나무가 시들고 잎이 떨어질 때 몸은 드러나고 바람은 빛난다. 죽어서 능히 운문雲門으로 들어갈 수 있는 사람은 누구나 다 체로금풍이다.

운문은 지금도 우리에게 물어보고 있다. 나무가 시들고 잎이 떨어질 때는 어떻게 될까. 용감하게, "몸은 드러나고, 바람은 빛난다"고 대답할 사람이 그 누구냐.

언제나 자기의 발밑을 살펴야 한다. 내가 선 자리가 어디일까. 시드는 나뭇가지일까. 그렇지 않으면 푸른 바위일까. 반석 위에 집을 지은 사람은 장마가 나고 폭풍이 불어도 아무 염려가 없다. 그러나 모래 위에 집을 지은 사람은 그 무너짐이 대단하리라.

"승문운문僧問雲門. 수조엽락시여하樹凋葉落時如何. 운문운雲門云. 체로금풍體露金風."

28. 남전의 진리

『벽암록』제28장은 〈열반화상제성涅槃和尚諸聖〉이라는 장이다. 어느 날 남전이 백장산에 있는 열반 화상을 찾아갔다(남전참백장열반화상南泉參百丈涅槃和尚). 백장산의 열반 화상이 물었다(장문丈問).

"지금까지 수많은 어른들이 정말 친절하고 자상하게 잘 사는 방법을 가르쳐주셨는데 거기에 아직도 빠뜨린 말씀이 있을까(종상제성從上諸聖 환유불위인설저법마還有不爲人說底法麼)?"

남전이 대답했다(전운泉云). "빠뜨린 말이 있지요(유有)."

백장이 묻기를(장운丈云), "빠뜨린 말이란 무엇일까(작마생시불위인설저법作麼生是不爲人說底法)?"

남전이 대답했다(전운泉云). "먹지도 않고, 자지도 않고, 깨지도 않는 것입니다(불시심不是心 불시불不是佛 불시물不是物)."

백장이 말하기를(장운丈云), "그 말이 옳아(설료야說了也)."

남전이 묻기를(전운泉云), "내 생각은 이와 같은데 스님 생각은 어떠십니까(모갑지임마某甲只恁麽 화상작마생和尚作麽生)?"

백장이 말하기를(장운丈云), "나는 아직 통하지도 못한 사람인데 내게 무슨 별난 생각이 있겠나(아우불시대선지식아又不是大善知識 쟁지유설불설爭知有說不說)?" 하고 대답했다.

그러자 남전도(전운泉云), "저도 그렇지요. 전들 무슨 별 생각이 있을라구요(모갑불회某甲不會)."

백장이, "내 생각도 그것이 전부야(아태살위이설료야我太殺爲爾說了也)" 하고 대답했다.

이 이야기는 남전과 백장의 이야기로 남전은 유명한 마조도일馬祖道一의 제자이다. 마조란 천리마라고 할 수 있는 선계의 명물이다. 키가 구척이나 되고 혓바닥이 한 자가 되었다는 당시 불교계의 거장이다.

이런 용마 밑에 새끼용마가 세 마리 있었다. 그것이 지장智藏과 회해懷海와 남전이다. 마조가 어느 날 밤 세 사람을 데리고 뜰에 나갔다. 달빛이 희기가 대낮 같았다. 마조가 물끄러미 달을 쳐다보면서, "지금이 몇 시쯤이나 되었을까(정당임마시여하正當恁麽時如何)?" 하고 묻기에 지장이 "아직 초저녁 같습니다(정호공양正好供養)" 했다. 그때 회해는 "천만에, 밤이 퍽 깊었습니다(정호수행正好修行)" 하고 대답했다. 그러자 남전은 아무 대답도 하지 않고 밖으로 나가버렸다는 것이다(불수출거拂袖出去).

그런데 마조는 그때 이렇게 말했다는 것이다. "경은 지장이 으뜸이요(경입장經入藏), 선은 회해가 으뜸이요(선귀해禪歸海), 오직 남전은 홀로 물외에 초연한 걸(유유보원독초물외唯有普願獨超物外)!"

지에 있어서는 지장을 따를 이 없고, 행에 있어서는 회해를 따를 이 없는데, 남전은 지행을 모두 초월해버렸다는 마조의 칭찬이었다. 남전은 실로 마조의 수제자요 용마임에 틀림이 없는 사람이다. 본래 성은 왕 씨요 이름은 보원으로, 출가하여 율律을 배우고 능가凌駕, 화엄華嚴, 중론中論, 백론百論 등을 연구하여 깊은 교학의 기초를 가지고 당시 유명한 강서 마조의 도명을 듣고 달려와 지장, 회해와 더불어 도통한 걸물이다.

795년 남전산에 들어가 암자를 짓고 목동과 더불어 풀을 뜯고 산야를 경작하며 입에 풀칠하면서 산에 숨어 살기를 30년, 혹시 찾는 사람이 있어도 좀처럼 입을 열지 않았다는, 말없기로 유명한 사람이었다(남전불설저南泉不說底).

그런데 제28장에서는 전례를 깨뜨리고 퍽이나 수다스럽다는 것이 특징이다. 백장열반 화상도 마조 밑에서 수도한 거승으로 유정惟政이라는 분이다. 유정의 질문은 부족한 점이 있느냐는 것이다. 마조의 가르침이란 즉심즉불卽心卽佛이다. 그때 이것이 상당한 문젯거리가 되었다. 마조 밑에는 8백의 선지식들이 쩔고 까불고 야단들이었다. 밥 먹고 할 일이 없어서 몰려든 친구들이다. 빈 입이 8백 개나 되니 소란하기가 오죽이나 했을까. 가히 짐작할 수가 있다. 즉심즉불이라는 화두에 감히 누가 덤벼들랴. 즉심즉불이라면 불교에서는 대단한 거문巨問이다.

부처(佛)란 무엇이냐 하는 것도 불교 전체의 문제겠지만 달마라는 자가 와서 마음이 곧 부처이다(심즉시불心卽是佛) 하고 쓸데없는 말을 한마디 털어놓았기 때문에 마음이라고 하면 불교, 특히 선종에서는 여간 큰 문제가 아닌 것이다. 믿음이라고 해도 아득히 높은 험산 준령인데 부처라고 해놓으면 더 높은 영봉이리라. 마치 히말라야 높은 봉우리가 두 개씩이나 앞에 가로막혀 놓여 있으면 비록 용마새끼들이라도 넘어갈 생각을 하기 어려울 것이다. 그래서 유정도 남전이 저 산을 넘을 수 있을까 하고 은근히 속을 떠보는 것이다.

"선생님께서 밤낮 즉심즉불이라고 말씀하시는데 그밖에 더 하실 말씀이 있을까요?" 하고 묻는 말을 휘돌려서, "지나간 성현들이 아직 덜한 말이 있을까요?" 하고 넌지시 남전의 등허리에 채찍을 가해본 것이다.

그랬더니 남전은 과연 용마답게 즉심즉불의 험산 준령을 획 넘고 나서 묻지도 않은 다른 산까지 넘어버리고 만 것이다. 그것이 "불시심不是心, 불시불不是佛, 불시물不是物"이다. 심도 아니요, 불도 아니요, 물도 아니라는 것이다.

마조가 심이다, 불이다 하고 야단쳐 보았댔자 남전은 조금도 겁나지 않는다는 것이다. 심도 아니요, 불도 아니요, 물도 아니라는 것이다. 마조가 아무리 키가 장승이요 혓바닥이 한 척이 되어 날름날름 해보았댔자 남전은 이미 속을 나이가 아니라는 것이다. 심이라고 해도 속지 않고, 불이라고 해도 속지 않고, 물이라고 해도 속지 않을 만큼 남전은 의젓하게 자랐다는 것이다.

젖을 먹이고(즉심卽心), 업어 재우고(즉불卽佛), 기저귀를 갈아주던(즉물卽物) 어린 남전이 이제는 제 손으로 먹고(불시심不是心), 저 혼자 자고(불시불不是佛), 저 혼자 깨서 대소변을 가리는(불시물不是物) 큰애로 자랐다는 것이다.

남전이 이런 대답을 할 때 유정의 놀람은 얼마나 대단했을까. 유정이(장운丈云), "정말 너 혼자 대소변을 가리느냐(설료야說了也)" 물었을 때, 남전은 "나는 그런데 너는 어떠니(전운泉云 모갑지임마某甲只恁麼 화상작마생和尙作麼生)?"하고 물었다. 유정은 "나야 아직 어린데 어떻게 가리니(아우불시대선지식我又不是大善知識 쟁지유설불설爭知有說不說)"하고 부끄러워하였다. 그러자 남전도 미안한 듯이, "나도 아직은 쌀 때가 있지" 하고 동정을 했고(전운泉云 모갑불회某甲不會), 유정은 얼굴을 붉히고 고맙다고 인사를 했다.

진리를 깨닫고, 진리를 실천하고, 진리를 산다는 것은 쉬운 일이 아니다. 남전은 진리를 깨닫고(즉심卽心), 진리를 실천하고(즉불卽佛), 진리를 산 사람이다(즉물卽物). 남전에게서는 정말 남산의 샘물(남전南泉)처럼 진리가 넘쳐흐른다. 그것이 즉물이다.

마조는, "진리를 깨닫고(즉심卽心), 진리를 실천하라(즉불卽佛)"고 말끝마다 부르짖었다. 그것이 8백 제자의 화두가 되어 태산 밑에서 풀 뜯는 망아지들에게 하나의 이상이 되었다. 태산 밑에서 자라는 망아지들은 가끔 풀을 뜯다가도 귀에 울려오는 스님의 소리가 너무도 쟁쟁하여 가끔 태산을 쳐다보고 소리를 지르며 울어대는 것이었다. 그런데 그 망아지 속에서 남전이 그 이상을 현실화하여 태산을 뛰어넘게 되는 것이다. 그것이 불시심, 불시불, 불시물이다. 심봉도, 불봉도, 물봉도 다 뛰어넘어버린다. 그리고 의젓하게 다시 돌아와서 망아지새끼들 틈에 끼어 풀을 뜯고 있는 것이다.

옛날부터 불가에서는 이심전심以心傳心, 견성성불見性成佛, 본래무일물本來無一物 등 심이니, 불이니, 물이니 하여 이렇게도 말해보고, 저렇게도 풀어주지만, 요는 자기 마음을 붙잡고, 자기 성품을 바로잡고, 자기의 주체를 회복하자는 것이 불교의 본뜻인 것 같다. 아무리 아는 것이 많아도 자기의 주장이 없고, 아무리 하는 것이 많아도 자기의 본성을 드러내지 못하고, 아무리 잘 살아도 자기를 찾지 못한다면 잘 살아 무엇하고, 잘 해서 무엇하고, 많이 알아 무엇하랴.

어떤 중이 마조를 찾아왔다. 마조는 늘 하는 대로 이렇게 물었다.

"어디서 왔으며 네가 원하는 것이 무엇이냐?"

"저는 월주에서 왔으며 불법을 구하러 왔습니다."

마조는 눈을 부릅뜨고 언성을 높였다.

"이놈, 제 집의 보물을 돌보지 않고 집을 버리고 돌아다녀보았댔자 어떻게 하겠다는 거냐. 우리 집에는 일물도 없다(無一物). 불법이 다 무어냐."

이때 중은 공손히 절을 하면서 이렇게 물었다.

"무엇이 제 보물입니까?"

"이놈아, 지금 나에게 묻는 것, 그것이 네 보물이야. 일체가 구족具足하여 하나도 빠진 것이 없는데 왜 거지새끼처럼 남의 문간에서 빌고 섰느냐?"

이때 중은 크게 깨닫고 돌아갔다는 것이다.

네 마음속에는 보물이 무진장이다. 이것이 마조의 즉심즉불卽心卽佛이다. 네가 곧 부처고, 네가 곧 스님이야. 네 문제는 너밖에 해결할 사람이 없지 않느냐. 묻는 네가 부처야. 묻는 물음 속에 답변은 들어있는 거야. 물을 바에는 크게 물어라. 묻는 네가 부처요, 묻는 네가 보물이지 별거 있느냐. 네가 보물이기에 보물을 묻고 있는 거지, 네가 보물이 아니라면 보물을 물을 턱이 없지 않느냐. 묻는다는 것은 벌써 깼다는 거야. 깬 사람이기에 묻고, 똑똑하니까 묻지, 바보가 묻고, 자는 사람이 묻겠느냐. 묻는 네가 부처야. 그냥 물어. 자꾸 물어. 묻고 묻노라면 물음이 그대로 대답이 될 거야. 물음이 그대로 입에 물음이 되어 네 밥이 될 거야.

세상에는 가끔 인생이 무엇이냐고 묻는 사람이 있다. 인생이란 별거 아니다. 묻는 사람이 인생이다. 결국 내가 인생이로구나 할 때 그는 더 묻지 않을지도 모른다. 세상에서 제일 귀한 것이 있다면 자기이지 자기보다 더 귀한 존재가 어디 있단 말이냐. 보물 중에 보물은 자기이지 자기보다 더 귀중한 보물이 어디 있을까. 어떤 사람은 인생을 우주와도 바꾸지 못한다고 했다지만 우주 아니라 우주의 천만 배를 준다 해도 자기와 바꿀 사람이 어디 있을까.

"무엇이 내 보물입니까" 하고 묻는 제자에게 마조는 어이가 없다는 듯이 대답을 한다. "이놈아, 미쳤니. 보물이란 너야. 너 이상 귀한 것이 무엇이냐. 이제라도 병이 나면 당장 집을 팔고 밭을 팔아 고치려고 달라붙어야 할 것이 아니냐. 그런데 자기가 보물 중의 보물인 줄도 모르고 남의 집에 구걸하러 다니다니 말이 되느냐. 보물은 너의 집에 있고, 네 속에 있고, 네 자신이 보물이야. 그것을 알지 못하고 금덩어리를 들고 다니는 놈이 어디 있니. 도둑맞을까 두렵다."

도둑맞을 줄도 모르고 금덩어리를 들고 다니는 어린애에게서 집에 갔다 감추라는 것이 마조의 자비심이었다. 부처란 다른 데 있는 것이 아니야. 내가 부처야. 보물이란 다른 데 있는 것이 아니야. 내가 보물이야.

마음이란 별것이 아니다. 보물 든 창고뿐이지. 내 속에는 보물밖에 없다는 것이 즉심즉불이다. 창고로 가 보아라(즉심卽心). 보물을 만나게 될 것이다(즉불卽佛). 그것이 마조의 지침이었다. 창고로 가라(직지인심直指人心). 네 집으로 돌아가라. 세상 사람들은 왜 이렇게도 오래 길바닥에서 헤매고 있느냐. 왜들 집으로 돌아가지 않지? 집은 어디가 집일까? 하늘나라가 집이지. 부처님을 만나려면 마음속으로 들어가야겠지. 천국으로 가는 길을 묻는 사람에게 시냇물 흐르는 소리로 들어가라고 했다지. 시냇물 흐르는 소리가 어디지? 내 마음이 있는 곳이지. 천국과 지옥은 생각할 탓이야. 당장 선을 생각하면 거기가 천국이고, 당장 악을 생각하면 거기가 지옥이야. 지금 이 마음이 마음이지."

그래서 마조는 이런 대답을 한 것이다.

"지금 당장 나에게 묻고 있는 네가 보물인 거야."

마음이 곧 부처란 말이다.

29. 대수의 불길

『벽암록』 제29장은 〈대수겁화통연大隋劫火洞然〉이라는 장이다.

어떤 중이 대수에게 물었다(승문대수僧問大隋).

"별과 별이 부딪쳐 세상이 깨소금이 될 때(겁화통연대천구괴劫火洞然大千俱壞) 사람의 영혼은 어떻게 될까요(미심저개괴불괴未審這箇壞不壞)?"

수가 말하기를(수운隋云), "같이 깨소금이 되겠지(괴壞)."

중이 묻기를(승운僧云), "영혼도 없어지고 마는 것입니까(임마즉수타거야恁麼則隨他去也)."

수가 말하기를(수운隋云), "없어지고 마는 거지, 별수 있어(수타거隨他去)."

사람은 죽어도 영혼은 죽지 않는다는 생각이 인도의 오랜 전통이다. 사람은 죽어도 영혼은 계속 윤회한다는 윤회설이 인도에서처럼 끈질기게 대중화된 나라는 없다. 사람이 죽어서 다시 사람으로 태어나는 수도 있고, 업보에 따라서 신선으로 태어나기도 하고, 짐승으로 태어나기도 한다고 한다.

이런 생각은 어디에나 있다. 좋은 일을 하면 좋은 곳에 가고, 나쁜 일을 하면 나쁜 곳에 간다. 인생 문제를 도덕이나 윤리로 해석하는 데에 따라 극락이 생기고 지옥이 생긴다. 그러나 일단 사람의 생각이 높아져 종교의 세계가 되면 권선징악의 유치한 생각은 다 없어지고 칭찬을 받건, 욕을 먹건 자기의 할 일이기 때문에 해내는 세계가 온다. 그것을 자비라고도 하고, 사랑이라고도 한다.

어른의 세계이다. 어른의 세계가 되어야 생사의 인연이 끊어지고 만다. 29장에서도 도덕의 세계에서 헤매는 어떤 중과 종교의 세계에서 유유자적하는 대수와의 우문현답이 벌어진다. "죽으면 어떻게 될까요?" 하는 제자의 질문에 "왜 죽음을 묻냐? 살아서 할 일이 무엇인지도 모르면서"라고 하는 공자의 대답과 같이 미래에 헤매는 얼빠진 제자를 현실로 끌어들이는 대수의 자비가 눈물겹다. 제자의 마음속에는 영혼불멸을 믿고 싶은 생각이 들어 있다.

죽어도 죽고 싶지 않은 생각, 이것은 실로 인간의 상정常情이다. 이러한 상정은 쉽사리 없어지는 것이 아니다. 그리고 없어져도 안 된다. 이러한 상정 때문에 그래도 사람들이 영원을 찾고, 형이상을 찾고, 이상세계를 찾고, 내일을 계획하기도 한다. 불교에서는 이런 것을 '상견常見'이라고 한다. 편견은 편견이지만 인간 사회에 없을 수 없는 편견이다.

이와 반대로 세상에는 '단견斷見'이라는 것이 있다. 죽으면 인생은 끝이라는 것이다. 세상에는 이런 생각도 필요하다. 이런 생각이 없다면 세상의 종교는 원시종교를 넘어설 수 없을 것이고, 인간 사회에서는 사후의 번거로움을 물리칠 수가 없을 것이다. 사람들은 생을 생각하기보다도 사를 더 큰 문제로 삼아 피라미드를 세우고, 절간을 짓고, 면죄부를 파는 등 모든 종교적 암흑세계가 인간의 생활에서 떠나가지 않는다.

그런 의미에 있어서 인생은 죽음이 끝이라는 생각이 얼마나 필요한지 모른다. 과학이 우리에게 가져다준 것은 죽음이 끝이라는 계몽사상이다. 이것으로 말미암아 중세기가 끝이 나고, 근세의 새아침이 열리기도 했다.

그러나 내일이 없는 인생에 무슨 소망이 있을까. 오늘뿐인 이 생애에 무슨 즐거움이 있을까. 억지로 찾아본 즐거움이라고는 동물적인 즐거움뿐이다. 관능에 사로잡혀 인간은 하나의 동물로 떨어지고 현대는 살벌한 동물원이 되고 말았다. 이렇게 보면 단견이 이로운 점도 있고 해로운 점도 있고, 상견이 이로운 점도 있고 해로운 점도 있는 것이다. 상견은 인간을 금욕으로 몰아넣어 이상주의가 되게 하는 동시에 인간을 내세의 미몽으로 몰아넣어 원시종교에서 헤매게 하고, 단견은 인간을 원시종교에서 벗어나게 해서 과학 문명을 창조하여 계몽해주는 한편 인간을 다시 동물적 자연으로 몰아넣는다. 이것이 향락주의 지옥이다. 상견은 천당인데 금욕주의의 생기生氣 없는 천당이요, 단견은 지옥인데 향락주의의 사기死氣 없는 지옥이다. 옛날부터 영혼이 있는 상견이냐, 영혼이 없는 단견이냐, 유신론이냐, 무신론이냐 하고 야단들이었다.

어떤 사람이 석가에게 신이 있느냐고 물었다. 석가는 아무 대답도 없이 조금 자리를 옮겨 앉았다. 신은 있는 것도 아니고 없는 것도 아니다. 있다면 상견이요, 없다면 단견이다. 있다면 어디에 있느냐가 문제고, 없다면 언제부터 없느냐가 문제이다. 신이 있다거나 없다거나, 살았다거나 죽었다거나 하는 문제는 인류가 시작될 때부터 있었고, 인류가 있는 동안 계속될 문제이다. 있다고 할 수도 없고, 없다고 할 수도 없다. 단견에 빠진 사람에게는 있다고 해야 약이 되고, 상견에 빠진 사람에게는 없다고 해야 약이 된다. 그래서 있다고 하는 성현이 나오는가 하면, 없다고 하는 성현이 나오기도 한다. 그러나 있어서 있다는 것도 아니요, 없어서 없다는 것도 아니다. 그 외에는 말할 수가 없어서 그렇게 말하는 것뿐이다.

제29장에 보면 어떤 중이 "마지막 날에도 신이 있을 수 있을까요" 하고 묻는다. 신이 있다고 하면 신에게 붙잡히고, 신이 없다고 하면 마귀에게 붙잡히니 이 일을 어떻게 하면 좋으냐. 거기에 대해서 대수의 대답이 걸작이다.

"네가 불도를 떠나겠다면 나도 불도를 떠나겠다(수타거隨他去)."

이 말 한마디에 대수의 대자대비가 눈에 보이는 것 같다. 죽으러 들어가는 사람과 동고동사同苦同死하겠다는 대수의 무서운 결심이 눈썹 사이에 서리게 된다. 같이 죽는 거다. 이런 것을 기독교에서는 '십자가'라고 한다. 같이 죽는 것이다. 있다면 '있다'에 빠지고, 없다면 '없다'에 빠지는 어리석은 인생을 어떻게 할 것인가. 물가에 가면 물에 빠지고, 불가에 가면 불에 타는 인생을 어떻게 할 것인가.

오직 길은 하나, 같이 가는 수밖에 없지 않은가. 같이 가는 것, 이것을 중도中道라고 한다. 물에도 같이 가고, 불에도 같이 가고, 이것을 대자大慈 대비大悲라고 한다. 이 자慈 밑에 마음 심心, 아닐 비非 밑에 마음 심을 써서 자비라고 한다. 이럴 때도 같이 가고, 저럴 때도 같이 간다. 생도 같이 가고, 사도 같이 간다. 한 순간이라도 놓아둘 수가 없다. 위급한 환자 같아서 일순간도 방심할 수가 없어서 밤낮 좇아다니는 것이 부모님의 마음이다. 같이 간다는 대수의 자비심이 눈물겹도록 고맙기만 하다. 종교든 과학이든 자비뿐이다. 종교가 자慈고 과학이 비悲가 아니다. 종교도 자비요, 과학도 자비다. 세상에 있는 것이 있다면 오직 사랑뿐이다. 하늘도 사랑이요, 땅도 사랑이요, 부처도 사랑이요, 조사도 사랑이다.

불이든 물이든 같이 가겠다는 대수의 마음, 그것은 사랑뿐이다. 이래도 안 되고 저래도 안 될 때는 껴안고 있는 수밖에 별 도리가 없지 않느냐. 석가에게 신이 있느냐 없느냐고 묻는 기막힌 제자 앞에서 석가는 다만 자리를 조금 바꾸어 앉았다는 것이다. 빠지는 자리에서 떠오르는 자리로 자리를 바꾸어 앉으면 된다. 빠지는 어리석음에서 떠오르는 현명함으로 자리를 바꾸어 앉으면 된다. 빠지는 어린아이의 입장에서 건지는 어른의 입장으로 자리를 바꾸어 앉으면 된다.

그러나 그것은 말로 되는 문제가 아니다. 상신실명喪身失命, 목숨을 걸고 물속에 머리를 박고(몰두沒頭), 손으로 물을 끌고 발로 물을 밀면서 앞으로 나가는 길(향상일로向上一路) 밖에는 없다. 자기 힘으로든, 남의 힘으로든 하여튼 헤엄칠 수 있는 경지까지 자리를 바꾸는 길밖에 없다. 자리를 바꾸는 것이다. 그것이 석가양구釋迦良久라는 화두가 우리에게 가르치는 바이다.

성숙해지는 것이며, 어른이 되는 것이다. 사람이 되는 것이다. 자기의 짐은 자기가 질 수 있을 만큼 양심과 인격을 가지는 것이다. 그것이 양구良久이다. 양심과 인격, 영원한 생명을 가지는 것이다. 영원한 생명(무량수無量壽)이란 별것이 아니다. 어른이 되는 것이다. 그리하여 어린애와 같이 물속으로 뛰어드는 것이다. 나만 살겠다고 머리를 물위에 내놓는 것도 아니고, 누구를 건지겠다고 머리를 물위에 내놓는 것도 아니다.

내가 죽을 터이니(대사일번大死一番) 내 시체를 뗏목으로 삼아서 그것을 붙잡고 너나 살아라 하는 것이 십자가의 사랑이다. 같이 살자는 것이 아니다. 나는 죽고 너는 살아라, 이것이 자비다. 온 세계가 불바다가 될 때 영혼이 있느냐고 물을 것이 아니라,

온 세계가 불바다가 되기 전에 내가 불바다가 되어 너를 살려주는 것이 영혼 있는 사람의 할 일이다. 그것이 하나님의 아들이다. 제행무상諸行無常 일체개고一切皆苦를 보고 제법무아諸法無我가 되어 물에 뛰어드는 사람, 그것이 열반적정涅槃寂靜이다.

물에 뛰어들면, 머리를 물속에 집어넣으면, 이상하게도 물위에 떠오른다. 그것이 하나님의 사랑이다. 그것이 부활이다. 죽고자 뛰어들었는데 죽지를 않고, 빠지자고 뛰어들었는데 빠지지를 않고 떠올라온다. 이것이 바닷물의 공덕이요, 하나님의 사랑이다. 이 사랑을 뼈저리게 느낄 때 하나님이 살았다고 말하지 않을 수가 없고, 바다가 있다고 할 수밖에 없다. 이것이 존재의 세계이다. 그러나 가만히 따져보면 내 폐 속에는 벌써 공기가 들어가 있다. 이 공기 때문에 떠오르는 것이 아닐까. 이것이 견성성불見性成佛이다.

그러기 위해서는 물속에 뛰어들어야 한다. 그것이 직지인심直指人心이다. 하나님 품에 뛰어드는 것이다. 말이나 글이 아니다(교외별전教外別傳 불립문자不立文字). 실제로 고해 속으로 뛰어드는 것이다. 뛰어들 때(직지인심直指人心) 자기가 부처임을 깨닫게 되는 것이다. 십자가를 질 때 자기가 부활함을 깨닫게 된다. 물의 힘으로 떴다고 해도 좋고, 하나님의 힘으로 산다고 해도 좋다. 나의 폐에 공기가 들어서 떴다고 해도 좋고, 견성성불이라고 해도 좋다. 요는 직지인심이요 제법무아가 되어 무상 속에 뛰어드는 제행무상, 남의 고품를 대신 지는 일체개고가 있어야 한다. 아무 말도 없이, 아무 글도 없이 직지인심하기 전에는 견성성불은 어려울 것이다.

『벽암록』제29장의 주인공인 대수는 위산대안의 수제자이고, 위산대안은 백장회해의 제자이며, 위산영우와 위산대안은 법 형제이다. 대수는 사천四川 귀족으로 육십여 대사를 찾아다니다, 대안 밑에서 득도, 그 후 위산영우를 찾아가 방에 불을 때는 화부 노릇을 몇 년 하였다.

대수는 그 동안 아무 말도 없었다. 대안이 보다 못해 말을 꺼냈다.

"그래 한마디 질문이라도 해야지?"

그러자 대수는 이렇게 꽁지를 뺀다.

"저 같은 놈이 질문은 무슨 질문입니까?"

"그럼 내가 질문하는 법을 가르쳐줄까. 부처가 무엇이냐고 한번 물어보지 그래?"

그때 대수는 벼락같이 덤벼들어 스님의 입을 막고 말았다. 부처란 말만 들어도 귓속이 더러워진다는 말이겠지. 불은 내가 불인데 누구에게 불을 묻는 것일까. 얼빠진 소리 작작하라고 스승의 입을 틀어막은 것이다. 대안은 어이가 없어서 "너 따를 놈이 어디 있을라고"하고 극찬을 했다. 대수는 고향에 돌아가서 3년 동안 길가에서 차를 끓여 고향 사람을 후대하고 나중에는 대수산에 들어가 설법을 했다. 삼백여 명의 제자들이 그를 따랐다. 그의 호는 법진法眞이다.

30. 조주의 큰 무

『벽암록』제30장은 〈조주대나복趙州大蘿蔔〉이라는 것이다.

어떤 중이 조주에게 물었다(승문조주僧問趙州).

"들은 바에 따르면 선생님은 친히 남전을 뵈었다는데 그것이 사실입니까(승문화상친견남전承聞和尙親見南泉 시부是否)?"

그러자 조주는 이렇게 대답한다(주운州云).

"요새 뚝섬엔 큰 무대가리가 한창이라지(진주출대나복두鎭州出大蘿蔔頭)?" 무대가리라는 말은 무가 다 자라서 땅 위로 벌렁벌렁 기어 나오듯 땅 위에 솟아있다는 말이다. 머리는 땅 위에, 몸집은 땅속에, 이것이 뚝섬 무의 모습이다.

조주는 남전을 40년 동안 모시고, 60세에 이르러 여기저기를 돌아다니면서 나보다 나은 사람이 있다면 세 살 난 아이한테라도 배우고, 나보다 못한 사람이 있으면 팔십 노인이라도 가르쳐 주어야 한다며 표류하기를 20년, 80세에는 진주鎭州 조주성趙州城 관음사에 자리 잡고 나이 120세까지 선풍을 휘날린 걸승이다.

어떤 중이 조주에게 남전을 만난 일이 있느냐고 묻는 것은 조주가 40년 동안 졸졸 따라다닌 남전이 아닐 것이다. 남전의 본체요, 우주의 본체인 하나님을 보았느냐 하는 질문일 것이다. 거기에 대해서 "진주에는 맨 무라지" 하고 대답한다. 진주라고 해도, 뚝섬이라고 해도, 시장이라고 해도 좋다.

하나님은 어디나 계시는 하나님인데 그게 도대체 무슨 얼빠진 소리냐는 것이다. 처처불상處處佛像이요, 사사불공事事佛供이다. 일체가 하나님 아닌 것이 없는데 물에 빠져 물을 찾듯 신비 속에서 신비를 찾고, 기적 속에서 기적을 찾는다니 무슨 말인가 하고 대꾸를 한다. 그 가운데서 기적의 기적은 진주의 명산 큰 무가 아닐까. 어떻게 거름 속에서 그렇게 먹음직한 무가 자라는 것일까. 어떻게 똥이 변하여 밥이 되는 것일까. 이상하다면 이 이상 더 이상한 것이 어디 있을까. 뚝섬의 더러운 흙이 단 무로 변하다니 생각하면 기적 중의 기적이다. 그러나 그 기적보다도 더한 기적은 조주라는 엉터리가 고불古佛이 되었다는 것이다. 강아지가 사람이 되고, 사람이 하나님이 되듯 죄인이 변하여 하나님의 아들로 바뀌었다는 것이다. 이런 기적 없이 어떻게 남전을 만날 수 있겠는가. 이런 기적 없이 어떻게 하나님을 만날 수 있겠는가. 하나님은 어디나 계시지만 누구나 하나님을 보는 것은 아니다. 남전 밑에서 득실거리던 수많은 중이 아침저녁으로 남전을 보았지만 남전을 만난 것은 조주뿐이었다. 그런데 과연 조주를 만난 사람은 또 누굴까. 지금 조주에게 묻는 얼빠진 중일까. 그는 조주가 남전을 만나듯이 자기도 조주를 만났다고 생각했는지도 모른다. 그래서 조주에게 남전을 만났느냐고 과거를 상기시켰는지도 모른다. 그러나 조주의 답은 엉뚱한 데 있었다.

"네 대가리는 저 뚝섬의 무대가리만도 못하다."

이렇게 몹시 비꼬아주는 것이었다. 무대가리만도 못한 자식, 나를 본 자는 남전도 보았을 거고, 나를 본 자는 하나님도 보았을 거다. 나나 남전이나 하나님이나 무엇이 다른가. 나를 보았으면 너도 보았고, 뚝섬의 무도 보았을 거다. 그런데 너는 무엇 하고 있는 거냐 하는 추상같이 무서운 조주의 대답이다.

남전을 본 사람은 조주뿐이다. 나비를 본 이는 꽃밖에 없다. 신이 나타난다고 신을 다 보는 것이 아니다. 신만이 신을 볼 수가 있는 것이다. 마음이 깨끗한 자만이 신을 볼 수가 있고, 그를 위해서 생명을 바친 자만이 그를 볼 수가 있다. 남전을 따라다닌 지 40년, 그렇다고 남전을 보는 것은 아니다. 조주의 꽃이 피었을 때 비로소(견성성불見性成佛) 남전의 나비를 볼 수 있는 것이다(직지인심直指人心). 남전의 나비는 늘 있었다. 언제나 꽃 옆에 붙어 다녔다. 자도 조주, 깨도 조주, 부모의 마음이야 자식을 떠날 새가 있을라고. 그러나 부모의 마음을 알 수 있는 때가 언제일까. 자식이 다시 부모가 될 때만이 부모의 마음을 알 수 있을 것이다. 계란을 깨고 나올 때에만 병아리는 어미닭을 볼 수 있을 것이다. 진주의 무대가리가 땅 위로 기어 나오듯 계란이 변하여 병아리가 되었을 때에만 어미닭을 볼 수 있을 것이다. 나타난 이를 볼 수 있는 자는 피어난 이뿐이다. 하나님을 볼 수 있는 것은 깬 나뿐이다.

마음이 깨끗한 사람은 복이 있나니 그는 하나님을 볼 것이라고 한다. 깬 나, 깨끗한 나, 성숙한 나, 피어난 나, 하나님을 위하여 생명을 내놓은 나, 진리를 위하여 생명을 바친 나, 정말 진리를 사랑하는 피어난 나만이 진리의 나타남을 볼 수 있을 것이다. 삭발했다고 모두 중이 아니다. 그것은 흔해빠진 무대가리에 불과하다. 목 위에는 무밖에 없다. 그런 머리 가지고는 하나님을 볼 수가 없을 것이다. 생각하는 머리가 되어야 한다. 생각하고 생각하고 생각이 끊어져서 정말 무념무상이 될 때, 그때 하나님은 있게 될 것이고 피어난 내(무)가 있게 될 것이다. 불을 볼 수 있는 것은 불뿐이다. 그들은 불을 위해서 생명을 내놓은 사람들이다. 진리를 위해서 상신실명喪身失命한 사람만이 진리를 볼 수 있는 것이다.

봄은 사랑이다. 사랑만이 봄을 볼 수가 있다. 세상에 봄이 오면 봄 아닌 것이 없다. 꽃도 봄이요, 나비도 봄이요, 풀도 봄이요, 흙도 봄이요, 일체가 봄이다. 봄이란 말 대신에 부처님이라고 해도 마찬가지이다. 남전도 부처요, 무도 부처요, 조주도 부처요, 어떤 중도 부처이다. "일체가 부처인데 이제 새삼스레 무엇을 묻고 있느뇨" 하는 조주의 불평인지도 모른다.

31. 마곡의 지팡이

『벽암록』 제31장은 〈마곡지석요상麻谷持錫遶床〉이라는 이야기다.

마곡이 지팡이를 들고 장경을 찾아가(마곡지석도장경麻谷持錫到章敬) 장경이 앉아 있는 평상을 세 바퀴 돌고 나서(요선상삼잡遶禪床三匝) 지팡이를 내리꽂고 우뚝 섰다(진석일하振錫一下 탁연이입卓然而立).

장경이 말했다(경운敬云). "됐다 됐어(시시是是)."

그 뒤에 설두가 주석을 달았다(설두착어운雪竇著語云).

"되긴 뭘 돼, 틀렸어(착錯)."

마곡이 이번에는 남전을 찾아갔다(마곡우도남전麻谷又到南泉). 세 번 선상을 돌고 지팡이를 내리꽂고 우뚝 섰다(요선상삼잡遶禪床三匝 진석일하振錫一下 탁연이입卓然而立). 남전이 말하기를(전운泉云), "돼먹지 않았다. 돼먹지 않았어(불시불시不是不是)."

설두가 또 평해서 말하기를(설두착어운雪竇著語云), "틀렸다.

틀렸어(착錯)."

그때 마곡이 남전에게 말했다(마곡당시운麻谷當時云).

"장경은 됐다는데 선생님은 왜 안 됐다는 것입니까(장경도시章敬道是 화상위십마도불시和尙爲什麽道不是)?"

남전이 말했다(전운泉云).

"장경은 물론 됐지만 너야 덜된 것이 사실 아니냐(장경즉시시章敬卽是是 여불시汝不是). 요는 힘이야. 힘은 어떻게 못하는 거야(차시此是 풍력소전風力所轉 종성패괴終成敗壞)."

여기에 나오는 마곡, 남전, 장경은 모두 마조도일의 제자이다. 마조 산하에는 백삼십구 명의 용마새끼들이 울고 뛰었다니 망아지새끼들의 노는 꼴이 정말 장관이었을 것이다. 남전과 장경은 다 큰 망아지고, 마곡은 아직 갓난 망아지라 제아무리 큰 망아지를 따라가려 해도 끝내 따라갈 수가 없었다는 이야기이다. 장경을 따라가면 "잘 뛴다 잘 뛴다(시시是是)"고 칭찬하고, 남전을 따라가면 "그걸 뛰는 것이라고 뛰느냐(불시불시不是不是)"하며 핀잔을 주니 마곡은 아직 어려서 잘 뛴다면 그저 좋고, 못 뛴다면 그것이 견딜 수 없는 모욕이었다.

"왜 장경은 잘 뛴다는데 언니는 못 뛴다고 핀잔만 주오?"

이렇게 대드니까 남전은,

"잘 뛰는 거야 장경이지, 너야 아직 어린데 어떻게 잘 뛰겠느냐. 너를 잘 뛴다고 하는 것은 너에게 용기를 주기 위한 것이고, 내가 또 너더러 못 뛴다고 하는 것도 너를 더 분발시키기 위해서 그렇게 말하는 것 아니겠니. 모두 네가 너무 귀엽고 너무 소담해서 그러는 것이란다."

마곡은 그 말에는 졌지만 속은 여간 기쁜 것이 아니었다. 마조도일 문하생들의 친밀한 형제간의 우애를 창구멍으로 들여다보는 것 같다. 과연 늠름한 망아지들이다. 마곡이 아직 어리다고 하지만 마곡의 솜씨도 보통은 아니다. 선상을 세 번이나 돌았다니 대단한 솜씨임에 틀림이 없다. 마당을 세 번 돌았든지, 광야를 세 번 돌았든지, 지구를 세 번 돌았든지, 우주를 세 번 돌았든지 눈 깜짝할 동안에 영원을 세 번씩이나 돌고도 숨찬 기색 없이 앞발을 내밀고 우뚝 선 모습이 얼마나 아름답고 활기에 찬 모습일까. 마치 기름진 아라비아의 순종 망아지 같아서 모두 불자佛子임에 틀림이 없다. 상신실명의 열의를 가지고 진리를 탐구하는 그들의 정성에 다만 머리를 숙일 뿐이다.

설두는 물론 이들보다도 한참 뒤에 나온 망아지지만 마곡도 장경도 남전도 모두 다 돼먹지 않았다고(착錯) 야단이다. 꼭대기에 피도 안 마른 것이 까부는 것을 보면 화도 나지만 한번 설두의 뛰는 꼴을 구경하는 것도 재미있을 것 같다.

"이걸 못 뛰어, 저걸 못 뛰어(차착피착此錯彼錯). 뽑아버리면 안 돼(절기염각切忌拈卻). 물론 길도 좋고 달리기도 빠르지만(사해랑평四海浪平 백천조락百川潮落) 가다가는 바람도 못 넘을 장애물이 열두 개나 있단 말이다(고책풍고십이문古策風高十二門). 그러나 그런 문쯤 문제도 안 된다(문문유로공소색門門有路空蕭索). 문제도 안 되어야지(비소색非蘇索). 이것도 못 넘으면 정말 죽어야지(작자호구무병약作者好求無病藥)."

이것이 설두의 폼이다. 폼을 내도 어지간히 내는 폼이다. 들판이나 달리는 망아지는 망아지랄 것도 없다는 것이다. 장애물을 넘어뜰 수 있어야 한다는 것이다. 장애물을 넘어뜰 수 있어야 진짜 망아지라는 것이다. 자연만 가지고는 인생이 못 된다. 설두는 문화에 젖어 익은 사람이다. 문화의 장애물을 건너뛰기 전에는 정말 사람이라고 할 수 없겠지.

마곡은 마곡산에 살던 보철寶徹 선사이다. 어느 날 마곡이 마조를 좇아가다가 열반涅槃이 무엇이냐고 물었다. 마조는 바쁘다(급急)고 대답하였다. 마곡이 무엇이 그리 바쁘냐고 물었더니 마조는 물을 가리켰다는 것이다.

물, 흘러가는 물, 바삐 흘러가는 물, 물이 가는 데는 어디일까? 물을 것도 없이 바다이다. 부처가 가는 길이 어디일까? 마조가 바쁘게 가는 곳이 어디일까? 열반이겠지. 부산 가는 사람더러 부산이 무엇이냐고 물어보았댔자 대답할 수 없을 것이다. 그저 바쁘게 스승을 따라가는 것뿐이다. 가는 곳이 바다요, 열반이요, 부산이다. 부산은 바삐 갈 곳이지 길에 앉아서 물을 것이 아니다. 한 발자국이라도 바삐 가면 갈수록 열반에 가까워지는 법이다.

망아지가 푸른 동산을 찾아가고 있다. 바쁠 것이다. 푸른 동산이 무어냐고 묻는 망아지에게 시냇물이 흘러가듯이 빨리빨리 가는 것뿐이라고 대답하는 것 같다.

어느 날 마곡이 열심히 부채질을 하고 있었다.

제자 가운데 한 사람이 물었다.

"바람은 어디나 없는 데가 없는데(풍성상주風性常住) 스님은 어찌하여 부채질을 하고 계십니까?"

그러자 마곡은 이렇게 대답하였다.

"바람이 없는 데가 없기 때문에 부채를 쓰는 것이다."

하나님은 사랑이기 때문에 십자가를 지고, 공산사회가 올까 염려돼서 싸우는 것이고, 구원이 예정되어 있기 때문에 최선의 노력을 다하는 것이다. 이것이 칼뱅의 예정설이고, 마곡의 풍선설風扇說이다. 잡았기 때문에 잡으려고 노력하는 것이다. 본래 무이기 때문에 무가 되려고 하고, 본래 부처이기에 부처가 되려고 하고, 사람이기에 사람이 되려고 한다. 모두 역설인 것 같은데 이러한 역설이 생명의 말씀이다.

32. 정 상좌의 큰 절

『벽암록』제32장은 〈임제불법대의臨濟佛法大意〉다.

정 상좌가 임제 스님에게 물었다(정상좌문임제定上座問臨濟).

"불도의 핵심이 무엇입니까(여하시불법대의如何是佛法大意)?"

마치 수십 년 영어를 가르쳐주었는데 결국 하는 소리가 ABC가 무엇이냐고 묻는 것이나 마찬가지다.

실제로 이런 일은 어학의 세계에는 없을지도 모른다. 그러나 철학에는 흔히 있는 이야기이다. 수십 년 철학을 공부한 사람들이 결국 하는 소리가 철학이 도대체 무엇이냐 한다든가, 실컷 인생을 살고도 인생이 무엇이냐 한다든가, 교회에 수십 년 다니고도 믿음이 무엇이냐고 묻는 수가 허다하게 있다.

이런 것을 두고 얿은 아이를 찾는다고 한다. 아이가 문제가 아니라 얼이 빠진 것이다. 왜 얼이 빠졌을까. 너무 바쁘고 분주해서 그렇다. 이런 일 저런 일 세상사에 끌려 다니다 보니 자기도 모르는 사이에 얼이 빠지고 만다. 인식론이니, 형이상학이니, 신

신학新神學이니, 정통 신학이니, 불교니, 유교니, 하여 그렇게 끌려 다니노라면 학생도, 선생도 정신을 못 차리게 된다. 결국 얼이 빠지고 만다. 이것 하랴 저것 하랴, 바쁘다 분주하다 하는 동안에 얼이 빠져서 인생을 찾고, 하나님을 찾고, 부처님을 찾겠다고 모두 야단들이다.

일체 무엇을 찾는다는 것은 결국 얼을 찾고 있는 것이다. 부처라고 하건, 하나님이라고 하건 결국 얼의 별명이다. 그래서 선에서는 '그것'이라고 한다. 그것이 빠진 것이다. 나사가 하나 빠진 것이다. 요새는 나사가 빠진 사람이 왜 이렇게 많은가. 나사가 빠져서 돈 것이다. 세상에 바쁘다는 사람치고 돌지 않은 사람이 있을까? 그저 바쁘다고 야단들이다.

정 상좌도 절간에서 이런 일 저런 일, 이런 공부 저런 공부, 이런 생각 저런 생각에 무던히 바빴던 모양이다. 그러는 동안에 어느새 얼이 빠져버린 것이다. 그리고 새삼스럽게 불도의 핵심이 무엇이냐고 들고 나왔다. 거창한 질문이라면 거창한 질문이다. '우주의 본질이 무엇이냐'라든지, '하나님의 속성이 무엇이냐'라든지, 책으로 쓰면 몇 만 장을 써도 다 못 쓸 굉장한 문제들이다.

이런 문제들을 가지고 글을 쓰고, 연구하고, 그 글을 사보고, 그 글을 베끼고, 하는 얼간망둥이들이 얼마든지 있다. 얼이 간 망둥이들, 얼빠진 망둥이들, 임제는 견딜 수가 없었다. 벌떡 일어나서 멱살을 잡고 한 대 갈기고 밀쳐버렸다(제하선상금주濟下禪床擒住 여일장與一掌 변타개便托開).

얼간망둥이는 하등 쓸 데가 없다는 것이다. 얼이 간 생선, 변질된 고기는, 썩은 과일은, 얼빠진 인간은 아무 쓸 데가 없다. 먹으면 독이요, 두면 냄새요, 이제 갈 곳은 쓰레기통이나 땅속뿐이다. 탁 밀쳐버린 임제의 솜씨가 근사하다. 썩은 굴비야 쓰레기통에 버려야지 무엇에 쓰냐는 말이다.

얻어맞은 정 상좌는 그제야 정신이 좀 돌아오는지 벌떡 일어섰다(정저립定佇立). 그것을 보고 곁에 있던 중이 소리를 쳤다(방승운傍僧云).

"너를 살려준 이는 저기 계신 임제 스님이야. 어서 고맙다고 인사드리지 무엇 하고 섰는 거냐(정상좌定上座 하불예배何不禮拜)!"

어디에서 들려오는지 들려오는 말소리에 끌려 정 상좌는 큰 절을 했다. 그때였다. 아득하게 사라졌던 혼이 다시 되살아나지 않는가(정방예배定方禮拜 홀연대오忽然大悟). 다 썩어서 못 먹겠다고 버렸던 굴비가 되살아난 것이다. 다 썩어서 못 먹겠다고 십자가에 버렸던 굴비가 사흘 만에 되살아난 것이다. 얼간망둥이가 몽둥이찜에 되살아난 것이다. 그래서 옛날 사람들은 서른 대(삼십방三十棒)도 때리고 다리도 꺾었다. 얼빠진 망둥이는 몽둥이찜이 약인지도 모른다. 하여튼 정 상좌는 깊은 잠에서 깨어났다. 오랜 악몽에 시달린 몸이 드디어 깨어난 것이다.

인생은 꿈이라고 한다. 꿈도 좋은 꿈이 아니라 악몽이다. 인생은 화택火宅이라고 하지만 정말 불붙는 집이다. 고민이요 번민이요 견딜 수 없는 지옥불이다. 누가 넣은 지옥이냐. 제가 만든

지옥이요, 제가 들어간 지옥이다. 얼빠졌다는 말은 지옥에 빠졌다는 말이다. 인간은 언제부터 이렇게 지옥에 빠져버렸을까. 모두 화택이요, 어디나 지옥이다. 얼빠진 곳, 변질된 곳, 모두 부패요, 썩은 것뿐이다.

이 세상이란 쓰레기통이다. 어디를 가나 썩은 냄새뿐이다. 불법佛法의 대의가 무엇일까. 불도佛道의 핵심이 무엇일까. 얼을 되찾는 일이다. 빠진 나사를 되찾는 일이다. 전도란 무엇이냐. 얼을 되찾아주는 것이다. 그것이 구원이요 열반이다.

화택을 면하게 해주는 것이, 불을 꺼주는 것이 구원이다. 어떻게 불을 꺼주나. 어떻게 얼을 다시 찾아주나. 얼을 잃게 된 원인을 찾아주어야 한다. 왜 얼이 빠졌나. 요새는 그것을 정신분석이라고 한다. 얼빠진 원인을 찾아주는 것이다. 얼빠진 원인이란 별것 아니다. 세상에 얽매인 탓이다. 결국 화택을 떠나는 것이다. 이것을 출가라고 한다. 세상을 떠나는 것이다. 이것이 출세간出世間이다.

세상을 떠난다는 것은 산에 간다는 말도 아니요, 중이 되라는 말도 아니다. 세상과 인연을 끊으라는 말이다. 잠시 동안이라도 좋다. 무념무상의 세계로 들어가는 것이다. 이것이 참선이라는 것이다. 일체 세상과 인연을 끊어야 한다. 참선을 하든, 기도를 하든, 세상과 인연을 끊어야 한다. 참선이니 기도니 하는 것은 결국 세상과 인연을 끊는 일이다.

어떻게 세상과 인연을 끊나. 불교에서 제시하는 방법은 세상과 인연을 끊기 전에 세상에 연결되어 끌려 다니는 마음을 끊으면 된다고 한다. 그러면 마음을 어떻게 끊나. 보이지도 않는 마음을 어떻게 끊나. 마음이 가있는 곳을 끊으면 되지 않느냐. 마음이 술에 가있으면 술을 끊고, 마음이 여자에 가있으면 여자를 끊고, 마음이 지식에 있으면 지식을 끊고, 마음이 명예에 가있으면 명예를 끊는 것이다.

하여튼 무엇이든 마음이 가있는 곳을 끊는 것, 이것이 계戒다. 오계니 십계니 하는 것은 마음이 가있는 곳을 말한다. 돈에 마음이 가있으면 돈 없이 사는 궁리를 하고, 여자에 마음이 가있으면 여자 없이 사는 궁리를 한다. 그리하여 궁리하고 궁리하여 그 원인을 발견해서 그 원인을 끊어버리면 비로소 자기 얼이 되살아난다. 힘이 되살아나고, 정신이 되살아나고, 얼이 되살아난다. 과학은 힘을 되살리는 법이요, 철학은 정신을 되살리는 법이요, 종교는 얼과 영혼을 되살리는 법이다.

그러기 위해서는 마음을 없애야 한다. 마음이 있는 곳을 없애야 한다. 세상과 인연을 끊어야 한다. 바쁘단 말을 하지 않아야 한다. "영웅흉중英雄胸中 한가월閑暇月"이라고 한다. "절학무위絶學無爲 한도인閑道人"이라고 한다. 세상에 바쁠 것이 하나도 없다. 세상에 할 일이 무엇이냐. 얼 찾기 아니냐. 빠진 얼을 찾느라고 바빴겠지만 이제 얼을 찾았는데 무슨 할 일이 있단 말이냐.

하나님을 믿는 것이 할 일이라 한다. 얼 찾는 일이 할 일이다. 그밖에는 아무것도 할 일이 없다. 할 일이 있다면 인연을 끊는 것뿐이다. 인연을 끊는 것을 계戒라고 한다. 계만 지키면 그다음에는 저절로 얼이 되살아나고 충만해진다. 이것을 정定이라고 한다.

정 상좌는 얼이 충만해야 될 녀석이 얼이 충만하기는커녕 얼이 빠져서 지랄을 벌이다가 결국 명의名醫 임제의 덕으로 간신히 다시 산 것이다. 그러고도 아직 정신이 채 못 들어 멍하니 섰다가 옆에 있는 친구들의 부축을 받아 겨우 제정신을 수습하여 친구들이 절하라는 말에 절을 하다가 홀연忽然히 자기도 모르게 갑자기 얼을 찾은 것이다(대오大悟). 이리하여 정 상좌는 이름 그대로 성령이 충만한 사람이 된다.

세상에 얼을 찾는 것(견성見性)처럼 중요한 것이 없다. 얼을 찾아야 어른이 된다(성불成佛). 개인이나 국가나 사회나 모두 얼을 찾아야 한다. 본질 파악이요, 직관을 해야 한다. 자기의 밑바닥을 다시 찾아야 한다(관자재觀自在).

하나님을 만나야 한다. 그러기 위해서는 이 세상이 악마임을 알아야 한다. 내 얼을 빼앗아가고, 내 정신을 빼앗아가는 일체가 악마인 것을 알아야 한다. 어떤 때는 그것이 부모가 될 수도 있고, 처자가 될 수도 있고, 국가가 될 수도 있고, 세상이 될 수도 있다. 우리에게서 영혼을 빼앗는 일체가 악마요, 우상이다. 악마와 인연을 끊는 것이다. 세상과 인연을 끊는 것이다. 그것이 계요, 구원이다.

마치 강물을 끊고 둑을 쌓듯 중류절단衆流截斷하고 모든 욕심의 물줄기를 끊어버린 다음에야 비로소 정신의 충만함을 얻는다. 마치 둑을 쌓아야 물이 가득 차는 것이나 마찬가지다. 정定의 힘이 강하여 물이 호수가 되고 바다가 되면 이 속에 물고기가 한없이 힘차게 뛰어놀게 된다. 이것이 혜慧다. 지혜의 빛이 뛰어노는 것이다. 세상과 인연을 끊으면 그곳이 천국이요, 천국에 날아다니는 새는 기쁨 자체이다. 이 기쁨을 전하는 것이 설법이다. 설법은 말이 아니다. 기쁨을 전하는 것이요, 이상을 전하는 것이다.

임제가 세상을 떠난 후 정 상좌도 임제원을 떠나 어디론가 가고 있었다. 그때 길에서 만난 이가 암두巖頭, 설봉雪峯, 흠산欽山 세 사람이다. 이들은 동산洞山에게서 배우다가 덕산德山으로 옮겨왔다. 그런데 덕산이 죽자 다시 찾아가는 곳이 임제였다. 이들은 도중에서 정 상좌를 만나 임제가 세상을 떠났다는 말을 듣고 몹시 서러워하였다. 그리하여 임제 설법의 실마리를 잡기 위하여 가장 인상 깊었던 말씀을 들려줄 것을 부탁했다.

정 상좌는 이런 이야기를 들려주었다. 어느 날 임제는 대중들에게 이렇게 말 했다.

"여러분 가슴속에는 무위진인無位眞人이 있어 언제나 여러분의 얼굴을 통하여 들락날락하고 있습니다. 아직도 눈치 채지 못한 사람은 찾아보시오."

얼굴은 정신세계의 관문이다. 정신이 있는지 없는지는 언제나 얼굴에 나타난다는 것이다. 요즘말로 하면 자기 얼굴에 대하여 책임을 진다는 것이다. 그 이유는 자기 인격의 표현인 까닭이다. 무위진인이란 자유인이란 말이다. 부처라고 해도 좋다. 얼굴에 부처님이 보여야 한다는 것이다. 얼굴이 맑아야 한다. 얼굴이 선백鮮白이어야 한다. 얼굴에서 빛이 나와야 한다. 그 빛은 지혜의 빛이어야 하고, 영혼의 빛이어야 하고, 하나님의 영광이어야 한다. 아무 사특邪慝한 것이 없는 천진난만한 데가 있어야 한다. 절학무위絶學無爲의 한도인閑道人이 되어야 한다. 어린애처럼 순진한 얼굴, 그것이 천국의 얼굴이요, 빛나는 얼굴이다. 무위의 진인이 되어야 한다. 자유인이 되어야 한다.

이때 흠산이 대들었다.

"자유가 아니면 어때."

그랬더니 정 상좌가 별안간 흠산의 목덜미를 붙잡고 자유와 자연이 무엇이 다른가를 말해보라고 세게 목을 조르며 대들었다. 금세 흠산은 혼비백산이 되었다. 암두와 설봉이 크게 절하며 제발 살려달라고 빌었다. 그랬더니 정 상좌가 씩씩거렸다.

"꼭대기에 피도 안 마른 자식, 죽여버릴 걸."

자유와 자연이 얼마나 머냐. 자유가 혜慧요, 자연이 정定이요, 자율自律이 계戒다. 자율에서 자연이 나오고, 자연에서 자유가 나온다.

33. 진조의 먼 눈

『벽암록』제33장은 〈진상서간자복陳尙書看資福〉이다. 당나라의 유명한 진조陳操라는 장관이 자복선원의 여보如寶 스님을 만났다는 이야기다. 요즘의 표현으로 하면 좋은 차를 타고 위풍당당하게 자복선원의 여보 스님을 만나러 갔다(진조상서간자복陳操尙書看資福). 자복 스님은 장관이 오는 것을 보고 두 손으로 동그라미를 만들었다(복견래변획일원상福見來便畫一圓相). 진조는 당황하여 이렇게 물었다(조운操云).

"제가 아직 인사도 드리기 전에 벌써 손짓을 하시니 어떻게 된 것입니까(제자임마래弟子恁麼來 조시불착편卓是不著便 하황경획일원상何況更畫一圓相)?" 그랬더니 자복이 문을 닫고 들어가고 말았다(복변엄각방장문福便掩却方丈門).

설두는 말했다(설두운雪竇云).

"진조는 외눈깔이로군(진조지구일척안陳操只具一隻眼)."

진조가 왜 찾아갔는지는 모르지만 스님에게는 공연한 짓임에 틀림이 없다. 진조가 무엇 하러 왔건 공연히 오고 있는 진조를 보고 두 손을 합쳐 동그라미를 그려보였다. 진조는 당황하여 이렇게 묻는다.

"제가 아무 말씀도 드리지 않았는데 그것이 무슨 말씀입니까?"

자복은 말하기도 싫다는 듯 문을 닫고 방안으로 들어가버렸다. 문밖에 우뚝 선 진조는 아무 말도 못하고 쓸쓸히 돌아가고 말았을 것이다. 깨지 못한 인생의 말로가 이와 같을지도 모른다. 쓸데없이 왔다 갔다 하다가 하늘에 도달했을 때에는 하늘 문은 영영 닫히고 말지도 모른다.

진조가 온 것은 무엇 때문이었을까. 욕심 많은 놈이니 중의 목탁이라도 훔치러 왔는지도 모른다. 그것을 스님이 알아차리고 둥그런 올가미를 던진 것이 맞아들어 꼼짝 못하고 결박이 되어 "제가 무슨 잘못을 했습니까?" 하고 중얼거리는 도둑놈처럼 꼼짝 없이 걸려들었는지도 모른다. 혹은 옛날 명의들은 대문에 들어오는 환자의 발자국 소리만 듣고도 병을 진찰했다는데 대문에 들어오는 진조를 보고 "너는 죽을병에 걸렸다"고 동그라미를 그렸는지도 모른다. 죽을병에 걸려서 꼼짝 못하든, 밧줄에 매여서 꼼짝 못하든, 꼼짝 못하게 된 것만은 확실하다. 진조가 아무리 훌륭한 거사居士였다고 해도 철통같은 함정에서 풀려나올 길은 없었을 것이다.

그때에 제아무리 대문에 대가리를 들이박고 조른다 해도 감옥문은 영원히 열리지 않을 것이다. 자복의 올가미는 무서운 쇠고랑이다. 무서운 범인을 냉큼 잡아 감옥에 집어넣고 만 것이다. 자복의 수완은 보통이 아니다. 설두는 진조가 외눈깔이라고 했지만 두 눈이 다 멀었는지도 모른다. 올 때는 제 발로 걸어왔지만 갈 때는 제 발로 걸어가지 못하게 되었다. 진조는 지금 자복 스님의 대문 밖에서 무엇을 하고 있을까.

사실 당나라의 장관 진조는 불교계에서도 보통 이름난 거사가 아니었다. 어떤 중이 찾아와 그에게 동냥을 구했다. 진조는 좋은 음식을 내주었다. 중이 받으려고 하자 다시 집어넣고 말았다. 중은 한마디도 못하고 얼이 빠져버렸다. 진조는 그를 돌중이라고 밀어내고 말았다. 어느 날 또 다른 중이 왔다. 이 중에게도 좋은 음식을 제공하였다. 밥상을 받은 중은 공양게供養偈를 시작했다. "삼덕육미三德六味 시불급승施佛及僧 법계유정法界有情 보동공양普同供養"이라는 게문을 외우고 있을 때 진조는 큰소리로 틀렸다고 소리를 질렀다. 눈을 떠보니 밥상은 간 곳이 없었다. 얼빠진 중은 또 아무 말도 못하고 쫓겨나고 말았다. 이토록 진조는 장난꾸러기였다.

그런데 어느 날 운문이 찾아왔다. 유명한 운문 스님이다. 진조는 또 거만을 떨었다. "유서儒書는 묻지도 않겠소. 교종敎宗도 물을 필요가 없겠죠. 그런데 선禪이라는 게 다 무엇이오?"

자기는 유교에 통하고, 불교에 통한 사람인데 요사이 선이라는, 인도에도 없는 것이 나와서 야단을 치는데 도대체 선이라는 것이 무슨 필요가 있으며 뭐 말라 죽은 것이냐고 핀잔을 준 것이다. 그때 운문은 "당신은 이런 질문을 몇 번이나 해왔소?" 하고 물었다. 그랬더니 진조는 "지금 당신에게 묻고 있지 않소" 하고 과거를 묻지 말라고 잘라 말했다. 운문은 다시,

"그렇다면 교종의 대의는 무엇입니까?" 그러자 진조가 대답을 했다.

"그거야 경전을 보면 알 게 아니오?"

운문이, "경전이야 껍데기지 알맹이가 있을 것 아니오?" 했다.

"그거야 말할 수 없는 것이지요."

운문은, "말할 수 없으면 손짓으로라도 하면 될 것 아니오?"

이때 진조는 꽉 막히고 말았다. 팔만대장경을 어떻게 손짓으로 표현을 하면 좋을까. 진조가 어물거리고 있는 동안에 운문은 지팡이를 높이 쳐들었다. 진조는 그 뜻이 무엇인지 몰랐다. 운문도 이제는 어떻게 할 수가 없었다. 이제 보여줄 수 있는 불도는 이 길밖에 없었다. 그는 거만하게 뽐내던 진조를 지팡이로 내리갈겼다. 결국 진조는 꼼짝도 못하고 땅에 무릎을 꿇었다. "스님, 할 말이 없습니다." 그때 운문은 『법화경』의 「공덕품功德品」을 들어서 치생산업治生産業이 곧 적광정토寂光淨土임을 누누이 설명해 주었다. 아마 진조도 그 후에는 백성을 다스리고 나라를 받드는 일에만 최선을 다했을 것이라고 생각한다. 쓸데없이 건병乾病이 들어서 유교니 불교니 하고 까불지는 않게 되었을 것이다.

천국은 다른 데 있는 것이 아니라 자기의 사명 속에 있다. 자

기의 할 일 속에서 기쁨을 못 찾으면 찾을 데가 없지 않느냐. 술집에 기쁨이 있는 것도 아니고, 교회에 기쁨이 있는 것도 아니다. 자기의 사명 속에 기쁨이 있다. 사명이 있는 곳에 생명이 있다. 기쁨은 산 자의 것이지, 죽은 자의 것이 아니다. 하나님은 기쁨의 하나님이다. 하나님은 산 자의 하나님이지, 죽은 자의 하나님이 아니다. 기쁨은 하나님의 것이다. 하나님이 죽으면 기쁨도 죽는다. 하나님을 믿는다는 것은 기쁨을 믿는 것이다. 하나님의 아들들이란 기쁨을 소유한 사람들이다. 기쁨이 하나님의 본질이다. 하나님의 말씀이란 기쁜 소식이요 기쁨 자체다.

34. 앙산의 산놀이

『벽암록』제34장은 〈앙산문심처래仰山問甚處來〉라는 제목이다. 앙산仰山 하면 '앙산문삼성仰山問三聖'(벽암록 제68장)이라는 이야기가 생각난다.

앙산이 삼성에게 물었다(앙산문삼성仰山問三聖). "네 이름은 무엇이지(여명십마汝名什麼)?" 그랬더니 삼성이 말했다(성운聖云). "제 이름은 혜적입니다(혜적惠寂)." 혜적이란 앙산의 이름이다. 앙산이 말했다(앙산운仰山云). "이 사람아, 그것은 내 이름이 아닌가(혜적시아惠寂是我)?"

앙산이 이렇게 말하자 삼성이 말했다(성운聖云). "그러면 제 이름은 혜연이었던가요(아명혜연我名惠然)?" 앙산은 크게 껄껄 웃었다(앙산가가대소仰山呵呵大笑). 그래서 삼성도 웃고 말았다는 이야기가 있다.

삼성은 벌써 혜연(삼성 자신) 속에서 혜적(앙산)을 본 사람이다. 내가 보는 것이 영원한 나라고 하듯이 삼성은 지금 앙산이란 스님이 자기의 영원한 본체임을 알고 있는 것이다. 영원한 본체라고 해도 좋고, 자기의 이상이라고 해도 좋고, 자기의 마음이라고 해도 좋고, 자기의 이데아라고 해도 좋고, 자기의 핵심이라고 해도 좋고, 부처라고 해도 좋고, 자기가 가장 존경하는 분이라고 해도 좋고, 자기가 가장 사랑하는 분이라고 해도 좋고, 자기의 길이라고 해도 좋고, 자기의 신이라고 해도 좋다. 삼성이 앙산을 붙잡고 있는 동안, 삼성은 자기의 본체를 본 것이요, 하나님을 본 것이요, 부처를 본 것이요, 자기를 본 것이다. 그것은 마치 그 집에 가서 주인을 만난 것이나 마찬가지다. 세상에는 남의 집을 찾아가서 주인을 못 만나고 오는 사람이 있다. 세상에 그것처럼 기막힌 일이 어디 있을까. 그런데 삼성은 삼성이란 집 속에서 앙산이란 주인을 만난 것이다. 집을 찾아가서 주인을 만났으면 그것으로 족하다. 그러나 집을 찾아가서 주인을 못 만났다면 그 집을 백 번 찾아가도 소용이 없다. 공연히 신발만 닳을 뿐이다.

   세금을 받으려면 주인을 만나야 하고, 무엇을 부탁하려고 해도 주인을 만나야 한다. 세상에 집을 찾아가서 주인을 만난 것보다 더 중요한 것이 없다. 그런데 삼성은 주인을 만난 것이다.

   삼성의 주인은 앙산이었다. 삼성의 이름은 혜연, 그래서 혜연에게 네 이름은 무엇이냐고 묻는데 혜연은 집 번지에 불과하다. 이름은 집 주인의 이름이 진짜 이름이지, 집 번지의 이름은 이름이 될 수 없기 때문이다. 하나님은 내 안에 있다. 나는 집이요, 하나님이 주인이다. 내 이름은 집 번지요, 주인의 이름은 하나님이다. 그것을 알아야 한다. 삼성은, 자기는 집이요, 앙산이 집주인인 것을 안 사람이다. 내 뜻대로 마옵시고 아버지의 뜻대로 하라고 한다. 내 뜻은 집 번지요, 아버지의 뜻이 주인의 이름이기 때문이다. 집 번지와 집주인을 확실히 갈라놓을 수 있는 것이 참을 아는 것이요, 진리를 깨달은 것이다.

내가 주인이 아니다. 하나님이 주인이다. 혜연이 주인이 아니다. 혜적이 주인이다. 나는 하나님의 성전이요, 나는 불당에 불과하다. 불당은 집이요, 주인은 진리이다.

『벽암록』제34장이 그런 이야기다.

앙산이 자기를 찾아온 어떤 젊은 중에게 물었다(앙산문승仰山問僧).

"어디서 왔소(근리심처近離甚處)?"

젊은 중이 대답했다(승운僧云).

"여산에서 왔습니다(여산廬山)."

앙산이 물었다(산운山云).

"그러면 여산의 명승, 오로봉에 올라가본 일이 있소(증유오로봉마曾遊五老峰麽)?"

젊은 중은 가본 일이 없다고 대답했다(승운僧云 부증도不曾到). 앙산은 어이가 없어 "거기도 못 가보았나" 하고 긴 한숨을 쉰다(산운山云 도려부증유산闍黎不曾遊山).

젊은 중은 여산에 살면서도 여산의 명승 오로봉을 본 일이 없었다. 이 중도 역시 집을 찾아가서 주인을 못 만난 중이다. 인생으로 태어나서 하나님을 못 본 사람은 누구나 다 여산에 태어나서 오로봉을 못 본 사람이나 마찬가지다. 여산에 태어났으면 오로봉을 보아야 하고, 인생으로 태어났으면 하나님을 보아야 하고, 삼성으로 태어났으면 앙산을 보아야 하고, 사람으로 태어났으면 자기의 진면목을 보아야 하지 않겠나. 이것이 앙산의 간절한 마음이다. 그래서 운문은 "차어개위자비지고此語皆爲慈悲之故"라는 한마디를 덧붙였다.

송頌에는 "출초입초出草入草 수해심토誰解尋討 백운중중白雲重重 홍일고고紅日杲杲 좌고무하左顧無瑕 우혜이로右盻已老 군불견君不見 한산자寒山子 행태조行太早 십년귀부득十年歸不得 망각내시도忘卻來時道"라 했다.

풀이 길을 덮어 풀을 헤치고 들어갔다가 나왔다고 하지만 누가 이 깊은 산에서 정말 길을 찾을 수 있으랴. 그 위에 흰 구름은 겹겹이 쌓여서 길 찾기는 더욱 힘이 드는데 붉은 해는 서산으로 넘어가 나뭇가지 위에 걸려있다. 왼편을 돌아보아도 바위뿐 아무런 자국이 없고, 바른편을 둘러보아도 늙은 나무뿐이라. 꺾어진 나뭇가지조차 더욱 길을 막아버린다. 그대는 산으로 들어간 한산寒山과 습득拾得을 보지 못했느냐. 들어간 지 벌써 아득한 옛날인데 십 년이 지나도 돌아오지 않는 것을 보니 아마 돌아올 길을 잃어버리고 만 모양이다.

인생이란, 험한 산에서 길 잃은 사람처럼 평생 주인을 찾다가 산에서 사라지는 허무한 것인지도 모른다. 여산에 살면서 한 번도 오로봉을 보지 못하고 마는 것처럼 인생을 살면서 한 번도 자기를 찾지 못하고 헤매다가 마는 것이 또한 인생이 아닐까.

35. 문수 앞의 세 사람

『벽암록』 제35장은 〈문수전삼삼文殊前三三〉이라는 이야기다. 문수는 석가의 수제자로서 지혜를 대표하고, 보현은 사랑을 대표한다. 불상 배후에 사자를 이끈 문수와 코끼리를 탄 보현이 언제나 석가를 모시고 있다. 문수는 지知, 보현은 행行을 표시한다. 문수의 사자후를 가지고도 대중 설득은 불가능하다는 이야기 같다.

문수가 무착에게 물었다(문수문무착文殊問無著).

"어디서 왔지(근리십마처近離什麽處)?"

무착이 대답했다(무착운無著云).

"남쪽에서 왔습니다(남방南方)."

문수가 묻기를(수운殊云),

"남쪽 교세는 어떻던가(남방불법南方佛法 여하주지如何住持)?"

무착이 대답하기를(착운著云),

"형편없는 지도자들이 계율을 지키느라고 야단들이지요(말법비구末法比丘 소봉계율少奉戒律)."

문수가 묻기를(수운殊云),

"사람들은 얼마나 모이든가(다소중多少衆)?"

무착이 대답하였다(착운著云).

"교인들이 많아서 어떤 때는 삼백 명, 어떤 때는 오백 명이 모일 정도로 성황이지요(혹삼백혹오백或三百或五百)."

그러면서 무착이 문수에게 물었다(무착문문수無著問文殊).

"이곳 교세는 어떠합니까(차간여하주지此間如何住持)?"

문수가 대답한다(수운殊云).

"어른, 아이, 어중이떠중이 마구 섞여 있지(범성동거용사혼잡凡聖同居龍蛇混雜)."

무착이 묻기를(착운著云),

"얼마나 모이나요(다소중多少衆)?"

문수는(수운殊云),

"앞에 두서넛, 뒤에 두서넛(전삼삼후삼삼前三三後三三)."

진리는 수와 관계없다는 이야기 같다. 엉터리 교사들이 계율을 지키면 복 받는다며 그럴듯한 방법을 내걸면 사람들이 삼백, 오백씩 우우 몰린다. 사람들이 모이기 시작하면 사람 기운에 또 사람들이 모인다.

길가에서 약장수 연설에 속는 줄 알면서도 사람들이 모이는 것과 마찬가지다. 행여나 무슨 신비가 있을까 하는 호기심에 사람들은 모이게 마련이다. 세상에 사이비 종교란 그런 것이 아닐까. 그런데 석가의 수제자 문수가 와서 설법을 해도 모이는 사람은 어중이떠중이, 앞에 두셋, 뒤에 두셋, 한두 사람이 모이는 정도다.

옛날부터 진리는 한두 사람에 의해 계승되는 수가 태반이었다. 대중은 진리보다도 욕심이 앞서기가 일쑤다. 그런 대중을 위해 얼렁뚱땅 넘어가면 교세는 얼마든지 확장할 수도 있을지 모른다. 큰 절을 짓고, 큰 교단을 만들고, 일체의 자유를 빼앗고, 독재를 하면 군중들은 더욱 끌려가기를 좋아한다. 눈알을 빼고 밥을 굶기면 더욱 끌려오기가 일쑤다. 그래서 독재자들은 인간을 허수아비로 만들어서 제멋대로 꼭두각시 춤을 추게 한다.

이것이 유사종교라는 것이다. 무엇이 있는 것처럼 꾸며 놓기도 하고, 무엇이 있을까 하고 찾아들기도 한다. 협잡하려는 마음과 호기심은 하나가 되어 막대한 사회악을 조성해간다. 그러나 진리는 명명백백明明白白, 마치 태양처럼 자명하여 꾸며놓을 것도 없고, 이상할 것도 없다.

지도자는 학문을 가지고 꾸며놓으려고 야단들이고, 대중은 신비한 것을 찾아 헤매느라 야단이다. 학문과 신비, 신학교와 부흥회, 무슨 신학, 무슨 학설, 무슨 이적, 무슨 기적, 이것이 종교의 암이다. 종교는 학설도 아니요, 기적도 아니다. 종교는 오직 진리와 사랑뿐이다. 진리는 자명한 이치요, 사랑은 남을 위하는 것뿐이다. 진리가 학설로 타락하고, 사랑이 기적으로 떨어지면 교단이 생기고, 사회는 악해지게 마련이다.

송도에 팔만 구 암자, 절간이 생기고 고려는 망하고 말았다.

팔만여 개의 절간을 짓느라고 경제는 탕진되었고, 괴승과 요승의 정치적 간섭으로 왕권은 땅에 떨어졌다. 이렇게 되면 종교의 해독은 전염병처럼 만연되기 마련이다. 종교는 교단도 필요 없고, 교회도 필요 없고, 다만 진리를 찾는 사람과 진리를 가르치는 사람이 있으면 된다.

삼백, 오백이 모이기 시작하면 벌써 가짜다. 삼백, 오백이 진리를 찾을 리가 없다. 정말 진리를 찾는 사람이 몇 사람이나 될까? 진리를 위해서 진리를 찾는다면 앞에 두셋, 뒤에 한둘 정도가 아닐까?

마호메트가 천사의 말을 듣고 그대로 전해도, 와서 듣는 사람은 십삼 년 동안 세 사람뿐이었다고 한다. 그것이 참일지도 모른다. 한 사람이라도 진리를 찾고, 반 사람이라도 진리를 실천할 수 있다면 그 이상 경사가 어디 있을까. 교회당을 짓고 사람들이 물밀듯이 밀려오는 곳에 과연 진리가 있을 수 있을까.

진리는 말에 있지도 않고, 수에 있지도 않다. 해가 뜨고 달이 지고, 봄이 오고 겨울이 가고, 오리발은 짧고 학의 발은 긴 것이 진리지, 진리가 누구의 웅변이며, 문수의 지혜인들 어떻게 진리를 해설하랴.

설두는 진리란 그런 데 있지 않다고 송을 부른다.

"천봉반굴색여람千峯盤屈色如藍. 수위문수시대담誰謂文殊是對談. 감소청량다소중堪笑清涼多少衆. 전삼삼여후삼삼前三三與後三三."

천 봉 만 봉이 우뚝우뚝 솟아 있고 푸르기는 하늘보다도 더 푸르다. 진리란 이것이 진리지 따로 무슨 진리가 있을 수 있느냐. 산은 푸르고 물은 깊고, 하늘은 높고 땅은 넓다. 이것이 진리지 또 다른 진리가 어디 있겠는가.

몸은 튼튼하고 마음은 너그럽다. 이것이 진리요 사랑이지 진리가 도대체 어디 있다는 말인가. 산이 푸르고 몸이 푸른 것, 이것이 진리요, 물이 깊고 마음이 붉은 것, 이것이 사랑이지, 진리가 따로 있고 사랑이 따로 있을까.

36. 장사의 꽃놀이

『벽암록』제36장은 〈장사일일유산長沙一日遊山〉이라는 것이다. 장사는 호남 장사의 경잠景岑 스님을 말한다. 장사란 동정호 남안 소강 유역으로 경치 좋기로 유명한 곳이다. 옛날부터 소상팔경瀟湘八景이라 하여 소상야우瀟湘夜雨, 평사낙안平沙落鴈, 동정추월洞庭秋月, 산시청람山市晴嵐, 원포귀범遠浦歸帆, 연사만종烟寺晚鍾, 강천모설江天暮雪, 어촌석조漁村夕照라 하여, 실로 한 폭의 그림을 연상할 정도로 아름다운 곳이다. 옛날부터 무릉도원이라는 곳이다. 무릉도원이란 요즘의 표현으로 천국이요, 극락이라는 곳이다.

경잠 스님은 이런 곳에서 산 사람이다. 그는 문학과 예술에 소질이 있어 시를 잘하고 풍류를 즐긴 사람이다. 화엄 철학의 대가요, 선에도 한 경지를 개척하여 형이상의 세계에서도 소요 자적하던 도인이었다. 도인이란 시간을 초월하고, 공간을 초월하고, 인간을 초월한 사람들이다. 그들이야말로 영원을 살고, 무한을 살고, 신선을 산 사람들이다. 그들이야말로 산 사람들이요, 죽은 사람들이 아니다. 어떤 학승이 물었다.

"허공은 있는 것입니까, 없는 것입니까?"

장사는 이렇게 대답했다.

"있다면 있고, 없다면 없는 거지. 있다 해도 엉터리고, 없다 해도 엉터리지."

학승은 불경의 근거를 물었다. 장사는 이렇게 대답했다.

"『수능엄경首楞嚴經』에 허공은 마음속에 싹트는데, 마치 푸른 하늘에 흰 구름이 뜨는 것이나 마찬가지여서, 사람이 참을 찾으면 허공이 없어지는 것이, 마치 날씨가 차지면 흰 구름이 사라지는 것과 같다고 했다."

이때 허공이란 요즘말로 허무감일 것이다. 허무감이란 기분에 따라서 나왔다 들어갔다 하는 것이다. 그러니 그것은 있다면 있고, 없다면 없는 것이다. 그러나 진짜 허공은 있다고 말할 수도 없고, 없다고 말할 수도 없다. '없는 것'이라는 허공이 있다면 그 자체가 모순이요, 허공이 없다면 쓸데없는 동의반복에 불과하다. 허공은 있다 없다가 아니다.

허공은 나다. 내가 절대에 도달하면 내가 그대로 허공이요, 무한이다. 내가 허공인데 유는 무엇이고, 무는 무엇일까. 내가 공간空間인데 공空은 어디 있고, 간間은 어디 있나. 어디나 나다. 시간도 마찬가지다. 내가 시간이요 내가 영원인데 과거(거去)는 어디 있고, 미래(내來)는 어디 있나. 가는 것 같고(여거如去), 오는 것 같음(여래如來)이 모두 망상이지 가긴 어딜 가고, 오긴 어딜 오나. 가고 오는 것이 모두 푸른 하늘에 흰 구름이 나타났다 사라졌다 하는 것이나 마찬가지다.

영원히 나다. 언제나 나다. 시간과 공간이 나면 인간도 나다. 누구나 나다. 나 아닌 사람이 어디 있을까. '일체 중생이 모두 나다'라고 하며 사는 사람이 신선이요 도인이다. 그런 의미에서 도인은 영원히 죽지 않는다. 그리고 도인은 어디나 없는 데가 없다. 도인은 그대로 신인이기 때문이다. 진시방세계盡十方世界가 도인의 눈이요, 도인의 몸이요, 도인의 빛이요, 모든 것이 도인 아닌 것이 없다. 삼세제불三世諸佛과 법계중생이 모두 진리의 빛이요, 진리의 빛이 어두우면 중생도 국토도 아무것도 없다. 있다면 허령지각虛靈知覺뿐이다. 깨면 나요, 자면 너다.

어떤 중이 장사에게 문수가 무엇이냐고 묻자 장사는 옆에 있던 기왓장을 들어 보였다. 진리란 별것이 아니다. 벽돌이 진리요, 삼라만상이 진리이리라. 관음이 무엇이냐고 묻자 장사는 큰소리를 질렀다. 일체 음성 언어가 관음이요 복음이지, 물소리, 바람소리, 복음 아닌 것이 있을까. 무엇이 보현이냐고 묻자 장사는 중생심이 보현이라고 대답했다. 부처가 무엇이냐고 묻자 중생이라고 대답했다. 그에게는 이 우주가 통째로의 세계지, 번뇌니 보리니 부처니 중생이니 하고 갈라진 세계가 아니다. 도인의 세계는 그대로 열반이요 천국이지, 직장과 지옥이 아니다. 도인의 세계는 어린애의 세계처럼 꿈같이 아름다운 세계다. 도인은 할 일이 없다. 할 일이 있는 세계는 벌써 깨어진 세계요 타락한 세계다. 어린애의 세계에 무슨 할 일이 있나. 어린애는 그저 노는 것이다. 먹고 자고 놀면 그만이다. 장자는 도인의 세계를 소요유逍遙遊라고 하고, 어떤 사람은 유희삼매라고 하지만 도인은 할 일이 없다. 해가 뜨고 달이 지는데 할 일이 무엇일까. 도인의 세계는 지옥도 아니고, 직장도 아니다. 지옥이라도 천국이요, 직장이라도 동산이다.

  도인은 하루를 사는 것뿐이다. 그러니까 장사일일長沙一日이라고 한다. 하루 속에서 그들은 산다. 하루 속에 영원이 있기 때문이다. 그들은 내일이 없다. 할 일이 없는데 할 계획이 있을 리 없고, 실수가 없는데 무슨 과실이나 과거가 있을 수 있으랴. 어린애는 똥을 싸도 실수가 아니요, 그릇을 깨도 실수가 아니다. 그들은 아직 책임을 질 만큼 죽은 존재가 아니다. 그들은 푸른 나무처럼 생명 자체이다. 생명에게는 어떤 짐도, 책임도, 죄도, 아무것도 없다. 짐이나 책임이나 죄는 죽음 다음에만 있다. 죽어야 관 속에 집어넣고 흙에 묻어주고, 죽어야 불살라 재를 만든다. 짐이나 책임이나 구속이나 죄악은 모두 죽음의 상징이다. 죽은 사람이 아니고 누가 구속하며, 죽은 사람이 아니고 누가 재가 될까. 그런 의미에서 인생은 일하러 온 것이 아니다. 놀러 왔다. 노는 것이 일이다. 그래서 장사는 밤낮 산놀이(유산遊山)를 즐기고, 물놀이를 즐겼다. 인자는 요산이요(인자요산仁者樂山), 지자는 요수(지자요수知者樂水)라고 하지만 지와 인을 겸비한 산 사람은 노는 것이 전부다. 인생은 그대로 꽃과 같이 피고, 눈과 같이 지는 것이다. 그것이 자연이요, 그것이 그림이요, 그것이 아름다움이다.

장사가 어느 날 산놀이를 갔다가 집에 돌아오니 수좌가 이렇게 물었다(장사일일유산長沙一日遊山 귀지문수歸至門首 수좌문首座問).

"스님, 어디 갔다 오십니까(화상십마처거래和尙什麼處去來)?"

그러자 장사는 이런 대답을 한다(사운沙云).

"산놀이 갔다 왔지(유산래遊山來)."

수좌가 묻기를(수좌운首座云),

"어디까지 갔다 왔습니까(도십마처래到什麼處來)?"

장사는(사운沙云),

"풀 좇아갔다가 꽃과 같이 왔지(시수방초거始隨芳草去 우축낙화회又逐落花回)."

37. 반산의 빈 마음

『벽암록』 제37장은 〈반산삼계무법盤山三界無法〉이라는 장이다. 반산이란 유주幽州 반산盤山에서 살았던 보적寶積 선사로서 마조馬祖의 새끼다.

반산이 어느 날 고깃간 앞을 지나가게 되었다. 문득 귀를 스치는 거래의 한 토막이 흥미로웠다.

"돼지고기 있어요?"

"네, 있구 말구요."

"좋은 고기라야 돼요."

"원, 손님도, 고기치고 좋지 않은 고기가 어디 있습니까?"

반산은 이 말에 정신이 까무러치도록 놀랐다. 삼계무법三界無法이다. 세상에 물건치고 좋지 않은 물건이 어디 있나.

"그럼 한 근 잘 주세요."

"네 염려 마십시오."

"아, 여보, 여보, 진살로 주어야지."

"여보시오, 살치고 진살 아닌 데가 어디 있소?"

반산은 또 한 번 놀랬다. 하처구심何處求心이다. 사람치고 부처 아닌 사람이 어디 있나. 그는 그 자리에서 삼계무법과 하처구심을 깨치고 만 것이다. 자연에 선善 아닌 것이 없고, 인생에 진眞 아닌 이가 없다. 반산은 선이 되고, 보적은 진이 되어 반산보적은 아름다움이 되었다.

삼계무법하처구심三界無法何處求心. 좋은 말이다. 삼계에 걸릴 것이 없고, 내 속에 보일 것이 없다. 삼계에 걸릴 것이 없으니 대아大我요, 내 속에 보일 것이 없으니 무아無我다. 자연은 같이 기뻐할 대아요, 인생은 같이 즐겨야 할 무아다. 있는 것이 있다면 기쁨과 즐거움뿐이다.

설두는 송頌을 달아 같이 기뻐하고 같이 즐거워한다.

"삼계무법三界無法. 하처구심何處求心. 백운위개白雲爲蓋. 유천작금流泉作琴. 일곡양곡무인회一曲兩曲無人會. 우과야당추수심雨過夜塘秋水深."

삼계에 걸릴 법이 없는데 어디 썩힐 속이 있을까. 흰 구름은 하늘을 날고, 흘러가는 시냇물은 가락을 이루니 한 가락 두 가락 끝없는 가락에 흥이 넘쳐 사람은 즐겁고, 간밤 비에 솟물(소沼)은 불어서 가을 물에 기쁨이 깊구나. 가락에 맞추어 노래를 부르고, 소리에 흥겨워 춤을 춘다.

실로 유희삼매의 진경이리라. "백운위개白雲爲蓋 유천작금流泉作琴"은 아름답기 짝이 없다. 푸른 하늘에 흰 구름은 유유히 날고,

맑은 시냇물은 소리 높여 흐른다. 옛날 소동파가 조각照覺선사에게 바친 글이 있다.

"계성변시광장설溪聲便是廣長舌. 산색기비청정신山色豈非清淨身. 야래팔만사천게夜來八萬四千偈. 타일여하거사인他日如何擧似人."

산골짜기에 우렁차게 흐르는 시냇물 소리는 부처님의 사자후보다 더 우렁차고, 하늘을 찌를 듯 솟은 푸른 뫼 뿌리는 깨끗한 부처님의 법신인들 이 이상 더 깨끗하랴. 어제 밤새도록 흐르던 시냇물은 불타의 팔만 사천 설법에 앞서니 이와 같은 진실을 후일 누구에게 전할까. 일체가 불이니 전할 필요도 없다. 같이 기뻐하고 같이 즐기면 그만이다.

"계성광장설溪聲廣長舌. 산색청정신山色淸淨身. 팔만사천게八萬四千偈. 여하거사인如何擧似人."

마음을 열어놓고 힘껏 불러보라. 어깨가 오르고 손발이 날아 덩실덩실 춤이 나올 듯하다. '계성' 하고 길게 뽑고, '산색' 하고 높이 들라. 유희삼매라야 별것 있냐. 같이 기뻐하고 같이 춤추는 것뿐이다. 너와 내가 없는 경지가 되면 일체가 광장설이요, 일체가 청정신이요, 일체가 팔만 사천이요, 일체가 여하거사다.

요는 한마디로 깨달았다는 말이다. 깨닫기 전에는 일체가 상대지만 깨달은 세계는 절대다. 그것은 이성과 경험을 초월한 존재의 세계요, 사차원의 세계다. 그것은 응무소주應無所住에 생기심生其心 하는 직관과 상징의 세계다. 직관이기에 삼계무법이요, 상징이기에 하처구심이다.

반산은 직관을 분류도인奔流度刃 전전성비電轉星飛라고 한다. '날뛰는 물을 칼로 자르니 번개가 치고, 별은 난다'라고 표현하고, 상징이란 말은 '문성외구막향의구聞聲外句莫向意句'라고 한다. 직관의 세계는 공간이 없고 거리가 없다. 아무 걸림 없이 그대로 삼계무법의 세계요, 사대원무주四大元無主의 세계다. 상징의 세계에는 인간이 없다. 마음도 없고, 생각도 없는 하처구심의 세계요, 오온본시공五蘊本是空의 세계다. 그 세계에 시간인들 남아 있을 수 있으랴. 과거심도 불가득이요, 현재심도 불가득이요, 미래심도 불가득인 영원한 세계요, 춘풍취태고春風吹太古인 각覺의 세계다. 이런 세계에 사는 사람은 살아도 사는 것이 아니요, 죽어도 죽는 것이 아니다.

반산이 늙어, 갈 때가 왔다. 그는 사람들을 불러다 자기의 초상을 그리라고 하였다. 그림 그리는 사람들이 열심히 그림을 그렸다. 그러나 그림을 그리면 찢어버리고, 그리면 또 찢어버리곤 하였다. 그 말을 들은 제자 보화普化가 반산 앞에 가서 재주넘기를 하였다. 반산은 웃으면서 만족한 듯이 세상을 떠났다. 그의 마음을 전해 받은 이는 보화뿐이었기 때문이다.

보화는 진정으로 회심回心한 사람이다. 그는 욕계欲界와 색계色界와 무색계無色界를 넘어 존재의 세계에 산 사람이다. 그는 생식生食을 하고 나귀처럼 뛰어다녔다. 사람들이 나귀라고 놀려대면 나귀 우는 소리를 냈다.

보화에게는 나귀와 보화의 분별이 없었다. 자연과 인생은 본래 하나였는지도 모른다. 천지동근이요 만물일체라고 하지 않는가. 보화가 나귀인지, 나귀가 보화인지 그 당시 사람들은 알 수가 없었다. 요는 보화가 절대를 살고 있다는 것뿐이었다.

그에게는 일체가 상징이었다. 산도, 바다도, 소도, 나귀도 다 신의 뜻을 계시하는 하나의 상징이었다. 그에게는 무든, 배추든 모두 신의 사랑 아닌 것이 없었다. 삶도, 죽음도 모조리 신의 사랑의 표현이었다. 그가 소 소리를 내든, 당나귀 소리를 내든 팔만 사천의 설법 아님이 없고, 계성광장설 아님이 없었다. 일체가 설법이요, 일체가 예언이요, 일체가 사랑이요, 일체가 부처요, 일체가 마음이다.

어느 날 보화는 임제와 어떤 부잣집의 초대를 받았다. 많은 고관대작 틈에 끼어서 진수성찬을 먹게 되었다. 임제는 산을 삼키고 바다를 마시니 신통이냐, 묘용이냐 하고 물었다. 임제는 산해진미에 구미가 당겼던 모양이다. 보화는 산해진미를 담은 진수성찬을 발로 차 엎고 말았다. 임제가 당황하여 이런 무례無禮가 어디 있느냐고 힐문하자 보화는 이렇게 호통을 쳤다.

"무無는 무엇 말라 죽은 것이 무요, 예禮는 무엇 말라 죽은 것이 예냐. 온 백성이 굶주리고 떨고 있는데 고관대작 틈에 끼어 중새끼도 한몫 들어야 하느냐?"

그에게는 바다와 산의 밑바닥을 꿰뚫어보는 눈이 있었다. 그의 직관 앞에서는 신통이고, 묘용이고 있을 리가 없으며, 고관이고, 대작이고 있을 리가 없었다. 소나, 나귀나, 고관이나, 대작이나 그의 눈에는 마찬가지였다. 그에게는 일체가 평등이요, 일체가 자유다.

그 당시 가장 불도에 통했다는 하양과 목탑과 임제가 화로를 끼고 불교의 오의奧義를 말하고 있었다. 보화는 그것을 보고 우스워 견딜 수가 없었다. 하양은 아가씨, 목탑은 할미, 임제는 갓난애, 서로 보아주는 것이 대견하다고 웃으며 좋아했다. 임제가 물었다.

"그대는 범인凡人인가, 성인聖人인가?"

보화는 이렇게 답한다.

"물을 것 없이 네가 한번 대답해보는 것이 어떠냐. 너는 나를 무엇이라고 생각하느냐. 내가 신이냐, 내가 물이냐?"

임제는 다만 도둑이라고 대답하였다. 보화도 만족스러운 듯이 어린애치고는 똑똑한 어린애라고 칭찬해주었다. 도둑이란 말은 물건의 도둑이 아니다. 영혼의 도둑이요, 마음의 도둑이다. 임제의 얼은 그만 보화에게 빼앗기고, 임제의 마음은 보화에게 가 있다는 말이다. 요즘의 표현으로 주님이라는 말이다. 당신은 내 스승이요 구세주라는 말이다.

보화도 떠나갈 때가 왔다. 그는 사람들에게 옷 한 벌씩 해오라고 졸라댔다. 사람들은 그에게 옷 한 벌씩을 해다 주었다. 그는 가져온 옷을 모두 가난한 사람들에게 나누어주었다. 그가 만나는 사람마다 옷 한 벌씩을 요구한다는 소식을 들은 임제가 두터운 나무로 관 하나를 짜서 보냈다. 보화의 마음을 아는 사람은 임제

밖에 없었다. 임제가 관을 갖다 주자 옷 해오라는 말이 없어졌다.

보화는 온 동리 사람들에게 자기는 곧 세상을 떠날 것이라고 소문을 퍼뜨렸다. 사람들은 멀쩡한 사람이 죽는다는 말에 또 무슨 속임수가 아닌가 하고 흥미진진하게 묻기 시작했다. 언제 갈 예정이냐고 물으니 오늘 점심때 동대문 밖에서 간다는 것이었다. 그는 곧 사람을 시켜 관을 동대문 밖에 갖다 놓으라고 하였다. 가보니 사람들이 장터같이 모였다. 그는 남의 죽음을 구경하는 사람들에게 이렇게 말했다.

"죽음은 남의 죽음이 아닌데 오늘은 준비가 채 못 되어서 내일 남대문 밖에서 죽겠으니 그리로 관을 옮겨놓아라."

다음날 대낮에 남대문 밖에 나가보았더니 아직도 꽤 많은 사람들이 흥미진진하게 구경하고 있었다. 그는 다시 죽음은 남의 죽음이 아닌데 오늘도 채 준비가 안 되었으니 내일 서대문 밖에서 죽을 터이니 관을 서대문 밖에 갖다 놓으라고 했다. 그다음 날도 그는 서대문에 갔다. 사람이 많지는 않아도 아직 꽤 있었다. 그는 다시 죽음은 남의 죽음이 아닌데 오늘도 준비가 못 되었으니 내일 북문으로 관을 옮겨달라고 하였다. 사람들은 모두 보화에게 속은 줄 알고 그 다음날은 아무도 나간 사람이 없었다.

보화는 조용히 관 속에 들어가 누운 후 지나가는 사람을 불러서 뚜껑을 덮고 큰 못을 박게 하였다. 그 사람은 시내로 들어가 보화가 세상을 떠났으니 화장해주라고 당부하였다. 동리 사람들이 몰려나와 관을 보니 관은 못으로 굳게 닫혀 있었다. 사람들은 관을 메고 산으로 갔다. 그런데 관은 점점 가벼워져 나중에는 텅 빈 관처럼 느껴졌다. 사람들은 이상히 여겨 관 뚜껑을 열어보니 관 속에는 아무것도 없었다.

"삼계무법三界無法. 하처구심何處求心. 백운위개白雲爲蓋. 유천작금流泉作琴. 일곡양곡무인회一曲兩曲無人會. 우과야당추수심雨過夜塘秋水深이라."

다만 푸른 하늘에 흰 구름이 날고 가을 시냇물 소리가 시원도 해라. 보화는 영화靈化하여 흰 구름이 되어 삼계무법자처럼 하늘을 날고, 또 물화物化하여 시냇물이 되어 하처구심자가 되어 땅을 달린다. 유유할손 삼계무법이요, 요요할손 하처구심이라.

반산 스님이 어느 날 대중에게 이런 말을 하였다(일일시중운一日示衆云).

"삼계무법三界無法인데 하처구심何處求心이랴. 사대본공四大本空이니 불의하주佛依何住랴. 선기부동璿機不動하고 적지무흔寂止無痕하여 적면상정覿面相呈하니 갱무여사更無餘事러라."

무한한 우주, 한없이 많은 별들, 별마다 자기 궤도가 있어 질서 정연하게 반짝이며 북극성은 중성衆星을 이끌고 오늘도 돌아가니 우주의 장관에는 말문이 막히고 다만 입 벌리고 쳐다봄에 가슴이 뚫리는 듯하다. 우주는 사사무애화엄법계事事無碍華嚴法界로서 중중무진重重無盡 유즉무有卽無 무즉유無卽有 일즉일체一卽一切 일체즉일一切卽一의 법화장엄法華莊嚴이다.

존재의 세계는 때가 무르익고, 철들어 꽃이 피고, 새가 우는 봄나들이와 같이 즐겁고 기쁜 세계다. 꽃이 봄이냐, 봄이 꽃이냐. 새가 소리냐, 소리가 새냐. 다만 삼계무법인데 하처구심이랴. 꽃도 좋고, 봄도 좋고, 새도 좋고, 소리도 좋다. 세상에 좋지 않은 것이 어디 있고, 세상에 참되지 않은 것이 어디 있으랴. 일체가 법계요, 일체가 불타요, 일체가 화엄이요, 일체가 아름답다.

38. 풍혈의 도장

『벽암록』제38장은 〈풍혈철우기風穴鐵牛機〉라는 것이다. 풍혈은 서기 896년 당나라 말기에 태어나 처음에는 관리가 되려고 하였으나 심기일전, 불문佛門으로 들어가 설봉의존과 그의 수제자 경청, 또 임제의 법손인 보응에게 선을 익혔다. 36살에 여주 고을 풍혈사 폐허로 들어가 7년, 도체道體를 양육하여 차차 그 덕광이 드러나 사방에서 학승들이 모여들어 풍혈은 일대 도량이 되고 그 지명에 의하여 풍혈 선사가 되었다. 그 당시의 지방 장관이 깊이 귀의하여 가끔 관청 대강당에서 설법하는 일이 있었다.

여기 38장도 그때 설법의 한 토막이다. 이것이 본문이다.

"풍혈이 영주 관청 대강당에서 설법하여 말하기를, 석가 이래 이심전심으로 대대로 전해준 불교의 진리란 그 모습이 황하를 지키는 수호신, 쇠로 만든 소와 같다(풍혈재영주어내風穴在郢州衙內 상당운上堂云 조사심인祖師心印 상사철우지기狀似鐵牛之機)."

황하에는 해마다 홍수가 나서 농토가 황폐해지므로 그것을 막기 위해서 농토를 지키는 농우의 신상을 쇠로 만들어 황하에 세웠다. 쇠로 만들어놓아야 물에 떠내려가지 않기 때문이다.

사람들은 해마다 소 앞에서 제사를 지내 황하의 범람을 막도록 염원하였다. 그것은 마치 도장과 같다. 불교에서는 법인法印이라고도 하고, 심인心印이라고도 하여 불교의 진리를 도장에 비유하는데 도장이란 도장을 찍고 도장을 들어야 찍힌 글씨가 나타나지, 도장을 누르고 있으면 도장에 가리어져서 글씨는 나타나지 않는다. 거즉인주去卽印住 주즉인파住卽印破다.

도장은 떼야 도장이요, 붙으면 도장이 아니다. 세상을 떠야 부처고, 세상에 붙으면 부처가 아니다. 도장과 마찬가지다. 세상에 붙어있는 동안은 한 마리의 황소요, 누르고 있는 도장이나 마찬가지다. 아무 힘도 없고 쓸 데도 없다. 그러나 철우鐵牛가 되고 인장을 떼면 그때는 진짜 법인이 나타나고, 도력이 나타나고, 큰 힘이 나타난다. 욕심에 젖어 세상에 붙어있으면 인간은 짐승과 다름이 없다. 역시 무지무욕, 세상을 초월한 후에야 정신의 힘은 나타나게 마련이다. 거즉인주去卽印住다. 죽어야 살고, 주즉인파住卽印破다. 살면 죽는다. 육체적 자아를 벗어나야 정신적 자아가 생긴다.

그렇다고 정신이 육체 밖에 있는 것은 아니다. 육체 속에 있고(내재內在), 정신은 육체를 떠나서 있는 것이 아니라 육체를 넘어서 있다(초재超在). 인형印形은 도장 안에 있고, 인영印影은 도장을 넘어서 있다.

풍혈은 "떼지도 않고 찍지도 않는 사람은 도장을 찍는 것이 좋으냐, 도장을 안 찍는 것이 좋으냐(지여불거부주只如不去不住 인즉시印卽是 불인즉시不印卽是)"고 물었다. 그때 노피장로盧陂長老가 나와서 입을 떼었다(시유노피장로출문時有盧陂長老出問).

"저는 철우鐵牛의 기機가 있습니다. 스님 제발 도장 찍는 이야기는 그만 하세요(모갑유철우지기某甲有鐵牛之機 청사불탑인請師不搭印)."

풍혈이 말하기를(혈운穴云), "큰 고래를 낚으려는데 어디서 개구리 한 마리가 뛰어드느냐(관조경예징거침慣釣鯨鯢澄巨浸 각차와보전니사却嗟蛙步輾泥沙)."

노피가 한참 서 있으니(피저사陂佇思) 풍혈이 고함을 지른다(혈갈운穴喝云). "늙은이, 왜 말을 못하지(장로하부진어長老何不進語)?"

피가 머뭇거리니(피의의陂擬議) 혈이 이번에는 총채로 한 대 갈겼다(혈타일불자穴打一拂子). 풍혈이(혈운穴云), "무슨 말을 하려는가? 한번 해봐라(환기득화두마還記得話頭麼 시거간試擧看)."

피가 입을 열려고 하자(피의개구陂擬開口) 혈이 또 한 대를 갈겼다(혈우타일불자穴又打一拂子).

지방 장관이 옆에서 보고 있다가 한마디 했다(목주운牧主云).

"불법이나 국법이나 마찬가지로군(불법여왕법일반佛法與王法一般)."

풍혈이 말하기를(혈운穴云), "무슨 이치가 같다고 생각하는 것이오(견개십마도리見箇什麽道理)?"

지방 장관이 말하기를(목주운牧主云), "목을 자를 때는 잘라버려야지 자르지 않으면 후환이 있다"고 하자(당단부단當斷不斷 반초기란返招其亂), 풍혈도 만족하여 강연을 끝마쳤다(혈편하좌穴便下座).

의외로 불교 밖에서 큰 물고기 하나가 걸려든 듯하다. 목을 자를 때 자른다든가, 끊을 때 끊는다든가, 깰 때 깬다든가 하는 것은 참 어렵지만 중류절단衆流截斷 없이는 아무것도 안 된다.

하나님의 말씀은 예리한 칼날 같다고 한다. 그것으로 끊을 때 끊고, 죽을 때 죽어야 한다. 죽지도 못하고, 살지도 못하고, 질질 끌면 해산할 때 지체하는 아기 같아서 어머니도 위험하고, 아기도 위험하다. 먹을 때 먹고, 끊을 때 끊지 못하고 줄곧 입을 놀리고 있으면 그것은 먹는 것도 아니고, 끊는 것도 아니다. 도장은 누르고는 떼야지, 누르기만 해도 안 되고, 떼기만 해도 안 된다. 숨은 들이쉬었다 내쉬었다 해야지, 들이쉬기만 해도 안 되고 내쉬기만 해도 안 된다. 철우는 황하에 버티고 서있어야지, 걸어 다니는 소 가지고는 안 된다. 살 때는 힘차게 살고, 죽을 때는 힘차게 죽어야 한다.

달라붙을 때는 찰거머리처럼 달라붙었다가(착실着實) 떨어질 때는 아무 미련 없이 떨어져야 한다(과단果斷). 그러기 위해서는 알맹이가 들고 속이 익어야 한다. 이 힘을 풍혈은 가지고 있었던 것이다. 이 힘은 하루 이틀에 되는 것이 아니다. 천난만고千難萬苦 상신실명喪身失命. 죽었다 살아나야 얻는 힘이다. 그것은 육신의 힘이 아니라 정신의 힘이다. 영의 힘이다.

그는 설봉 밑에서 5년 동안 피나는 수도를 계속하고, 경청 밑에서도 여러 해, 그리고 남원 밑에서도 6년을 보냈다. 어느 날 풍혈이 밭에서 채소를 심느라고 비지땀을 흘리고 있는데 남원이 찾아와 옛 스님들한테는 무엇을 배웠냐고 물었다. 풍혈은 곧바로 이렇게 대답했다.

"주로 이치를 배웠습니다." 그때 남원은 몽둥이를 들고 무섭게 달려들었다. 뺀 칼날은 사정이 없었다. 그 순간 풍혈은 활연대오豁然大悟하였다.

39. 운문의 볏짚 울타리

『벽암록』 제39장은 〈운문금모사자雲門金毛獅子〉다.

어떤 중이 운문에게 물었다(승문운문僧問雲門). "어떤 것이 청정법신인가요(여하시청정법신如何是淸淨法身)?" 운문은(문운門云), "볏짚 울타리(화약난花藥欄)"라고 했다. 그랬더니 그 중은(승운僧云), "아무데나 가도 그럴까요? 그렇다면 청정법신이 아닌 것이 없겠네요(변임마거시여하便恁麽去時如何)." 운문은(문운門云), "아니지, 금빛 찬란한 사자님만이 청정법신이지(금모사자金毛獅子)"했다.

이 장의 요점은 청정법신이 무엇이냐고 묻는 중에게 청정법신이란 다 썩은 지푸라기라고 대답하는 것이다. 화약난花藥欄이란 꽃밭에 둘러친 볏짚 울타리다. 인삼밭에 덮은 볏짚 울타리 같은 것이다.

'꽃이 청정법신이다' 하면 말이 좀 통하지만 볏짚 울타리가 청정법신이라고 하니 중은 대가리를 망치로 한 대 얻어맞은 기분이다. 가장 거룩한 것이 산꼭대기에 있는 것이 아니고 저 낮고 천한 골짜기라는 것이다.

가장 높은 것은 하늘이 아니고 땅이다. 천동설이 지동설로 바뀌는 듯한 일대 변혁이다. 임금이 주인이 아니라 백성이 주인이라는 장도의 위대한 변혁이다. 집안에 어른이 누구냐? 어린애다. 부처가 무엇이냐? 똥 묻은 막대기다. 모두 우리의 눈을 뒤집히게 하는 무서운 말들이다.

하나님은 어디 계신가? 길가의 거지가 하나님이다. 하나님이 누구냐? 네 원수가 하나님이다. 묻는 사람의 생각이 전혀 미치지 않는 곳, 어떤 의미로 말하면 전혀 반대인 것이 정답이 된다. 그만큼 대개 사람은 딴전을 피우고 있기 때문이다. 백성을 사랑할 줄 모르고 임금에게만 아부하는 것이 충인 줄 아는 사람들이 얼마나 많은가. '아름답다' 하면 금강산을 찾는 사람들이 얼마나 많은가. '맛있는 것' 하면 요릿집만 찾는 사람이 대다수다.

그러나 참눈을 가지고 있는 사람은 모든 것에서 아름다움을 찾아내고, 참입을 가진 사람은 김치에서, 된장에서, 새우젓에서 참맛을 찾아낸다. 병든 인생에게는 산해진미라야 맛이 있고, 그것도 시원치 않아 더 좋은 요리를 찾지만 건강한 사람에게는 꽁보리밥과 호박잎이 그대로 꿀맛이요 깨맛이다. 건강한 사람에게는 일체가 맛이요, 가난한 밥상이 더 맛있다. 무엇이 진수성찬이냐? 꽁보리밥에 된장찌개가 진수성찬이다. 이것을 모르면 건강한 육신이 아니다. 무엇이 청정법신인가? 지푸라기다. 천하 만물이 청정법신의 구현 아닌 것이 없다. 일체가 거룩하고 깨끗하고 참되고 가치가 있다. 지도무난至道無難 유혐간택唯嫌揀擇이다.

이것저것 고르고 뒤지기 시작하면 병신이다. 건강한 사람은 환경이 식食이다. 무엇이나 살로 안 가는 것이 없다. 세상을 비판하고 불평하는 사람은 병신이다. 일체가 기쁨이요, 일체가 만족이다. 건강을 회복했기 때문이다. 세상에 기쁘지 않은 것이 없고, 만족치 않은 것이 없다. 그것이 비록 지푸라기요, 된장찌개요, 생로병사라고 할지라도 그것처럼 귀하고 맛있는 것이 없다. 부처란 생로병사가 그대로 부처요, 생로병사를 내놓고 부처가 따로 있는 것이 아니다. 아직 된장찌개 맛을 모르고 꽁보리밥의 영양가를 모르는 사람은 건강한 사람이 아니다. 생로병사란 우리의 일상이요, 그것이 된장과 김치다. 된장과 김치를 사랑하듯이 생로병사를 사랑함이 건강한 정신이다. 번뇌가 싫다지만 알고 보면 번뇌처럼 좋은 것이 어디 있느냐. 죽음이 싫다고 하지만 알고 보면 죽음처럼 좋은 것이 어디 있느냐. 세상에 제일 나쁜 것이 좋게 보이는 날, 그 사람은 눈을 뜬 사람이요, 깨달은 사람이다. 인간이 사는 것은 그것 때문에 사는 것이다.

그랬더니 중은 눈을 뜨지 못하고 다시 대든다.

"그렇다면 청정법신 아닌 것이 없단 말이요? 부처 아닌 것이 없단 말이요?"

그렇다면 나도 부처가 아니겠소 하고 자기의 자리에 주저앉으려고 하는 것이다. 거기에 대하여 운문은 강하게 "아니!" 하고 부정한다. 온 천하 만물이 다 부처라도 너만은 부처가 아니다. 부처가 되려면 금빛이 번쩍이는 사자가 되어야 한다. 기독교에서는 하나님이 사랑하시니 누구나 다 구원을 받는다고 한다.

"그러면 나도 구원을 받습니까?" 하고 물으면 이런 답을 한다.

"아니! 너만은 구원을 못 받는다. 구원받을 사람은 이미 다 정해져 있어서 너도 구원을 받으려면 그 정해놓은 수 안으로 들어가야만 한다."

일체가 공짜 같은데 막상 가지려면 황금보다도 더 비싼 값을 부른다. 이것이 체體와 용用이라는 것이다. 원리로 말하면 하나님이 사랑이지만 현실에 있어서는 하나님은 사랑이 아니고 정의다. 아버지의 입장에서 보면 어느 자식이 귀엽지 않으랴마는 아들의 입장에서 보면 모든 자식이 다 효자는 아니다. 십자가를 지는 아들만이 효자요 독생자다. 하나님의 입장에서 보면 지푸라기라도 하나님의 창조 아님이 없지만 사람의 입장에서 보면 그리스도만이 홀로 독생자다. 그 말은 아버지의 입장에서 보면 아무리 바보 자식이라도 다 귀엽고 사랑스럽지만 아들의 입장에서 본다면 아버지보다 낫지(기자승어부其子勝於父) 않으면 아들이라고 할 수가 없는 것이다. 하나님보다도 낫지 않으면, 하나님의 하나님이 되지 않으면 정말 하나님의 아들이라고 할 수가 없다. 모든 학생이 다 제자임에 틀림이 없지만 선생보다 나은 제자가 아니면 참제자가 아니다. 소크라테스의 제자는 수천 명이지만 진짜 소크라테스의 제자는 플라톤뿐이다.

　세상에 불성을 타고나지 않은 물건이 없이 일체가 부처지만 진짜 부처는 석가모니밖에 없다. 석가만이 금모사자金毛獅子이기 때문이다. 화약난花樂欄 없이 금모사자는 없고, 금모사자 없이 화약난은 없다.

40. 남전의 꽃나무

『벽암록』 제40장은 〈남전여몽상사南泉如夢相似〉인데 〈남전일주화南泉一株花〉라고도 한다.

육궁 대부가 남전과 더불어 이야기하다가 말했다(육궁대부陸亘大夫 여남전어화차與南泉語話次 육운陸云).

"옛날 조법사가 말하기를 '천지와 나는 한 뿌리요, 만물과 나는 한 몸이다'라고 했는데 그건 말도 안 된다(조법사도肇法師道 천지여아동근天地與我同根 만물여아일체萬物與我一體 야심기괴也心奇怪)."

그랬더니 남전이 뜰 앞의 꽃 한 송이를 가리키면서 대부를 향하여 말했다(남전지정전화南泉指庭前花 소대부운召大夫云).

"그대는 이 꽃 한 그루를 보아도 확실치 않기가 꿈꾸는 것 같겠지(시인견차일주화時人見此一株花 여몽상사如夢相似)?"

물론 이 말은 꽃 한 송이가 꿈속에서 보는 것처럼 희미하다는 이야기가 아니라 인생이 꿈꾸는 것처럼 희미하다는 말일 것이다. 누구나 진리를 깨닫지 못한 사람은 자는 사람이요, 자는 사람이란 언제나 꿈꾸는 사람이다. 취생몽사醉生夢死라고 하지만 취해서 살고, 꿈꾸면서 죽는 것이 진리를 깨닫지 못한 인생의 전부다. 정신이 자고 있으니 꿈꿀 수밖에 길이 없다.

그렇기 때문에 인생에 있어서 진리를 깨닫는 것처럼 중요한 것은 없다. 진리를 깨닫지 못하면 일생을 꿈속에서 방황하다 말게 된다. 만 명이 자도 좋으나 한 명이라도 깨서 나라를 지키는 사람이 있어야 하는데 옛날부터 사람들이 철인을 그리워하고 부처를 기다린 것은 그 까닭이다.

여기에 유명한 남전 스님이 다시 등장한다. 남전은 깬 사람이요, 진리를 깨달은 사람이요, 부처요, 철인이다. 남전과 대화하는 육긍 대부는 당나라 헌종황제의 암행어사를 지낸 명어사이지만 그의 정신은 아직도 캄캄한 밤이나 다름이 없었다. 육긍 대부가 암행어사 노릇하는 것을 보고 남전은 기가 막혔을 것이다. 밤이 밤을 쫓고, 도적이 도적을 쫓고 있는 셈이다. 자기는 경찰이라고 하지만 쫓기는 도적보다 더한 대도적일 뿐이다.

어두운 데를 다니는 사람은 다 도적이다. 시간을 도둑질하고, 인간을 도둑질하고, 세상을 도둑질하며 살고 있는 것뿐이다. 세상에 누가 인생을 도둑질하지 않고 살고 있다고 할 수 있을까. 그것은 깨달은 사람뿐이다. 여기에 육긍이라는 도둑놈과 남전이라는 경찰이 만났다고 해도 좋고, 육긍이라는, 자고 있는 사람과 남전이라는 깬 사람이 만났다고 해도 좋다.

여기선 꿈꾸는 육긍과 깬 남전이 대립했다고 하자. 육긍이 말하는 조법사는 역시 깬 사람이다. 그는 유명한 삼장법사 구마라습鳩摩羅什의 제자로서, 노장老莊의 대가였으나 삼장법사의 『유마경』 번역을 읽고 삼장법사의 제자가 되었다. 구마라습을 도와서 경전 번역과 교리 해설에 주력하다가 『유마경』의 주를 쓰고, 『반야론』, 『열반무명론』, 『물불천론』, 『보장론』 등을 썼는데 진왕의 불교 박해로 31세에 참수되었다. 참수되기 전 형리에게 지필을 얻어 "사대원무주四大元無主 오온본래공五蘊本來空 장두임백인將頭臨白刃 자사참춘풍自似斬春風"이라는 시詩를 남겼다. 그리고 죽기 전에는 일주일의 여유를 얻어 『보장론』을 탈고했다.

조법사는 생사를 초월했던 사람이요, 깬 사람이다. 생사에 걸린, 자는 사람이 아니다. 그에게는 이미 생사가 없었다. 깬 사람에게는 생사가 없다. 나서 죽는 것이 아니다. 그것은 자는 사람의 꿈이다. 나고 죽고 하는 것은 일장춘몽일 따름이다. 깬 사람에게는 나고 죽고가 없다. 깬 사람에게는 오고 감이 있을 뿐이다. 나고 죽는 것은 육체요, 오고 가는 것은 영이다. 정신에는 나고 죽는 것이 없다. 다만 '오고 감'이 있을 뿐이다. 깬 사람에게는 '오고 감'이 있을 뿐 나고 죽는 것이 없다. 조법사에게도 나고 죽는 것이 없었다. 태어나서 31세에 죽은 것은 조법사의 몸이요, 조법사의 마음뿐이다.

조법사의 몸만이 아니다. 누구의 몸이나 다 마찬가지다. 조법사의 몸은 사대四大에 불과하고, 그의 마음은 오온五蘊에 불과하다. 사대오온은 원무주元無主요, 본래공本來空이다. 그것은 조법사의 정신이 입었던 옷에 불과하다. 조법사는 옷이 아니다. 정신이다. 정신에게는 생사가 없다. 정신에게는 봄이 있을 뿐이다. 냉정하게 자기의 죽음을 지켜볼 수 있는 봄이다.

그는 깬 사람이었다. 그는 삼장법사의 사철四哲이요, 부처였다. 진리를 깨달은 사람에게는 생사가 문제가 안 된다. 생사에 걸려있는 사람이 아니다. 생사를 도구로 이용할 수 있는 사람이다. 옷을 찢어 붕대를 만들 수 있듯이 세상의 상처를 위해서는 자기의 육신을 바쳐 희생할 수 있는 사람들이다.

꿈꾸는 암행어사 육긍 대부가 깬 사람인 조법사의 말을 듣고 나섰다. 마치 고양이가 소 뼈다귀를 긁고 있는 것처럼, 어린애가 어른의 옷을 입어보는 것처럼, '천지여아동근 만물여아일체'라는 쇳덩어리를 들어보겠다고 야단이다. 어린애가 들기에는 너무 큰 쇳덩어리요, 어린애가 마시기에는 너무 독한 술이다. 그러니 야심기괴也甚奇怪라고 할 수밖에 길이 없다. 육긍 대부의 실력으로는 도저히 꼼짝도 못하겠다는 것이다. 조법사의 이야기는 천지동근이요 만물일체라는 것이다.

기독교에서는 하나님을 사랑하고 이웃을 네 몸같이 사랑하라고 한다. 깬 사람의 말이요, 산 사람의 말이다. 자는 사람, 죽은 사람에게는 무슨 말인지 도저히 알 수 없는 말이다. 갓난애에게는 하나님이니, 사랑이니, 이웃이니 하는 것이 없다. 없을 뿐만 아니라 알 수가 없다. 알 수가 없을 뿐만 아니라 느낄 수도 없다.

마치 갓난애더러 남녀의 사랑을 느껴보라는 말과 마찬가지다.

　어린애의 사랑은 고작 젖꼭지에 매달리는 정도가 일쑤요, 엄마에게 달라붙고 똥 싸고 뭉개는 것뿐이다. 그런 어린애에게 엄마를 사랑하고 아빠를 사랑하라고 해보았댔자 엄마가 무엇인지 아빠가 무엇인지 알 도리가 없다. 하나님이라고 하면 하나님이 있느냐 없느냐 하고 야단들이고, 인생의 목적이니, 의미니 하면 인생에 목적이나 의미가 있을 게 뭐냐고 야단들이다. 국가와 민족을 말하지만 아무 실감이 없는 말이요, 세계와 인류를 말하지만 그것은 더욱 실감이 없는 말이다.

　사월 초파일이 되면 술병 들고 절간을 찾아가고, 크리스마스가 되면 남녀가 어울려 춤추느라고 정신을 잃고 있는 그들에게는 하나님의 사랑과 이웃은 아무 상관이 없다. 마치 고양이가 쇠기둥을 물어뜯고 있는 격이다. 하나님을 사랑하고 이웃을 사랑하라는 말은 깨달아라 하는 말과 같다. 깨닫기 전에는 하나님도 없고, 이웃도 없기 때문이다. 마치 병아리가 되어 계란 속에서 나오기 전에는 어미 닭도 없고, 개나리도 없는 것과 같다. 어미 닭이 보이고 개나리가 보이는 것은 병아리가 됐기 때문이다. 어미 닭을 좇아다니고 개나리꽃을 뜯어 무는 것은 살았다는 것이요, 깼다는 것이다. 아직 계란으로 있다면 어미 닭이고, 개나리고 있을 리가 없다.

　하나님을 사랑하라든가, 이웃을 사랑하라든가, 그런 말들은 취하여 살고, 꿈꾸며 죽는 인생들에게는 아무 상관이 없다. 하나님이 어디 있고, 이웃이 어디 있나. 있다고 해도 알 수도 없고, 느낄 수도 없다. 깬 사람에게만 하나님이 보이고, 이웃이 보일 뿐이다. 그것을 동양식으로 말하면 천지동근 만물일체라고 한다. 하나님이 아버지고, 인류가 동생이다. 이것은 깬 사람이 아니면 도저히 알 수 없는 세계다.

    육긍 대부가 이 말이 무슨 말인지 모르겠다는 것은 당연하고도 당연하다. 계란이 어미 닭을 알 턱이 없고, 병아리를 알 턱도 없다. 남전은 당연하다는 듯이 뜰 앞의 한 그루 꽃나무를 가리키면서 모든 나무는 땅에서 나왔으니 천지동근이요, 모든 나무는 봄바람에 춤을 추니 만물일체라고 설명을 한다. 그러나 육긍 대부가 그것을 알 리가 없다. 나무가 땅에서 나온 것이 보이기는 보이지만 믿어지질 않고, 온 나무가 같이 춤을 추고 꽃에 나비가 날아들지만 그것을 보면서도 믿어지지 않는다. 나무와 땅이 동근同根이요, 나비와 벌이 일체一體이건만 그것이 보이기는 하고 지식이 되기는 하지만 믿어지질 않는다. 그것이 신앙이 되지를 않는다. 과학자는 될 수 있어도, 철인이나 성인은 될 수가 없다. 자아가 없기 때문이다. 과학에는 '나'가 없다. 과학은 사물에 대한 기술이면 그것으로 족하다.

    그러나 철인이 되고 성인이 되면 '나'가 있고 성숙이 있다. 철인은 나무가 땅 위에 자라 나오는 것을 보면 자기도 하나님으로부터 온 것을 알게 되고, 꽃이 나비를 따르는 것을 보면 자기도 이웃을 따르게 된다. 그 속에는 단순한 지식의 기술이 아니라 사랑의 그리움이 있다. 나 있는 세계와 나 없는 세계의 차이요, 미숙한 세계와 성숙한 세계의 차이다. 내가 하나님께로부터 나오고, 내가 이웃으로 가는 길임을 모르면 나무가 땅에서 나와도 그것이 믿어지지 않고, 벌이 꽃을 따라도 그것이 믿어지지 않는다. 다만 그것이 과학이요, 현상이요, 꿈일 따름이다. 내가 깨고, 내가 실상이 되고, 내가 진리가 되기 전에는 나무든, 꽃이든, 사람이든, 산이든 일체가 현상이요, 꿈이요, 학문이지 그밖에 아무것도 아니다. 학자가 되고, 학위를 따고, 세상을 주름잡고, 이름이 높다 해도 역시 꿈이지 아무것도 아니다.

남전은 "시인견차일주화時人見此一株花 여몽상사如夢相似"라고 한다. 지위의 고하, 금전의 다과, 학식의 심천, 명성의 고하를 막론하고 일체가 꿈이요, 여몽상사이다. 계란이 크든, 작든, 노랗든, 빨갛든, 재래종이든, 개량종이든, 육용난이든, 난용난이든 계란으로 있는 동안까지는 천지동근이요 만물일체인 것이 믿어지지 않는다. 모든 나무가 물에서 나왔으니 천지동근이요, 모든 나무가 타서 불이 되니 만물일체. 이것처럼 확실한 사실이 없건만 의심의 안개 때문에 그것이 믿어지지를 않으니 어떻게 하나.

나무가 타서 불이 되고 사람이 깨서 불佛이 되기 전에는 만물일체가 될 수 없다. 사람은 나무로 일체가 되는 것이 아니다. 나무는 영원히 하나가 못 된다. 사람이 육으로 있는 한, 사람은 서로 이리요, 원수다. 그러나 나무가 일단 불이 붙기 시작하면 한 불이 되는 것처럼, 사람이 불타가 되면 모든 사람은 형제자매요,

한 동포요, 이웃이요, 같은 불이다. 나무가 무서워하는 것은 불이요, 싫어하는 것도 불이다. 아직 젖었기 때문이요 생나무이기 때문이다. 그러나 습기가 빠지고, 욕심이 빠져 마른 나무가 되면 불이 그립고, 불에 탈 때 비로소 바람과 보람을 느낀다. 나무는 자랄 때 물이 필요하다. 물에서 낳았기 때문이다. 물 없이 나무는 자랄 수 없다. 나무에는 물이 생명이다. 나무가 물을 그리워하듯 사람은 하나님을 그리워한다. 말씀을 그리워한다. 진리를 그리워한다. 그것은 정신이 자라고 있고, 깨고 있기 때문이다.

자라는 나무는 물을 사랑하고, 자라는 정신은 진리를 사모하고, 진리의 근원이 되는 하나님을 사랑한다. 다 자란 나무는 불을 사랑하고, 생명을 사랑하고, 이웃을 사랑한다. 나무는 물에서 나와 불이 되고, 사람은 하나님에게서 나서 이웃이 된다. 천지동근이요, 만물일체다.

41. 조주의 큰 죽음

『벽암록』제41장은 〈조주대사저인趙州大死底人〉이라는 장이다. 조주뿐만 아니라 적어도 한 시대를 이끌어갈 명승이 되려면 그야말로 한번 죽었다 살아나는 고행을 해야 하고, 한번 달인의 경지에 도달한 사람은 누구를 막론하고 과거에 죽고, 현재에 사는 사람들이다. 더 엄밀하게 말하면 과거에 죽고, 현재에 죽고, 미래에 죽고, 영원에 사는 사람들이다. 지금은 영원한 나라에 살기 때문에 과거를 다 잊어버렸지만 이 나라에 도달하기까지의 고생은 정말 말로 다할 수 없을 정도다. 정말 참을 수 없는 것을 참고, 볼 수 없는 것을 보지 않고서는 그 나라에 도달할 수 없다. 무엇이나 가치 있는 것치고 쉽게 도달할 수 있는 것은 하나도 없다.

어학 하나를 극복하려고 해도, 음악 하나를 극복하려고 해도, 힘 안 드는 것이 없다. 노는 것이 제일 쉽지만 사람은 노는 것만으로는 만족이 없고, 결국 아무리 힘이 들어도 천국에 가야 마음이 놓이니 죽을 각오를 하고 천국에 올라가는 것뿐이다. 사람의 마음은 바람으로 빚어졌기 때문에 천국에 가야 마음이 놓인다. 이 땅에 있으면서 이미 천국에서 사는 사람을 죽어서 사는 사람이라고 한다. 죽어서 사는 사람이란 어떤 경지에 도달한 사람이요, 세상에 대해 애착이 없어진 사람이다. 예술이건, 과학이건, 철학이건, 종교건 모두 그 도에 통한 사람들은 죽어서 사는 사람들이요, 거듭 나서 사는 사람들이요, 도인이요, 달인이요, 거물이요, 영물이요, 신인神人들이다. 그런 사람들은 아무 욕심이 없다. 예술에 족하고, 과학에 족하고, 철학에 족하고, 종교에 족하기 때문이다.

그런 의미에서 여기 주인공 조주는 불도에 족했던 사람이다. 이런 사람들은 죽은 사람이라고 해도 좋고, 산 사람이라고 해도 좋고, 죽었다 산 사람이라고 해도 좋고, 생사를 초월한 사람이라고 해도 좋다. 그들에게는 예술이 있고, 과학이 있고, 철학이 있고, 종교가 있을 따름이지 생사는 없기 때문이다. 생사가 없다는 말은 생사가 문제가 안 된다는 말이요, 바빠서 생사를 생각할 틈이 없다는 말이다. 그들은 생사를 마음에 맡기고, 생사를 몸에 맡기고, 생사를 생사에 맡기고, 그들은 그들의 일에만 열중하고 있다.

조주가 투자에게 물었다(조주문투자趙州問投子).

"죽은 사람이 살아나면 무얼 할까(대사저인각활시여하大死底人卻活時如何)?"

투자가 대답했다(투자운投子云),

"밤에는 자고 낮에는 일하겠지(불허야행不許夜行 투명수도投明須到)."

조주도 죽었다 깬 사람이요, 투자도 죽었다 깬 사람이다. 투자는 육조혜능, 청원행사青原行思, 석두희천, 단하천연, 취미무학, 투자대동으로 이어지는 조동종의 선조요, 조주는 육조혜능, 남악회양, 마조도일, 남전보원, 조주종심으로 이어지는 임제종의 선조이다. 다 한 시대를 휩쓸던 거물 도승들이다. 그런 사람들에게 살고 죽는 것이 문제가 될 이치가 없다. 모두 생사를 초월한 사람들이다. 이제 이런 사람들이 새삼스럽게 '죽었다 깬 사람들은 어떤 일을 할까' 하고 묻는 것을 보면 그때 사람들은 생사를 초월한 사람들이 신통묘기를 부리는 줄로만 생각한 모양이다.

도통한 사람이 하는 일은 어떤 것일까. 밤에 자고 낮에 일하는 것뿐이다. 도통했다는 말은 이상해지는 것이 아니라, 당연해지는 것뿐이다. 아들이면 효도하고, 아버지면 사랑하고, 그저 당연해지는 것뿐이지 그밖에 아무것도 아니다. 너무 당연치 않으니까 마음에 불안이 있고 걱정 근심이 태산 같을 뿐이다. 도가 통하면 신이 되는 것이 아니다. 그저 사람이 되는 것뿐이다. 밤에 자고 낮에 깨는 사람이 되는 것뿐이다. 밤에는 도깨비처럼 자지 않고, 낮에는 하품이나 하고 있는 허수아비가 아니라, 밤에는 푹 자고, 낮에는 힘껏 뛰는 평범한 사람이 되는 것뿐이다.

이상이 아니라 평범이요, 기적이 아니라 상식이요, 신통이 아니라 도덕이다. 상식과 도덕과 평범을 넘어설 종교도, 철학도, 예술도, 과학도 없다. 과학은 법칙 안에 있고, 예술은 감성 안에 있고, 철학은 이성 안에 있고, 종교는 상식 안에 있다. 종교라야 별것 아니다. 밤에 자고 낮에 깨는 것뿐이다. 조주에게 도道를 물었을 때 도란 밥 먹고 잠자는 것이라고 했다. 누구나 할 수 있는, 밥 먹고 잠자는 일이다. 밥 먹고 건강한 육체가 되고, 잠자고 건강한 정신이 되면 그만이다. 종교란 건강을 회복하는 일이다. 잠자면 건강한 정신이요, 일하면 건강한 육신이다. 죽었다 깨어나 봐야, 건강뿐이지, 그 이상 또 무엇이냐. 영생을 얻었다고 해도 건강을 얻은 것이요, 천국을 갔다고 해도 건강을 얻은 것뿐이지, 건강 이외에 또 무엇이 있단 말인가.

도인이란 밤에 자고 낮에 깰 정도로 건강을 회복한 사람들이다. 그들에게는 걱정이 없고, 근심이 없다. 건강한 정신에 무슨 걱정이 있고, 건강한 육체에 무슨 근심이 있으랴. 자는 데 걱정이 없고, 깨는 데 근심이 없다. 밤에 잠이 안 오고, 낮에 정신이 안 들면 이것이야말로 도깨비요, 허수아비들이다.

어떤 중이 투자에게 도가 무엇인가 물었다. "도"라고 대답했다. 도가 도지 다른 것이 될 리가 없다. 가끔 인생이 무엇이냐고 묻지만 인생이 인생이지 그 밖에 다른 것일 이치가 없다. 투자에게 불이 무엇이냐고 물었다. 그랬더니 "불佛" 하고 대답했다. 내가 나 되면, 불이 불 되고, 도가 도 되고, 신이 신 되는 것 뿐이다. 내가 나 된다는 말은 건강하다는 말이다. 열이 나서 헛소리를 한다든가, 허깨비를 본다든가, 미쳤다든가 하는 것이 아니다. 부처가 무엇이냐, 인생이 무엇이냐 하는 것은 벌써 열이 올라 헛소리를 하고 있는 것이다. 진리를 깨달았다는 말은 열이 내렸다는 말이다.

42. 방 거사의 흰 눈

『벽암록』 제42장은 〈방거사호설편편龐居士好雪片片〉이다. 방 거사는 호남 형양현 사람으로 이름은 방온龐蘊이며 유학자로서 혼자 깊은 사색을 거쳐 당시 유명한 석두石頭와 마조馬祖를 만나 불도에 통한 준걸이다. 자기 집을 절간으로 개조하고 재산은 전부 물속에 집어넣고 아무것도 가진 것 없이 광주리를 짜서 입에 풀칠하고 당시의 거승들과 유유자적, 평생을 소요자재한 사람이다.

본문의 내용은 이렇다.

방 거사가 약산과 작별할 때(방거사사약산龐居士辭藥山) 약산이 십여 명의 선객들에게 문밖까지 전송하도록 하였다(산명십인선객山命十人禪客 상송지문수相送至門首). 거사는 하늘에서 쏟아지는 눈을 가리키며 입을 떼었다(거사지공중설운居士指空中雪云).

"눈이 잘도 온다. 그런데 저기는 왜 안 오지(호설편편好雪片片 불낙별처不落別處)?"

그때 전 씨라는 선객이 말을 받았다(시유전선객운時有全禪客云).

"어디는 오나(낙재섭마처落在什麽處)?"

그러자 거사가 한 대 후려갈겼다(사타일장士打一掌). 그때 전 씨가 말했다(전운全云).

"여보 거사, 너무 화내지 마시오(거사야부득초초居士也不得草草)."

거사가 하는 말이(사운士云), "너희들이 무슨 선객이냐. 죽여 버리고 말 테다(여임마칭선객汝怎麽稱禪客 염노자미방여재閻老子未放汝在)."

전 씨가(전운全云), "여보 거사, 도대체 우릴 어떻게 하겠다는 거요(거사작마생居士作麽生)?" 하고 대들자,

거사는 다시 한 대 후려갈겼다(사우타일장士又打一掌). 그리고 말하기를(운云),

"눈으로 본다고 다 보는 거며, 입으로 말한다고 다 말이냐(안견여맹眼見如盲 구설여아口說如啞)."

설두는 후에 이렇게 덧붙여 말하기를(설두별운雪竇別云),

"처음 입을 벌렸을 때 눈을 빚어 틀어막을 것이지(초문처단악설단변타初問處但握雪團便打)" 하고 분해하였다.

흰 눈이 펄펄 내리는 산속, 소나무 위에도, 지붕 위에도 어디나 온 세계를 이루는 아름다운 설경이다. 때마침 아침 햇빛이 눈을 비추었을지도 모른다.

'온 세상이 눈에 덮였는데 저기는 왜 눈이 안 왔을까. 모든 산 위에 눈이 다 왔는데 저기 저 산에는 눈이 오지 않았으니 그 산은 무슨 산일까.'

이것이 그때 방 거사의 물음이다. 자기가 서 있는 발밑에는 언제나 눈이 안 왔다. 그것은 자기가 서있기 때문이다. 그것이 자기의 입장立場이다. 세상이 다 덮여도 덮이지 않는 곳, 세상이 다 빠져도 빠지지 않는 곳, 세상이 다 의심해도 의심할 수 없는 곳, 눈이 안 오고, 의심이 없고, 근심이 없고, 걱정이 없고, 천상천하에 유아독존의 절대세계가 방 거사가 서있는 곳이다. 거사는 그 자리를 붙잡았기 때문에 거사라는 이름을 가지게 되었다. 비록 머리를 기르고, 중이 되지 않았다고 해도 그는 눈 덮이지 않은 머리를 가진 사람이다. 이런 사람이 자유자재하는 자유인이다. 자유인이 되어야 눈이 와도 눈과 같이 올 수가 있다. 눈이 내린다. 산에도, 들에도 흰 눈이 내린다. 마음에도, 가슴에도 흰 눈이 내린다. 정말 좋은 눈이다. 마음껏 내리는 눈이요, 어디나 내리는 눈이다.

그때 선객 중에 전 씨라는 선객이 "어디는 눈이 오나" 하고 눈을 막아버리고 말았다. 눈을 막았는지 말을 막았는지, 제 깐에는 있는 힘을 다해서 한마디 뇌까린 것이다. 눈이 온다면 네 앞에만 오느냐. 어디나 오는 눈이요, 눈이 안 온다면 네 발 밑에만 안 오느냐. 모든 사람 발밑에 다 안 오는 것이지 무엇이 잘났다고 큰소리치는 거냐 하고 대든 것이다. 그랬더니 거사가 한 대

더 때렸다. 설두의 말은 맨 처음 한마디 할 때 꺾어야지 그때 못 잡으면 어떻게 못한다는 것이다.

거사와 선객 사이에는 힘의 차이가 너무 크다. 거사의 말은 선객 열 명이라도 당해내지 못한다. 이 세상에는 혼자서 열 명을 당해내는 사람도 있고, 백 명을 당해내는 사람도 있고, 인류 전체를 당해내는 사람도 있다. 그만큼 한 사람의 가치는 무한한 것이다. 그것을 발견하는 것이 견성見性이다. 온 세계가 눈에 덮여도 그 사람이 선 곳에는 눈이 없다.

온 세상이 악해도 그곳만은 악이 없다(성선性善). 온 세상이 거짓이라도 그곳만은 참이다(이성理性). 그런 자리를 발견하는 것이 자기를 아는 것이다. 방 거사의 그 절대세계는 십 인, 백 인, 천 인, 억만 인이라도 감히 엿볼 수 없는 곳이다. 약산이 열 사람씩이나 거사의 뒤를 따르게 했지만 거사의 발걸음을 따를 재간이 없다.

열 사람의 감은 눈은 눈이 아니요, 열 사람의 닫힌 입은 입이 아니다. 눈은 볼 수 있는 눈이 눈이요, 말할 수 있는 입이 입이다. 볼 수 있는 눈과 말할 수 있는 입, 깬 사람의 눈과 깬 사람의 입, 그것이 진정한 눈이요, 입이다. 약산이 보낸 열 사람, 그들은 모두 자는 사람들이다. 눈이 와도 좋은 줄을 모르고, 꽃이 피어도 고운 줄을 모르고, 녹음이 우거져도 시원한 줄을 모르고, 단풍에 불이 붙어도 같이 붙을 줄을 모르는, 자는 사람들이다. 흰 눈이 펄펄 내리는데도 그들의 마음에는 오지 않는다(불낙별처不落

別處).

 더욱이 눈은 아무데나 오는 것이 아니다. 깬 사람 마음속에만 온다. 거사가 그들을 깨게 해볼까 하는 자비심을 발하여 두 대나 후려갈겼지만 그들은 거사가 누군지도 알아보지 못하고 당신이 무엇이냐고 계속 묻는다.

 설두는 깊이 자는 사람을 왜 깨우려 하느냐고 오히려 거사에게 짜증을 낸다. 눈에 덮여 한 겨울 자고나면 봄바람에 깰 때도 있으리. 잘도 내린다, 흰 눈. 산에도, 들에도, 나무에도, 마을에도 어서 펄펄 내려라. 아아, 아름다운 눈아.

 호설편편好雪片片은 좋은 말이다. 흰 눈에 덮인 세계, 거기에는 흙도 없고, 죄도 없고 깨끗함뿐이다. 거기는 깸도, 잠도, 아무것도 없다. 있다면 눈이 있을 뿐이다. 눈, 눈, 눈, ……

43. 동산의 추위

『벽암록』 제43장은 〈동산한서회피洞山寒暑廻避〉라는 장이다. 동산은 동산양개洞山良价로서 조동종의 개조가 된다. 어려서부터 총명하여 일곱 살 때 출가했다는 천재 소년이었다. 열두 살 때 남전 밑에서 글을 배웠다. 남전이 스승인 마조의 재를 올리면서 속으로 중얼거렸다.

"마조가 오늘 오시려나. ……"

그러자 양개는 이렇게 한마디를 던졌다.

"오늘 마조 스님께서 친구를 만나러 오실 것입니다."

그때 남전이 "야, 꼬마가 꽤 쓸 만한데" 하고 칭찬을 했더니, "선생님, 금을 구리(동銅)로 대접하지 마십시오"라고 당당하게 스님을 나무랐다.

양개가 위산영우潙山靈祐를 찾아갔을 때 그는 무정설법無情說法에 대해서 물었다. 위산은 "무정설법은 나에게도 있지만, 무정설법을 들을 만한 사람을 만나기가 참 어렵거든" 하고 말함으로써, 양개, 너는 아직 받을 자격이 없다고 거절했다. 그러나 양개는 제발 무정설법을 들려달라고 애걸했다. 위산은 총채를 세우더니 들었느냐고 물었다. 양개는 듣지 못했으니 입으로 말해달라고 했다. 스님은, "부모에게 받은 입으로는 말할 수 없는 법이야" 하고 거절하고 말았다. 양개는, "스님, 누구를 찾아가면 무정설법을 들을 수 있습니까?" 하며 졸라대자, 스님은 담주 운암사의 담성曇晟 선사를 소개해주었다. 담성은 약산의 제자였다. 양개는 담성을 찾아갔다.

"무정설법은 어떤 사람이 들을 수 있나요?"

"무정無情이면 들을 수 있겠지."

"선생님도 들으셨나요?"

담성은 총채를 세우고 들리느냐고 물었다. 양개는 아무것도 들리는 것이 없다고 대답했다. 담성은, "내 설법도 못 듣는 네가 무슨 무정설법을 듣겠다고 야단이냐?" 하고 책망했다. 양개가, "무정설법이란 경전에도 나오는 말입니까?" 한즉 담성은, "너 아직도 못 보았느냐. 『미타경彌陀經』에 '수조수림水鳥樹林 실개염불염법悉皆念佛念法'이란 말이 있지 않느냐" 하고 말하였다. 양개는 그제서야, "무정설법은 귀로 듣는 것이 아니라, 눈으로 듣는 것이로군요" 하고는 다시는 스승을 찾지 않았다.

그 후 어느 날, 시냇물을 건너가다가 물속에 비치는 자기의 그림자를 보고 확연대오, 이렇게 노래를 불렀다.

"후회막심이다. 스승을 좇아 진리를 깨달으려 했으니 그들이

나와 통할 리 없지. 지금 나 혼자 가다가 여기서 그대를 만나게 되었으니 그대가 이제는 참나요, 나 이제 내가 아니니, 모름지기 그대를 만나서야 내 마음의 소원을 풀 수가 있었네."

그는 여기서 크게 깨닫고 당나라 선종宣宗 말기에 균주筠州 동산洞山에 가서 조동종의 개조가 된다. 명리를 탐하지 않고, 영화도 탐하지 않고, 그저 인연을 따라 한 사람이라도 건져볼까 하는 마음으로 설법을 했다. 세 치 혓바닥에 힘이 빠지면 누가 주인이 될 수 있으랴. 그는 죽은 후 쓸데없는 이름을 남기지 않기 위해 있는 힘을 다하여 교화에 힘썼다.

본문에 보면, 어느 날 중이 동산에게 물었다고 한다(승문동산 僧問洞山).

"추운 겨울이 닥쳐오고, 더운 여름이 닥쳐오면 어떻게 그것들을 피하나요(한서도래寒暑到來 여하회피如何廻避)?"

그러자 동산은 이렇게 말했다(산운山云).

"춥고 더운 것이 없는 곳으로 가면 될 것이 아닌가(하불향何不向 무한서처거無寒暑處去)."

중이 물었다(승운僧云). "춥고 더운 것이 없는 곳이 어디 있습니까(여하시如何是 무한서처無寒暑處)?"

동산은(산운山云), "추울 때는 얼음물에 뛰어들고, 더울 때는 불 속으로 뛰어들면 될 것 아닌가(한시寒時 한살도려寒殺闍黎 열시熱時 열살도려熱殺闍黎)"라고 답한다.

평양에서는 엄동에 냉면을 먹고, 서울에서는 삼복에 설렁탕을 먹는다. 사과가 얼면 냉수에 넣고, 날씨가 더우면 뜨거운 차를 마신다. 겨울에는 냉수욕이 몸을 화끈 달게 하고, 여름에는 한증막이 몸을 시원하게 한다. 모두 사실이니 더 설명할 필요는 없다. 뜨거운 것은 뜨거운 것으로 극복해야 한다(이열치열以熱治熱)는 생각은 동서양에 다 있는 듯하다. 죽음을 해결하는 길은 죽는 것뿐이다.

부정의 부정만이 대긍정을 초래한다. 참선이니, 고행이니 하는 것이 모두 고苦를 이기는 길임은 말할 것도 없다. 자유를 얻는 방법은, 부자유한 자기를 더 부자유하게 하는 것이다. 공부하라는 말이나 수도하라는 말이나, 더 부자유한 곳으로 끌어들이는 것이다. 추우면 눈으로 비비고, 더우면 매운탕을 먹어, 더위와 추위를 기氣로 이기는 것이 이열치열以熱治熱의 방법이다. 기氣에는 춥고 덥고가 없다. 기란 정신적 육체이다. 정신이 육체를 이길 때 기는 한서를 이긴다. 물론 한계가 있지만 정신력으로 이기고 살면 별로 문제가 없다. 정신력이라고 해서 기적을 구해서는 안 된다. 상식과 건강을 벗어나서는 안 된다. 인간은 어디까지나 상식 안에서 살아야 한다. 어느 정도 자기를 단련시키면 웬만한 병과 불안은 이길 수 있다. 감기 정도는 안 걸리고도 살 수 있고, 걱정 근심이 없는 정도는 될 수가 있다. 그 정도로 만족하고 너무 욕심을 내면 안 된다.

무정설법을 눈으로 들을 수 있게는 될 수 있다는 것이다. 무정설법이니, 눈으로 듣는다(관세음觀世音)거니 하면 이상하게 들릴지도 모르나 사람은 자기가 자기를 알 수 있다는 것뿐이다. 물론 쉽게 된다는 것은 아니다. 더울 때 더운 목욕, 추울 때 냉수욕이 쉬운 것은 아니다. 여름에 설렁탕, 겨울에 냉면이 쉬운 것은 아니다. 그러나 못할 것도 없다. 그 정도는 넉넉히 해낼 수 있다. 그 정도의 고행도 없이 어떻게 탈고脫苦를 할 수 있겠는가.

44. 화산의 북 치기

『벽암록』 제44장은 〈화산해타고禾山解打鼓〉라는 장이다. 화산은 복주 사람으로 당나라 말에 태어났다. 오대五代의 난세를 겪으면서 수많은 박해를 이겨내고, 길주 화산에서 진리의 등불을 높이 비추었다고 해서 '화산 스님'이라고 한다. 어려서는 설봉의 존의 시동으로 있다가 설봉이 세상을 떠난 후에는 구봉九峰 스님의 제자가 되어 피나는 수도를 거듭하였다.

어느 날 구봉 스님이 화산을 불러 넌지시 그의 경지를 떠보았다.

"너는 복주에서 와서 밥만 먹고 하는 것도 없이 빈둥빈둥 대고 있으니 한번 마음을 굳게 잡고 수행을 하여 해탈해보는 것이 좋지 않겠는가?"

그러자 화산은 엉뚱하게 대답을 했다.

"캄캄한 밤이 지나가고 대낮이 되어도 장님에게는 결국 아무 쓸 데가 없는 모양이지요?"

구봉은 기쁨을 감추지 못하며, 화산을 화산의 대지원 주지로 보내주었다. 본문 중에는 다음과 같은 화산의 말이 있다.

화산이 어느 날 이런 말을 하였다(화산수어운禾山垂語云).

"습학을 문이라 하고(습학위지문習學謂之聞), 절학을 인이라 하고(절학위지인絕學謂之隣), 그다음 단계를 진과라고 한다(과차이자過此二者 시위진과是爲眞過)."

요즘의 표현으로 하면, 인생에는 세 단계가 있어 싹이 트고, 꽃이 피고, 열매가 맺힌다는 말이다. 석가의 경우로 말하자면 6년 고행을 하는 것이 습習이요, 부처가 되는 것이 절絕이요, 설법을 하는 것이 진眞이라고 하는 것과 마찬가지다. 사람은 무엇을 하든지 의식적으로 하다가 무의식의 세계에 도달하였다가, 초의식의 세계로 가는 것이 보통이다. 니체는 낙타의 시기, 사자의 시기, 어린아이의 시기로 비유하였다.

습習의 시기란 익히고, 또 익혀서 무한히 발전하는 시기이다. 또 절絕이 되면 일체가 체계화하여 통일되는 시기이다. 그러나 그 시기를 넘어서면 다시 새로운 것을 창조해내는 조화의, 진과眞過의 시기가 된다. 인생의 세 단계는 민족의 세 단계요, 인류의 세 단계이기도 하다.

우리는 지금 국가적으로 볼 때 발전해가는 첫 단계를 걸어가고 있다. 우리가 지향하는 것은 남북통일이다. 통일을 하기 위하여 얼마나 많은 사람들이 피나는 발전의 길을 걸어가고 있는가. 아마 남북이 통일 되면 그때는 또다시 새로운 문화를 창조해내기 위한 조화의 시기를 맞이하게 될 것이다.

제자 가운데 한 사람이 뛰어나와 물었다(승출문僧出問).

"무엇이 진과입니까(여하시진과如何是眞過)?"

그러자 화산은 이렇게 대답했다(산운山云). "북을 쳐야지(해타고解打鼓)."

또 물었다(우문又問). "진제는 무엇입니까(여하시진제如何是眞諦)?"

화산이 대답했다(산운山云). "북을 쳐야지(해타고解打鼓)."

또 물었다(우문又問). "즉심즉불은 물을 필요도 없고, 비심비불은 무엇입니까(즉심즉불즉불문卽心卽佛卽不問 여하시비심비불如何是非心非佛)?"

화산이 말했다(산운山云). "북을 쳐야지(해타고解打鼓)."

다시 물었다(우문又問). "향상인向上人이 올 때는 어떻게 대접할까요(향상인래시여하접向上人來時如何接)?"

화산이 대답했다(산운山云). "북을 쳐야지(해타고解打鼓)."

인생의 세 단계를 딸, 아내, 어머니라고 생각하면 첫 번째 물음은 제3단계인 '어머니가 되는 비결이 무엇인가' 하고 묻는 것이다. '새로운 것을 창조해내는 조화의 핵심이 무엇인가' 하고 묻는 것이다. 거기에 대하여 화산은 '북을 치는 것'이라고 대답한다. 그다음 질문도 마찬가지다. 어머니가 되는 비결이 아니라, 아버지가 되는 비결이 무엇이냐 하고 다시 물을 때도 화산은 북을 치는 것이라고 대답한다.

그다음은 제2단계인 아내의 세계에 대한 물음이다. 아내는 말할 것도 없고 남편이 되려면 어떻게 하는가 하는 물음이다. 여기에 대해서도 화산은, 북을 쳐야지 하고 대답한다.

마지막으로 제1단계인 딸의 세계를 물어본다. 딸이나 아들이 되려면 어떻게 하면 됩니까. 화산은 마치 하나의 대답밖에 없는 것처럼 북을 쳐야지 하고 또 대답한다. 어머니가 되는 길도, 아내가 되는 길도, 딸이 되는 길도 모두 북을 치는 것이다. 인생은 발전하고, 통일되고, 조화되는 3단계를 걷고 있고, 나라도 발전과 통일과 조화의 3단계를 가고 있으며, 우주도 달, 태양, 별의 3단계를 가고 있지만 그 핵심은 북을 치는 것밖에 없다.

북을 친다는 말이 무엇인지 확실히는 모르지만 북을 치며 전진한다고 해도 좋고, 북을 치며 돌격한다고 해도 좋을 것이다. 옛날 사람들은 전장에서 마지막 돌진을 할 때 나팔을 불고 북을 치면서 돌격했던 것이다. 인생은 마치 적과 대면하여 싸우는 전쟁터와도 같다. 한가하게 좌우를 돌아볼 여유가 없다. 천명天命에 따라 인생의 목적을 향해서 계속 돌진하는 수밖에 다른 길이 없다.

어머니가 되는 방법이 따로 있는 것이 아니다. 어머니가 되기 위하여 최선을 다하는 것뿐이다. 아내가 저절로 되는 것은 아니다. 아내가 되기 위하여 최선을 다해야 한다. 딸 노릇 하기도 쉬운 것이 아니다. 최선의 노력을 다하기 전에는 딸 노릇을 제대로 할 수가 없다. 자기의 최선을 다하는 것을 진성盡性이라고 한다.

최선을 다할 때 딸이 되고, 아내가 되고, 어머니가 되고, 나한羅漢이 되고, 보살이 되고, 부처가 된다. 부처가 되는 길은 노력밖에 없다. 노력하고 또 노력하여 자기의 본체本體가 드러나면 그것이 부처지 달리 부처가 되는 것이 아니다.

이것이 화산의 '해타고解打鼓'이다. 해解는 능能의 뜻이다. 힘써 북을 치는 것뿐이다. 북을 치든, 땅을 파든, 집을 짓든, 책을 보든, 무엇을 하든지 내 마음과 정성을 다하여 몰두해가는 것, 그것이 화산의 북치기다.

45. 조주의 옷 한 벌

『벽암록』 제45장은 〈조주만법귀일趙州萬法歸一〉이다.

어떤 중이 조주에게 물었다(승문조주僧問趙州).

"만법이 하나로 돌아가는데 하나는 어디로 돌아갑니까(만법귀일萬法歸一 일귀하처一歸何處)?"

조주는 말하기를(주운州云), "내가 청주에 있을 때 옷 한 벌을 지었는데 무게가 일곱 근이나 되었지(아재청주我在靑州 작일령포삼作一領布衫 중칠근重七斤)."

여기에서 문제가 있는 젊은 중과 아무 문제없이 가볍게 살아가는 늙은 중과의 좋은 대조를 볼 수가 있다. 없는 문제라도 만들어서 파들어 가는 것이 젊음의 아름다움이요, 늙어서는 그 많은 문제를 다 걷어치우고 가볍게 드나듦이 보기에도 시원하다. 젊어서는 문제가 있는 것이 좋고, 늙어서는 문제가 없는 것이 좋다.

여름에는 잎이 무성해야 하고, 겨울에는 잎이 떨어져야 한다.

젊은 사람에게는 문제가 만 가지나 있다. 그런데 그 모든 문제도 결국에는 하나로 돌아간다. 문제의 해결은 선생님을 찾는 것이다. 선생님을 찾든, 사전을 찾든, 하나 속에 만억은 포섭된다.

그런데 가끔 사람들은 추리가 지나쳐 하나는 어디에 포섭되느냐고 묻기가 쉽다. 우주만물을 하나님이 만들었다고 하면 곧 하나님은 누가 만들었냐고 묻게 되고, 강이 바다로 흘러간다고 하면 바다는 어디로 흘러가느냐고 묻게 된다. 바다는 어디로 흘러가는 것이 아니다. 물이 다시 하늘로 증발하고 비가 되어 산에 떨어지면 다시 강물이 되는 것뿐이다. 만법萬法이 하나로 돌아가는데 하나는 어디로 돌아갈까. 만萬은 하나 속에 있고, 하나는 만萬 속에 있다. 달 속에 이슬이 있고, 이슬 속에 달이 있다. 아버지는 아들을 낳고, 아들은 아버지를 낳는다. 육체적으로는 아버지가 아들을 낳지만, 정신적으로는 아들이 아버지를 낳는다. 아들이 입신양명立身揚名하면 아버지도 따라서 세상에 드러나게 된다. 하나 속에 만이 있는 것도 중요하지만, 만 속에 하나가 있는 것도 중요하다.

육체적인 탄생보다도 정신적인 탄생이 더욱 중요한지도 모른다. 아버지가 아들을 낳는 것은 강아지도 할 수 있으나, 아들이 아버지를 낳는 것은 사람만이 할 수 있고, 정신만이 할 수 있다. 부모가 자식을 사랑하는 것은 자연이지만, 자식이 부모를 사랑하는 것은 정신이다. 정신만이 부모를 생산할 수 있기 때문이다. 그렇기 때문에 효자는 적고, 자모慈母는 많다. 달 속에 이슬은 많지만, 이슬 속에 달은 적다.

　만법이 귀일한다는 것은 누구나 다 알지만, 베옷 한 벌이 일곱 근이라는 것은 조주만이 아는 비밀일지도 모른다. 그는 그것을 체험했으며, 조주의 이슬에는 달빛이 영롱하게 비치기 때문이다. 젊은이는 달빛 아래 이슬들이지만, 늙은이는 이슬 속의 달이다. 거기에 인생의 맛이 있고, 인간의 멋이 있다. 젊은 중은 아직 인생이요, 애벌레다. 거기에 비해 늙은 중은 이미 인간이요, 노랑 나비다. 어느 것이 더 좋다고 할 수는 없다. 애벌레가 될 때에는 힘껏 애벌레가 되고, 나비가 될 때에는 힘껏 나비가 되는 것뿐이다.

　그런데 세상에는 애벌레는 많은데, 나비는 왜 이렇게도 적을까. 만법귀일萬法歸一인데 일귀하처一歸何處. 애벌레는 많은데 나비는 다 어디로 갔나. 조주의 주변은 쓸쓸하기 짝이 없다. 70세 된 애벌레, 80세 된 애벌레, 세상은 일체 애벌레뿐이지 나비는 없다. 젊은 중의 고민도 그것이었는지 모른다. 세상에 학생은 이렇게도 많은데, 스승은 왜 이렇게 없지. 세상에 아이들은 이렇게도 많은데, 왜 어른들은 이렇게도 없지. 다 어디 갔지? 이것이 젊은 중의 한탄인지 모른다. 세상에 중생은 이렇게 많은데, 부처님은 어디 있나. 세상에 이렇게 환자가 많은데 명의는 왜 이렇게도 적은가.

　조주는 젊은이에게, 너나 어서 명의가 되려무나. 내가 청주에서 베옷을 지어 일곱 근이나 되는 옷을 입어보았듯이, 너도 어서 유명한 명의가 되어 환자를 볼 수 있는 명인이 되어라 하고 격려하는 듯하다. 하나 속에만 들어간 것이 아니라, 만萬 속에 들어갈 수 있는 하나가 되어라. 의사에게 모여드는 환자가 아니라 환자 하나 하나를 고쳐줄 수 있는 명의가 되어라. 무게 일곱 근의 작업복을 입든, 도포를 입든, 군복을 입든, 곤룡포를 입든, 기술을 가진 사람, 지식을 가진 사람, 예술을 가진 사람, 도술을 가진 사람, 정신을 가진 사람, 인격을 가진 사람, 무엇으로든지 남을 도와주고, 남을 감화하고, 남에게 영향을 줄 수 있고, 남을 구원할 수 있는, 자기 책임을 다할 수 있는 사람이 되라는 것이다.

한마디로 실력 있는 사람이 되어야 한다. 일곱 근의 베옷을 능히 입을 수 있는 사람, 무거운 무기를 들 수 있는 사람, 자기의 직책을 다 할 수 있는 사람, 나라라도 지고 가고, 세계라도 지고 갈 수 있고, 인류를 구원할 수 있게 십자가라도 질 수 있는 사람이 되라는 것이다. 그러기 위해서는 자꾸 묻고 또 물어야 한다. 만법이 하나로 돌아가는데 하나는 어디로 돌아가는가를 묻고, 물어가는 중에 하나가 만법으로 돌아가는 것을 깨닫게 된다. 깨달을 뿐만 아니라 그렇게 살아야 한다.

만법귀일을 알고 포삼칠근布衫七斤도 알아야 한다. 하나님을 사랑할 줄도 알아야 하지만 이웃을 사랑할 줄도 알아야 한다. 만물이 하나님을 사랑할 줄 알아야 하지만 하나님이 만물을 사랑한다는 것도 알아야 한다. 알 뿐만 아니라 사랑을 해야 한다. 천국에 가는 줄도 알아야 하지만, 천국이 오는 줄도 알아야 한다.

오고 가는 것이 하나지만, 우리의 현실은 가는 것만 있고, 오는 것이 없는 것 같다. 나비가 필요하고, 실력 있는 사람, 조주 같은 사람이 그리운 세상이다. 말할 수 없는 것을 능히 말할 수 있고, 행해야 할 것은 곧 할 수 있는 사람, 정신의 칼날이 서고 바위도 깨뜨릴 수 있는 번개 같은 저력을 가진 도인이 그립다.

46. 경청의 빗소리

『벽암록』제46장은 〈경청우적성鏡淸雨滴聲〉이다.

어느 날 경청이 어떤 중에게 물었다(경청문승鏡淸問僧).

"문 밖에 나는 소리가 무슨 소리지(문외시십마성門外是什麼聲)?"

중이 대답하기를(승운僧云),

"비오는 소리입니다(우적성雨滴聲)."

경청이 말하기를(청운淸云),

"세상 사람들은 얼이 빠져서 자기를 잃고 물건을 좇고 있거든(중생전도衆生顚倒 미기축물迷己逐物)."

중이 묻기를(승운僧云),

"선생님은 어떻습니까(화상작마생和尙作麼生)?"

경청이 대답했다(청운淸云).

"나는 겨우 얼을 비끄러매두고 있다(계불미기洎不迷己)."

중이 다시 묻기를(승운僧云),

"겨우 비끄러매두다니 그것이 무슨 말입니까(계불미기洎不迷 기 의지여하意旨如何)?"

경청이 대답하기를(청운淸云),

"아버지가 되기는 쉬워도 아들 되기는 어렵다는 말이다(출신 유가이出身猶可易 탈체도응난脫體道應難)."

경청이 중에게 밖에서 들리는 것이 무슨 소리냐고 물었을 때, 중은 빗소리라고 대답했다. 빗소리라는 것은 세 살 난 아이도 다 알고 있는 사실이다. 경청이 듣고 싶은 대답은 그런 것이 아니었 다. 그것보다는 훨씬 차원 높은 소리를 듣고 싶었던 것이다. 선생 이 산을 그리라고 할 때에는 산이 보고 싶어서가 아니라, 미美를 보고 싶어서 산을 그리라는 것이다.

무슨 그림이든지 나타내는 것은 하나요, 억만이 아니다. 만법 은 귀일歸一이지, 귀다歸多가 아니다. 모든 사람이 모든 사람을 나 타내는 것이 아니다. 사람이 나타내는 것은 하나님뿐이지 김 씨, 이 씨를 나타내는 것이 아니다. 김 씨, 이 씨를 나타내면 그것은 사진이지 예술이 아니다. 사람이 그림에 대하여 요구하는 것은 실재요, 물건이 아니다.

경청이 요구하는 것도 물건이 아니라 실재다. 경청이 중에게 묻고 있는 것은 빗소리가 아니요, 실재를 묻고 있는 것이다. 더 나아가서는 자기 자신을 묻고 있는 것이다. 경청이 묻는 것은 비 를 자료로 하여 너 자신을 그려보라는 것이요, 그것은 어려운 문 제다.

'비'라는 제목으로 작문을 했다고 하자. 수많은 작문 가운데 당선된 작품이 있다면, 그것은 비를 통해서 자기를 나타낼 뿐만 아니라, 비를 통해서 우주를 나타내고, 영원을 나타내고, 신을 나타내는 작품일 것이다. 이 화두의 송頌에는 "허당우적성虛堂雨滴聲"이란 시가 있다. 텅 빈 집에 빗소리가 들린다는 것이다. 텅 빈 집이니 아무도 없다. 네가 있는 것도 아니고, 내가 있는 것도 아니다. 아무도 없다. 그런데 비가 내리고 있는 것이다. 영원 전부터 영원 후까지 끊임없이 비가 내리고 있다. 산에도 내리고, 들에도 내리고, 나무에도 내리고, 풀에도 내리고, 집 밖에도 내리고, 집 안에도 내리고, 내 안에도 내리고, 네 안에도 내린다. 일체가 비다. 일체가 비인데 밖은 어디 있고 안이 어디 있나. 비다. 진리의 비다. 은혜의 비다. 자비의 비다. 정의의 비다. 비다. 하늘과 땅의 더러움, 어지러움, 죄악, 부끄러움을 쓸어내는 비다. 먼지도 쓸고, 흙도 쓸고, 산도 쓸고, 물도 쓸고, 하늘도 쓸고, 땅도 쓸고, 일체를 쓸어내리는 비다.

있다면 깨끗한 비움이 있고, 깨끗한 보임이 있고, 다만 깨끗한 깸이 있을 뿐이다. 비 오는 소리를 듣는 것이 아니다. 비 오는 소리를 보아야 한다. 소리는 보는 것이지 듣는 것이 아니다. 밖에 무슨 소리가 나느냐는 경청의 질문은 들어보라는 것이 아니다. 들어보려고 여기 와서 수도하는 것이 아니다. 빗소리를 못 듣는 사람이 어디 있나. 처자를 떠나서 산에 들어와 경청을 좇아 피나는 수도를 거듭하는 것은 빗소리를 듣자고 함이 아니다. 얼빠진 중생들이나 자기를 잃고 외물을 좇는 사람들이 할 수 없이 빗소리를 듣는 것이다.

얼은 보는 것이지 듣는 것이 아니다. 경청은 깨끗한 거울이다. 거울은 보라고 있는 것이지 들으라고 있는 것이 아니다. 세상 소리를 보는 것(관세음觀世音)이 관세음보살觀世音菩薩이다.

빗소리를 보아야지 듣는 것이 아니다. 빗소리가 보이냐고 묻는 경청의 질문에 중은 그만 들린다고 대답하고 말았다. 아깝다. 아직 병아리가 되지 못했다. 경청이 계란을 어미 닭처럼 쪼아주면 중은 병아리처럼 안에서 쪼아야 하는데 아직 줄탁지기啐啄之機가 안 된 탓인지 그만 낙제하고 말았다. 속이 텅 빈 계란 껍질이 되어 허당우적성虛堂雨滴聲이 되어야 하는데, 아직 속이 꽉 막혀서 빗소리를 듣고 있으니, 말이 아니다. 그래서 시에는 "허당우적성虛堂雨滴聲 작자난수대作者難酬對"라고 노래를 부른다. 정말 빗소리를 본 사람은 만나기 어렵다는 것이다. 빗소리를 본 사람과 본 사람이 서로 마주 앉아야 허당이 되고, 우적성이 제대로 우적성이 될 것인데, 그런 사람을 어디서 만나볼 수 있을까.

젊은 중은 허당, 경청을 보면서도 눈이 없어 못 보고, 빗소리를 듣고만 있으니, 아무리 세월이 흘러도 알 도리가 없다. 안다, 모른다를 넘어서서 남산 북산이 흠뻑 비에 젖어야 한다. 마치 시루떡에 김 오르듯 푹 젖어 익어야 한다. 설은 쌀이 아니라 익은 밥이어야 한다. 설은 쌀은 많아도(출신유가이出身猶可易), 익은 밥은 참 적다(탈체도응난脫體道應難). 익은 사람, 아아, 그립다. 익은 사람, 내 피는 마실 것이요, 내 살은 먹을 것이라고 말할 수 있으리만큼 푹 익은 사람, 아아.

(송頌: 허당우적성虛堂雨滴聲. 작자난수대作者難酬對. 약위증입류若謂曾入流. 의전환불회依前還不會. 증불회曾不會. 남산북산전방패南山北山轉雱霈.)

47. 운문의 마음

『벽암록』 제47장은 〈운문육불수雲門六不收〉라는 장이다.
어떤 중이 운문에게 물었다(승문운문僧問雲門).
"법신이란 어떤 것인가요(여하시법신如何是法身)?"
문이 대답하기를(문운門云), "육불수六不收."

불교에서는 곧잘 법신法身이니, 보신報身이니, 화신化身이니, 응신應身이니 하는 말을 쓴다. 기독교에서 성부니, 성자니, 성신이니 하는 말과 같이 어떤 사상에도 삼위일체라는 생각은 있는 법이다. 특히 범신론적인 불교에서는 우주만물을 모두 법신의 현현으로 보아 산을 청정법신이라고 하기도 하여 우주만물 삼라만상이 법의 현현 아닌 것이 없다고 한다. 그러나 법신 아닌 것이 단 한 가지 있다. 그것은 나다. '석가 성불에 산천초목이 동시 성불'이라고 하듯이 내가 성불하지 못하면 법신이 될 수 없다. 성불하여 법신이 되기 전에는 산천초목이 법신인 줄도 모른다.

중이 물었다. "어떻게 생긴 것이 법신입니까?"

운문은 산천초목이 모두 법신인데 보아도 보지 못하는 젊은 이를 불쌍히 생각하여 겨우 한 푼 내던진 동냥이 운문이 말한 '육불수六不收'였다. 과연 물에 빠진 이 젊은 중이 물에 뜬 이 나뭇가지를 붙잡고 살아날 것인가. 참 궁금하기 짝이 없다. 운문의 마술로 나뭇가지가 큰 거북으로 변신하여 이 젊은 중을 싣고 바다를 건너 육지에까지 도달했을지도 모른다.

옛날 설봉의존의 제자로서 운문과 동창생이었던 부 상좌孚上座는 『열반경』을 강의하던 중 법신이란 대목이 나오자 이렇게 설명했다.

"법신이란 영원무한하여 우주에도 담을 수 없다(육불수六不收)."

우주는 동서남북상하라고 하여 육합六合이라고 하는데 법신은 육합에도 담을 수 없는 초월자라는 것이다. 그때 그 말을 듣고 있던 청중 속의 한 중이 그만 웃음을 터뜨리고 말았다. 웬만한 사람 같으면 기분이 상하고 화가 치밀어 멱살을 잡고 후려갈기든지 강의를 중단하고 나가버렸을 것이다.

그러나 과연 부 상좌는 된 사람이라 강단을 내려가 그 중에게 넙죽 절하고, 제발 법신의 참뜻을 가르쳐달라고 부탁했다. 부 상좌도 지금까지 초월자니, 영원이니, 무한이니, 신이니, 법이니, 부처니 하는 것을 스승에게 배운 대로, 사전에 있는 대로 설해가고 설해오길 수십 년, 당시에는 제법 잘 가르친다고 이름이 높았다. 그러나 그것은 하나의 관념 유희요, 말장난이지 아무것도 아니었다. 진리니, 생명이니 밤낮 떠들어대지만, 진리와는 아무 상관도 없이 사는 사람들이 얼마든지 있는 것이나 마찬가지다. 밤낮 나, 나 하면서도 내가 무엇인지 알지도 못하는 것과 마찬가지다.

부 상좌도 불경을 배우고 또 가르치며 수십 년 살아왔는데 자기의 강의를 심각한 얼굴을 하고 듣는 사람은 많았지만 오늘처럼 웃음을 터뜨리는 사람은 보지 못했다. 아무 신앙도 없으면서 믿으라고 고함을 치는 설교자를 보면 웃음이 터질 수밖에 없다. 협산의 전좌 화상典座和尙은 그만 웃음을 터뜨리고 말았다.

그런데 부 상좌에게도 때가 이른 모양이다. 전좌에게 주먹을 불끈 쥐고 달려들지 않고 겸손하게, 허심탄회하게, 솔직하게 애원을 하고 만 것이다.

"스님, 제가 죽일 놈이지요, 제발 잘못했으니 살려주십시오."

선생이 학생에게 가르침을 청한다. 이거야말로 보통 일이 아니다. 그때 협산은 이렇게 말했다.

"내가 보니 당신은 법신을 설명할 수는 있을지 모르나 당신이 직접 법신을 본 것 같지는 않소."

부 상좌는, "어떻게 하면 법신을 볼 수 있을까요?"

"이제부터 설교를 그만하고 빈방에 고요하게 앉아서 좌선을 하면 볼 수 있을 것이오."

그는 진지한 참선 끝에, 어느 날 새벽 4시 동방의 샛별이 반짝이는 것을 본 순간, 그도 하나의 샛별(법신法身)이 되고 말았다.

그는 곧 협산을 찾아갔다.

"알았습니다."

협산은 눈을 비비면서 말을 했다. "알았으면 말해보지."

"저는 이제부터 부모님께 물려받은 콧구멍으로 숨 쉬지 못하게 되었습니다."

부 상좌는 그만 심신을 초탈하고 정말 법신이 되고 만 것이다. 법신은 되는 것이지, 알 수 있는 것이 아니다. 사람은 되는 것이지, 있는 것이 아니다. 사람은 가능적 존재지(육불수六不收), 돌이나 나무처럼 대상화될 수 있는 것이 아니다. 옛날부터 "법신무상法身無相 법안무하法眼無瑕"라고 한다.

옛날 선회善會는 "법신무상 법안무하"라고 대답했다가 도오道吾에게 조소를 당하고 결국 도오의 지시로 그의 친구 선자船子를 만나게 된다. 선자는 나룻배를 저어가다가 선회를 돌아보고 어디서 왔느냐고 물었다.

"보이지 않는 곳에서 왔습니다."

"그렇다면 이 낚시에 무엇이 물린지도 알 수 있겠군."

선회가 무엇이라고 대답하려고 하자, 선자는 그를 물속에 밀어 넣고 말았다. 떠오르면 밀어 넣고, 떠오르면 밀어 넣고, 그러자 그 순간 선회는 자성을 깨치고 말았다. 그때 선자는 선회를 건져놓고 이런 말을 했다.

"낚싯줄에 무엇이 걸렸는지 대답 안 해도 좋다."

선회가 큰절을 하고 육지에 올라서자, 선자는 물속에 뛰어들어 다시는 나오지 않고 말았다. 세상을 떠나고 만 것이다(육불수 六不收).

육불수六不收, 육불수. 하늘은 아득하고 물은 망망한데 어떻게 생긴 것이 법신이란 말인가? 육불수, 육불수. 육불수가 법신인가? 법신이 육불수인가? 운문왈 육불수.

48. 왕 태부의 화로

『벽암록』 제48장은 〈왕태부전다王太傅煎茶〉라는 장이다. 덕산의 제자가 설봉과 암두이고, 설봉의 제자는 장경과 운문이며, 암두의 제자는 나산, 장경의 제자는 혜랑과 왕연빈이요, 나산의 제자는 명초다. 오늘 등장인물은 왕연빈과 혜랑과 명초 세 사람이다.

때는 당나라 말기, 곳은 복건성 남해안의 항구 도시 천주 초경원이다. 초경원의 주지는 장경인데 이 날은 보이지 않는다. 왕연빈은 지방 왕족으로서 태부의 벼슬을 가진 고급관리다. 태부라면 삼공의 하나로 우리나라 영의정, 좌의정, 우의정과 같은 최고 지위이다. 장경을 천주로 초빙한 것도 왕 태부의 정성이었다. 그는 장경혜릉을 몹시 존경하며 불도佛道도 깊이 체득한 거사였다.

이 날도 장경 스님을 찾아왔다가 스님이 출타하여 돌아오기를 기다리고 앉아 있었던 모양이다. 그때 응접실에는 세 발 화로 위에 엽차가 끓고 있었다. 거기에 명초도 찾아와 초경원의 상좌로 있던 혜랑이 차를 대접하게 되었다. 본문은 다음과 같다.

왕 태부가 초경원에 들어가니 차를 끓이고 있었다(왕태부입초경전다王太傅入招慶煎茶).

그때 혜랑 상좌가 명초 스님에게 차를 따라주다가(시랑상좌여명초파조時朗上座與明招把銚), 차 주전자를 뒤집어엎고 말았다(낭번각다조朗飜却茶銚). 태부가 그 광경을 보고 상좌에게 물었다(태부견문상좌太傅見問上座).

"화로 밑에 있는 것이 무엇이요(다로하시십마茶爐下是什麽)?"

혜랑이 대답했다(낭운朗云).

"화로를 받들고 지키는 신상을 조각한 화로 발입니다(봉노신捧爐神)."

왕 태부가 말했다(태부운太傅云).

"신을 받들어야 화로가 안전하듯이 네 정신을 차려야 주전자가 안전할 것 아니냐. 네 정신을 받들었으면 주전자가 뒤집혔겠느냐(기시봉노신旣是捧爐神 위십마爲什麽 번각다조飜却茶銚)?"

혜랑은(낭운朗云),

"당신같이 평생 벼슬을 살다가도 한순간에 물러나는 수도 있지 않습니까(사관천일仕官千日 실재일조失在一朝)?"

이 말에 태부는 소매를 뿌리치고 나가버렸다(태부불수변거太傅拂袖便去). 명초가 보다 못해 입을 열었다(명초운明招云).

"혜랑, 그대는 장경 밑에서 오래도록 밥을 먹은 사람이 어떻게 그토록 철없이 까불어대는가(낭상좌朗上座 끽각끽却 초경반료招慶飯了 각거강외却去江外 타야채打野䆳).”

혜랑은(낭운朗云),

"스님, 무슨 말씀을 그렇게 하오(화상작마생和尙作麽生)?"

그러자 명초는 이렇게 소리를 쳤다(명초운明招云).

"되지도 못한 것이 공연히 스승의 신세만 지고 있구먼(비인득기편非人得其便)."

후일 설두는 이런 말을 하였다(설두운雪竇云).

"화로를 집어 엎고 말 일이지(당시단답도다로當時但踏倒茶爐)."

결국 왕 태부는 가고, 명초도 기분이 나빠 떠나고 말았을 것이다. 세상에는 언제나 혜랑과 같이 경박한 자가 있는 법이다. 혜랑도 나중에는 득도하여 복주 보자원의 주지가 된다.

그러나 이때는 아직 철이 안 들어 무게가 없고 입만 살아 나불거리는 때였다. 왕 태부가 좀 조심하라는 뜻으로, 화로 밑에는 일부러 신상까지 조각하여 조심할 것을 보여주고 있지 않는가 하고 타일러주어도 혜랑은 자기도 벼슬에서 떨어지고 무슨 잔소리가 그렇게 많으냐고 오히려 대들었던 것이다.

사람이 되기란 쉬운 일이 아니다. 누구나 다 그런 때는 있는 법이다. 감투에 굶주린 사람들이 낮은 감투라도 하나 쓰고 나면, 그 우쭐대는 꼴은 정말 눈뜨고 보기 어려운 때가 한두 번이 아니다. 그런데 종교의 세계가 되면, 이것은 몇 천 배나 더 심하다.

신앙이란 보이지 않기 때문에 어중이떠중이가 다 야단들이다. 게다가 열등의식을 보상하기 위해서 더 으스대고, 더 외모를 꾸민다. 사당을 꾸미고, 의식을 갖추고, 정권과 손을 잡고, 신불神佛을 팔고, 민중을 기만하고 착취하는 경박자들이 얼마나 많은지 모른다.

불행한 일이다. 정말 화로를 뒤집어엎듯이, 종교니 교육이니 모두 뒤집어엎었으면 하는 생각이 들 때도 있다. 종교의 미명으로 신을 모독하고, 교육의 미명으로 백성을 못 쓰게 만드는 일이 얼마나 많은가. 우리가 겪은 교육 망국, 종교 망국이 한두 번에 그쳤던가. 신라말, 고려말, 조선말, 우리들이 망할 때를 생각해보면 모두 종교 탓이요, 교육 탓이라고 한다면 지나친 말일까. 공자가 망하는 법을 가르쳤단 말인가. 석가가 망하는 법을 가르쳤다는 말인가. 공자의 잘못일 리도 없고, 석가의 잘못일 리도 없다. 우리의 잘못이요, 우리 민족이 어리석은 탓이다.

석가가 정신을 차리라고 해도 정신은 빼놓은 채 불상을 향해 복 달라고 절만 하고 있고, 공자가 사람이 되라고 그렇게 당부해도 강아지처럼 사색당파로 갈라져 서로 물고 찢고 야단하다가 망하고 말았으니, 석가가 와도, 공자가 와도, 우리와는 아무 상관이 없다. 화로 밑에 신상을 조각한들 그것이 무슨 쓸데가 있고, 왕 태부가 발조심 하라고 경고를 해도 발은 딴 데로 간 채 입만 나불거린다면 무슨 소용이 있을까. 말을 들을 수 있는 귀가 뚫리고, 신상神像을 볼 수 있는 눈이 열려야 하는데 귀는 먹고 눈은 감겼다면, 차 주전자만 뒤집어엎을 뿐 아니라 집도, 자기도, 나라도, 세계도 모조리 뒤집어엎고 말 것이다.

정말 사람 될 싹도 안 보이는 것들이 공연히 남의 신세만 지고 있는 것이 아닐까. 화로라도 뒤엎어 불바다라도 되는 것이 차라리 낫지 않을까. 그래서 불바다가 된다면 좀 정신을 차릴 것인가. 6.25의 불길은 너무 약했단 말인가. 36년간의 굴욕이 너무 짧았다는 말인가.

아니다. 우리도 철들 때가 되지 않았나. 공자처럼 발분망식, 먹는 것을 집어치우고 생각할 때가 온 것이 아닐까. 우리의 사고방식을 뜯어고치지 않는 한, 석가도 이 나라를 어떻게 못하고, 공자도 이 민족을 어떻게 할 수 없을 것이다. 하물며 소크라테스나 예수가 온다 한들 이 민족과 이 겨레를 어떻게 할 수 있으리오.

49. 삼성의 물고기

『벽암록』 제49장은 〈삼성이하위식三聖以何爲食〉이라는 장이다. 삼성三聖이란 임제臨濟의 제자인 혜연慧然이라는 사람이 살았던 하북성 진주 삼성원을 가리킨다. 혜연은 여행을 좋아하여 덕산도 찾아가고, 혜적慧寂도 찾아가고, 지한도 찾아가는 등 여기저기 돌아다녔다. 덕산을 찾아갔을 때 돗자리를 펴놓고 공손히 절을 하려고 하자, 덕산은 삼성의 성숙한 모습을 보고 절을 받기가 거북하여 제자라기보다는 동료로서 우대하여 이렇게 예의를 표했다.

"얘, 너 그 더러운 돗자리를 어디다 펴놓는 거냐. 밥찌꺼기라도 얻어먹으려는 속셈인 모양인데, 우리 집에는 쉰밥 한 덩이도 남아 있는 것이 없으니 어서 훨훨 걸어가지고 나가지 못할까."

그러나 속뜻은 이런 것일 게다.

"나는 이제 너를 가르칠 것이 없다. 너는 이제 너의 발로 걸어 다닐 만큼 성숙했으니 이 기쁨을 무엇에 견주랴."

그렇다고 해서 삼성이 교만하게 돗자리를 걷어가지고 너나 나나 동등하다며 가버릴 사람이 아니다. 그는 한없이 겸손한 사람이요, 덕산을 존경하며 얼마든지 배울 각오를 가지고 있는 사람이다. 삼성은 이런 말을 했다.

"쉰밥 남은 것이 없다니 다행입니다. 쉰밥을 얻어먹으려고 돗자리를 편 것이 아닙니다. 다른 생각이 있어서 폈습니다."

속뜻은 '선생님의 껍데기나 핥으러 온 것이 아니라, 선생님의 속알을 통째로 빼먹으러 왔습니다'라는 것이다. 그때 덕산은 눈 깜작할 새도 없이 유명한 그의 몽둥이를 삼성을 향하여 던졌다. 쉰밥이 불만이라면 갈비찜이 어떠냐는 것이다. 그러나 그 사랑을 못 받아들일 삼성이 아니었다. 어느 새 날아온 몽둥이를 잡아들고, 오히려 덕산을 돗자리 위에 내동댕이치고 말았다.

선생님의 뼈뿐만 아니라 살과 피와 가죽과 내장 일체를 모조리 먹어치우겠다는 것이다. 아니 실제로 잡아먹고 만 것이다. 마치 사슴이나 노루가 맹수에게 잡아먹히듯이, 덕산은 삼성에게 먹히고 만 것이다. 자기의 일체를 다 물려받고 알아주는 제자를 가지는 것처럼 행복한 일은 없다. 아들이 아버지보다 위대해지는 것보다 더 큰 효도는 없다. 삼성이라는 큰 효자를 얻은 덕산은 기쁨을 금할 수 없어 가가대소呵呵大笑 집이 무너질 듯 폭소를 터뜨렸다.

그러나 삼성으로서의 뜻은 그렇지 않았지만 어쨌든 선생을 넙적하게 문질러놓았으니 미안하기 짝이 없었다. 거미 새끼처럼 어머니를 잡아먹고 말았으니 어머니 죽인 죄를 어디에 가서 속죄하랴. 더욱이 덕산은 그 순간 죽고 말았으니 어찌 슬프지 않으랴. 그는 크게 목 놓아 대성통곡하였다. 그러고 나서 삼성은 어디론가 사라지고 말았다.

언젠가 삼성혜연三聖慧然이 앙산혜적仰山慧寂을 찾아갔을 때는 더 유명한 일화를 남겼다. 삼성혜연이 찾아갔을 때 앙산혜적은 물었다.

"그대의 이름은 무엇인가?"

그랬더니 삼성혜연이 대답했다.

"네, 제 이름은 혜적입니다."

앙산혜적은 어이가 없어서 고함을 쳤다.

"야, 이놈아! 그것은 내 이름이 아니냐?"

그러자 삼성은 마치 얼빠진 바보처럼 슬쩍 흘려버리고 말았다.

"아이, 참, 그랬던가요. 그렇다면 제 이름은 혜연입니다."

선생님을 몰아내고 자기가 그 자리에 대신 앉는 삼성의 대담성, 그러고는 다시 선생님을 앉히고 그 앞에 제자로서 무릎을 꿇는 삼성이다. 앙산은 왕좌를 물려준 노왕처럼, 자리를 빼앗을 만큼 성숙한 아들을 보고 대견해하는 아버지처럼 통쾌하다는 듯이 껄껄대고 웃었다.

한편 이 이야기는 인생의 '참나'가 무엇인가를 알려주는 교훈으로서도 굉장한 가치가 있다. 내가 누구냐, 나 자신이 무엇이나 할 때 나 자신은 내가 아니라 선생님이 '참나'라는 것이다. 교실에서 나라고 할 수 있는 이는 선생님뿐이다. 학생의 본체는 선생이다. 선생이 나요, 학생은 다 '저'인 것이다. 가정에서는 아버지만이 나이고 가족들은 내가 아니다. 언제나 어른이 나요, 주인이 나요, 나 자신이 나다. 내 몸을 지배하고, 내 마음을 지배하고, 내 정신을 지배하고, 내 영혼까지도 지배할 수 있는 나만이 나다. 생사에 걸리고, 주야에 걸리고, 천지에 걸리고, 유무에 걸린 것은 내가 아니다. 자유만이 나다. 자유만이 자주다.

또 어느 날은 삼성이 향엄을 찾아갔다. 향엄지한은 삼성에게 물었다.

"어디에서 오는 길인가?"

"임제로부터 오는 길입니다."

"임제로부터 왔다면 임제의 칼을 빼앗아서 왔어야지."

그 말이 떨어지자마자 삼성은 자기의 좌구坐具를 가지고 무섭게 향엄을 내리쳤다. 향엄은 한 대 얻어맞고도 기쁨을 감추지 못하는 듯 웃을 뿐 아무 말도 하지 않았다. 기자승어부其子勝於父라고 한다. 자기보다 더 커진 아들을 보고 대견해하는 아버지의 마음을 아는 사람이 몇이나 될까.

본문은, 삼성이 설봉의존을 찾아갔을 때의 일이다.

삼성이 설봉에게 물었다(삼성문설봉三聖問雪峰).

"그물을 뚫고 나온 생선은 무엇을 먹고 살지요(투망금린透網金鱗 미심이하위식未審以何爲食)?"

설봉은 대답했다(봉운峰云).

"네가 그물을 뚫고 나온 다음에 말해주마(대여출망래待汝出網來 향여도向汝道)."

그러자 삼성이 말했다(성운聖云).

"도대체 이름난 선생이라는 자들이 말귀도 못 알아들으니 한심하기 짝이 없소(일천오백인선지식一千五百人善知識 화두야불식話頭也不識)."

설봉은(봉운峰云), "내가 살림살이에 너무 바빠서 네 말귀도 못 알아듣는 모양이니 미안하다(노승주지사민老僧住持事繁)"고 했다.

설봉도 자기보다 훨씬 더 키가 자란 삼성을 보고 기쁨을 감추지 못하며, 삼성을 완전한 하나의 인격으로 인정해주고 있는 모습이 보이는 듯하다. 인격이란 별것이 아니다. 어린아이가 어머니 뱃속에서 나와야 하는 것처럼 이 세상을 꿰뚫고 나옴으로써 이루어지는 것이다.

불교에서는 생사를 넘어서야 한다고 하지만, 생사를 넘어서든지, 출가하든지, 세상에 대한 애착을 벗어나든지, 죄의 사함을 얻든지, 여하간 모든 문제에 걸림이 없어야 한다. 걸림이 없는 사람이 인격이다. 자유라고 해도 좋고, 부활이라고 해도 좋다. 마음에 아무런 근심 걱정이 없어야 사람이지, 밤낮 근심 걱정의 구름이 걷힐 새가 없다면 인격이라고 할 수가 없다.

어머니 뱃속에서 나오면 무엇을 먹나. 그것도 걱정할 필요가 없다. 벌레가 나오기 전에 풀은 무성하고, 아기가 나오기 전에 벌써 어머니의 젖가슴은 부풀어 있는 것이다. 삼성은 물어볼 필요도 없이 달라붙어 빨아먹기만 하면 되는 것인데, 어째서 젖 걱정을 하는 것일까. 걱정하는 것을 보니, 또 문제가 있는 것을 보니, 아직 생사를 벗어나지 못한 듯도 싶다.

그래서 설봉의존은 자기 배를 어루만졌다.

"걱정할 것 없다. 네가 뱃속에서 나오면 그때 젖을 보여줄 터이니 걱정하지 마라."

"내가 이렇게 어머니 배에서 나와 젖을 먹으려고 해도 어머니가 젖을 주지 않으니 안타깝소."

그때 삼성이 이렇게 큰소리를 지르자, 설봉은 그제서야 자기가 집안일에 바빠 아이들 젖을 먹이지 않은 것을 몹시 후회하며 대답했다.

"내가 잘못했으니 어서 젖이나 빨아라."

삼성은 어쩌다가 어머니를 잃고 유모를 찾아다니는 것인지도 모른다. 낳아준 어머니는 임제였고, 덕산, 앙산, 향엄, 설봉, 그 밖의 많은 유모로부터 젖을 얻어먹은 셈이다. 젖이란 별것이 아니다. 말씀(도道)이다. 삼성은 도의 젖을 사모하여 여기저기 여행하며 유모의 젖을 찾아다닌 것이다.

설봉은 오대五代 시대의 거승이었다. 천오백 학승을 거느린 명승名僧 거덕巨德이었다. 덕산선감德山宣鑑의 제자로서, 간난신고艱難辛苦 상신실명喪身失命의 열성을 가지고 투자投子를 찾아간 것만 해도 세 번, 동산洞山을 찾아간 것이 아홉 번, 그리고 마지막으로 덕산을 찾아가 몽둥이를 수없이 얻어맞아가며 오도悟道, 즉 원숙한 인격이 되어 드디어는 천오백 학승을 거느리는 대덕이 된 것이다. 그런데 젊은 삼성이 팔딱팔딱 뛰는 생선처럼 의기양양하고 안하무인격으로 설봉에게 달라붙었던 것이다.

그러나 아직 어린 탓인지 약점투성이다. 그물을 뛰어넘은 큰 물고기라면 아무것이나 먹고 소화를 시킬 수 있을 것인데, 무엇을 먹어야 하나 하며 엄마를 찾는 폼이 벌써 자기의 약점을 역력히 드러내고 있다. 설봉은 그 약점을 잡고, 네가 뛰어넘어온 다음에 말하리라 하고 다시 그물을 던져 씌운다. 그랬더니 삼성은 천오백이나 거느린다는 대승도 별거 아니구만 하고 그물을 확 찢어버렸다. 그제서야 설봉도 그 실력을 인정하고 자기 자신을 맡겨버렸다.

"먹을 것이야 얼마든지 있지 않니. 네 마음대로 실컷 처먹으렴. 나는 집안일이 바빠서 너 같은 녀석을 참견할 시간이 없다."

거미 새끼처럼, 살려면 우선 어머니를 잡아먹어야 한다. 어머니를 잡아먹는 망아지, 그것은 지적으로 잡아먹는 것이 아니다. 지적으로는 다 알았기 때문에 어머니의 배를 나온 것이다. 진리를 깨달은 삼성에게는 가르침도, 책자도 아무 필요가 없다. 그는 이미 어머니의 배에서 나왔고, 이제는 제 발로 걸어 다니며 마음대로 풀을 뜯어야 하는 망아지가 된 것이다. 이제 필요한 것은 행의 세계뿐이다.

진리를 깨달은 후에는 생명을 얻고 행의 세계가 남아 있는 것뿐이다. 마치 의학을 배운 사람이 의술을 가지고 환자를 고쳐 주듯이, 진리를 깨달은 사람은 생명을 가지고 세상을 구원하는 사랑의 실천이 있을 뿐이다. 설봉의 말은 아직도 어머니 주변을 맴돌고만 있지 말고 어서 네 마음대로 산천을 뛰어다니며 풀을 뜯어먹고, 너도 어른이 되어 새끼를 낳고 또 길러보라는 것이다.

새끼를 기르고 살림을 하는 것은 쉬운 일이 아니다. 나를 보라. 천오백 명의 새끼를 기르려면 밥하랴, 빨래하랴, 집 청소하랴, 눈코 뜰 새 없이 바쁘구나. 진리를 깨달은 후에 무슨 밥을 먹느냐고? 밥이 따로 있느냐. 일밥을 먹는 것이다. 일하는 것이 밥이다. 하나님이 일하시니 나도 일한다. 밥 먹는 것이 일이다. 하나님을 믿는 것이 나의 일이다. 일하는 것이 밥이요, 밥 먹는 것이 일이다. 일과 밥, 행과 믿음은 둘이 아니다.

사랑의 실천이 그대로 일이요, 사랑의 실천이 그대로 밥이다. 행의 세계에서는 사랑이 일이요, 사랑이 밥이다. 아기를 사랑하는 것이 어머니의 일이요, 그것이 어머니의 밥이다. 어머니는 아기가 먹는 것을 보면, 자기는 안 먹어도 그대로 배가 부르다. 어머니는 밥을 먹는 것이 아니라 마음을 먹고, 땅 일을 하는 것이 아니라 하늘 일을 하고 있는 것이다. 마음이 하늘이요, 하늘이 마음이다. 밥, 일. 일, 밥.

50. 운문의 자유

『벽암록』제50장은 〈운문진진삼매雲門塵塵三昧〉이다.

본문은 "승문운문僧問雲門 여하시진진삼매如何是塵塵三昧 문운門云 발리반鉢裏飯 통리수桶裏水"이다.

어떤 중이 운문 스님에게 물었다.

"어떤 것이 진진삼매입니까?"

운문은 이렇게 대답했다.

"밥통의 밥이요, 물통의 물이다."

진진이란 먼지 가운데 먼지란 말로 지극히 작은 먼지, 요즘으로 말하면 원자나 전자에 해당하는 한없이 작은 입자를 가리키는 말이다.

또 삼매라는 것은 정수正受, 즉 '바로 받는다'라는 뜻인데 이에 대한 불가의 제일 유명한 비유는 달과 이슬의 비유이다. 달빛 속에 이슬이 반짝이고, 이슬 속에 달이 반짝인다. 이슬 속에 달이 반짝이는 것이 정수요, 삼매다. 작은 이슬이 진진이요, 작은 이슬 속에 큰 달이 들어가 있는 것이 삼매다. 시간적으로는 '찰나 속에 영원이 있다'고 표시되고, 공간적으로는 '진진삼매'로 표시되며, 인간적으로는 '내 속에 하나님이 계시다'라고 표시되기도 한다. 작은 것 속에 한없이 큰 것이 들어가 있다. 천국이 어디에 있느냐 하는 물음에 천국은 너의 마음속에 있다 하는 것이나 마찬가지다. 지극히 큰 것이 지극히 작은 것 속에 있는 것이 정신의 세계요, 지극히 작은 것이 지극히 큰 것 속에 있는 것이 물질의 세계이다.

이 젊은 중의 고민은 이런 것이다. 어떻게 하면 지극히 큰 부처가 지극히 작은 중생의 마음속에 들어갈 수 있을까. 큰 달이 어떻게 하면 작은 이슬 속에 들어갈 수 있을까. 어떻게 하면 내가 모든 사람의 마음속에 기억이 될까. 어떻게 하면 대중의 인기를 얻을 수 있을까, 만인의 사랑을 받을 수 있을까 하는 것들이다. 요즈음으로 말하면 출세하는 비결이 무엇이냐, 성공하는 비결이 무엇이냐 하는 가장 절박하고 비근한 질문이다. 거기에 대해서 운문은 이렇게 말한다.

그거야 간단명료하지 않은가. 대중이 좋아하는 것이 되면 되지 않느냐. 대중이 사랑하는 것이 되면 되지 않느냐. 대중이 좋아하고 대중이 사랑하는 것이 되면 그만이 아니냐. 그런데 구체적으로 대중이 제일 좋아하는 것이 무엇이냐. 그것은 밥이요, 물이지 별것이 있느냐. 인기를 얻는 비결은 밥이 되는 것이고, 물이 되는 것이다. 살이 되는 것이고, 피가 되는 것이다. 대중에게 가장 필요한 것이 되어라. 그러면 너는 저절로 대중 속에 들어가 있을 것이다.

환자를 위해서는 의사가 되어야 하고, 백성을 위해서는 대통령이 되어야 하고, 소를 위해서는 풀이 되어야 하고, 남자를 위해서는 여자가 되어야 하고, 이슬을 위해서는 달이 되어야 한다. 위대한 인물이 되는 것이다. 풀이건, 달이건, 소건, 말이건, 의사건 한마디로 먹히는 존재가 되어야 한다. 어린애의 어머니처럼 잡아먹히는 존재, 내 살은 먹을 것이요, 내 피는 마실 것이라는 먹히는 존재가 되는 것이다. 흙덩이가 되는 것이다.

아무 욕심이 없는 존재, 자연 그대로의 존재, 큰 존재, 크게 치면 크게 울리고, 작게 치면 작게 울리는 북 같은 존재. 나무가 오면 나무가 비치고, 개가 오면 개가 비치는 거울 같은 존재다. 때로는 개가 되기도 하고, 때로는 말이 되기도 하는, 무엇이든지 될 수 있는 위대한 배우처럼 자기가 없는 존재일 것이다. 무아의 존재, '나'가 없는 존재, 잘 보이려는 것도 없고, 꾸밈도 없고, 안과 밖이 똑같이 지공무사至公無私한 사람, 구름 한 조각 없는 청천백일처럼 목숨이 있고, 말씀이 있고, 웃음이 있는 달 같은 존재, 일체를 초월한 존재, 하늘 높이 떠오른 존재, 일체의 죄악에서 해방된 존재, 모든 번뇌에서 해탈한 존재다.

옛날 4조 도신이 3조 승찬에게 이렇게 애걸했다.

"선생님, 제발 자비를 베푸셔서 해탈의 법문을 베풀어주십시오."

그러자 승찬은 이렇게 반문했다. "누가 너를 비끄러맸느냐?"

"아무도 비끄러맨 사람은 없습니다."

"비끄러맨 사람도 없는데 무엇을 풀어달라고 야단하는 거냐?"

이 말에 도신은 크게 깨달았다고 한다. 불가에서는 인생이야말로 하나의 꿈이라고 말한다. 장자가 꿈에 나비가 되었다. 꿈에서 깨어나 사람이 된 장자는 자기가 본래 나비인데 꿈에 사람이 된 것이 아닌가 하고 의심을 하였다. 나비의 꿈이 인생인지도 모른다. 나비라고 할 것도 없이 자연이라고 하자. 자연의 꿈이 인생이 아닐까.

깨면 자연이요, 잠들면 인생인지도 모른다. 꿈에서 깨어나 정말 흙이 되고, 밥이 되고, 물이 되고, 나무가 되고, 욕심 없는 사람이 되어야 한다. 욕심 없는 사람이 되면 주는 것뿐이다. 주고 주고, 죽고 죽고, 대사일번大死一番, 십자가를 지고 인류를 위해 돌아가는 것뿐이다. 그것을 사랑이라고 한다. 사랑이 되는 것이다. 사람이란 사랑의 별명이다. 흙도 사랑이요, 나무도 사랑이요, 나를 살려주는 것 일체가 사랑이요, 어머니다. 먹겠다고 야단하는 것은 아직 어린 소치이다. 번뇌는 어린애요, 보리는 어머니다. 어린애가 어머니의 젖을 빠는 것이 번뇌즉보리煩惱卽菩提이다.

어떤 중이 어떻게 하면 진진삼매가 될 수 있느냐고 배고파 울 때에, 운문은 서슴지 않고 젖가슴을 안겨주며 "젖!" 하고 대답한다. 밥과 물, 그것이 젖이다. 아가와 엄마. 엄마 품에 안긴 아

가. 아름다운 풍경이다. 젊은 중은 운문의 젖을 빨고 이제는 잠이 들었는지 그 후에는 아무 소리가 없다. 밥. 물.

51. 설봉의 진리

『벽암록』제51장은 〈설봉시십마雪峰是什麽〉이다.

설봉이 집에 있는데 중 둘이 인사하러 왔다(설봉주암시雪峰住庵時 유양승래예배有兩僧來禮拜). 설봉은 그들이 오는 것을 보자 두 손으로 문을 열어젖히고(이수탁암문以手托庵門) 뛰어나가서 "이것이 무엇이냐"하고 물었다(방신출운放身出云 시십마是什麽). 중도 또한 "이것이 무엇이냐"하고 덤벼들었다(승역운僧亦云 시십마是什麽). 그랬더니 설봉은 머리를 푹 숙이고 집으로 들어갔다(봉저두귀암峰低頭歸庵).

중은 그 뒤에 암두를 찾아갔다(승후도암두僧後到巖頭).

암두가 물었다(두문頭問).

"어디에서 왔나(십마처래什麽處來)?"

중이 말하기를(승운僧云),

"영남에서 왔습니다(영남래嶺南來)."

암두가 물었다(두문頭問)

"그렇다면 설봉한테 가본 일이 있는가(증도설봉마曾到雪峰麽)?"

중은(승운僧云), "가 본 일이 있습니다(증도曾到)."

암두는(두운頭云), "무슨 말이라도 있었나(유하언구有何言句)?"

중이 설봉을 찾아갔던 이야기를 다 말했다(승거전화僧擧前話).

암두가 다시 물었다(두운頭云).

"설봉이 무엇이라고 말하지 않더냐(타도십마他道什麽)?"

중이 대답했다(승운僧云).

"아무 말씀도 없었습니다. 그저 머리를 숙이고 집으로 들어가시고 말았습니다(타무어저두귀암他無語底頭歸庵)."

그러자 암두는 이렇게 말했다(두운頭云).

"슬프다. 내가 애당초 그에게 오의奧義에 대해서 말해주지 않은 것이 잘못이었다. 만일 그에게 말했더라면 세상 사람들은 설봉을 어떻게 할 수가 없었을 터인데(희噫 아당초我當初 회불향타도말후구悔不向他道末後句 약향이도若向伊道 천하인불나설노하天下人不奈雪老何)."

중이 또다시 여름 끝에 찾아와 옛날이야기를 풀어달라고 청했다(승지하말僧至夏末 재거전화청익再擧前話請益). 암두가 대꾸했다(두운頭云).

"왜 일찍 묻지 않았느냐(하부조문何不早問)?"

중이 대답하기를(승운僧云), "어떻게 감히 쉽게 여쭐 수 있습니까(미감용이未敢容易)?"

그러자 암두가 말했다(두운頭云).

"설봉과 나는 한 어머니 속에서 태어났다고 하지만 한 아버지께로 돌아갈 수야 없지. 오의를 꼭 알아야지. 그런데 그것은 그것이야(설봉수여아동조생雪峰雖與我同條生 불여아동조사不與我同條死 요식말후구要識末後句 지저시只這是)."

인생의 핵심이란 진리를 깨닫는 것이다. 세상의 억만 문제가 진리를 깨닫는 한 순간에 풀려버린다. 마치 천하를 덮었던 얼음이 봄볕에 녹아버리는 것과 마찬가지다.

어떤 중이 설봉을 찾아간 것도 진리를 찾기 위해서일 것이다. 그때 설봉이 뛰어나와 "진리가 무엇이냐(시십마是什麼)"하고 물었다. 그에 대하여 중은 "정말 진리가 무엇이냐"하고 되물을 뿐이었다. 설봉은 안 되겠다는 듯이 머리를 숙이고 집으로 들어가고 말았다. 그러자 중은 다시 암두를 찾아간 것이다. 설봉에게서 해결 못한 것을 암두한테 찾아가면 무슨 수가 있나. 암두는 설봉한테서 끝을 내고 오지 왜 또 여기까지 왔느냐고 나무란다. 중이 "진리가 무엇이냐고 물어보니 머리를 숙이고 집으로 들어갈 뿐 아무 설명이 없었습니다"라고 대답하자 암두는 이렇게 말한다.

"눈알이 꿰진 망아지들에게 진리가 보일 리가 없지. 머리 숙이고 집으로 들어가는 것이 진리지, 진리라고 따로 있느냐."

머리를 숙이고 겸손하게 진리의 세계에 들어가 순복하는 것이 진리인데 진리라고 따로 있는 줄 생각하는 얼간이들. 진리를 보여주어도 보지 못하고 이제는 진리를 들어보겠다고 암두를 찾아간 것이다. 암두가, "내가 처음부터 진리를 가르쳐주었더라면 세상 사람들이 설봉에 대하여 불만이 없었을 텐데, 그것을 못해서 설봉이 망신을 했구먼" 하였다.

중이 석 달 후에 다시 옛 이야기에 대해 물었을 때 암두는 왜 좀 일찍 묻지 않았느냐고 나무랐다. 아직도 용기가 없다고 대답하자 암두는 이렇게 말했다.

"내가 설봉과는 쌍둥이 형제지만 같은 날 죽을 수야 없지. 설봉이 진리를 가르치지 않았다고 나까지 진리를 가르치지 않을 수야 없지. 진리를 깨닫는 것이 무엇보다도 중요하다. 진리란 별 것이 아니야. 그것이 그것인 것뿐이야."

암두는 결국 못할 말을 한 것이다. 진리는 말할 수 없는 것인데 말해버리고 만 것이다. 말해버렸다고 하나 결국 지극히 간단할 뿐이다. '그것은 그것이다'라는 것뿐이다.

너는 너고, 나는 나고, 그것은 그것이고, 이것은 이것이면 세상에 무슨 문제가 있으랴. 아무 문제가 없는 세계, 그것이 진리의 세계다. 진리란 별것이 아니다. 자기의 현실에 자기의 이상을 맞추는 것이다. 돈 만 원이 있으면 만 원짜리 옷을 사 입고, 천 원이 있으면 천 원짜리 밥을 먹으면 그만이다. 자기 현실 안에서 자기 이상을 높이는 것이 진리다. 아이는 아이답고, 개는 개답고…….

아이가 어른이 될 필요도 없고, 개가 사람이 될 필요도 없다. 자기 현실에 자기 이상을 맞추는 것뿐이다. 자기 안에서 살면 그것이 안심安心이요, 자기 안에서 가면 그것이 입명立命이다. 요는 오만이 없어야 한다. 못나고도 잘난 체, 모르면서도 아는 체. 여기에 문제가 있다. 못났으면 못난 대로 살고, 모르면 모른다고 하면 그만이다. 알면 안다고 하고, 모르면 모른다고 하는 것이 지혜요 진리다. 진리는 아는 것이 아니라 정직한 것이다.

간디는 진리가 무엇이냐고 묻는 젊은이의 물음에, 거짓말하지 않는 것이라고 대답했다고 한다. 진리는 아는 내용이 아니라 인간의 태도이다. 진리는 태도요, 생명도 태도요, 길도 태도다. 인간의 태도, 인간됨, 그것이 진리다. 진리는 아는 것이 아니라 되는 것이다. 된 사람, 그것이 진리다. 그렇기 때문에 진리는 보는 것이요 보이는 것이지, 듣는 것이 아니요 아는 것이 아니다. 아무리 그것이 그것이라고 가르쳐주어도 그 사람이 그 사람 되지 못하면 그것은 울리는 꽹과리 이외에 아무것도 아니다. 그것이 그것이라는 것은 듣는 세계가 아니다. 보는 세계다. 사람은 보면 안다. 그 사람이 사람인지 강아지인지 보면 안다. 사람에게는 언제나 사람다움이 있다. 사람다운 사람, 그것이 그것이다.

52. 조주의 돌다리

『벽암록』 제52장은 〈조주석교약작趙州石橋略彴〉이다. 조주종심趙州從諗은 조주성 동쪽 관음사에 살았기 때문에 조주라는 별명을 얻게 되었다.

조주성과 관음사 사이에는 유명한 다리가 있었다. 어떤 중이 조주를 찾아가 만나보니 마치 밭에서 농사짓는 촌부와도 같은 볼품없는 할아버지였다. 이야기도 해보았지만 별로 아는 것 같아 보이지도 않았다. 그래서 젊은 중은 이 나라에 사람이 없는 것을 크게 한탄하는 한편 이 정도의 인물이면 누군들 못 되리, 나도 이보다는 나으리라는 생각이 들어 한번 놀려주고 싶기까지 했다.

그래서 '조주라는 유명한 스님이 있다고 해서 와보니 형편없는 엉터리로군' 하는 말을 "조주의 돌다리가 하도 유명하다고 하기에 와서 보니 형편없는 외나무다리에 불과하군요" 하고 슬쩍 돌려서 한 대 갈겼다(승문조주僧問趙州 구향조주석교구향趙州石橋 도래지견약작到來只見略彴).

그랬더니 조주는 "개눈에는 똥만 보인다더니 네 눈에는 외나무다리만 보이지 돌다리는 안 보이는 모양이로군" 하고 근사하게 내동댕이치고 말았다(주운州云 여지견약작汝只見略彴 차불견석교且不見石橋).

그러자 젊은 중이 가슴통이 터졌는지 달려들었다.

"돌다리가 어디 있단 말이오(승운僧云 여하시석교如何是石橋)?"

그러자 조주는 이렇게 대꾸를 했다. "그대와 같은 나귀새끼도 살려 보내주고 망아지새끼도 건져 지나가게 해주니 그것이 돌다리가 아니고 무엇이겠나(주운州云 도려도마渡驢渡馬)."

이런 이야기를 들어보면 조주의 가슴에는 한없는 여유와 모든 중생을 구원해주고자 하는 붉은 피가 넘쳐흘렀음을 알 수 있다. 그러나 욕심과 교만과 허풍에 둥둥 뜬 젊은 중에게는 백두산도 금강산도 안하무인이었다. 허술한 외나무다리에게는 외나무다리만 보이는 눈깔밖에 없지, 하고 한 대 얻어맞으면 웬만한 교만도 가라앉을 법한 일이다. 그러나 이 오만한 젊은 중은 돌다리가 어디 있느냐고 또 한 번 대들었다가, 너 같은 당나귀새끼를 살려 보내는 것이 자비가 아니고 무엇이냐 하고 치는 통에 코뼈가 부러질 지경에 이르렀다. 그다음은 아무 말이 없으나 부러졌다면 다행이다. 그 밑에는 망아지 새끼마저 건너게 해주겠다는 대자대비의 조주가 도사리고 있지 않은가. 아무리 어리석은 바보라도, 아무리 죄 많은 중생이라도 구원하고야 말겠다는 끈질긴 의지, 그 뜻은 돌다리보다 더 강하고, 조주성보다도 더 높을 것이다. 그 뜻에 대하여 찬탄하지 않을 자가 누구냐.

그래서 설두는 이런 찬송을 부른다. "고위불립도방고孤危不立道方高. 입해환수조거오入海還須釣巨鼇." 조주의 지혜는 태산보다도 높고, 조주의 사랑은 바다보다도 깊다는 것이다.

어느 날 조주가 청소를 하고 있을 때였다. 젊은 중이 은근히 질문을 던졌다.

"선생님 같은 청정법신이 되어도 청소할 필요를 느끼십니까?"

"밖에서 들어오는 먼지야 어떻게 할 수가 없지 않느냐. 매일 닦고 또 닦고, 일신우일신日新又日新, 매일 세수를 해야지, 안 하면 짐승 아니냐."

"이 깨끗한 법당에 어디에 먼지가 있다는 것입니까. 우주가 그대로 법계요, 산천초목이 모두 부처인데 어디 법 아닌 것이 있고 부처 아닌 것이 있을까요?"

그러자 조주는, "내 앞에도 먼지가 있지 않느냐?" 하고 중을 쳐다보았다. 네가 먼지라는 것이다. 네가 악마라는 것이다. 먼지란 별것이 아니다. 큰 덩어리에서 떨어져 나온 것이 먼지다. 지구에 붙어 있으면 흙이요, 떨어져 나오면 먼지다. 법계에 포함되면 법신이지만 법계에서 떨어져 나오면 법신이 아니다.

어떤 중이 조주에게 도道가 무엇이냐고 물었다. 아침에 들으면 저녁에 죽어도 좋다는 것이 무엇이냐고 물었다. 그랬더니 조주는 대문 밖에 나가보라고 했다. 대문 밖에 나가보면 길이 있다는 것을 모르는 사람이 있을까. 중은 그런 흙바닥 길을 묻고 있는 것이 아니었다. 그래서 "스님, 왜 그렇게 귀가 어둡습니까. 그런 길을 묻는 것이 아닙니다" 하였다.

물론 그런 길을 묻는 것이 아님을 조주가 모르는 것이 아니다. 길이 대문 밖에 있다는 말은 대문 밖에 있는 흙길을 말하는 것이 아니다. 대문 밖이란 모든 문제를 초월한 문제없는 세계, 지구에서 떨어진 먼지가 아니라 법계와 하나가 된 세계를 말하는 것이다. 법계와 하나가 된 세계, 법신의 세계, 그것이 도라는 것이다. 그런데 중은 아직 크지 못한 탓인지 제가 묻는 도란 그런 도가 아니라고 따진다. 그러자 조주는 이렇게 말했다.

"도에도 무슨 다른 도가 있나. 큰 것은 하나요, 작은 것은 여럿인데."

이 중은 도에도 이런 도, 저런 도가 있는 줄 아는 모양이다. 망상도 분수가 있지. 그런 막힌 소리를 아직도 조주에게 하고 있는 것이다. 조주는 어이가 없어서 그러면 어떤 도를 묻느냐고 다시 물으니 중은 큰 도를 묻는다고 대답하였다.

"서울로 가는 길은 다 큰길이다."

그 말에 중은 더 물을 수가 없었다. 물음 없는 세계, 그것이 도다. 평상심시도平常心是道. 이것을 조주는 남전에게서 배웠던 것이다.

53. 백장의 물오리

『벽암록』제53장은 〈마대사야압자馬大師野鴨子〉이다. 마대사와 백장 사이에 오고 간 이야기를 들어보자.

마 대사와 백장이 길을 걷고 있는데 물가에서 물오리가 퍼드득 날아갔다(마대사여백장행차馬大師與百丈行次 견야압자비과見野鴨子飛過).

마 대사가 물었다. "저것이 무엇이냐(대사운大師云 시십마是什麼)?"

백장이 물오리라고 대답했다(장운丈云 야압자野鴨子).

대사가 다시 물었다. "어디로 가지(대사운大師云 십마처거야什麼處去也)?" 백장이 날아갔다고 대답했다(장운丈云 비과거야飛過去也).

마 대사는 참다못해 백장의 코를 비틀었다(대사수유백장비두大師遂扭百丈鼻頭). 백장은 아파 견딜 수가 없어서 비명을 질렀다(장작인통성丈作忍痛聲). 마 대사는 혼자서 중얼거렸다. "여기 있지 않느냐. 무엇이 날아갔다는 거냐(대사운大師云 하증비거何曾飛去)."

그 다음날 마 대사는 설법을 하기 위하여 강단에 올라갔다. 그때 백장이 따라 올라가서 강단의 의자를 치워버리고 말았다. 앉을 자리를 빼앗긴 마 대사는 그냥 내려오면서 백장을 나무랐다. "왜 내가 말하기도 전에 강단을 치워버려 말도 못하게 하는 것이냐?" 백장은 어제 왜 나의 코를 잡아 비틀었냐고 대들었다. 그러자 마 대사는 어제 얼마나 아팠느냐며 동정의 말을 던졌다. 백장은 오늘은 아무렇지 않노라고 했다. 마 대사는 백장이 제법 정신이 든 것을 보고, "이제는 모든 것을 알 수 있겠지(편계부장偏界不藏)" 하며 친절하게 쓰다듬어주었다.

그러자 백장은 감격하여 마 대사를 향해 깊은 절을 하였다. 그의 눈에서는 눈물이 하염없이 흘렀다. 그것을 본 친구는 영문도 모르고 무슨 일이 생겼나 해서 우는 이유를 물었다. 목이 멘 백장은 선생님께 가서 물어보라고 하며 계속해서 흐느껴 울었다. 친구들이 선생님께 가서 그 이유를 물으니 마 대사는 또 백장에게 가서 물어보라고 했다. 친구들이 다시 백장에게로 가서 그 까닭을 물으니 백장은 가가대소 산이 무너져라 크게 웃었다. 친구들이, "야, 그렇게 울던 녀석이 어째서 이번에는 또 이렇게 웃는 거냐?" 하고 묻자, 백장은, "실컷 울고 나니 이제는 웃음이 터지는구나" 했다.

수많은 고통을 겪은 후에 얻은 기쁨이라 백장으로서는 울지 않을 수도 없었고, 웃지 않을 수도 없었을 것이다. 그는 고생한 보람이 있어 오늘 웃을 수 있는 영광을 차지하게 된 것이다.

사람은 본래 부처가 될 수 있는 불성佛性이 누구에게나 있다. 마치 모든 나무가 불탈 수 있는 불성(화성火性)을 가지고 있는 것이나 마찬가지다. 그러나 젖은 나무는 좀처럼 타기 어렵다. 그때는 오랜 수고를 거쳐 나무를 말려야 한다. 마른 나무라고 해서 곧 불이 붙는 것도 아니다. 성냥불을 대든지 화덕 속에 집어넣든지, 그렇지 않으면 하늘에서 벼락이라도 떨어져야 한다.

마 대사가 백장의 코를 비튼 것은 성냥을 그어댄 것인가, 아니면 벼락을 내린 것인가. 하여튼 불붙는 계기가 된 것만은 확실하다. 코를 비트는 통에 악! 하고 소리를 지른 것은 확실히 불길이 일어나는 소리였으며, 그 불길이 계속 타올라 다음날은 스승의 강대상을 태워버리고 말았고 오히려 선생님보다도 더 강한 불길을 일으키며 가가대소까지 할 수 있게 된 것이다.

오랫동안 선생님 불길에 거의 다 마른 장작인지라 마 대사는 잠시도 놓지 않고 끌고 다녔었다. 아니나 다를까 자연 속의 불똥인 물오리가 퍼드덕 날아든 것이다. 마 대사는 이때라고 생각하여 이것이 무엇이냐 하며 밀어 넣어주자 백장은 아직도 얼빠진 사람처럼 물오리라고 대답할 뿐이었다. 어디로 가는 거냐고 더 밀어 넣어보았지만 젖은 나무인지 불은 안 붙고 날아간다고 대답할 뿐이었다. 대사는 하는 수 없이 제일 마른 구멍을 찾아서 불똥을 집어넣는다. 그것이 콧구멍이었다. 마치 요새 속에 폭탄을 집어넣듯 결사적인 모험을 단행한 것이다. 그래서 결국 물오리 폭탄은 터지고 말았다. 백장의 악몽이 깨쳐 나가고 새로운 불덩이가 되어 자유롭게 불붙고 있는 것이다. 물이 가고 불이 왔다. 모든 습기가 빠져나가고 온 세계를 불사를 수 있는 힘찬 불씨가 된 것이다.

물오리는 자연이다. 자연이란 스스로 불붙는 존재다. 백장도 다시 자연이 되어 스스로 불붙는 존재가 된 것이다. 지금까지 마 대사에게 끌려 다니던 망아지가 이제는 제 마음대로 뛰어다니는 망아지가 되고 만 것이다. 자유자재가 되었다. 선생도 물어볼 것이 있으면 백장에게 물어보라고 할 만큼 인정을 받게 되었다. 오랫동안 어미를 따라다니던 물오리가 이제는 제힘으로 날게 되었다. 이제는 코를 끌려 다니는 부자유가 없어지고 자기 힘으로 살 수 있게 되었다.

그 후에 백장은 다시 한 번 마 대사를 찾아갔다. 백장이 들어오는 것을 보고 그는 총채를 우뚝 세웠다. 불이 붙고 있느냐는 질문이다.

백장이, "필요할 때는 붙고, 필요치 않을 때는 꺼둡니다" 하자 총채를 옆에 놓았다.

"너는 이제부터 무엇을 가지고 남을 위할 것이냐?"

백장은 마 대사가 들었던 총채를 다시 바로 세워보였다. 진리의 불길을 드높이 일으켜 세우겠다는 것이다. 그랬더니 이번에는 마 대사가 말했다.

"필요할 때는 붙이고, 필요 없을 때는 꺼야지."

그러자 백장은 마 대사가 했던 대로 총채를 옆에 놓았다. 그 순간 마 대사는 하늘이 무너질 듯 큰소리로 고함을 질렀다. 백장은 그날부터 사흘 동안 귀가 멍해서 아무것도 듣지를 못했다. 이때 그는 완전히 탈바꿈을 하여 정말 훌륭한 큰 부처가 되었다. 선생님의 사랑은 빈틈이 없고, 선생님의 지혜는 한없이 깊다. 백장이 마 대사처럼 총채를 놓았을 때 백장은 벌써 천 길 지옥으로 떨어지고 있었다. 그때 스승의 힘찬 고함은 교만의 잠에서 그를 깨어나게 하였던 것이다. 이때 백장은 비로소 백장만이 가지고 있는 힘찬 불길이 된 것이다.

54. 운문의 두 손

『벽암록』제54장은 〈운문근리심처雲門近離甚處〉이다. 근리심처近離甚處란 최근 어디에서 여기까지 왔느냐 하는 물음이다. 부산에서 왔느냐, 미국에서 왔느냐, 천국에서 왔느냐, 지옥에서 왔느냐, 이북에서 왔느냐, 중국에서 왔느냐, 어디에서 왔느냐에 따라서 하는 일도 달라지게 마련이다. 천국에서 왔으면 사람을 도와주고 잘 살게 해주려고 왔을 것이고, 지옥에서 왔다면 사람을 못 살게 하고 괴롭히려고 왔음에 틀림이 없다. 우리가 어디에서 왔는가에 따라서 우리가 하는 일이 결정된다. 부처는 진리의 세계에서 왔다고 하여 여래如來라고 한다. 여여如如에서 왔고, 있듯이 있는 곳에서 왔기 때문에 부처의 사명은 사람을 깨우는 일이다. 욕심 속에서 잠자는 인류를 깨우자는 것이 부처이다. 집에 불이 붙는 줄도 모르고 자는 사람들을 깨워 구출하자는 것이 부처의 사명이다.

운문은 자기를 찾아온 젊은 중에게 너는 어디서 왔느냐고 다

짜고짜 물었다(운문문승근리심처雲門問僧近離甚處). 그랬더니 중은 서선 스님의 도량에서 왔다고 했다(승운僧云 서선西禪). 운문은 다시 이렇게 물었다(문운門云).

"그렇다면 서선의 편지라도 가지고 있을 것이 아닌가(서선근일유하언구西禪近日有何言句)?"

중은 두 손을 펴 보였다(승전양수僧展兩手). 그러자 운문이 한 대 후려갈겼다(문타일장門打一掌). 가짜 증명이었기 때문이다. 중은 할 말이 있으니 들어달라고 했다(승운僧云 모갑화재某甲話在). 그러자 이번에는 운문이 두 손을 펴보였다(문각전양수門卻展兩手). 그것은 진짜였다. 이제는 중도 할 말이 없었다(승무어僧無語). 그러자 운문은 또다시 한 대 치는 것이었다(문변타門便打).

하늘에서 왔으면 하늘에서 온 증거를 보여주어야 한다. 아무 증거도 없이 말로 변명을 해보았자 믿을 리가 없다. 암호를 내놓든지, 신임장을 내놓든지, 무엇이든 자기가 하늘에서 온 증거를 내놓아야 한다. 못 내놓으면 그것은 도적이요, 강도지, 예언자도 아니요, 지도자도 아니다. 아무리 교묘한 수단으로 가장을 하고 변명을 해도 거기에 속아 넘어갈 운문이 아니다.

이북에서 넘어온 간첩들이 아무리 증명서를 위조해도 능숙한 경찰의 눈을 속이기는 어렵다. 경찰에게는 오랜 경험을 통해 얻은 육감이라는 것이 있다. 이 육감을 속일 수가 없다. 예언자나 선지자에게는 날쌘 성령의 칼날이 있어 아무리 위장해도 쪼개고 들어가는 날카로움이 있다. 경찰에 걸린 도적과 같이 운문에게 당하고 있는 젊은 중의 고전하는 모습이 보이는 듯하다. 운문은 무조건 내리 패는 것이다. 진짜인지 가짜인지는 불에 넣어보아야 알듯이 참사람인지 허수아비인지는 한마디만 물어보면 알 수 있다. 그런데 이 젊은이는 두 손을 내밀어 기교를 피우려고 해보았지만 아무것도 통하지 않았다. 고양이는 고양이요, 쥐는 쥐, 아무리 쥐가 재주를 부려도 고양이 앞에서는 꼼짝을 못한다. 하는 수 없이 맞는 것이 고작일 뿐이다.

설두는 이런 시를 지어 운문을 찬양한다.

"호두호미일시수虎頭虎尾一時收. 늠름위풍사백주凜凜威風四百州. 각문부지하태험卻問不知何太嶮."

마치 호랑이가 사슴을 노리듯, 머리와 꼬리를 땅에 붙이고 웅크린 운문의 위풍은 천하에 견줄 사람이 없다. 그러나 호랑이가 되는 게 그렇게 쉬운 것이 아니다. 얼마나 많은 수련에 수련을 쌓아 호랑이가 되었을까. 죽을 고비를 얼마나 많이 넘기고 험산준령을 얼마나 많이 뛰어넘었을까. 옛날부터 부처를 사자에도 비교하고, 호랑이에게도 비교한다. 나무가 금강석이 되듯이 사슴이 사자가 되고, 토끼가 호랑이가 된다. 그렇기 때문에 사슴을 더 잘 아는 사자요, 토끼를 더 잘 아는 호랑이다.

운문도 젊은 중처럼 수없이 매를 맞던 때가 있었다. 누구나 수없이 실수를 거듭하면서 자라게 마련이다. 사람은 누구나 애벌레에서 나비가 되듯이, 나비가 될 수 있는 소질을 가지고 있기에 인류에게는 소망이 있는 것이다. 자연에서 자유가 나온다. 이것이 6년 고행이요, 참선이요, 수도다. 수영을 배운 사람과 수영을 못 배운 사람 사이에는 천지의 차이가 있다. 하나는 살고, 하나는 죽는다. 사는 이는 사자요, 죽는 이는 사슴이다. 배우면 토끼가 호랑이가 되고, 못 배우면 토끼는 여전히 토끼다. 진리를 깨달으면 부처가 되고, 진리를 못 깨달으면 여전히 중생이다. 부처라고 해도 중생이 부처가 된 것이지 부처라는 종류가 따로 있는 것이 아니다. 배우면 부처요, 못 배우면 중생이다. 목숨을 걸고 물에 뛰어들어 출가 고행 끝에 부처가 되는 것이지, 하는 것 없이 빙빙 돌아다니는 녀석이 부처가 될 수는 없다.

운문은 젊은 중을 불쌍히 여겨 사랑의 채찍을 한 대 먹인다.

"이놈아, 한 우물을 파는 거야. 서선 스님 밑이면 그 밑에서 엉덩이가 썩어지도록 수도를 할 것이지 무엇 때문에 빙빙 돌아다니는 거냐. 불도를 배울 생각이면 단단히 결심하고 생사의 뿌리를 뽑기까지는 꼼짝도 안 하는 거야. 한 우물을 팔 결심만 되어 있으면 천 길이고 만 길이고 파 들어가는 거야. 쓸데없이 여기저기 덤벙덤벙 돌아다니는 것이 아니야. 만일 딴마음이 생기면 사생결단을 내는 거야."

몇 마디 주워들었다고 들고 다닐 것도 없고, 남이 손짓발짓을 한다고 흉내 낼 것도 없다. 생사의 뿌리를 뽑겠다고 단단히 결심을 하고 달라붙으면 아무리 머리가 둔해도 끝장을 보게 될 것이다.

55. 도오의 문상

『벽암록』제55장은 〈도오점원조위道吾漸源弔慰〉라는 장이다. 도오는 담주潭州 도오산에 살던 달마 10세 법손 원지圓智 스님이다. 점원은 그의 제자로 담주 점원漸源에 살던 중흥仲興 선사다.

본문은 다음과 같다.

도오와 점원이 어떤 상가에 조문을 갔다(도오여점원道吾與漸源 지일가조위至一家弔慰). 그런데 제자인 점원이 관을 두드리면서 "선생님, 이 사람이 살았습니까, 죽었습니까?" 하고 대들었다(원박관운源拍棺云 생야사야生邪死邪). 그때 도오 선생은 살았다고도 죽었다고도 말하지 않았다(오운吾云 생야부도生也不道 사야부도死也不道). 살았다고 하면 왜 파묻느냐고 할 것이고, 죽었다고 하면 왜 제사를 지내느냐고 할 것이기 때문이다. 점원은 묵묵히 서있는 선생님에게 왜 말하지 않느냐고 독촉을 했다(원운源云 위십마부도爲什麽不道). 그때 도오는 두 번이나 말할 수 없다고 잘라 말했다(오운吾云 부도부도不道不道). 돌아오는 길에(회지중로回至中路)

점원은 선생님에게 기쁜 마음으로 가르쳐줄 것을 졸라댔다(원운源云 화상쾌여모갑도和尙快與某甲道). 그래도 말하지 않으면 선생님을 박살내겠다고 위협했다(약부도若不道 타화상거야打和尙去也).

알고도 안 가르쳐주면 불친절한 선생이니 선생의 자격이 없고, 모르고 안 가르쳐주면 더욱 선생이랄 자격이 없다. 그것은 불교에서 제일 중요한 것이 생사를 이해하는 것이기 때문이다. 그때 선생 도오는, "때리려면 때려라. 그 말은 정말 못하겠다"고 잡아떼었다(오운吾云 타즉임타打卽任打 도즉부도道卽不道). 이리하여 점원은 선생을 때리고 말았다(원변타원便打).

도오가 세상을 떠난 후(후도오천화後道吾遷化) 점원은 도오의 제자요, 점원의 선배인 담주 석상산의 경저慶諸 스님을 찾아가서 모든 이야기를 하고 생사에 대하여 다시 물었다(원도석상源到石霜 거사전화擧似前話). 그랬더니 석상도 도오와 똑같이 "살았다고 말할 수도 없고, 죽었다고 말할 수도 없다"고 말했다(상운霜云 생야부도生也不道 사야부도死也不道). 이 말을 듣고 점원은 왜 말할 수 없느냐고 달려들었다(원운源云 위십마부도爲什麽不道). 석상은 결국 "말할 수 없으니까 말할 수 없는 거지" 하고 타일렀다(상운霜云 부도부도不道不道). 이 말에 점원은 비로소 깨닫게 되었다(원어언하유성源於言下有省).

어느 날 점원은 가래를 가지고 법당에 올라가서 동서로 왔다갔다 하며 무엇을 찾는 모습이었다(원일일장초자源一日將鍬子 어법당상於法堂上 종동과서從東過西 종서과동從西過東). 그때 석상이 "그대는 무엇을 찾고 있나" 하고 물었다(상운霜云 작십마作什麼). 점원은 선생님의 사리를 찾고 있노라고 대답했다(원운源云 멱선사영골覓先師靈骨). 석상은, 선생님은 세상을 뜨신 지가 까마득한데 선생님의 사리가 어디 있다고 찾고 있느냐고 놀렸다(상운霜云 홍파호묘백랑도천洪波浩渺白浪滔天 멱십마선사영골覓什麼先師靈骨).

이때 설두도 한마디로 모두 한심하다고 한탄한다(설두착어운雪竇著語云 창천창천蒼天蒼天). 그래도 점원은 힘써 찾아보면 있을 거라며(원운源云 정호착력正好著力) 찾고 있었다. 이때 설봉의 제자인 태원의 부 상좌가 "찾았다" 하고 고함을 질렀다(태원부운太原孚云 선사영골유재先師靈骨猶在).

이야기의 앞부분은 생사는 말할 수 있는 것이 아니라는 것이고, 이야기의 뒷부분은 선생님의 진짜 사리는 진리를 깨달은 제자들이라는 것이다. 석상도 진리를 깨달은 사람이요, 점원도 진리를 깨달은 사람이니 그들이 사리이지 화장하고 남은 뼈가 사리일 리가 없다는 것이다. 정신적인 후계자가 중요하지, 화장하고 남은 찌꺼기는 아무 가치가 없다.

불교는 산 종교지 죽은 시체를 문제 삼는 종교가 아니다. 그런 점에서 죽은 시체를 놓고 살았느냐 죽었느냐 하는 점원의 질문은 근본적으로 잘못된 것이다. 그것은 시체가 문제가 아니라 질문하는 점원이 문제이기 때문이다. 살아도 시원히 살지 못하고, 죽어도 깨끗하게 죽지 못한다. 반은 살고, 반은 죽은 산송장을 취생몽사醉生夢死라고 하지만 불교의 생사는 취생몽사의 '생사'가 문제이다. 점원과 같이 관 뚜껑을 두드리면서 죽은 송장에게 살았느냐 죽었느냐 하고 물을 것이 아니라 산송장인 자기의 가슴을 치면서 내가 정말 살았나 죽었나를 물어야 한다. 도오나 석상이 말하지 않은 것은 점원으로 하여금 질문의 방향을 자기에게로 돌리게 하기 위한 수단이었다. 첫 번째는 실패하고 스승을 때리는 불경까지 범하였지만 스승이 죽은 후에 석상을 찾아가서는 때가 차서 철이 들게 된 것이다.

인생의 문제는 죽은 후가 아니다. 언제나 내가 문제다. 죽기 전에 죽어 있는 것이 문제다. 인생은 진리를 깨닫기 전에는 취생몽사를 넘어설 수가 없다. 사는 것을 원하면서도 죽기를 원하고, 죽었으면 좋겠다고 하면서도 죽기를 싫어한다. 산 것도 아니고 죽은 것도 아니다. 산송장이요, 죽은 미물이다. 종교는 사후를 문제 삼지 않는다. 사후를 아는 사람은 아무도 없다. 종교의 문제는 산 내가 문제다. 내가 정말 살았느냐가 문제다.

종교는 생사를 문제 삼지 않는다. 진리를 문제 삼고, 생명을 문제 삼고, 길을 문제 삼는다. 할 일이 무어냐가 생사보다 더 중요하다. 그 일을 위해서 살아야겠으면 살고, 그 일을 위하여 죽어야겠으면 죽는다. 생사는 수단이지 목적이 아니다. 생사는 양변兩邊이요, 중도中道가 아니다. 생사는 나뭇가지의 잎과 같아서 나무를 위하여 태어났다가 푸르게 일하고 가을이 되면 다시 낙엽으로 죽어 나무뿌리를 기름지게 하는 것뿐이다. 살아도 나무를 기르고, 죽어도 나무를 기른다. 생사는 수단이지 목적이 아니다.

생사는 생사에 맡기고, 다만 길을 가고, 마음을 닦고, 인격을 기를 뿐이다.

56. 흠산의 화살

『벽암록』 제56장은 〈흠산일촉파삼관欽山一鏃破三關〉이다. 흠산欽山은 예주澧州 흠산에 살던 문수 선사文邃禪師다. 일촉파삼관一鏃破三關이란 말은 화살 하나를 가지고 전위, 주력, 후방 부대를 모조리 전멸시켰다는 말이다.

거량巨良 스님이라는 선객이 흠산의 문수 선사를 찾아가 물었다(양선객문흠산良禪客問欽山). "한 번의 화살로 세 관문을 꿰뚫으면 어떻게 될까요(일촉파삼관시여하一鏃破三關時如何)?"

그랬더니 흠산이 말했다(산운山云). "적장을 내쫓을 수 있겠지. 네가 정말 너의 원수를 정복했나 한번 보자꾸나(방출관중주간放出關中主看)."

그러자 거량이 대답했다(양운良云). "그렇다면 잘못을 알겠으니 반드시 고칠 것입니다(임마즉지과필개恁麼則知過必改)."

거량은 자신이 없었던 모양이다. 흠산은(산운山云), "아직도 번뇌의 마군을 정복 못했다면 언제까지 기다려야 탐진치貪瞋痴

의 삼관을 벗어날 수 있겠느냐(경대하시更待何時)"하고 말하자 거량은(양운良云), "열심히 노력하여 잘 쏘느라고 하기는 했는데 잘 맞지 않습니다"하며 나갔다(호전방불착소재변출好箭放不著所在便出). 흠산이 나가는 거량을 불러들였다(산운山云 차래도려且來闍黎). 거량이 돌아오자 그의 멱살을 잡고 말했다(양회수良回首 산파주운山把住云). "한 화살로 세 관문을 꿰뚫는다는 과대망상은 그만두고 어디 네 앞에 선 나나 한번 맞추어 보아라(일촉파삼관즉차지一鏃破三關卽且止 시여흠산발전간試與欽山發箭看)."

거량은 그 소리도 채 알아듣지 못하고 머뭇거렸다(양의의良擬議). 하는 수 없이 흠산은 몽둥이를 들어 거량을 일곱 번 후려갈기더니 한마디 했다(산타칠방운山打七棒云). "이번에는 용서해줄 터이니 한 삼십 년 더 생각해보아라(차청저한의삼십년且聽這漢疑三十年)."

그랬더니 거량이, "화살이 심장을 꿰뚫으면 어떻게 될까요?" 하고 묻는 것이 또 미친 소리다. 그래도 흠산은 "죽었다"고 대답해주었다. 그랬더니 거량은 죽은 줄 알았는데 아직도 꿈틀거린다고 또 말하였고, 이 대답에 흠산은 무조건 두들겨 패는 것이다.

미친놈에게는 두들겨 패는 길밖에 없는 모양이다. 사람은 왜 자꾸 미칠까. 죽어야 하겠는데 죽지 않으니 미치는 것이다. 자기를 죽여야 하는데 죽일 수가 없다. 실력이 모자라는 것이다. 결국 죽일 수 있는 힘을 기르지 않으면 죽일 수 없다. 죽이는 힘을 어떻게 기르나. 결국 죽이는 훈련을 쌓아야 한다. 죽이는 훈련의 대상이 누군가. 선생이라는 것이다. 선생을 죽여보는 것이다. 흠산은 너 자신을 죽이려고 하지 말고 나를 죽여보라고 그의 붉은 가슴을 내어헤친다. 이것이 스승의 사랑이다. 제자를 위하여 백 번이라도 죽고자 하는 사람, 그가 달마요, 그가 석가요, 그가 부처요, 그가 스승이다. 삼십 년이 걸려도 좋으니 선생을 잡아먹으라는 것이다. 선생을 죽이기 전에는 자기를 죽일 수 없다.

선생을 알기 전에는 자기를 알 수 없다. 선생의 본체를 먼저 아는 것이다. 그렇지 않으면 자기의 본체를 알 수가 없다. 어떻게 자기의 형상을 볼 수 있을까. 스승의 형상을 보기 전에는 자기의 형상을 볼 수 없다. 스승에게는 스승 고유의 형상이 있다. 스승 고유의 독특한 성격이 있다. 그 성격을 통해서 스승이 어떤 사람인지 알 수 있을 때 내가 어떤 사람인지를 알 수 있다. 선생을 알았을 때 선생은 완전히 내 포로가 될 수 있고, 나를 알았을 때 나는 완전히 내 포로가 될 수 있다. 나를 완전히 사로잡았을 때 진리를 깨달은 것이요, 자유를 얻은 것이다.

옛날 어떤 중이 스승의 멱살을 잡고 칼을 내밀었다. 그리고는 이 순간의 기분이 어떠냐고 물었다. 스승은, "이놈아, 순간에 빈틈이 어디 있느냐?" 하고 야단쳤다. 제자는, "그래도 마지막인데 한마디 있어야 하지 않습니까?" 하자 스승은 빙그레 웃으면서 말했다.

"화로 속의 한 조각 눈이라고나 할까."

"그러면 스님, 녹으면 어디로 가지요?"

"비건, 눈이건, 우박이건, 얼음이건 모습은 달라도 녹으면 모두 같은 골짜기를 흐르는 시냇물이지 별것 있느냐. 녹으면 물이요, 얼면 얼음. 잠들면 번뇌, 깨면 보리. 팥이 풀어져도 가마 속에 있듯이 내가 죽는다고 아버지의 품을 떠날 수 있겠냐. 가는 데가 거기지 별수야 있을라고. 찌르려면 어서 찔러보려무나." 그때서야 제자는 멱살을 놓아주면서 말했다. "눈이니 얼음이니 구별이 있습니까? 안 녹아도 같은 골짜기의 시냇물 소리인걸."

설두는 "대장부선천위심조大丈夫先天爲心祖"라는 말로 끝을 맺는다. 대장부는 하늘보다 앞서 마음의 조상이 된다. 대장부는 스승보다 앞서 진리를 깨달을 수도 있다. 스승보다 더 진지하면 스승을 넘어서서 먼저 자기의 모습을 볼 수도 있을 것이다. 세상에 스승이 없다고 하지 마라. 세상에 나만 못한 사람이 누구랴. 배우려고만 마음먹으면 일체가 스승이요, 모두가 스승이다. 일체를 스승으로 모실 수 있다면 그때 나는 벌써 무아요, 스승보다 먼저 진리를 깨달은 것이다. 세 살 난 어린아이라도 내 스승이 될 수 있을 것이다. 그의 순진을 무엇에 비할까. 어린애와 같지 않으면 천국에 들어갈 사람이 없다고 하지 않는가. 누구한테나 머리를 숙여라. 돌 앞에도, 나무 앞에도. 돌도 나보다 굳고, 나무도 나보다 크다. 세상에 나만 못한 것이 무엇일까. 흙이라고 나만 못할까. 흙은 나보다 두껍지 않느냐. 세상에 나만 못한 사람도 없고, 나만 못한 물건도 없다. 일체 앞에 머리 숙인 사람만이 일체에 앞서 부처가 된 사람이다.

57. 조주와 촌놈

『벽암록』 제57장은 〈조주지도무난趙州至道無難〉이다. 조주는 조주 관음원의 종심 선사로 이미 여러 번 나온 사람이다. 벽암록 제2장에 〈지도무난〉이라는 장이 나왔는데, 제57장에 다시 나오고 제58장과 제59장에 또 나온다. 네 번씩이나 겹쳐 나오는 것을 보면 이것이 불도의 극치라는 것을 알 수 있다. 불도란 별것이 아니다. 어려움 없는 것이 불도다. 인생이란 본래 쉽고 간단한 것인데, 사람들이 간단한 인생을 복잡하게 만들고, 쉬운 인생을 어렵게 만들어서 복잡하고 어렵게 살아가고 있다. 그것을 다시 인생 본연의 태세로 회복하자는 것이 불도다.

사람은 타락해서 그런지, 막혀서 그런지, 많은 사람이 모여 살아서 그런지, 자기가 자기를 얽어매고, 사회가 사회를 얽어매고, 국가가 국가를 얽어매어 꼼짝달싹도 못하고, 숨도 크게 못 쉬고, 잠도 제대로 못 자고, 밥도 제대로 못 먹으니 사람처럼 불쌍한 동물이 없다. 이러한 가엾은 상태를 차마 볼 수가 없어 이런 구속에서 풀어 놓아주자는 것이 불도의 '대자대비'라는 것이다. 대자대비라야 별것이 아니다. 사람에게는 본래 생각하는 성질이 있어 가만히 생각해보면 스스로 자기가 왜 이렇게 고생하고 있는지를 알 수가 있다. 그 원인을 발견하여 끊어버리고 벗어버리면 인간은 누구나 홀가분하고 자유로운 것이다. 그런데 사람들은 이런 구실, 저런 구실을 다 붙여서 생각하려고 들지를 않는다. 생각하는 일처럼 사람들이 싫어하는 것은 없다. 아무리 생각해도 생각이 안 떠오르는 것이다. 그래서 집을 떠나 산으로 들어가 밥을 끊고 생각하는 사람도 있고, 잠에서 깨어나 생각하는 사람도 있다. 생각만 하면 인간의 모든 문제는 풀리게 마련이다.

여기 주인공 조주야말로 조주 관음사에서 여유만만한 한가한 스님이다. 그 나머지는 아무 문제가 없다. 마치 불이 붙고 물이 흐르듯이, 배고프면 먹고, 고단하면 자고, 산이 높고 물이 흐르듯이 아침이 되면 일어나고, 대낮이 되면 나가 일하고, 아무 문제가 없다. 사람이 먹는다고 해도 한 달에 쌀 한 말이면 족하고, 사람이 잔다 해도 땅 한 평이면 족하다. 사람이 만물의 영장이 되어 쌀 한 말 만들 수 없고, 땅 한 평 구할 수 없어 문제이랴. 조주는 사람이 없는 산에 들어가 땅 한 평 얻어 잠을 자고, 쌀 한 말을 갈아 밥을 먹으며 걱정 없이 살아간 사람이다.

그런데 어떤 중이 찾아와서 아무 문제없이 사는 조주를 보면서도 눈이 비뚤어졌는지 이렇게 물었다(승문조주僧問趙州).

"지도무난至道無難 유혐간택唯嫌揀擇이란 말이 있는데, 어떻게 하면 가르지도 고르지도 않고 살 수 있겠습니까(여하시불간택如何是不揀擇)?"

이때 조주가 말하기를(주운州云), "천상천하에 유아독존이면 되지(천상천하유아독존天上天下唯我獨尊)."

그랬더니 중은(승운僧云), "그것도 또한 가르고 고른 것이 아닙니까(차유시간택此猶是揀擇)?"하고 말했다.

그러자 조주는(주운州云), "이 맹꽁아, 그것이 무얼 가르고 고른 건가(전고로田庫奴 십마처시간택什麼處是揀擇)?"

그 말에 중은 아무 말도 못했다(승무어僧無語).

아무 말도 못한 것을 보니 아직도 말이 통하지 못한 모양이다. 조주가 천상천하에 유아독존이라 하니 그것이야말로 세상에서 제일 잘난 것이 아니냐고 생각한 모양이다. 제일 잘난 것이 되겠다는 것이야말로 가르고 골라서 뽑은 것이 아니냐고 중은 묻고 있는 것이다. 거기에 대해서 조주는 이 맹꽁아, 그것이 어째서 제일 잘난 것이냐. 세상에 잘나지 않은 것이 어디 있냐. 나무도 잘났고, 바위도 잘났고, 산도 잘났고, 하늘도 잘났고, 잘나지 않은 것이 어디 있느냐. 너는 못났느냐. 너처럼 잘난 놈이 어디 있느냐. 그런데 왜 맹꽁이처럼 못난이가 되었는가 좀 생각해보려무나 하고 타일러준다. 중도 그 말에 부끄러워서 말을 못하니, 생각하게 되었기를 바란다.

말할 필요도 없다. 말 안 하고 가만히 생각하면 저절로 풀리는 것이다. 물론 병이 너무 골수에까지 미치면 의사의 도움이 필요하기도 하지만 웬만한 병은 저절로 낫는다. 세상 문제치고 풀지 못할 문제는 없다. 내 문제는 내가 풀 수 있기에 내가 부처요, 누구나 다 불성을 가지고 있다는 것이다. 그렇기에 천상천하에 나처럼 잘난 놈이 없다. 누구의 신세도 안 지고 능히 살 수 있는 것이 나다. 그래서 천상천하에 유아독존이라고 한다. 이것을 부처라고도 하고, 불성이라고도 한다.

부처는 생각하는 사람이요, 불성은 생각하는 능력이라고 보면 누구나 부처인 것이다. 부처가 되면 세상에 아무 문제가 없다. 내가 나 되면 아무 문제가 없다. 강아지가 강아지 되면 아무 문제가 없다. 강아지가 강아지 못 되면 이것이야말로 도깨비요, 미친개다. 내가 나 됨이 하나다. 하나는 그것밖에 없으니까 고귀한 것이다. 그래서 독존이다.

또 그런 것이 있다든가 많다든가 하면 고귀할 것도 없고, 존귀할 것도 없다. 나는 나만이 나다. 나 같은 것은 세상에 다시는 없다. 세상에는 같은 얼굴이 없듯이 세상에는 나 같은 것이 또다시 없다. 그런 의미에서 나는 하나다. 하나님은 선한 자와 악한 자에게 다 비를 주신다. 하나에게는 둘이 없다(불이不二). 하나에게는 다가 있을 뿐이다.

건강한 사람에게는 다 맛있다. 병난 사람에게만 고르고 가름이 있다. 고르고 가름이 있는 동안 그것은 병신이다. 고르고 가름이 없는 사람만이 건강한 생명이다. 부처란 건강한 생명이다. 거기는 생사도 없고, 미추도 없고, 번뇌도 없고, 시비득실도 없고,

선악정사도 없고, 애증호오도 없고, 생사열반도 없다. 하나다. 다다.

58. 조주도 모르는 것

『벽암록』 제58장은 〈조주시인과굴趙州時人窠窟〉이라는 장이다. 과굴窠窟이란 땅에 파놓은 함정이라는 뜻이다. 시인과굴時人窠窟이란 요즘 사람들이 누구나 빠져 있는 함정이다. 나도 빠지고, 너도 빠지고 누구나 다 걸려 있는 유행성 감기이다. 불교가 유행하면 불교라는 유행성 감기에 걸리고, 서양 철학이 유행하면 서양 철학이라는 감기에 걸리고, 한국 철학이 유행하면 한국 철학이라는 감기에 걸리고, 유행에 따라 머리를 기르기도 하고, 자르기도 한다. 일체가 물에 흘러가는 나무막대기 같아서 제정신이나 자존심이나 주체의식이 없다. 그저 동으로 뛰고, 서로 달리는 망둥이새끼처럼 정신없이 헤매고 있으니, 도깨비 수라장이요, 아귀들뿐이지, 사람의 세계가 아니라는 것이다.

시대라는 것은 도깨비 같아서 사람들을 마구 끌고 다닌다. 공산주의가 유행하면 거기에 끌리고, 민주주의가 유행하면 거기에 끌린다. 왜 공산주의인지, 왜 민주주의인지를 따져보지 않고, 남이 공산주의라면 나도 공산주의요, 남이 민주주의라면 나도 민주주의라는 식이다.

'나'라는 주체의식 없이 공연히 날뛰는 송사리들의 비참함을 보다 못해 어떤 중이 조주에게 물었다(승문조주僧問趙州).

"지도무난至道無難 유혐간택唯嫌揀擇이란 말이야말로 요즘 사람들이 걸린 유행병 같은 함정이 아닐까요(지도무난至道無難 유혐간택唯嫌揀擇 시시인과굴부是時人窠窟否)?"

"언젠가도 그런 질문을 하는 이가 있었지. 그때 느낀 것인데 이런 유행병은 5년이 지나도 풀리지 않을 것 같더군(주운州云 증유인문아曾有人問我 직득오년분소불하直得五年分疎不下)."

5년이 지나도 풀리지 않는 감기니 굉장한 독감인 모양이다. 사람은 누구나 독감에 걸려있다. 탐진치貪瞋痴라는 삼독三毒이다. 그런 독감에 걸리게 되는 이유는 이것이 좋다, 저것이 좋다 하는 간택揀擇 때문이다. 지금 이 중은 독감 중에서도 고약한 독감에 걸린 것이다. 그것은 불도佛道라는 독감이다. '불도에만 통하면 아무 어려움도 없을 터인데' 하며 불도에 통하려고 야단이다. 그런 중이 조주까지도 함정에 빠진 줄 알고 너나 나나 모두 빠진 것 아니냐고 덤벼들어 보았지만 조주는 하늘 위에서 지옥을 내려다보듯, 너는 아직도 지옥에서 5년은 더 고생해야 나오게 될지도 모르겠다며 시원한 얼굴을 하고 있는 것이다.

"지도무난至道無難 유혐간택唯嫌揀擇"은 빠진 사람을 위해서 내던진 밧줄이지, 그것을 가지고 밥벌이 하자는 수작이 아니다.

간택에 걸려든 놈이 너무 많아 그것을 건지기 위해서는 고를 것이 없다. 다 먹어야지, 다 먹어야 영양이 되는 거야. 반찬이니, 고기니, 채소니 할 것 없이 다 먹어야 해. 유행이고 전염이고가 없어. 다 먹어야 해. 유행이 어쩌고, 전염이 어쩌고 하는 것은 아직 건강한 것이 아니다. 건강한 사람에게는 유행도 없고, 전염도 없다. 유행에 걸리고, 전염에 걸리는 것은 병신들이나 등신들이지, 조주 같은 달인이 그런 것에 걸릴 리가 없다. 조주마저도 중병에 걸린 줄로 생각하면 큰 잘못이다. 이 중이야말로 중병에 걸려 헛소리를 하고 있는 것이다. 중병에 걸렸으니 어서 "지도무난 유혐간택"이란 약을 먹고 회복하라는 뜻이다. 그런데 그것은 먹지도 않고 당신도 병에 걸린 것이 아니냐고 의사에게 대드는 이 환자야말로 중환자요, 정신병자임에 틀림이 없다.

　조주는 딱해 하며 이 병은 쉽게 회복될 병이 아니라고 진단을 내린다. 5년의 병고를 치르고라도 나으면 다행이라는 것이다. 세상에는 일생 동안 병고를 치르면서도 못 빠져 나오는 사람이 얼마든지 있는 것이 아닐까.

　독감에 걸리지 않아야 한다. 탐진치를 벗어버려야 한다. 그래야 지도至道가 되고 건강을 회복할 수가 있다. 세상에 탐할 것이 무엇이며, 세상에 화낼 일이 무엇이며, 세상에 빠질 데가 어디냐. 불을 끄고, 물을 푸고, 돌을 던지면 그것이 지도지, 별것이 있느냐. 배가 바람에 깨지고, 집이 불에 타고, 전답이 물에 못 쓰게 된다. 수재水災를 막고, 화재火災를 막고, 풍재風災를 막는 것이 정치지 별것이냐. 자기를 바르게 다스릴 줄 알아야 한다. 자치自治만이 민주주의의 핵심이다. 자기가 자기를 다스리지 못하면 남이 나를 다스리는 법이다. 남이 나를 다스리게 되면 아무 자유도 없다. 수처위주隨處爲主면 입처개진立處皆眞이라고 한다. 어디서나 자기가 자기를 다스릴 줄 알면 선 자리가 그대로 천국이요, 해탈이다.

불도佛道란 별것이 아니다. 자기가 자기를 다스려보라는 것이다. 자기가 자기를 다스리면 아무 문제가 없다. 자기를 자기가 다스리지 않고 남에게 끌려 다니니 안 되는 것이다. 이 사람이 좋다느니, 저 선생이 좋다느니 하며 끌려 다니다 보니 선생이 하나의 함정이 되고, 조주가 함정이 되고, 불도가 함정이 되고, 일체가 함정이 되어 꼼짝도 못하는 얼간망둥이가 되어버린다.

자기 일은 자기가 알아서 해야 한다. 어려운 일부터 시작하지 말고 쉬운 일부터 시작하면 된다. 아무리 약하고 바보라도 살아 있는 동안은 할 수 있는 일이 있다. 밥 먹는 일부터 시작해보고, 잠자는 일부터 시작해보자. 밥 한 번 바르게 먹고, 잠 한 번 바로 자면 거기에서 인생의 모든 문제는 해결될 것이다. 병이 왜 나는가. 밥을 잘못 먹는 데서 난다. 늙음이 왜 오나. 잠을 잘못 자는 데서 늙음이 온다. 사람이 밥 잘 먹고, 잠 잘 자면 생사는 벗어날 수 있다. 생사를 벗어나면 거기가 열반이요 불도지, 불도가 따로 있겠느냐.

59. 조주의 절대계

『벽암록』제59장은 〈조주유혐간택趙州唯嫌揀擇〉이다.

어떤 중이 조주에게 물었다(승문조주僧問趙州).

"『신심명信心銘』에 '지도무난至道無難 유혐간택唯嫌揀擇 재유어언纔有語言 시간택是揀擇'이라고 했는데 스님은 어떻게 말없이 사람을 가르치시는지요(지도무난至道無難 유혐간택唯嫌揀擇 재유어언纔有語言 시간택是揀擇 화상여하위인和尙如何爲人)?"

조주가 대답하기를, "어째서 남은 말을 다 인용하지 않느냐?" 하였다(주운州云 하불인진저어何不引盡這語).

그러자 중은, "제가 기억하는 것은 그것뿐입니다" 하고 말했다(승운僧云 모갑지념도저리某甲只念到這裏).

그러자 조주가 말했다. "나는 그것조차도 생각이 안 나는군. 그저 지도무난 유혐간택뿐이야(주운州云 지저只這 지도무난至道無難 유혐간택唯嫌揀擇)."

지도무난은 통째로의 세계다. 그런데 이것저것 하기 시작하면 벌써 상대의 세계로 떨어져 '절대'의 세계가 깨어져버린다. 절대의 세계는 '절대'로 있어야지, 상대로 떨어지면 안 된다는 것이 승찬僧璨의 『신심명』의 전부다. 그래도 중들은 그 말이 무슨 뜻인지 몰라서 자꾸 문제 삼는다. 그러나 문제 삼는다고 해결되는 것이 아니다. 그래서 조주는 "문제를 삼으면 벌써 '상대'로 떨어진 것이니까 이미 간택을 한 것이요 언어를 쓴 것이다"라고 대답했다.

『신심명』에서 제3조 승찬 스님께서도, "그러니까 통째로 살아야지, 싫고 좋고가 있으면 그것은 절대가 아니다. 싫고 좋고가 없어야 그것이 천국이다(단무증애통연명백但無憎愛洞然明白). 그런데 나는 천국에도 살지 않는다. 그 말을 너희들은 알아듣겠느냐" 하고 되물었다. 그들이 천국이란 말을 들으면 또 천국이니, 지옥이니 하고 '상대'에 빠질까 염려되어 못을 박은 것이다.

젊은 중은 진리의 세계는 통째의 세계요, 이러쿵저러쿵이 없는 세계인데, 말이 있으면 벌써 이러쿵저러쿵하는 시비是非의 세계니 선생님은 말하지 않고 어떻게 가르칠 것이냐고 물었다. 이 중은 말과 문제를 혼동하고 있는 것이다. 말이 있으면 그것은 간택이다, 하는 말은 문제가 있으면 안 된다는 말이지, 말이 있어서 안 된다는 말이 아니다. 진리의 세계는 말의 세계다. 마치 물이 넘치는 것같이 진리가 넘쳐 나오는 것이 팔만대장경이다. 말이 문제가 아니다. 말을 못 알아듣는 맹꽁이가 문제다. 그래서 조주는 대답한다.

"말이 문제가 아니다. 말이야 많을수록 좋지. 승찬의 『신심명』은 그것뿐인가. 진리에 넘치는 말이 얼마든지 있는데 인용하려면 다 인용하지, 왜 그것만 인용해가지고 문제냐. 먹으려면 다 먹지, 왜 그것만 먹고 맛이 있느니 없느니 야단이냐?"

중이 대답한다.

"저에게는 그 이상 먹히질 않습니다. 지금 생각나는 것은 그것뿐입니다."

세상에는 가끔 경전의 한 부분만을 인용하여 그것이 경전의 다인 것처럼 야단하는 사람들이 있다. 그런 부분 인용은 안 하는 것이 좋다. 그래서 조주는 말한다.

"나는 거기까지도 기억이 나지 않는다. 나는 '지도무난 유혐간택'이라는 한마디밖에 모르겠다. 그 말 한마디면 전부지, 그밖에 무엇이 또 있겠느냐."

조주는 말하면 안 된다는 상대방의 말을 받아서 말문을 막아 버린다. 요는 말이 문제가 아니다. 진리를 깨달은 사람과 진리를 못 깨달은 사람이 문제다. 진리를 깨달은 사람은 백만 마디의 말을 해도 다 진리와 일치하고, 진리를 못 깨달은 사람은 한마디를 해도 진리와 맞지 않는다. 건강한 사람은 아무것이나 먹어도 살로 가지만, 건강치 못한 사람은 무엇을 먹어도 병이 나기 쉽다. 요는 건강과 비건강이요, 밥이 문제가 아니다. 요는 진리를 깨달았는가, 깨닫지 못하였는가가 문제지, 말이 문제가 아니다. 진리를 깨달았으면 무슨 말이든지 좋고 나쁨이 없다. 지도무난 유혐간택이다. 통째의 세계에 사는 것이 지도무난이다. 그 속에는 이것저것이 없다.

세상의 모든 문제는 통째가 못 되기 때문에 일어난다. 통째라는 말은 진리가 충만하다는 말이다. 은혜가 충만하다고 해도 좋고, 성령이 충만하다고 해도 좋고, 얼이 충만하다고 해도 좋다. 그런데 얼이 빠져 문제다. 얼이 빠진 사람은 무엇에 대하여도 불평불만이다. 돈이 있어도 불만이요, 지위가 있어도 불만이다. 그러나 얼이 충만하면 아무것 없어도 만족하고, 어떤 것이 있어도 만족한다. 부귀가 있어도 그만, 빈천이 있어도 그만이다. 얼이 충만하면 일체의 문제가 해결되지만, 얼이 빠지면 어떤 것이 있어도 쓸데가 없다.

얼이란 말 대신에 철이라고 해도 좋다. 철이 들면 지식이 있어도 그만, 없어도 그만이다. 그러나 철이 못 들면 지식이 있어도 걱정, 지식이 없어도 걱정이다. 그런데 철이 무엇인지, 얼이 무엇인지는 아무도 아는 사람이 없다. 철을 들게 할 수도 없고, 얼을 가지게 할 수도 없다.

옛날부터 철들게 하기 위해서 발견한 것은 고작 몽둥이로 두들겨 패는 것이다. 덕산은 입만 벙긋하면 몽둥이로 두들겨 팼다. 잘해도 30대, 못해도 30대, 그저 치는 것이다. 이래도 치고, 저래도 치니 학생들은 영문을 몰라 하며 매를 맞다가 일단 철이 들면 환연빙석渙然氷釋, 일체가 풀리고 안개가 걷히며 모든 것이 통연명백洞然明白해진다. 그리고 다시는 싫다 좋다가 없어지고 만다.

병난 사람에게 약은 주지 않고 운동만 시키는 것이나 마찬가지다. 운동을 하고 또 하여 건강이 회복되면 약 같은 것은 문제도 안 된다.

소크라테스가, 묻는 말마다 너 자신을 알라고 했다든가, 구지 스님이, 묻는 말마다 손가락을 내밀었다든가 하는 것이 모두 마찬가지다. 약이 문제가 아니다. 운동이 문제요, 사색이 문제이지, 지식이 문제가 아니다. 종교의 세계에서도 마찬가지다. 장엄한 교리가 있고, 팔만 사천 대장경이 있지만 사실은 그런 것이 문제가 아니다.

60. 운문의 지팡이

『벽암록』 제60장은 〈운문주장자雲門拄杖子〉다. 운문은 문언文偃 선사로 『벽암록』 100장 중의 18장을 차지하는 걸승이다.

어느 날 운문이 지팡이를 들고 나와 대중에게 보이면서 말했다(운문이주장시중운雲門以拄杖示衆云).

"이제 지팡이가 용이 되어 이 세상을 온통 삼켜버릴 것이다. 그렇게 되면 산이니, 물이니가 어디 있느냐. 아무것도 없다(주장자화위용拄杖子化爲龍 탄각건곤료야吞卻乾坤了也 산하대지심처득래山河大地甚處得來)."

그러나 설두는 송頌에 "주장자拄杖子 탄건곤呑乾坤"이라고 하여 용이 된다는 말을 떼어버렸다. 지팡이 그대로도 천지를 삼킬 수 있는데 용이 될 필요가 어디 있는가 하는 말이다.

지팡이가 용이 된다는 말은 중생이 부처가 된다는 말이다. 이제 중생이 부처가 되면 세상에 모르는 것이 없을 거라는 것이다. 그러나 설두는 중생이 부처가 될 필요가 어디 있는가라고 대드는 것이다. 막대기 그대로도 천지를 삼킬 수 있고, 중생 그대로도 다 알 수 있는데 복잡하게 용이 되고 부처가 될 것은 무엇이냐며 대드는 것이다. 자기를 알면 자기로 족하지 무엇이 될 필요가 있느냐 하는 말이다. 그러나 사람은 그렇게 쉽게 자기를 알 수가 있을까. 믿음이면 족한 줄은 다 알지만 그렇게 쉽게 믿음이 생기지 않는다.

옛날 신라 스님 가운데 파초 스님이라는 분이 있었다. 앙산의 후계자인 남탑의 광용光涌 스님의 제자로 혜청慧清 스님인데 영주郢州 파초산에 살았기 때문에 파초 스님이라고 한다. 파초는 언제나 너희들에게 주장자가 있으면 한 개를 더 주고, 주장자가 없으면 그 주장자를 빼앗아버리겠다고 말하곤 했다는 것이다. 있으면 더 주고 없으면 빼앗는다.

종교의 세계는 이상한 세계다. 있는 자는 더 있고, 없는 자는 더 없고, 아는 자는 더 알고, 모르는 자는 더 모르게 된다. 아무리 중생이 본래 부처요, 얼음이 본래 물이라고 해도, 부처 같지도 않고, 물 같지도 않으니 어떻게 하느냐는 말이다. 결국 잉어가 절벽을 기어올라 용이 되듯이 무서운 선생의 절벽을 기어올라 부처가 되는 수밖에 없다. 그 과정에서 선생은 무자비하게 그것도 모르느냐고 마구 갈길 것이다. 백 대도 때리고, 천 대도 때리고, 얼음이 물인 것도 모르느냐고 때리지만, 실제로 얼음이 물인 것을 모르고, 중생이 부처인 것을 모르고, 내가 하나님의 아들인 것이 믿어지질 않으니 어떻게 하느냐는 말이다. 결국 맞고 또 맞아야만 알고, 배우고 또 배우노라면 어느 날 홀연히 주장자가 용이 되듯이 자기가 부처임을 깨닫게 되는 것이다. 어렵다. 세상에 이렇게 어려운 것이 어디 있을까. 내가 진리인데, 내가 나인데, 하나가 하나인데, 그것이 그렇게 쉽게 알아지지 않으니 이것이 누구의 죄일까. 원죄라고도 하고 업보라고도 하지만 이것이 사실이니 어쩔 수가 없다.

운문도 얼마나 몽둥이를 휘두르며 발악을 했을까. 오죽 답답하면 몽둥이가 용이 된다고 요술을 부렸을까. 그러나 몽둥이는 몽둥이지 용이 될 이치가 없다. 몽둥이는 몽둥이지 용이 될 필요가 없다. 몽둥이는 몽둥이로 족하지 않느냐. 나는 나로 족하지 않느냐. 그것을 깨달아야 한다. 그것을 깨달을 때 정말 몽둥이가 용이 되고 말 것이다.

나는 어떻게 내가 되나. 나는 어떻게 나로 족하게 되나. 자기의 한계를 좁히는 일이다. 몽둥이가 아니라도 좋다. 바늘이라도 좋다. 바늘보다 더 작아도 좋다. 내가 아는 것이 무엇이며, 할 수 있는 것이 무엇인지를 찾아야 한다. 자기의 개성이 무엇인지를 발견하여야 한다. 자기가 할 수 있는 것을 가지고 자기가 아는 것 안에서 살면 그것이 천국이요, 극락이다. 그리고 그 천국과 극락에서 살면 그것이 부처다.

자기가 아는 것이 무엇이며 자기가 할 수 있는 것이 무엇일까. 몽둥이면 몽둥이가 아는 것이 무엇이며, 몽둥이가 할 수 있는 것이 무엇일까. 나도 내가 아는 것이 있고, 나도 내가 하는 것이 있을 것이다. 내가 아는 것을 가지고 시비를 판단하고, 내가 할 수 있는 것을 가지고 남을 도와주면 내가 부처지, 다른 데 무슨 부처가 또 있을 수 있을까. 세상에 아무것도 모르는 사람이 어디 있고, 아무것도 못하는 사람이 어디 있을까. 적어도 한 가지는 알고, 하나는 할 수 있지 않을까. 그 하나를 가지고 옳게 판단하고, 그 하나를 가지고 남을 도와주면 누구나 부처요 주장자가 아닐까. 주장자가 용이 되어 천지를 삼켜보았댔자 하나를 알고 하나를 할 수 있는 것이지 그 이상은 아니다. 하늘은 하나를 알고, 땅은 하나를 할 수 있는 것이다. 하나를 알면 됐지, 하나를 하면 됐지, 그 이상 무엇을 요구할 것인가. '하나를 알면 다(전부)를 안다'는 말도 있지만, 하나에 만족하고 하나를 살리면 다를 알고 다에 만족하는 것과 무엇이 다른가. 자기가 아는 것이 무엇인지, 자기가 할 수 있는 것이 무엇인지를 알고 언제나 그 안에서 살면 거기가 천국이다. 공연한 과대망상과 욕심을 버리고 몽둥이처럼 단단하게 그리고 몽둥이처럼 토막 나게 그렇게 살면 안 될까. 몽둥이, 몽둥이. 내가 몽둥이가 되는 날, 몽둥이가 내가 되지 않을까. 몽둥이, 몽둥이, 존경하는 몽둥이. 몽둥이에게는 아무 불만도 없다.

61. 풍혈의 티끌

『벽암록』 제61장은 〈풍혈약립일진風穴若立一塵〉이라는 장이다. 풍혈은 임제, 홍화, 남원, 풍혈로 이어지는 뼈대 있는 스님이다.

어느 날 풍혈이 이런 이야기를 했다(풍혈수어운風穴垂語云).

"만일 티끌 하나라도 일으켜 세우면 나라도 일으켜 세울 수가 있고, 만일 티끌 하나를 일으켜 세우지 못하면 나라도 없어지고 말 것이다(약립일진若立一塵 가국흥성家國興盛 불립일진不立一塵 가국상망家國喪亡)."

여기에 대하여 설두는 지팡이를 휘두르면서 소리를 질렀다(설두염주장운雪竇拈柱杖云).

"지팡이와 같이 죽고, 같이 살 중이 있느냐(환유동생동사저납승마還有同生同死底衲僧麽)!"

먼지 하나를 세운다는 말은 생성을 말하고, 먼지 하나를 재운다는 말은 존재를 말한다. 일 년에는 봄가을이 있듯이 세상에는 흥망성쇠가 있는 법이다. 상대적인 차별이 있고, 절대적인 평등이 있다. 바람이 불면 파도가 충천하고, 바람이 자면 바다는 거울 같다. 생성 없이 존재는 없고, 존재 없이 생성은 없다. 그래서 설두는 주장자를 내흔들면서 누가 주장자와 살고 죽고를 같이 할 수 있는가 하고 소리를 지른다. 능생능사能生能死 할 수 있는 사람, 나는 죽을 권세도 있고, 살 권세도 있다고 할 수 있는 사람, 생사를 초탈하고 생사를 지배할 수 있는 사람이 있는가 하고 고함을 지른다.

누가 능히 죽어야 할 때 죽고, 살아야 할 때 살 수 있는 사람인가. 설두는 송에서 "만리청풍지자지萬里淸風只自知"라고 하였다. 그것은 청풍만이 알 수 있을 것이라고 한다. 그런 것은 신만이 안다. 신의 영을 받은 사람만이 가능할 것이다. 말씀이 육신이 된 사람이 아니고는, 진리의 화신이 아니고는 어떻게 그런 일이 가능할 것인가. 만리청풍만이 홀로 알 수 있으리라.

남전보원 선사는 이런 말을 했다. 옛날 황매산에 살았던 5조 홍인弘忍 밑의 700명 고승들은 모두 불법을 알았기 때문에 인가를 얻지 못했다. 다만 6조 혜능만이 불법을 모르기 때문에 인가를 받았다. 그리고 삼세제불도 그런 사람의 세계는 알 수가 없고 도리어 고양이나 소 같은 짐승들이 그 세계를 알 수 있을 것이라고 한다.

주장자와 동생동사 할 수 있는 세계는 불법의 세계가 아니다. 이성의 세계, 지식의 세계가 아니다. 그것은 불도의 세계요, 영지의 세계요, 지능의 세계다. 차라리 목석만이 얻을 수 있는 세계다. 대도무형大道無形, 그것은 견문각지見聞覺知에 속하는 세계가 아니다. 마음이 끊어진 후에야 본원에 도달한다. 심지心智는 도가 아니다.

부처도 없고, 중생도 없는 절대 자연의 세계, 6조 혜능만은 불법을 모르고, 글자도 모르고, 다만 어린애처럼 불도를 익힌 것 뿐이다. 무학無學 미수행未修行의 행자行者 혜능만이 본래무일물 本來無一物의 경지에 살 수 있었다. 지知도 없고, 정情도 없고, 의意도 없다. 아무것도 없다. 봄이 오면 싹이 트고, 가을이 오면 열매가 진다. 아침이 오면 눈을 뜨고, 저녁이 되면 잠이 든다. 그 외는 아무것도 아는 것이 없다. 불법을 모르는 혜능만 인가를 얻는다. 똑똑한 사람들은 다 떨어져 나가고 바보 혜능이 인가를 얻는다. 나무나 돌처럼 불도를 실천해가는 혜능에게만 정통의 도가 이어진다. 먼지 하나를 세우지 않으면 집도 없고, 사람도 없다. 아무것도 없다. 먼지 하나 볼 수가 없다. 일념불생一念不生의 전체다. 만일 있다고 하면 버들은 푸르고, 꽃은 붉을 뿐이다. 만일 없다고 하면 하늘땅도 보이지 않고 바람소리, 물소리도 들림이 없다.

학도學徒는 유무를 떠나야 한다. 유무에 걸리면 생사유전에서 벗어나지 못한다. 그런데 사람은 유를 버리기는 쉽지만 무를 버리기는 어렵다. 그것을 버려야 하는 것인데 하고 풍혈은 말한다. 진리를 깨닫기는 쉬워도 깨달음을 버리기는 어렵다. 똑똑해지기는 쉬워도 바보가 되기는 어렵다. 바보가 되어야 하는 것인데, 불법을 알기는 쉬워도 불도를 행하기는 어렵다. 바보가 되기 전에는 십자가를 지기 어렵다.

바보가 되기 전에는 누가 감히 자기의 부귀영화를 버릴 수 있을 것인가. 큰 바보, 위대한 바보가 되기는 어렵다. 바보가 아니고야 어떻게 출가하고, 고행하고, 성불하고, 설법할 수 있을까. 무아가 되기 전에 어떻게 불도를 갈 수 있을 것인가. 주장자, 주장자에게는 자아가 없다. 자아가 없는 바보, 바보가 아니고서야 어떻게 본래본법성本來本法性이 되고, 천연자성신天然自性身이 될 수 있을까. 바보가 아니고서야 어떻게 목석이 될 수 있을까. 어떻게 막대기가 될 수 있을까. 어떻게 말씀이 될 수 있을까. 바보가 아니고서야 어떻게 정신이 될 수 있을까. 어떻게 신령이 될 수 있을까. 바보, 바보가 아니고서야 어떻게 만리청풍과 동생동사할 수 있을까. 바보가 아니고서야 어떻게 성령을 받을 수가 있을까.

운문문언雲門文偃 선사는 "금설안중예金屑眼中瞖 의주법상진衣珠法上塵 기령유부중이靈猶不重 불조시하인佛祖是何人"이라고 하였다. 금덩어리도 눈에 들어가면 진리 탐구에는 방해물이다. 나 혼자 열반에 들면 무엇 하며, 불조佛祖가 되면 무엇 하나. 이런 바보가 아니면 어떻게 절대 도인이 될 수 있을까. 병이 낫는다고 하는 정도로서는 만족할 수 없다. 병이건 약이건 아무것도 모른다는 건강체가 된 후에야 무위無爲의 세계에 들어갈 수 있다.

임제가 죽을 때 제자들에게 말했다.

"내가 죽거든 나의 정법안장正法眼藏을 멸각滅却하지 말아라."

이에 삼성혜연三聖慧然이 대할일성大喝一聲으로 응답하자, 선사는 "내 정법안장은 이 눈먼 바보 망아지가 없애고 말 것이다" 하고 눈을 감았다. 과연 삼성과 홍화로 인해 임제의 선풍禪風이 크게 흥했다고 한다.

62. 운문의 보물

『벽암록』제62장은 〈운문중유일보雲門中有一寶〉라는 장이다.

어느 날 운문이 대중에게 이런 말을 했다(운문시중雲門示衆 云).

"하늘과 땅 사이의 허공 속에 한 보배가 있다(건곤지내乾坤之 內 우주지간宇宙之間 중유일보中有一寶). 깊은 산 속에 숨어 있으니 (비재형산祕在形山) 등불을 켜 들고 땅굴 속을 파 들어가라(염등 롱향불전리拈燈籠向佛殿裏). 그리하여 큰 대문을 잠그고 와서 등잔 위에 감추어두어라(장삼문래등롱상將三門來燈籠上)."

하늘과 땅 사이의 허공 속에 한 보배가 숨어있다는 말은 승조僧肇의 『보장론寶藏論』에 나오는 말이다. 이 『보장론』은 승조가 사형 선고를 받게 되고 7일의 집행 연기를 얻었을 때 써서 후진 왕 효흥에게 바쳤다고 한다. 그때 그의 나이 31세였다. 본래 노장老莊을 좋아하다가 『유마경』을 읽고는 불경에 끌려 20세에 출가, 쿠마라지바(구마라습鳩摩羅什)가 온다는 말을 듣고 그를 찾아갔다. 쿠마라지바는 이 땅에도 이런 사람이 있었느냐며 "법중法中의 용상龍象"이라고 감탄하였다.

승조는 또 각현삼장覺賢三藏을 만나 선禪의 심오深奧를 엿보게 된다. 승조는 "공空을 공이라고 하면 진공眞空이 아니고, 색色을 색이라고 하면 진색眞色이 아니다"라 갈파하고, "도를 위하는 자는 산다고 기뻐할 것도 없고, 죽었다고 걱정할 것도 없다. 생사는 교대되고, 한서寒暑는 옮겨지는 것뿐이다"라 말하고 있다.

그에게 살고 죽는 것은 춘하추동이 이동하는 것과 별 다름이 없었다. 그가 가장 사랑하는 것은 진리뿐이다. 그는 진리를 보물이라고 한다. 만물이 거기서 나오고, 만물이 그리로 돌아가기 때문이다. 우주 속에 가득 차있는 것이 진리이지만 그것은 누구의 눈에도 보이지 않는다. 그러니까 그것을 보려면 땅굴을 파고 숨어있는 금덩어리를 파내듯이 등불을 켜 들고 정신 바짝 차리고 파들어가야 한다. 그리고 그 진리를 캐냈으면 아무도 훔쳐갈 수 없는 큰 금고에 쇠 대문을 바짝 채우고 감추어두어야 한다. 왜냐하면 진리를 깨달았다고 뽐내는 동안에 진리는 달아나고 번뇌투성이가 되기 때문이다.

진리를 캐내는 것의 탐색도 중요하지만 진리를 지키는 행의 수도도 그에 못지않게 중요하다. 금덩이, 금덩이, 하늘에 차있고, 땅에 차있고, 천지에 가득 차있는 것이 진리라는 것이다. 어느 때는 진여眞如라고도 하고, 본체라고도 하고, 마음이라고도 하고, 불佛이라고도 하고, 무엇이라고 해도 좋다. 그것을 가지면 무엇이든지 할 수가 있다. 밭도 사고, 집도 사고, 옷도 사고, 먹을 것도 사고, 그것이 생명의 근거다. 그것이 도道의 근거다. 그것으로 차를 사면 어디나 갈 수가 있고, 올 수도 있다. 사람이 찾는 것은 그것뿐이다. 그것을 가지면 죽어서 극락에도 가고, 그것을 가지면 살아서 지옥에도 간다. 승조는 그것을 가졌기에 사형선고를 받아도 태연자약泰然自若했다. 진리는 생사生死에 구애되지 않는다. 생사를 초월한 것이 진리요, 유무를 초월한 것이 진리다.

우주가 가고, 인생이 가도 이 보물은 영원하다. 변하는 것 속에서 불변하는 것을 발견한 승조는 생사生死를 초개처럼 알고 이 보물을 칭찬한다. 생사는 풀과 같은 것이다. 풀은 마르고, 꽃은 시든다. 그러나 진리는 태양과 같다. 진리와 생사는 마치 태양과 풀과 같다. 태양 때문에 풀이 나고, 태양 때문에 풀은 자라고, 태양 때문에 풀은 마르고, 태양 때문에 풀은 죽는다. 그리고 태양 때문에 풀은 또 난다. 생사는 춘하추동이나 마찬가지다. 춘하추동은 태양의 그림자에 불과하다. 태양이 본체고, 생사는 그림자다. 진리가 태양임을 알면 그만이다. 그 태양을 사랑하면 그만이다. 그리고 그 태양이 '나'라는 것을 깨달으면 다인 것이다.

설두雪竇는 송頌에 이렇게 읊고 있다.

"간간看看. 고안하인파조간古岸何人把釣竿. 운염염雲冉冉. 수만만水漫漫. 명월노화군자간明月蘆花君自看."

보라, 진리의 피안에서 낚시질하는 저 늙은이의 모습을. 진리의 세계로 끌어올리기 위해서 승조는 사형집행을 연기해가면서

이 보물을 전해주려고 그렇게 야단 아닌가. 흰 구름은 유유히 날고, 강물은 유유히 흘러가는데 흰 달은 흰 갈꽃을 비치고 있구나. 달빛이 갈꽃을 비치느냐, 갈꽃이 달빛을 비치느냐? 찰나 속에 영원이 있느냐, 영원 속에 찰나가 있느냐? 산속에 보물이 있느냐, 보물 속에 산이 있느냐? 하여튼 보물을 찾고 보아야지. 보물, 보물, 보물.

옛사람도 말하지 않았느냐(고인도古人道).

"얼 빛 홀로 빛나고(영광독요靈光獨耀), 풀뿌리 먼지투성이 훨씬 넘어서서(형탈근진迥脫根塵) 본체는 몽땅 드러나고(체로진상體靈眞常), 글자에도 걸리지 않누나(불구문자不拘文字). 마음, 몸은 본래 물든 것 없고(심성무염心性無染), 본체는 스스로 원만 구성하다(본자원성本自圓成). 다만 망상만 버리면(단리망연但離妄緣) 있는 그대로가 곧 부처이다(즉여여불卽如如佛)."

자, 하늘에 태양이 보이느냐? 내 마음속에 지혜가 보이느냐? 나가면 태양이요, 들어오면 지혜다. 내 속에 진리를 보느냐? 내 밖에 진리를 보느냐? 내 속에 진리가 보이기까지 파고 생각하라. 그리고 내 밖에 진리가 보이기까지 지키고 지키라.

오늘도 태양의 영광靈光은 홀로 비치고 있지 않느냐(영광독요靈光獨耀). 풀뿌리와 나무를 훨씬 넘어서, 생사와 유무를 훨씬 넘어서(형탈근진迥脫根塵), 이글이글 타는 태양이 하늘에 빛나고 있지 않느냐(체로진상體露眞常). 이성과 경험을 넘어서야지, 학식과 견문을 넘어서야지(불구문자不拘文字). 내 마음이 곧 부처인데(심성무염心性無染), 내가 곧 부처인데(본자원성本自圓成), 깨면(단리망연但離妄緣) 일체가 부처뿐인데(즉여여불卽如如佛).

63. 남전의 고양이

『벽암록』제63장은 〈남전양당쟁묘南泉兩堂爭猫〉이다.

어느 날 남전은 동서 양당이 고양이에 대해서 논쟁하고 있는 것을 보고 이런 제안을 했다(남전일일南泉一日 동서양당쟁묘아東西兩堂爭猫兒 남전견수제기운南泉見遂提起云).

"말하면 베지 않겠다(도득즉불참道得卽不斬)."

무리들은 아무 대답이 없었다(중무대衆無對). 남전은 고양이를 두 토막 내버렸다(남전참묘아위양단南泉斬猫兒爲兩段).

자비를 숭상하는 불가의 이야기치고는 좀 잔인하고 끔찍한 이야기다. 그러나 어디에나 죽음은 있는 법이다. 고양이는 죽었다. 결국 어리석은 중들 대신 죽은 것이 아닐까. 어리석은 대장은 병졸들의 피를 보고야 만다. 어리석은 중들은 고양이의 피를 보고야 말았다.

언제나 싸움은 피를 보게 마련이다. 6.25의 비극도 동족상잔의 결과였다. 동족이 서로 피를 흘리면서 싸운다는 것은 한마디로 얼이 빠져서 그렇다. 민족혼이 빠져서 싸우지, 그렇지 않고서는 싸울 리가 없다. 형제가 싸우는 것도 얼이 빠져 싸운다. 남북이 싸우는 것도 얼이 빠져 싸우고, 동서가 싸우는 것도 얼이 빠져 싸우는 것이다. 도대체 충돌이란 눈이 꺼져 충돌이요, 불이 꺼져 충돌이지, 대낮에 눈뜬 놈들이 충돌할 까닭이 없다. 눈먼 사람들은 서로 충돌하기 마련이요, 그리하여 피가 터지고, 목숨이 끊어지게 마련이다. 지혜의 태양이 뜨고, 진리의 눈이 열리면 세상에는 충돌이 있을 수 없다.

얼이 빠져 사색당파로 싸우고, 신라와 백제가 싸우고, 신라와 고구려가 싸운다. 싸우지 않고는 문제를 해결 못한다는 인간은 짐승이나 다를 것이 없다. 범과 코끼리는 싸우지 않고는 살 수 없을 것이다. 그러나 사람에게는 이성이 있고, 세상에는 이치가 있으니, 원형이정元亨利貞대로 해결하면 세상에 해결 못할 것이 무엇이랴. 그러나 진리를 내던지고 욕심으로, 힘으로, 축생처럼, 아귀처럼 해결하려고 드니 싸움이 나고, 피를 흘리고, 희생자가 생기고, 고양이까지도 대신 죽게 마련이다.

고양이는 어리석은 중들 때문에 죽은 것이다. 그 가운데 하나라도 똑똑한 놈이 있었더라면 남전이 칼을 들고 고양이를 베려고 할 때에 넉넉히 싸우지 않고 해결할 수 있는 방책을 내놓았을 것이다. 이 대중 속에 고양이 하나를 살려낼 수 있는 지혜의 태양이 없는 것뿐이다. 진리에 눈뜬 사람이 하나라도 있었다면 고양이가 죽었을 리가 없다. 고양이도 살고, 모두가 살았을 것이다.

그러나 한 사람도 현명한 사람이 없어서 고양이도 죽고, 사람도 죽는다. 똑똑한 사람 하나가 나라를 구하고, 세계도 구한다.

눈뜬 한 사람이 누먼 백 사람을 구원할 수 있다. 그토록 지혜가 귀중하다. 캄캄한 밤중의 초 한 자루와 같다. 얼마나 소중하냐. 빛이 있으면 살고, 빛이 없으면 죽는다. 태양이 빛을 비추면 살고, 태양이 빛을 잃으면 죽는다. 한 사람이라도 눈을 뜨면 충돌할 리는 없다. 얼마든지 피할 수 있기 때문이다. 눈뜬 사람이 눈감은 사람을 이기는 법이 무저항의 저항이다. 눈뜬 사람이 피하기만 하면 눈먼 사람은 저 혼자 부딪쳐 쓰러지게 마련이다. 눈감은 자들은 저희끼리 아무리 친하다가도 끝내는 서로 부딪치게 마련이다. 그것이 제국주의자들이다. 욕심 있는 사람은 눈감은 사람이나 마찬가지다. 결국에는 멸망할 것이다. 그것은 서로 부딪치기 때문이다. 그것을 죄라고 한다. 죄인은 죽는다. 지혜가 없기 때문이다.

사람은 본래 빛이라고 한다(본래본법성本來本法性). 사람은 본래 눈떴다고 한다(천연자성신天然自性身). 그러나 현실은 빛도 아니요, 눈뜬 것도 아니다. 그래서 삼세제불三世諸佛이 발심성도發心成道하여 빛이 되고 눈을 뜨는 것이다. 자연은 본래 자연이요, 가만히 있어도 자연이다. 그러나 사람은 가만히 있으면 자연이 아니요, 성도成道 성불成佛하여야 자연이다.

옛날부터 강아지에게도 불성이 있느냐고 따지는 화두가 많이 유행하였다. 강아지도 수양할 필요가 있느냐는 것이다. 강아지는 수양할 필요가 없다. 그래서 무無라고 한다. 강아지는 자연이다. 강아지는 가만히 있어도 강아지다. 그런데 사람은 가만히 있으면 안 된다. 그래서 남전이 "삼세제불도 가만히 있으면 안 된다(삼세제불유부지三世諸佛有不知). 오히려 고양이나 소는 가만히 있어도 된다(각리노백고유지却貍奴白牯有知)"라고 말한 일이 있다.

남전은 이것을 구별할 줄 아는 눈뜬 중을 찾아보았다. 눈뜬 놈이 하나라도 나오면 고양이는 사는 것이다. 그러나 눈뜬 놈은 하나도 없었다. 무리 가운데 대답하는 놈이 아무도 없었다. 대장의 어리석음은 졸병의 피로 보충된다. 자연만 지독히 공해를 입게 되었다. 고양이가 죽고 만 것이다. 사람들의 어리석음 때문에 고양이가 죽고 만 것이다.

고양이는 자연이기에 또 살아난다. 자연에는 죽음도 없고, 탄생도 없다. 죽었다가는 또 나고, 살다가는 또 죽는다. 그런데 사람은 자연을 잃었기 때문에 다시 남이 없다. 그야말로 영원한 죽음이요 암흑뿐이다. 이 암흑이 고양이가 토막 나는 칼날에 과연 깨졌을 것인가. 우주가 깨지고, 천지가 깨지고, 생사가 깨지고, 유무가 깨지고, 고양이가 깨질 때, 그래 한 놈도 눈뜨는 놈이 없다는 말인가. 없었다면 고양이의 죽음은 개죽음이 되었겠지만 한 놈이라도 깨는 놈이 있다면 그것은 하나의 대속代贖 제물이 된다.

눈뜬 놈만 있다면 고양이의 죽음은 헛되지 않다. 사람이 영원한 죽음에서 해방되는 날, 사람도 살고 고양이도 산다. 사람도 부처이고, 고양이도 부처다. 사람도 자연이고, 고양이도 자연이다.

64. 조주의 신발

『벽암록』제64장은 〈남전문조주南泉問趙州〉이다.『벽암록』제 63장에서 고양이에게 불성佛性이 있느냐 없느냐 하는 물음에 대답하는 사람이 하나도 없어서 고양이는 참혹하게 죽고 말았다. 남전은 기가 막혀 고양이의 죽음을 슬퍼하면서 조주를 찾아갔다. 남전은 고양이가 죽은 이야기를 다시 말해주고 "너는 눈이 떴느냐"고 물었다(남전부거전화南泉復擧前話 문조주問趙州). 조주는 곧장 신발을 벗어서 머리 위에 이고 나가버렸다(주변탈초州便脫草鞋 어두상재출於頭上戴出). 남전이 말하기를, "네가 거기 있었더라면 고양이를 죽이지 않았어도 될 것을" 하고 분해했다(남전운南泉 云 자약재자若在 흡구득묘아恰救得猫兒).

여기에 조주라는 눈뜬 사람이 하나 있다. 그때 그 자리에 눈뜬 사람이 하나라도 있었더라면 고양이는 죽지 않았을 것이다. 이제 고양이는 죽었지만 눈뜬 사람이 있으니 고양이는 죽었어도 한이 없게 되었다.

고양이는 자연이요, 기성불既成佛이다. 사람은 부자연이요, 미성불未成佛이다. 기성불은 어른이요, 미성불은 아이다. 어른들은 아이들을 위해서 산다. 살아도 아이를 위해 살고, 죽어도 아이를 위해 죽는다. 고양이가 사는 것은 인생의 눈을 뜨게 하기 위하여 사는 것이요, 인생을 구제하기 위하여 사는 것이다. 그들이야말로 신神이요, 그들이야말로 부처다.

남전도, 삼세제불三世諸佛도 신이라고 할 수 없지만 고양이나 흰 소야말로 신이다. 이런 것이 인도 사람들이 생각하는 화신化身일 것이다. 그들은 신이 둔갑을 하고 나타났다고 한다. 범신론을 주장하는 그들에게는 일체가 신일 것이다. 그래서 '일체중생一切衆生 실유불성悉有佛性'이라고 한다.

조주는 이미 눈을 뜬 사람이었는지 그 말을 듣자 아무 말 없이 신발을 벗어서 머리 위에 올려놓았다. 아래에 있던 것을 위로 뒤집어 올린 것이다. 인생은 모두 전도인생顚倒人生이다. 자연이 신神인 줄도 모르고, 불佛인 줄도 모르고서 자연을 무시하고, 신을 무시하고, 불을 무시하고는 불성이 있느니 없느니 하고 까불고 무시하는 인생은 모조리 신발을 발아래 짓밟고 다니는 전도인생들이다.

그들은 거꾸로 서서 다니느라고 고생이 이만저만이 아니다. 그래서 인생은 꿈이요, 고해요, 지옥이요, 아귀요, 싸움이요, 번민이요, 야단들이다. 그들은 진정으로 회개해야 한다. 자기들이 고양이보다도 훨씬 못하다는 것을 알아야 한다.

고양이에게는 영능靈能이 있고, 본지本智가 있다. 그들에게는 불성佛性이 있다. 그들이 기성불이다. 그런데 사람들은 자기네들이 잘나고 그들은 모두 짐승이라고 무시한다. 그래서 자연을 죽이고 파괴하고 야단들이지만 자연의 복수는 무서운 것이다.

사람이 자연을 파괴하면 자연은 쉽게 인간을 멸망시킬 수 있다. 사람은 그것도 모르는 어리석은 인생들이다. 사람은 자연을 존중해야 한다. 푸른 산, 맑은 물을 더럽혀서는 안 된다. 자연을 마구 죽이고 파괴해서는 안 된다. 자연을 사랑하고, 자연을 보호하고, 자연을 존중해야 한다.

자연에는 신비가 있고 지혜가 있다. 그 지혜와 신비를 배워야 한다. 고양이에게도 배우고, 강아지에게도 배워야 한다. 사람은, 냄새를 맡는 데는 강아지를 따라갈 수가 없고, 사뿐사뿐 걷는 데는 고양이를 따라갈 수가 없다. 그들에게는 자연의 본능이 있어 병도 없고, 죽음도 없다. 그런데 사람은 언제부터 본능을 잃고, 영능을 잃었을까. 병과 죽음에 밤낮 시달리는 노예가 되고 말았다. 그러면서도 자연을 지배하고, 자연을 정복하고, 자연을 파괴하고, 결국 자기 생명의 뿌리를 말리는 것이다. 사람은 자연을 무시함으로써 자기의 무덤 구멍을 파고 있다. 자연에 불성이 있느냐를 따지기 전에 불성 자체인 자연을 머리에 이고 존경해야 한다.

조주는 신었던 신발을 머리에 이고 밖으로 나가버렸다. 자연을 자연으로 돌리려는 것인지, 죽은 고양이를 장사지내주려는 것인지 밖으로 나가버렸다. 답답한 세상에 살기가 싫어서 좀 더 시원한 밖으로 나간 것일까. 고양이처럼 생사의 바퀴에 돌기가 싫어서 해탈하고 밖으로 나간 것일까.

남전이나 조주에게는 생사生死는 하나의 수단이요, 방편에 불과하다. 생사보다도 몇 천 배 필요하고 급한 문제가 진리요, 불성이다. 생사는 진리에 비하면 옷에 불과하다. 생사는 진리의 태양에 비하면 풀 한 포기다. 진리 앞에 풀 한 포기는 아무 때나 나고, 아무 때나 마른다. 옷 한 벌에 이렇고, 저렇고가 아니다. 몸과 마음이 다 옷 한 벌이다. 옷 한 벌 입었다, 벗었다 하는 것이 문제가 아니다. 입어야 할 때는 입고, 벗어야 할 때는 벗는다. 그것은 순전히 진리 때문이다. 성불을 위해서는 상신실명해도 아무렇지도 않다. 일체 만물은 인연소생이다. 왔다가는 가고, 갔다가는 온다. 그러나 진리를 깨닫고 생사를 벗어난다는 것이야말로 일대사인연一大事因緣이다.

조주가 눈을 뜬 것은 있기 어려운 인연이다. 여기에서 처음으로 하나의 자유인이 탄생하는 것이다. 만일 고양이가 절반으로 잘려 조주가 탄생하였다면 이것이야말로 일대사인연이다. 고양이의 속죄로 사함을 받은 조주가 생겨난 것이다. 자연은 얼마든지 있다. 그러나 자유는 모래 속의 진주보다 더 귀하다. 모래를 다 갈아도 진주는 안 된다. 자연이 몇 억 년의 죽음을 거쳐 자유의 일순이 탄생하는 것이다. 고양이와 모든 자연의 진통을 겪어서 조주가 탄생했음이 틀림없다.

65. 철인의 질문

『벽암록』제65장은 〈외도문불유무外道問佛有無〉이다.

본문은 이렇다. "외도문불外道問佛. 불문유언不問有言. 불문무언不問無言. 세존양구世尊良久. 외도찬탄운外道讚歎云. 세존대자대비世尊大慈大悲. 개아미운開我迷雲. 영아득입令我得入. 외도거후外道去後. 아난문불阿難問佛. 외도유하소증外道有何所證. 이언득입而言得入. 불운佛云. 여세양마견편영이행如世良馬見鞭影而行."

외도外道는 불교 밖에 있는 종교나 철학을 말한다. 인도처럼 오랜 역사를 가진 민족은 종교와 철학을 그들의 본업으로 삼아 왔으니 종교도 많고 철학도 많았을 것이다. 그러나 그들이 모두 해탈을 얻기 위해 정진했던 것만은 사실이다. 그들의 수단방법이 무엇이었든 간에 그들이 자유를 얻고자 했던 것은 말할 것도 없다.

어떻게 자유를 얻을 것인가. 나비가 되는 수밖에 길이 없지 않은가. 어떻게 나비가 되는가. 고치가 되는 수밖에 길이 없지 않은가. 어떻게 고치가 되는가. 벌레가 되는 수밖에 없지 않은가. 알에서 벌레로, 벌레에서 고치로, 고치에서 나비로 가는 길밖에 없다. 성문聲聞에서 연각緣覺으로, 연각에서 보살菩薩로, 보살에서 불타佛陀로, 이 길 외에 또 있을까. 말을 하려면 말을 듣고, 말을 보고, 말을 쓰고, 말을 하게 되는 길밖에 또 있을까.

외도는 물었다. 해방의 길을, 자유의 길을, 성불의 길을 물은 것이다. 유언의 성문도 아니고, 무언의 연각도 아니고, 제삼의 계단이 무엇인가 하고 물었다. 석가는 보살의 참선을 가르쳐주었다. 그것이 석가양구良久이다. 깊은 명상의 세계로 들어가는 것이다. 석가도 출가하여 스승을 찾아 이리저리 헤맨 때가 있었다. 석가도 고행을 하여 6년을 보내기도 했다. 그리고 마지막 49일 동안 깊은 사색에 들어간다. 지금까지 배운 것과 지금까지 경험한 것을 날로 하고 씨로 하여 거기에 자기를 집어넣어 하나의 체계를 구성해가는 것이다.

인생은 한번 깊은 명상의 집을 지어야 한다. 그리하여 자기의 체계 속에 일체를 집어넣어야 한다. 그래서 집이 생기면 거기서 어린애를 낳아서 기를 수 있는 자유인子有人이 된다. 이것이 부처요, 이것이 나비다. 인도 사람은 누구나 어려서는 공부를 하고, 어른이 되면 살림을 하고, 그다음에는 산에 가서 명상을 한다. 그리고 나비가 되면 제자들을 기르며 죽어간다. 석가의 길도 인도 고유의 길을 벗어난 것이 아니다. 이것이 인간의 길이요, 누구나의 길이다. 외도外道가 따로 있을 리 없고, 내도內道가 따로 있을

리 없다. 배우고, 일하고, 생각하고, 가르치는 수밖에 길이 없지 않느냐. 사람이면 누구나 안 배울 수 없고, 일 안 할 수 없고, 생각 안 할 수 없고, 가르치지 않을 수 없다.

'출가고행出家苦行 성불설법成佛說法'은 인간이 가는 정도正道다. 누구나 배우고, 일하고, 생각하고, 가르친다. 외도는 '이 길밖에 무슨 딴 길이 있을까' 하고 밖에서 헤매었는지도 모른다. 그러나 유언 무언의 알과 벌레가 지나면 세존양구의 고치밖에 없다는 것을 알고 곧 석가에게 감사하고 정도正道로 돌아왔다. "먹고 자라는 것과 집 되거든 남을 알라." 이 길만이 정도다. 이 길 외에 딴 길이 있을까 하고 기웃기웃하는 사람들은 모두 외도다. 그것이 비록 장삼 가사를 걸치고 삭발을 했다 해도 이 길밖에 또 무슨 길이 있겠거니 하고 생각하는 사람들은 모두 외도다. 정도에 들어선 외도는 석가의 가르침에 감사해 마지않으며 자기도 곧 생각의 세계로 찾아 들어갔다.

외도가 간 후에 아난다가 물었다. 아난다는 석가의 제자요, 사촌동생이다. '다문多聞 아난'이라는 말이 있듯이 25년 석가를 따라다닌 진실한 제자다. 마지막 석가의 설교를 책으로 만들 때 아난다의 공덕은 이루 말할 수 없이 컸다. 그의 기억력은 세상에 따를 사람이 없었다. 종횡무진 주워섬기는 그의 기억력은 원시 경전을 만드는 데 결정적인 역할을 했다. 소위 말하는 『아함경』이다. 아난다가 없었다면 누가 이 큰일을 해냈을까. 그러나 아난다는 석가가 죽기까지도 깨닫지 못하였다. 말을 듣고 배우는 데는 아난다를 따를 사람이 없었다. 그러나 아난다에게는 고행이 부족하고 사색이 부족했다. 물론 석가가 죽은 후에 고행을 하고 사색을 하여 그도 성불하여 가섭의 뒤를 이어 제3대 법왕이 되었지만, 이때는 아직 다문 아난이어서 외도의 제3계단을 알아차릴 수 없었다. 외도가 어떤 증거를 잡아서 정도로 들었다고 하는지 그는 알 수가 없었다. 세존양구가 무슨 뜻인지도 알아차릴 수가 없었다. 그러나 부처는 서슴지 않고 외도의 영특함을 인정해주었다. 세상의 용마는 채찍의 그림자만 보고도 알아차리는 법. 제1단계를 지나 제2단계에 들었고, 제2단계를 지나 제3단계로 접어든 외도는 양구가 무엇인지 곧 알아차렸다고 부처가 일러주었다.

생각은 유무를 넘어서 자기의 세계를 구축해가는 것이다. 세존은 양구를 거쳐서 성불한다. 49일 보리수나무 밑에서 양구를 한다. 1년이 걸리건 10년이 걸리건 깊이 생각하고 또 생각하여 영원히 갈 자기의 입장을 닦아놓아야 한다. 그 집은 커도 좋고 작아도 좋다. 그것이 자기 집이라면 된다. 말이 자기 말이요, 행이 자기 행이요, 삶이 자기 삶이라면 된다. 남의 것은 안 된다. 자기 것이라야 된다. 그것이 석가의 가르침이건, 공자의 가르침이건, 그런 것의 흉내가 아니다. 석가가 발견하지 못하고, 공자가 발견하지 못한 것을 발견, 발명하는 경지가 창조의 경지요, 자기의 세계요, 그것이 외도가 아닌 정도인 것이다.

66. 암두의 칼

『벽암록』 제66장은 〈암두십마처래巖頭什麼處來〉다.

암두가 어떤 중에게 물었다(암두문승巖頭問僧).

"어디서 오느냐(십마처래什麼處來)?"

중이 "서경에서 온다"고 대답하자(승운僧云 서경래西京來), 다시 물었다(두운頭云).

"황소의 난리가 지나간 후 황소의 칼이라도 한 자루 얻어놓았느냐(황소과후黃巢過後 환수득검마還收得劍麼)?"

중이 얻었다고 대답하니(승운僧云 수득收得), 암두는 가까이 가서 모가지를 내밀고 "쳐보라"며 힘을 넣었다(암두인경근전운巖頭引頸近前云 화囮!).

그러자 중은 이렇게 대답했다.

"선생님의 모가지가 떨어져 나갔습니다(승운僧云 수두낙야帥頭落也)."

그러자 암두는 큰소리로 웃고 말았다(암두가가대소巖頭呵呵大

笑). 중이 나중에 설봉을 찾아갔다(승후도설봉僧後到雪峰). 설봉이 물었다(봉문峰問).

"어디서 왔느냐(십마처래什麽處來)?"

"암두에서 왔습니다(승운僧云 암두래巖頭來)."

"무어라고 하더냐(봉운峰云 유하언구有何言句)?"

중은 당한 일을 모두 말했다(승거전화僧擧前話). 그랬더니 설봉이 서른 대를 두들겨 패서 내쫓아버렸다(설봉타삼십방간출雪峰打三十棒趕出).

때는 서기 880년 경, 당나라의 마지막 학정이 백성들의 반란을 도발하여 중남부 지역 일대가 반도叛徒의 손아귀에 들어갔을 때다. 반란군의 두목인 황소黃巢라는 자에 의해 장안은 함락되고 희종은 촉나라 성도로 도망하였다. 황소는 장안을 약탈하자 대제 황제라고 사칭, 5년 동안을 버티다가 결국 이극룡에게 쫓겨나게 되었다.

그런데 황소가 세력을 가지게 된 데는 그만한 이유가 있었다. 그가 어느 날 하늘에서 떨어진 칼 한 자루를 얻었는데 그 칼에는 '하늘이 이 칼을 황소에게 준다'고 새겨져 있었다는 것이다. 그리하여 당시에는 황소의 검이라면 하늘에서 떨어진 영물이라고 하여 삼척동자라도 모르는 이가 없었다 한다.

이 이야기도 장안에서 왔다는 중에게 황소의 검에 대하여 묻고 있는 것이다. 장안에서 왔으면 황소가 가지고 있는 영검을 알 것이 아니냐. 그러면 황소가 죽은 후에 그 검을 누가 주워가졌을 터인즉, 그 검을 누가 주웠느냐고 암두가 묻고 있는 것이다. 중도 그 말이 모든 사람이 가지고 있다는 불성을 비유하는 말인 줄 곧 알아듣고 자기가 주어가졌다고 영특하게 대답한다. 암두는 이제야말로 중을 시험해볼 수 있는 좋은 기회라고 생각하고 칼을 주웠으면 어디 내 모가지를 쳐보라며 자기의 모가지를 내민다.

이때에 정말 불성을 가진 중이었다면 암두의 모가지를 한 번에 토막 낼 수 있는 창조적인 역할을 하였을 것이다. 그러나 그 중에게는 불성이 없었다. 없었다기보다는 작용을 할 수가 없었다. 그것은 중이 고깃덩어리 속에서 깊은 잠을 자고 있었기 때문이다. 한 번도 써본 일이 없어서 녹이 슬어 이미 쓸 수 없게 된 건지도 모른다. 칼을 가진 자는 매일같이 갈고 닦아 끝없는 수련을 계속하여야 한다. 벌렁벌렁 산 좋고, 물 좋은 금수강산을 관광이나 하고 다니는 돌중 놈에게는 불성이 있을 리가 없다. 남의 시간이나 빼앗고, 남의 곡식이나 축내는 그런 놈은 모가지를 비틀어 없애버려야 한다. 그런데 암두는 껄껄 웃기만 하고 놓아주었으니 아까운 일이다.

이 돌중 놈이 암두의 동생인 설봉을 찾아갔다. 설악의 눈 구경을 하러 찾아간 모양이다. 그러나 이번만은 가만둘 수가 없었다. 30대를 두들겨 패고 내쫓아버렸다. 죽이지 않고 내쫓아버렸으니 아직도 어느 모퉁이에서 어정대고 있지 않을까.

하여튼 이야기의 내용은 불성은 가만 두면 있으나마나라는 것이다. 아무 수련 없는 돌중이 그래도 제법 칼을 쓸 줄이나 아는 것처럼 "선생님의 목이 떨어졌습니다" 하는 과대망상적인 발언을 한다. 불도는 관념유희가 아니다. 목이 떨어졌다고 한마디 했다고 목이 떨어지는 것이 아니다. 암두는 어이가 없어서 가가대소呵呵大笑, 큰소리로 웃고 말았다. 암두의 모가지가 떨어지려면 암두가 묻기 전에 벌써 암두의 모가지는 떨어져 있어야 한다.

승부는 벌써 만나기도 전에 다 결정되어 있는 것이다. 내가 세상을 이겼는지 졌는지는 남과 싸우기 전에 벌써 알아야 한다. 산중의 적은 지우기 쉽지만 마음속의 적은 지우기 어렵다고 한다. 자기를 이긴 사람은 이미 남을 이긴 사람이다.

암두나 설봉은 이미 자기를 이긴 사람이다. 자기를 이긴 사람이 불성을 가진 사람이다. 자기가 이겼는지 졌는지는 자기가 안다. 맛있는 음식 앞에서 혓바닥이 늘어지고, 아름다운 미인 앞에서 꼬랑지가 나오는 것은 불성도 아니고, 인간도 아니다. 그것은 강아지다. 그래서 옛날 조주는 개에게도 불성이 있느냐고 물었다가 아무도 대답이 없자 "무" 하고 대답하지 않았던가.

자기를 이기지 못하면 불성은 없다. 그곳에는 자유가 없기 때문이다. 자유란 별것이 아니다. 자기를 이긴 것이다. 자기를 이기면 자유요, 자기를 이기지 못하면 노예다. 자기를 이기면 세계를 이기고, 자기를 구원하면 세계를 구원한다. 암두와 설봉은 이미 자기를 이기고, 세계를 이기고 있었다. 어느 돌중이 그 모가지를 자를 수 있으랴. 그가 자르기 전에 그들은 먼저 자기 목을 잘라서 열반에 가져다 보관해두었을 것이다.

4년 후에 암두는 진짜로 자기 목을 황소에게 내어주고 자기는 열반에 들어가 보관했던 모가지를 찾아서 지금까지도 살아 있다. 암두의 껄껄대고 웃는 소리가 쨍쨍하게 들리고 있지 않느냐.

67. 부 대사의 금강경

『벽암록』제67장은 〈양무제청강경梁武帝請講經〉이다. 양나라 무제라면 제1장에서 달마 대사와 마주섰던 불심천자라는 양무제다.

양무제가 부 대사傅大士에게 『금강경』을 강의해달라고 요청하였다(양무제청부대사강금강경梁武帝請傅大士講金剛經). 대사는 강단에 올라가서 책상을 한 번 쾅 치고는 강단을 내려와버렸다(대사변어좌상大士便於座上 휘안일하揮案一下 변하좌便下座). 무제는 깜짝 놀라 "이럴 수가" 하였다(무제악연武帝愕然). 그때에 지공이 나아가서 무제에게 사뢰었다.

"폐하, 무슨 말씀인지 알아차리셨습니까(지공문지公問 폐하환회마陛下還會麼)?"

"통 무슨 소리인지 알 수 없는데(제운帝云 불회不會)."

"대사의 강의는 이것으로 끝이 났습니다"라고 지공이 말했다(지공운지公云 대사강경경大士講經竟).

양무제는 『금강경』을 참 좋아했다. 그 아들 초명태자는 『금강경』의 주를 썼고, 양무제 자신도 여러 번 『금강경』 강설을 했다. 『금강경』 전문가인 양무제가 이번에는 지공에게 『금강경』 강의를 의뢰하였다. 선사는 부 대사라는 속인을 추천하였다. 승려는 아니라고 해도 부 대사는 대단한 인물이었다. 스스로도 자기는 미륵보살의 화신이라고 믿고 있을 정도였다. 국사國師 지공이 추천할 정도의 인물이니 대단한 인물이었을 것이다. 과연 부 대사는 강단에 올라앉았다. 제왕을 비롯하여 문무백관이 숙연하게 도열하여 부 대사의 대설법에 귀를 기울이고 있었다. 부 대사는 돌연 주먹을 불끈 들어 책상을 내리쳤다. 제왕 앞에서 무례도 이만저만이 아니다. 더욱이 부처님 앞에서 이건 무슨 망동이냐. 무제는 깜짝 놀라기도 했겠지만 화가 머리끝까지 치밀었을 것이다. 그 틈을 놓칠세라 지공이 반주를 한다.

"알아들으셨습니까?"

무엇을 알아듣는다는 말이냐. 『금강경』에 대한 강의는 시작도 안 했는데 알아듣고 말고가 어디 있담. 왕은 어이가 없어 "알긴 무얼 알았다는 말이냐. 아직 시작도 안 했는데" 한다. 지공은 숙연하게 말을 끝맺었다.

"강의는 그것으로 훌륭하게 끝났습니다."

도대체 부 대사의 『금강경』 강의는 정말 제대로 된 것일까.

『금강경』에는 이런 말이 있다.

"설說할 수 없는 것이 법이다."

그렇다면 설하지 않은 법이 가장 큰 설법일 것이다.『금강경』이란 본래 일체개공一切皆空을 설한 것이라고 한다. '제법무아諸法無我'란 것이다. 일체 만물에는 자기가 없다. 해도 자기가 없고, 달도 자기가 없다. 물도 자기가 없고, 불도 자기가 없다. 다만 정해진 대로 해는 뜨고, 달은 지고, 불은 붙고, 물은 흐르는 것뿐이다. 일체는 자기가 없다. 그저 치면 울리고, 불면 흔들리는 것뿐이다. 그것이 자연성이요, 그것이 복음이다.

부 대사는 하나의 자연인이다. 그에게는 자기가 없다. 그는 인연에 따라 왔고, 인연에 따라 책상을 쳤다. 책상도 마찬가지다. 부 대사가 오기 전에는 가만히 있다가 부 대사가 책상을 치니까 거기에 맞추어 소리를 낸 것뿐이다. 그것이『금강경』이다. 모두 자기의 본성을 다한 것뿐이다. 책상은 소리 내는 것 이상으로 더할 수가 없고, 부 대사는 책상을 치는 것 이상으로 더할 수가 없다. 자기의 본성을 다하여 드디어 천명에 도달한 것뿐이다.『금강경』의 강의로서 그 이상의 강의는 없었을 것이다. 금강경이 직접 나서도 그 이상의 강의는 할 수 없었을 것이다. 그 이상 할 수 없는 것이 설법이다. 부 대사는 최선의 설법을 다한 것뿐이다. 일체개공은 말이나 글로 표현할 수 없다. 말이나 글은 벌써 자연이 아니다. 책상 소리만이 자연이다. 거기는 인위도 없고, 기교도 없고, 가식도 없다.

크게 치면 크게 소리가 나고, 작게 치면 작게 소리가 난다. 큰 인물은 큰소리를 내고, 작은 인물은 작은 소리를 낸다. 부 대사는 큰 주먹을 휘둘렀을 것이다. 왕이건 문무백관이건 그의 안목에는 아무것도 아니다. 모두 허수아비에 불과하다. 그들에게는 실상이 없다. 그들에게는 진실이 없다. 그들에게는 자연이 없다. 그들은 『금강경』에 무슨 요행수나 있는 것처럼 생각한다. 『금강경』을 알면 극락이라도 갈 것처럼 생각한다. 복이라도 받고, 행복이라도 누릴 듯이 생각한다. 그러나 『금강경』은 종이에 불과하다. 그 속에 횡설수설이 아무리 많아도 결국은 일체개공에 불과하다. 일체는 무자성無自性이다.

세상 사람들이 『금강경』을 그렇게 좋아하는 이유는 그 이름 때문이다. 금강석이란 보물 때문이다. 모든 만물 중에 태양으로부터 와서 스스로 빛을 발하는 것은 금강석뿐이다. 이 점이 성불 사상과 같다. 자기 속에서 자기 고유의 지성이 발동하는 것이다. 남의 신세 없이도 살 수 있는 것이 인생이다. 이것이 독립 정신이며 자치능력이다. 이것이 유아독존이다. 본래 무일물이다. 실제로 있을 필요가 없다. 그것은 공의 세계요, 영의 세계요, 빛의 세계요, 얼의 세계다. 나만으로 족한 세계, 남의 도움을 필요로 하지 않는 어른의 세계다. 남의 신세 없이도 될 터인데 부 대사의 설법이 무슨 필요가 있나. 양무제 속에 『금강경』이 있는데 『금강경』해설이 무슨 필요가 있나. 미쳤나. 부 대사는 책상을 한 대 침으로써 양무제를 깨우려고 했다. 그러나 양무제는 너무도 깊은 잠이 들어 책상을 쳐도 모르고, 지공이 가서 강의가 끝났다고 일러주어도 끝난 줄도 모르고, 계속 졸고만 있다. 조는 사람을 깨우는 길은 재우는 길밖에 없다. 양무제는 지금도 계속 자고 있을 것이다. 그에게도 다 자고 나면 아침이 오겠지. 그때 양무제 속의 『금강경』은 아침햇빛처럼 빛나게 될 것이다.

68. 앙산의 이름

『벽암록』제68장은 〈앙산문삼성仰山問三聖〉이다.

앙산이 삼성에게 물었다(앙산문삼성仰山問三聖). "네 이름이 무엇이지(여명십마汝名什麼)?" 삼성이 대답했다. "제 이름은 혜적입니다(성운聖云 혜적慧寂)." 앙산이 말하기를, "혜적은 내 이름인데(앙산운仰山云 혜적시아慧寂是我)" 하니, 그러자 삼성이 말했다. "그렇다면 내 이름은 혜연인가요(성운聖云 아명혜연我名慧然)?" 이때 앙산은 기쁨을 감추지 못하고 크게 웃었다(앙산가가대소仰山呵呵大笑).

앙산은 위앙종의 제2조요, 동방의 석가라고 이름난 거승이고, 삼성은 임제의 정법안장을 멸각한다는 눈먼 망아지로서 울타리를 넘어 뛰는 야생마였다. 임제 밑에서 대오大悟한 후 설봉을 찾아가서 골탕을 먹이고, 이제 남쪽 광동으로 내려가 앙산의 집으로 넘어 들어간 도적놈이다. 그러나 이를 놓쳐버릴 앙산이 아니었다. 앙산은 삼성에게 물었다.

"네 이름이 무엇이냐?"

물론 앙산이 삼성을 모를 리가 없다. 이름을 물었다는 말은 그냥 이름을 물은 것이 아니라 이름보다 더 깊은 것을 묻고 있는 것이다. 앙산은 담 넘어 들어온 도적의 보자기를 조사하고 있는 것이다. 보자기를 풀어헤치고 "이것이 무엇이냐" 하고 물었다. 그랬더니 삼성은 "혜적"이라고 대답하였다. 보자기 속에는 어느새 훔쳤는지 혜적의 보물이 송두리째 들어있는 것이 아닌가. 앙산은 화가 나서 "이놈아, 이것은 내 것이니 빨리 내놓아라" 하고 야단을 쳤다. 그랬더니 삼성은 "내게도 보물은 있습니다" 하고 빛나는 보물을 듬뿍 내놓았다. 이제 도적은 변하여 좋은 이웃이 된 셈이다. 앙산은 혜연의 보물을 한 아름 안고 마치 선물을 받은 어린애처럼 깔깔대고 웃었다.

보물이란 별것이 아니다. 금강석이다. 앙산도 금강석을 가지고 있고, 삼성도 금강석을 가지고 있다. 모두 빛난다 하여 '혜적', '혜연'이라고 했다. 지혜의 금강석이다. 어두운 데서도 빛을 발하는 존재인 금강석이요, 불성들이다. 모두 생명보다도 더 소중히 여기는 진리 자체다. 이 보물을 가졌기에 그들은 비가 오나, 눈이 오나, 가을이 오나, 겨울이 오나 아무 걱정 없이 살고 있다. 그런데 삼성이라는 도적이 들어와서 앙산의 깊은 토굴에 숨겨둔 보물을 어느새 홀랑 훔쳐가고 만 것이다. 그러나 앙산도 그저 도둑 맞고 말 보통 사람이 아니다. 곧 붙잡아 심문을 하는 무서운 놈이다. 두 놈이 모두 대단한 거물이다.

삼성은 벌써 앙산을 만나기도 전에 앙산의 보물을 다 훔치고 말았다. 만나서 도둑질하는 것이 아니다. 만나기 전에 앙산의 철학, 앙산의 사상, 앙산의 신앙, 앙산의 인격을 다 알고 있었다. 그는 앙산에게 한없는 신세를 졌으며 또한 이에 대해 한없이 고맙게 생각하였다. 삼성처럼 앙산을 사모한 사람이 있을까. 옛날 맹자가 공자를 사모하듯이 그는 무한히 앙산을 사모하고 그의 일체를 다 배우고 그의 도를 체득한 후, 이제는 자기의 도를, 자기의 진정을, 자기의 사랑을, 자기의 존경을, 자기의 보물을 바치고 싶어서 앙산을 찾아왔을 것이다. 그러니 앙산은 삼성의 보자기 속에서 자기의 보물을 발견하고, 자기의 사상을 발견하고, 자기의 신앙을 발견하고, 이렇게도 깊이 자기를 이해해준 삼성에 대하여 얼마나 감격하고 기특해 했을까. 자기 슬하에서 수십 년을 공부하면서도 자기를 이해해주지 못하는데 멀리서 자기를 사숙하고 자기의 사상과 신앙을 듣기만 하고도 다 알아차린 삼성이 얼마나 대견했을까.

과부의 사정은 과부가 안다고, 눈 꿰진 늙은 말과 눈 꿰진 망아지는 서로 보지 않아도 통하는 것이 아닐까. 부처는 부처를 알게 마련이요, 도적은 도적을 알게 마련이다. 앙산도 부처요, 삼성도 부처이니 그들은 보기 전에 보고, 만나기 전에 아는 망아지 새끼들이다. 망아지와 망아지의 만남, 이것이야말로 천년에 한 번 있을까 말까 하는 만남이다. 이런 만남이야말로 정말 인생의 기쁨이 아닐까. 삼성이 내놓은 자기의 보물, 자기의 사상, 자기의 신앙을 바라보고 한없이 만족해서 웃는 앙산, 가가대소했다는 앙산, 과연 스승과 제자의 만남임에 틀림이 없다.

앙산이 깨달은 진리와 삼성이 깨달은 진리는 근본적으로 같다. 그렇기 때문에 삼성은 서슴지 않고 선생님의 이름을 빌려서 자기의 이름이라고 대답을 했다. 그것은 진리도 하나요, 본체도 하나이기 때문이다. 그러나 앙산의 깨달음과 삼성의 깨달음이 같을 수는 없다. 앙산은 앙산이요, 삼성은 삼성이다.

플라톤의 진리와 아리스토텔레스의 진리는 하나지만 플라톤의 철학과 아리스토텔레스의 철학은 전혀 다르다. 그것은 시대가 달라졌기 때문이다. 앙산과 삼성의 사상이 같다고 해도 앙산의 철학과 삼성의 철학이 같아서는 안 된다. 도의 계승은 전통의 모방이 아니라 새로운 창작이라야 한다. 혁명이라야 한다. 앙산이 혜적은 내 철학이라고 고집을 할 때, 삼성은, 혜연은 내 철학이라고 고집을 한다. 여기에 혁명이 있고 창조가 있다. 이것이야말로 진짜 도의 계승이다. 소위 도통이라는 것이다.

도는 같으면서 달라야 한다. 같기만 하면 도는 도이나 죽은 도요, 다르기만 하면 살기는 살았으나 도가 아니다. 도는 살아있는 도라야 한다. 산 도라야 능히 세상을 구원할 수 있다. 앙산과 삼성의 묘기에 얼이 빠져 바라보는 사람이 얼마나 될까.

69. 남전의 동그라미

『벽암록』제69장은 〈남전배충국사南泉拜忠國師〉이다. 남전, 귀종, 마곡이 같이 충 국사에게 인사하러 가고 있었다(남전귀종마곡南泉歸宗麻谷 동거예배충국사同去禮拜忠國師). 중간쯤 가서 남전이 지상에 동그라미를 그려놓고 "너희가 이 뜻을 알면 가겠지만 모르면 안 가겠다"라고 말했다(남전어지상南泉於地上 획일원상운畫一圓相云 도득즉거道得卽去). 그랬더니 귀종은 동그라미 속에 가서 똑바로 앉았다. 그러자 마곡이 곧 큰절을 했다(귀종어원상중좌歸宗於圓相中坐 마곡변작여인배麻谷便作女人拜). 남전이 "그렇다면 나는 안 간다"하고 말했다(전운泉云 임마즉불거야恁麼則不去也). 이때 귀종이 말했다. "이 무슨 심보냐. 간다고 했다가 안 간다고 했다가, 너야말로 변덕이 죽 끓듯 하는구나(귀종운歸宗云 시십마심행是什麼心行)."

남전, 마곡, 귀종은 모두 마조의 제자다. 제자도 보통 제자가 아닌 수제자들이다. 하나같이 날고뛰는 야생마들임에 틀림이 없다. 그들은 당시 국사로 이름 높던 충 국사를 찾아서 서울로 가던 길이다. 그런데 도중에 남전이 다리가 아팠는지, 갈 필요를 느끼지 않았는지 친구들에게 그만두자고 권유한다.

"충 국사를 보나마나지. 태양은 어디에나 빛나고 진리는 우주에 편만遍滿한데 충 국사를 만나려면 여기서 만나지 서울까지 갈 필요가 어디 있느냐"라는 것이다. 그래서 남전은 "여기가 서울이지, 서울이라고 하여 별 곳이냐. 거기도 흙으로 되어 있겠지. 자, 여기가 서울이다" 하고 땅 위에 동그라미를 그려 서울을 만들어 놓았다. 그랬더니 귀종이 "서울이 있으면 충 국사가 있어야 할 것이 아니냐. 자, 나나 충 국사나 다를 것이 무엇이냐. 가시나무는 서울 가시나무나 시골 가시나무나 하나도 다를 바가 없다" 하여 스스로 충 국사가 되어 그 가운데 자리 잡고 앉은 것이다. 이에 마곡은 "서울에 충 국사가 계시니 그저 내버려 둘 수는 없다. 우리 셋이 한 몸이 되어 예배를 드려야 할 것이 아니냐. 그런데 내 맘, 네 맘이 딴 마음일 리가 있나" 하여 한마음을 가지고 큰절을 한 것이다. 이래서 서울도 가고 충 국사도 보고 큰절도 했으니 용건은 모두 끝난 셈이다. 이제는 서울 갈 필요가 없게 되었다.

이들은 논리를 초월한 실상의 세계에 살고 있다. 실상의 세계란 무의식의 세계다. 나와 자연이 하나가 된 세계다. 나와 자연이 주관, 객관으로 분열되지 않은 사랑의 세계요, 정의의 세계다. 이 세계는 창조의 세계요, 예술의 세계요, 멋의 세계요, 풍류의 세계다. 지금 남전과 귀종과 마곡은 땅에 동그라미를 그려놓고 그 가운데 편안히 앉아 큰절을 드리고 있다. 마치 아이들이 소꿉장난을 할 때 땅 위에 동그라미를 그리고 그 속에 들어앉아 큰절을 받는 것과 다를 것이 없다.

그러나 어린아이의 소꿉장난과 그들의 선문답 사이에는 하늘과 땅의 차이가 있다. 하나는 물질세계의 표현이요, 또 하나는 정신세계의 표현이다. 하나는 어른(인人)들의 흉내요, 하나는 얼(신神)들의 흉내다. 하나는 현상계의 삶이요, 하나는 실재계의 삶이다. 하나는 모방이요, 하나는 상징이다. 그러나 모두 동심으로 돌아가기는 마찬가지다. 모두 순진하고 단순하며 주관·객관의 분열 이전 또는 이후의 세계다. 그들에게는 분열의 상처가 없다. 분열의 고통이 없다. 좌절과 절망과 허위와 허구의 추상이 없다. 사물과 자아가 분열되지 않은 직접적인 세계다.

그 속에는 유희가 있을 뿐이다. 유희삼매다. 기쁨이 있고, 생명이 있고, 예술이 있고, 창작이 있다. 아름다움이 있고, 참됨이 있고, 깨끗함이 있는 좋은 세계다. 동그라미 속에는 공간이 없고, 앉아있는 사람에게는 시간이 없고, 절하는 사람에게는 인간이 없다. 동그라미가 그대로 무한이요, 앉아있는 것이 그대로 영원이요, 절하는 것이 그대로 유희다. 영원 무한한 유희, 이것이 실상의 세계다.

시간을 초월했다는 참선과 공간을 초월했다는 열반과 인간을 초월했다는 공안公案이 절대의 세계를 상징하고 있다. 그들은 우주적 무의식 속에서 살고 있다. 마치 어린애들이 지식 이전에 유아적 무의식 속에서 사는 것이나 마찬가지다. 이들에게는 여기가 곧 열반이요, 이제가 곧 영원이요, 예배가 곧 유희다. 어린아이의 소꿉장난은 아니지만 자기를 벗어난 실존들의 유희삼매인 것이다. 거기는 근심도 없고, 걱정도 없고, 아픔도 없고, 불안도 없다. 동그라미 속이 극락세계요, 거기 주저앉는 것이 열반적정이요, 절을 하는 것이 한없는 즐거움이다.

실상의 세계는 기쁨의 세계요, 즐거움의 세계요, 아름다움의 세계요, 정신의 세계요, 신비의 세계요, 직관의 세계다. 거기는 분열과 아픔이 지양된 세계다. 어린아이의 세계가 생生 이전의 세계라면 이들의 세계는 사死 이후의 세계다. 이들은 한 번 죽었다가 다시 사는 거듭난 사람들이다. 그렇기 때문에 열반에서 살고, 유희에서 살 수 있는 자격이 있다. 이들은 죽어서 사는 사람들이요, 세상을 초월한 사람들이요, 완전한 자유를 향유하는 사람들이다. 세상이 아무리 험악하더라도 그들의 세대를 침범할 수 없다. 그들은 현세에서 벌써 극락을 사는 사람들이다. 내세를 앞당겨서 현세 속에서 살고 있다. 현재 속에 미래를 집어넣고 사는 것이다. 그들은 과거와 미래를 모두 현재 속에서 살려고 한다.

시간 대신 순진을, 공간 대신 정직을, 그리고 인간 대신 지혜를 가지고 살아가고 있는 것이다. 모든 시간과 공간과 인간을 초월한 영원무한한 신령들이다. 참생명, 산 사람, 창조적인 인간, 그들에게는 생명이 있고, 진리가 있고, 진실이 있고, 기쁨이 있다.

70. 백장의 입 없는 말

『벽암록』제70장은 〈위산시립백장潙山侍立百丈〉, 제71장은 〈백장병각인후百丈倂卻咽喉〉, 제72장은 〈백장문운암百丈問雲巖〉이다.

이 세 장은 같은 내용이다. 백장이 입 없이 말해보라고 요청한 데 대한 세 제자의 응답이 적혀 있다. 말은 입으로 하는 것이 아니다. 마음으로 한다. 진정으로 한다. 마음과 마음이 통하면 말할 필요가 없다.

정말 참말은 말없이 한다. 말로 하는 말은 참말이 아니다. 눈물로 말하는 이도 있고, 피로 말하는 이도 있다. 우주로 말하는 이도 있고, 인생으로 말하는 이도 있다. 마음으로 하는 말에 대하여 입으로 하는 말은 너무도 부족하다. 정말 인간은 사랑하면 말이 없어도 말이 통한다. 남을 사랑할 수 있을 만큼 인간이 성숙해져야 한다. 어머니가 되면 무조건 어린아이를 사랑하게 되고, 아이들은 어머니의 말이라면 무조건 따르게 마련이다.

세상에서 어머니의 이야기처럼 재미있는 말씀이 어디 있으며,

어머니의 자장가처럼 잠을 잘 오게 해주는 노래가 어디 있을까. 어머니의 사랑은 너무도 참되어 그 말씀은 그대로 참이다. 참말씀이기에 아이들은 듣고, 자고, 자란다. 말씀은 본래 사랑의 표현이다. 사랑의 표현만이 힘 있는 말이 된다. 위대한 성인의 말이 인류를 움직이는 힘이 되는 것은 그들에게는 인류를 위해 피를 흘리는 사랑이 깃들어 있기 때문이다. 그들에게는 인류를 어린아이처럼 사랑할 수 있는 영혼의 성숙함이 있다. 히말라야에서 흐르는 물이 참물인 것처럼 높은 영혼의 세계에 도달한 어른이라야 능히 말할 수 있는 자격을 구비하게 된다. 그것은 그분들 자신이 어른이요, 사랑이 되었기 때문이다. 사랑의 표현, 그것이 말이다. 사랑의 표현은 입으로 말할 수도 있고, 몸으로 말할 수도 있고, 말로써 말할 수도 있고, 말없이 말할 수도 있다.

결국 백장이 세 제자에게 이런 질문을 하는 것은 세 제자가 얼마나 자랐나 하고 키를 재어보는 것이다. 위산과 오봉의 키는 다섯 자가 넘고, 운암은 아직도 다섯 자가 못 된다. 위산과 오봉은 어른이 되어 사랑할 수 있게 되었으나 운암은 아직 어려서 사랑할 수가 없다는 것이 설두의 평이다.

제70장, 위산과 오봉과 운암이 같이 백장을 모시고 서 있었다(위산오봉운암潙山五峯雲巖 동시립백장同侍立百丈). 백장이 위산에게 물었다(백장문위산百丈問潙山). "입을 다물고 말해보시지(병각인후순물倂卻咽喉脣吻 작마생도作麼生道)?" 그러자 위산은(위산운潙

山云), "입을 다물고 선생님부터 말씀해보시지요(각청화상도卻請和尙道)"라 했다. 백장이 말했다(장운丈云). "내가 먼저 말하고 싶지만 너희들이 할 말이 없어질 것 같아 그만두겠다(아불사향여도아我不辭向汝道 공이후상아아손恐已後喪我兒孫)."

위산은 백장이 무엇을 요구하고 있는지 알고 있었다. 그것은 말 이전의 세계, 우주가 창조되기 이전의 세계, 근원의 세계, 실상의 세계를 표현해줄 것을 요구하고 있는 것이다. 그것은 표현할 수 없는 세계다. 표현하면 이미 실상이 아니기 때문이다. 그러나 표현하지 않으면 전해줄 수가 없다. 다리가 끊어져 건너갈 수가 없다. 그러나 건너가지 않으면 죽고만다. 이런 아슬아슬한 경지에서 위산이 훌쩍 밧줄을 던진 것이다. 선생님부터 입을 다물고 말씀해보시지요. 이 줄에 선생님이 걸려들고 말았다. 그리하여 내가 입 없이 말하고 싶지만 너희들이 할 말이 없을까봐 말할 수 없다고 우물거리는 틈을 타서 위산은 훌쩍 넘어버리고 말았다. 위산은 벌써 백장이 묻는 경지에 도달해버린 것이다. 우리들 걱정은 안 해도 좋습니다. 나는 벌써 입을 다물고 말해버렸습니다. 다리는 놓지도 않고 선생님의 말씀 줄을 타고 절벽을 건너뛰어버린 것이다.

선생의 말도, 제자의 말도 모두 막상막하의 명마다. 선생님의 말도 입을 다물고 건너뛰었고, 학생의 말도 입을 다물고 건너뛰었다. 이심전심이요, 이언전언이다. 입을 다물고 말할 수 있는 백장이요, 입을 다물고 말할 수 있는 위산이다. 모두 죽음을 넘어선 야생마들이요, 절망을 내포한 절대의 경지다. 입을 다물고 말한다는 말은 죽어서 산다는 말이다. 실상의 세계는 죽어서 사는 세계다. 백장도 죽어서 사는 사람이요, 위산도 죽어서 사는 사람이다. 그들 사이에는 말없이 통하는 마음이 있고, 입 없이도 말하는 눈이 있다. 그들은 눈치만으로 상대방의 키를 잴 수가 있다. 재어보니 위산의 키는 백장과 같다. 내가 입 없이 말하고 싶지만 너희들이 입 없이 할 말이 없을까봐 말을 못한다는, 동등의 키로 자라고 만 것이다. 백장은 기쁨을 감추지 못하고 크게 웃었다.

71. 백장의 말 없는 말

『벽암록』제71장은 〈백장병각인후百丈倂卻咽喉〉이다. 백장이 다시 오봉에게 물었다(백장부문오봉百丈復問五峯).

"입 없이 말해보라(병각인후순물倂卻咽喉脣吻 작마생도作麼生道)." 오봉이 대답했다(봉운峯云). "선생님, 아직도 입을 가지고 계십니까(화상야수병각和尙也須倂卻)?" 그러자 백장은 이런 말을 꺼냈다(장운丈云). "사람 없는 곳에서 이마에 손을 대고 너를 찾아보아도 찾을 수가 없구나(무인처은액망여無人處斫額望汝)."

오봉이 탄 말(마馬)은 말(어語)보다 빨라서 얼마나 멀리 달아났는지 허허벌판을 아무리 두리번거려도 야생마의 뒷모습을 볼 수 없다는 것이다. 백장이 위산에게 너희들이 할 말이 없을까봐 대답을 안 한다고 말했을 때 그 너희들 속에는 오봉도 들어있을 텐데. 망령이 들었나. 이미 자기도 위산과 같이 줄을 타고 건너뛰었는데 무얼 새삼스럽게 입을 다물고 말해보라고 잠꼬대를 하나. 선생님이 미쳤나. 그리하여 오봉은 마치 번개처럼 선생님을 책망한다. 선생님은 아직도 입이 붙어 있습니까. 영의 세계에는 이미 입이 없을 텐데 아직도 뱀의 허물처럼 붙어 다닌다면 어서 떼어버리시지. 늙은 할머니가 기저귀를 차듯이 이 무슨 망발이냐. 선생은 창피 막심하여 사람 없는 광야로 피신, 머리를 들고 오봉을 볼 수도 없었다. 오봉은 이제 대웅봉에 홀로 앉은 늙은 소나무가 되어버렸다. 이제는 하늘의 번개를 상대로 하늘의 말씀을 직접 듣는, 선생이 필요 없는 도사가 되고 만 것이다. 선생님, 아직도 여기 남아 있습니까. 선생님, 아직도 입을 가지고 있습니까. 열반에 든 우리들에게 입과 몸이 무슨 쓸 데가 있습니까. 이제는 날개 달고 훨훨 날아다니는 이 마음에 다리는 무슨 소용이 있고, 말씀의 밧줄은 무슨 소용이 있습니까. 이제는 입도 필요 없고, 말도 필요 없고, 아무것도 필요 없다. 다만 대웅봉 상상봉에 독야청청이 있을 뿐이다.

72. 백장의 입 있는 말

『벽암록』제72장 〈백장문운암百丈問雲巖〉, 백장이 운암에게 또 물었다(백장우문운암百丈又問雲巖). "입 없이 말해보시지(병각인후순물倂卻咽喉脣吻 작마생도作麼生道)." 운암이 말했다(암운巖云). "선생님은 할 수 있어요? 없어요(화상유야미和尙有也未)?" 이에 백장은(장운丈云), "너는 아직 내 아이가 아니다(상아아손喪我兒孫)."

운암은 아직 선생님의 본체를 보지 못한 모양이다. 선생님은 입 없이 말할 수 있어요? 없어요? 선생님은 입이 있어요? 없어요? 기막힌 질문이다. 백장은 이미 없는 지 오래 되었으며, 입 없이 말해보라는 말은 입으로 하는 말이 아니라 영으로 하는 말이다. 그러나 운암에게는 아직도 영의 소리가 들리지 않는다. 들린 것은 입의 소리뿐이다. 당신도 아직 입으로 말하면서 나더러 입 없이 말하라니 그게 무슨 망령이냐고 스승을 나무라는 운암. 아직 꼭지가 떨어지지 못한 것이다. 백장은 아직도 인연이 못 된 것을 알고 너는 아직 내 제자가 아니라고 따끔하게 일러주었다.

운암의 이름은 담성曇晟, 종릉鐘陵 건창建昌 사람이다. 성은 왕씨王氏, 어려서 출가하여 백장회해 선사를 모시기 20년. 아직도 때를 벗지 못하고, 너는 내 제자가 아니라는 욕을 먹었다. 운암이 태만한 것은 아니었다. 20년 밤낮을 견인각고堅忍刻苦한 운암이 아니었던가. 그러나 시절인연時節因緣은 어떻게 할 수 없는 법이다. 아무리 백장을 좇아다녀도 운암은 백장과 인연이 없었다. 백장은 그것을 알려준 것이다. 인연이 없으면 할 수 없는 것 아닌가.

백장이 죽은 후에 운암은 도오와 같이 약산藥山을 찾아갔다. 약산은 곧 심문을 한다.

"그대는 어디에서 오는가?"

"백장에게서 옵니다."

"백장은 사람들에게 무슨 말을 했나?"

"백장이 언젠가 사람들에게 '나는 무슨 맛이든지 다 좋다(백미구족百味具足)'라고 말한 일이 있습니다."

"소금물은 짜고 설탕물은 달고, 짜지도 않고 달지도 않은 것이 물맛일 텐데, 아무 맛이라도 좋다면 그래 무슨 맛이 참물맛이지?"

이 말에 운암이 대답을 못하고 우물쭈물하고 있으니까 약산은 큰소리로 고함을 쳤다.

"백장 밑에서 무엇을 했나?"

"생사를 벗어났습니다."

"생사를 벗어난 것이 그 꼴이냐?"

운암도 소리를 높였다.

"생사란 본래 없는 것이 아닙니까?"

약산은 그제서야 대답했다.

"20년을 백장 밑에 있으면서도 아직 솜털도 벗지 못했군."

운암은 하는 수 없이 약산을 떠나서 남전에게 갔다. 그러나 남전과도 인연이 닿지 않았다. 그는 다시 약산에게 돌아와서 상신실명, 수도에 전심을 기울였다. 어느 날 약산이 운암에게 물었다.

"백장이 또 무슨 말을 하던가?"

"언젠가 이런 말을 했습니다. 삼구三句 밖에서 붙잡아야지."

"삼천리 밖, 그것은 너무도 먼데. 무어 다른 말은 없었나?"

"백장이 어느 날 법당에 들어가니 많은 사람들이 참선을 하고 있었습니다. 그때 백장이 지팡이로 모두 몰아내더니 다시 대중을 불렀습니다. 대중이 뒤돌아보니 백장은, '이것이 무엇이냐' 했습니다."

이때 약산이,

"왜 너는 그때 곧 무어라고 말하지 않았나. 나는 오늘 너를 통해서 백장 스님을 본 것만 같구나."

운암은 이 말을 듣자 자기 속이 환히 뚫리는 것을 느꼈다. 약산이 물었다.

"백장한테 가기 전 어디 있었지?"

"광남에 있었습니다."

"광남 성문 밖에 큰 돌이 있었는데 광남 성주가 그것을 어딘가로 갖다 버렸다고 들었는데 그것이 사실인가?"

"성주가 아니라 온 천하가 다 달려들어도 그것은 움직일 수 없을 것입니다."

이때 약산은 깊은 미소를 지었다. 운암은 이제야 부동의 입장을 얻은 것이다. 이제는 이리저리 끌려 다니거나 말귀에 묻어 다니거나 할 수 없는 태산 같은 입장을 얻었고, 운암 자체가 하나의 태산이 되고 만 것이다. 20년 걸려서 안 되면 또 20년 걸려도 좋다고 달라붙는 운암의 끈질긴 정성은 끝내 입 없이 말하는 실상의 세계에 들어가고야 만 것이다.

아침에 도를 들으면 저녁에 죽어도 좋다고 한다. 도에 통하지 못하고 무슨 맛으로 살까. 백미구족百味具足함 없이 무슨 맛으로 살까. 단 하루를 살아도 도에 통하고 산다면 그것이 단물도 짠물도 아닌 참물맛일 것이다. 운암도 참물맛을 보고 살게 되었다. 운암도 입 없이 말하게 되었다. 운암도 몸 없이 사는 마음이 되었다. 생사를 벗어나서 사는 것이다. 생사 없는 경지에 도달한 것이다. 열반에 든 것이다. 약산의 기쁨, 운암의 기쁨은 이루 형용할 수가 없다. 입 없이 말하는 세계란 기쁨이 넘치는 세계다.

73. 마조의 진리

『벽암록』제73장은 〈마대사사구백비馬大師四句百非〉다.

어떤 중이 마조에게 물었다(승문마대사僧問馬大師). 마 대사는 마조도일 선사를 말한다.

"사구백비를 떠나 단도직입적으로 저에게 서래의西來意를 가르쳐주십시요(이사구절백비離四句絶百非 청사직지모갑서래의請師直指某甲西來意)."

그러자 마조가 말했다(마사운馬師云).

"나는 오늘 피곤해서 너에게 말할 수 없으니 지장에게 가서 물어라(아금일노권我今日勞倦 불능위여설不能爲汝說 문취지장거問取智藏去)."

그래서 중은 지장에게 물었다(승문지장僧問智藏). 지장이 말했다(장운藏云).

"왜 선생님께 묻지 않았느냐(하불문화상何不問和尙)?"

중이 대답했다(승운僧云).

"선생님께서 가서 물어보라고 하셨습니다(화상교래문和尚教來問)."

지장이 말했다(장운藏云).

"나는 오늘 머리가 아파서 너에게 말할 수 없으니 회해에게 가서 물어라(아금일두통我今日頭痛 불능위여설不能爲汝說 문취해형거문取海兄去)."

중이 회해에게 물었더니(승문해형僧問海兄) 회해가 말했다(해운海云).

"나는 거기에 관해서는 통 아는 바가 없다(아도저리각불회我到這裏卻不會)."

중이 다시 마조에게 이 말을 했다(승거사마대사僧擧似馬大師). 그 말을 듣고 마조가 대답했다(마사운馬師云).

"지장의 머리는 희고, 회해의 머리는 검구먼(장두백藏頭白 해두흑海頭黑)."

그 중은 사구백비를 넘어서 단도직입적으로 달마가 인도에서 중국에 오듯이 인생이 어찌하여 이 세상에 왔는지 그 이유를 말해달라는 것이었다.

사구백비란 유무시비有無是非란 말이다. 그것을 넘어서, 즉 존재와 인식을 넘어서서 종교니 철학이니를 따지지 말고 교외별전敎外別傳 불립문자不立文字로 직지인심直指人心 해달라는 것이다. 자기가 세상에 온 이유를 남보고 말해달라는 것이다. 웬만한 스님 같으면 우선 한 대 갈겼을 것이다. 얼이 빠져 잠꼬대하는 중을 그대로 둘 수는 없다. 인생의 의미란 저밖에 알 사람이 없다. 자기 집 보물은 자기밖에 알 사람이 없는 것과 마찬가지다.

　인생의 의미는 깨닫는 것이지 아는 것이 아니다. 알아서 될 일이 아니다. 그리고 깨닫는다는 것은 자기가 깨닫는 것이지 남이 가르쳐줄 성질의 것이 아니다. 남이 나의 생을 알 도리가 없다. 이 문제만은 자기가 알아내는 수밖에 없다. 그런데 자기의 문제를 남에게 들고 다니는 이런 정신병자를 마조인들 어떻게 하랴. 피곤하다고 따돌릴 수밖에 없었을 것이다. 그리고는 다른 의사를 소개한다. 그러나 지장도 골치 아프다고 다른 사람에게 돌려보낸다. 그러자 회해도 모른다고 거절하고 말았다. 세상에는 남의 일을 알 사람이 없다. 중은 하는 수 없이 다시 마조에게 와서 그 말을 했더니 마조는 그야 그럴 수밖에 없지 않느냐 하며 아주 당연하다는 듯이 "장두백藏頭白 해두흑海頭黑"이라고 한다. 나이 많은 지장의 머리는 희고, 나이 젊은 회해의 머리는 검다는 것이다. 학은 희고, 까마귀는 검다는 말과 같이 당연하다는 것이다.

　진리는 자기가 깨달아야지 남에게 물어볼 성질의 것이 아니다. 자기의 본체는 자기가 발견해야지 남에게 찾아달라고 할 성질의 것이 아니다. 자기의 소질은 자기가 발견해야지 남에게 물을 것이 못 된다. 옛날 증자는 하루에 세 번씩 자기 자신을 돌이켜보았다고 한다. 자기반성은 자기가 해야지 남에게 해달라고 할 것이 못 된다. 사구백비를 떠나서 자기가 해야 한다. 교리와 사상을 떠나서 자기의 속알은 자기가 붙잡아야 한다. 여기에 생각이 필요하고 고행이 필요하다. 생각도 내가 하는 것이고, 고행도 내가 하는 것이지 남이 해줄 수는 없다. 밥은 내가 먹어 소화시키고, 목욕은 내가 해서 깨끗해져야지 남이 대신 소화시켜줄 수도 없고, 남이 대신 목욕해줄 수도 없다.

그런데 사람은 생각하기를 싫어하고, 고행하기를 싫어한다. 그저 좋아다니고 그저 웃기를 좋아한다. 여기에 얼빠진 망둥이들이 늘어나게 되는 원인이 있다. 마조는, 그런 무리들은 아예 딱 질색이다. 이 중도 더 이상 마조를 괴롭히지 말고 '장두백 해두흑'부터 따져 들어갔으면 얼마나 좋으랴.

세상에 '장두백 해두흑' 아닌 것이 없다. 하늘은 푸르고, 대지는 넓고, 불은 빛나고, 물은 흐르고, 꽃은 피고, 나비는 춤춘다. 세상은 질서 정연하여 추호도 빈틈이 없다. 이 질서를 어기고 자동차 달리는 길로 뛰어드는 이는 어리석은 사람뿐이다. 일체가 '기성불旣成佛'인데 '미성불未成佛'은 사람뿐이다. 자연의 질서는 추호도 어김이 없는데 그 질서를 엉망으로 만드는 것이 사람이다.

생로병사는 그 이상 당연한 것이 없는데 생로병사를 피하려는 것은 무슨 까닭일까. 인생이 나서 늙고 병들어 죽는 것이 당연하거늘 늙지도 병들지도 않으려 하고, 죽지도 나지도 않으려 한다. 그러나 사람이 생로병사를 면할 길이 있을까. 그래 세상에 생로병사를 면해본 사람이 한 명이라도 있었단 말인가. 그것은 절대로 있을 수 없다. 태어나면 늙고, 늙으면 병나고, 병나면 죽는 것은 해, 달이 돌아가듯이 당연하고 또 당연한 것이다. 마치 차도에 버스도, 짐차도, 택시도, 자가용도 모두 지나가는 것처럼, 생로병사가 지나가는 것은 당연하고 또 당연하다. 이 당연지사를 그대로 당연하게 지나가도록 내버려두어야 한다. 택시나 짐차가 지나가지 못하게 하려고 길에 뛰어드는 어리석은 사람처럼 늙지 않으려고, 죽지 않으려고 잡념을 끼어 넣는 것은 어리석은 일이다. 늙지 않으려고 할 것이 아니라 늙으려고 하고, 죽지 않으려고 할 것이 아니라 죽으려고 하라. 늙음은 늙음에 맡기고, 죽음은 죽음에 맡겨버리고, 사람은 사람의 할 일을 해야 한다.

74. 금우의 밥통

『벽암록』제74장은 〈금우화상가가소金牛和尙呵呵笑〉이다. 금우는 마조의 제자로서 진주鎭州 사람이다. 조주도 진주에 살았고, 임제도 진주에 살았다. 임제가 금우를 찾아가니 금우는 법당에 앉아 참선을 하고 있었다. 임제는 바싹 다가가서 금우의 머리를 세 번 두드렸다. 금우는 무념무상, 삼매에 빠져 아무 기별이 없었다. 그래서 임제도 법당에 주저앉아 참선을 시작했다. 얼마 있다가 깨어난 금우는 임제에게 다가가서 주인의 승낙도 없이 들어온 자가 누구냐며 대성 호통을 쳤다. 임제는 그제야 잠에서 깨어난 듯이 뭐라고 말했느냐고 물었다. 그리고 금우가 다시 무슨 말을 하려고 하자 금우의 뺨을 멋지게 한 대 갈겼다. 금우가 덤벼들려고 하자 임제는 한 대 더 후려갈겼다. 금우는 쓰러지면서 "오늘은 내가 힘을 쓸 수가 없는데" 하고 방으로 돌아갔다.

훗날 사람들은 금우와 임제 중 누가 이겼을까 하고 야단들이다. 이에 대해 앙산은 이길 때는 다 이겼고, 질 때는 다 졌다고 대답하여 모든 논란을 막았다. 임제가 칠 때에 금우만 맞은 것이 아니라 임제도 맞은 것이다. 금우가 쓰러질 때는 임제도 쓰러진 것이다. 금우와 임제는 한통이다. 한통이니 칠 수도 있고, 맞을 수도 있다. 쳐도 기쁘고, 맞아도 기쁘다. 일체가 기쁨뿐이다.

진리를 깨달은 사람에게는 남모르는 기쁨이 있다. 그것을 '법열'이라고 한다. 밥을 먹어도 기쁘고, 옷을 입어도 기쁘다. 일상생활이 그대로 기쁘고, 그대로 즐겁다. 그것을 신통유희라고 한다. 어린애가 노래를 부르고 춤을 추면서 즐거워하듯이 진리를 깨달은 사람은 밥을 먹으며 기뻐하고, 춤을 추며 즐거워한다. 어린애는 기운이 통해서 그렇고, 어른은 신령이 통해서 그렇다. 사람에게는 신령이 통해야 한다. 어린애가 바람의 아들이듯이 어른은 브라만의 아들이다. 아이가 기운에 통하는 것이 자연이고, 어른이 신령에 통하는 것이 자연이다.

신령에 통했다는 말은 말씀에 통했다는 말이요, 진리에 통했다는 말이다. 진리에 통하는 것 이외에 다른 신령은 없다. 말씀이 곧 신령이기 때문이다. 옛날 방 거사龐居士는 "신통묘용神通妙用 운수반시運水搬柴"라고 하였다. 진리를 깨달았다는 말은 물 긷고 장작 패는 것 외에 아무것도 아니라고 한다. 물을 길어도 기쁘고, 장작을 패도 기쁘고, 강에 떠내려가도 기쁘고, 밥을 먹어도 기쁘고, 옷을 입어도 기쁘면 그것이 신통이요, 묘용이다.

본문은 금우 화상이 밥시간만 되면 스스로 밥통을 들고 들어와 식당 앞에서 춤을 추고 한바탕 웃고 나서는(금우화상金牛和尚

매지재시每至齋時 자장반통自將飯桶 어승당전작무於僧堂前作舞 가가대소운呵呵大笑云),"보살들, 어서 와서 밥 먹어라(보살자끽반래菩薩子喫飯來)"하고 말했다는 것이다.

설두는 말했다(설두운雪竇云).

"비록 그렇다고 해도 금우가 정말 좋아서 그러는 것이 아닐 거야(수연여차雖然如此 금우불시호심金牛不是好心)."

어떤 중이 장경에게 물었다(승문장경僧問長慶).

"옛사람이 보살들, 어서 와 밥 먹으라고 했는데 그것이 무슨 뜻일까요(고인도古人道 보살자끽반래菩薩子喫飯來 의지여하意旨如何)?"

이에 장경은 말했다(경운慶云).

"아마 큰 제사에 혼 부르느라고 그러는가 봐(대사인재경찬大似因齋慶讚)."

금우 화상이 춤을 추면서 보살들 밥 먹으라고 했다는데, 설두는 정말 좋아서 그런 것이 아닐 거라고 저항을 하고, 장경은 장례식에 혼 부르느라고 그랬을 거라고 한다.

중들이 하도 돌대가리고 죽은 시체들이니 정신 차리라고 밤낮 그 짓을 했다는 것이 장경의 주석이고, 설두는 무얼 그리 경망스럽게 매일 춤추고 야단이냐고 점잖지 못하다고 금우를 나무란다. 선禪에서는 평범한 것을 좋아하지, 무당처럼 바람피우는 것은 어색했는지도 모른다. 또는 장경의 해석처럼 중들을 일깨우느라고 그랬는지도 모른다.

그러나 금우는 그런 미친놈도 아니었고, 교육하느라고 그러지도 않았을 것 같다. 그저 순수하게 밥을 보면 즐겁고, 사람들을 보면 기뻐서 보살들이라고 했을 것 같다. 일체가 다 보살이요 부처지 보살 아닌 사람이 어디 있고, 부처 아닌 사람이 어디 있나. 진리와 하나가 된 사람에게는 법열이 있다. 어떤 사람은 자기의 목을 겨눈 칼날을 보고도 웃었다고 하지 않느냐. 생로병사가 그대로 자연일진대 생로병사를 보고 못 웃을 이유가 어디 있으랴. 진리에는 생로병사도 없지만 생로병사가 그대로 진리임은 말할 것도 없다. 옛날 마조의 제자인 대주혜해大珠慧海가, 선의 극치가 무엇이냐고 물으니 이렇게 대답했다.

"배고프면 먹고 고단하면 잔다. 내 공부는 이것뿐이다."

그랬더니 중이 그거야 누가 못하겠느냐고 코웃음을 쳤다. 그러나 대주는 이런 말을 한다.

"내 밥은 진짜 밥이고 내 잠은 진짜 잠이다."

사람은 밥을 먹어도 욕심으로 먹고, 잠을 자도 꿈을 꾸며 잔다고 한다. 밥은 살려고 먹고, 잠은 죽으려고 잔다. 배고파서 먹는 것이 밥이요, 고단해서 자는 것이 잠이다. 배고파서 먹어야 기쁨이 있고, 고단해서 자야 즐거움이 있다. 기쁨이 나오게 밥을 먹고, 즐거움이 나오게 잠을 자야 그것이 진짜 밥이요, 진짜 잠이다. 만일 밥을 먹어도 기쁨이 없고, 잠을 자도 즐거움이 없다면 그것은 취생몽사醉生夢死지 사는 것이 아니다. 밥 먹는 것이 그대로 성불이요, 잠자는 것이 그대로 열반이다. 밥을 먹어도 성불을 못하고, 잠을 자도 열반에 못 든다면, 그것은 성불할 자격도 없고, 열반에 들 소망도 없는 것이다. 불도의 핵심은 밥 먹고 잠자는 데 있다. 그 이상도, 그 이하도 아니다.

75. 오구의 몽둥이

『벽암록』 제75장은 〈오구문법도烏臼問法道〉이다. 오구烏臼는 마조의 제자다. 마조의 문하에는 팔십여 망아지가 날고뛰었는데 오구도 그 가운데 한 마리였다.

어떤 중이 정주 스님을 모시고 있다가 어느 날 오구에게로 왔다(승종정주화상회리僧從定州和尙會裏 내도오구래到烏臼). 오구가 물었다(오구문烏臼問).

"정주 스님의 가르침과 내 가르침에 무엇인가 다른 것이 있다고 생각하느냐(정주법도하사저리定州法道何似這裏)?"

"별로 다름이 없습니다(승운僧云 불별不別.)."

"다름이 없다면 본래 있던 데로 돌아갈 것이지 무엇을 머뭇거리느냐?" 그러면서 한 대 후려갈겼다(구운臼云 약불별경전피중거若不別更轉彼中去 변타便打).

중이 말했다.

"몽둥이에 눈이 있다면 그렇게 경솔하게 치지는 못할 것인데

(승운僧云 방두유안棒頭有眼 부득초초타인不得草草打人)."

이에 오구는, "한 대로 부족하면 한 서너 대 더 맞아야지" 하고 세 대를 더 때렸다(구운曰云 금일타착일개야今日打著一箇也 우타삼하又打三下). 그러자 중은 드디어 나가려고 하였다(승변출거僧便出去).

오구가, "몽둥이는 변변치 않지만 사람은 잘 맞추는구나"라고 하자(구운曰云 굴방원래유인끽재屈棒元來有人喫在), 중은 몸을 돌려 오구에게 "칼자루가 스님 손에 있으니 낸들 어떻게 하겠습니까"라는 것이다(승전신운僧轉身云 쟁나표병爭奈杓柄 재화상수리在和尙手裏).

오구는, "네가 필요하다면 내가 그대에게 줄 수도 있다"고 했다(구운曰云 여약요산승회여여汝若要山僧回與汝).

중이 가까이 가서 오구의 손에서부터 몽둥이를 빼앗아 들었다(승근전탈구수중방僧近前奪曰手中棒). 그리고 오구를 석 대 내리 갈겼다(타구삼하打曰三下). 오구가, "시원치 않은 몽둥이로군" 하니(구운曰云 굴방굴방屈棒屈棒), 중이 "그래도 맞기는 잘하는데" 한다(승운僧云 유인끽재有人喫在).

오구는, "빨리빨리 치지 무엇 하는 거냐(구운曰云 초초타착개한草草打著箇漢)?" 그때 중은 정중하게 절을 올렸다(승변예배僧便禮拜). 그러자 오구가 말했다. "스님께서 어찌 가시려 듭니까(구운曰云 화상각임마거야和尙卻恁麽去也)?" 중이 크게 웃으면서 나가버렸다(승대소이출僧大笑而出).

오구는, "꺼져라 꺼져(구운曰云 소득임마消得恁麼 소득임마消得恁麼)"라고 했다.

이 본문의 줄거리는 정주 스님의 제자가 찾아온 것을 무조건 후려갈기고 중이 몽둥이가 없어서 대들지 못하자 자기 몽둥이를 내주어 얻어맞는 광경이다. 중이 깊은 존경을 보이자 도리어 오구는 그 중에게 스님이라고 경의를 표해준다. 외양으로 보면 몽둥이로 서로 치고 맞고 하는 것 같지만 속으로 보면 진리가 통한 사람들의 사랑의 친교이기도 하다. 맛있는 음식을 대접하듯 서로 주고받는 채찍의 꿀맛, 명약이 쓰다면 참사랑은 서로 아픈 것이 아닐까. 신의 최고의 사랑이 십자가의 고난을 짐 지워주는 것으로 나타났다면, 오구의 중에 대한 최고의 사랑이 채찍으로 나타난 것이 아닐까. 스승의 사랑에 중도 감격하여 사랑의 채찍을 되돌려준다. 채찍이 아니라도 좋다. 선생은 학생을 깨우치고, 학생은 선생을 깨우쳐준다. 학생과 선생은 한없는 친구인 동시에 한없는 원수다. 사랑의 싸움이 사제의 사귐이요, 원수의 사랑이 사제의 관계다.

여기의 중과 오구는 좋은 싸움을 하고 있다. 말이 떨어지기가 무섭게 후려갈기고 잘 때리지 못하면 몽둥이에 눈이 없느냐고 핀잔을 준다. 왜 못 맞추냐고 대들면 혼자만 치면 무엇 하느냐고 희롱하고, 이 칼을 받으라고 내주면 그 칼로 스승의 모가지를 치는 제자, 칼도 쓸 줄 모르느냐고 놀리면 정통으로 덤벼드는 중의 용기, 빨리 치라고 호통 치면 벌써 쳤다고 절을 하고, 더 치라고 대들면 칠 나위가 없다고 웃어버리는 중, 오구도 잘했다고 통쾌해하는 모습이 마치 부자지간의 씨름을 연상케 한다. 하여튼 스승이건 제자건 모조리 빈틈이 없다. 모두 진지한 한 길이요, 결사적인 수련이다. 오구도, 중도 서로 시퍼런 큰 칼을 마음대로 뒤흔들면서 자유자재로 휘젓고, 임기응변臨機應變 전신자재轉身自在, 뛰어오르고, 뛰어내리고 검술에 활기를 마음대로 드러내어 죽일 테면 죽이고, 살릴 테면 살리는 도인의 극치를 표현하고 있다.

칼자루가 상대방에게 갈 수도 있고, 자기 손에 올 수도 있고, 때릴 수도 있고, 맞을 수도 있고, 주인이 될 수도 있고, 손님이 될 수도 있고, 왕이 될 수도 있고, 신하가 될 수도 있고, 스승이 될 수도 있고, 학생이 될 수도 있다. 요는 도가 있을 뿐 나는 없다. 내 목이 잘리는 것이 도를 드러내는 길이라면 내 목을 자르고, 내가 왕이 되는 것이 도를 드러내는 길이라면 왕도 사양치 않는다. 내가 있는 것이 도를 드러내는 길이라면 내가 있고, 내가 없는 것이 도를 드러내는 길이라면 내가 없다. 내가 사는 것이 도를 드러내는 길이라면 내가 살고, 내가 죽는 것이 도를 드러내는 길이라면 내가 죽는다. 왕이 되었다고 잘난 것도 아니고, 머슴이 되었다고 못난 것도 아니다. 왕을 멋있게 해내면 연극이 살고, 머슴을 멋있게 해내도 연극이 산다. 연극을 살리는 것이 문제지 배역이야 무엇이든 상관이 없다. 왕의 배역을 맡아도 연기가 부족하면 배우의 자격이 없고, 머슴의 역을 맡아도 연기만 잘하면 멋있는 배우다. 마치 인도 사람들이 믿듯이, 어느 때는 사람으로도 태어나고, 어느 때는 사자로도 태어나고, 나비로도 태어나고, 그렇게 무엇으로 태어나든지 무엇이나 되고, 무엇이나 해낼 수 있기만 하면 된다.

여기에 정주의 제자인 어느 중과 오구 스님 사이에 실력 있는 대결이 여실히 벌어진다. 그것은 보는 이로 하여금 손에 땀을 쥐게 하는 멋진 연기다. 상대방에게 끌려 다니지 않고 상대방을 지배하는 절대세계를 소유한 자유인, 이것이 오구요, 부처요, 찾아온 중의 모습이다.

76. 단하의 눈

『벽암록』제76장은 〈단하문심처래丹霞問甚處來〉다. 단하 스님은 단하산의 천연天然 스님으로 단하산에 살았기 때문에 단하 스님이라고 한다. 당나라 현종 때 사람이다. 백낙천이 시를 짓고, 한퇴지가 글을 쓰고, 백장, 남전, 약산, 방 거사 등 당나라 문화가 무르익을 때의 사람이다. 본래 유학을 공부하고 과거 시험을 치려고 서울로 가다가 여관에서 흰빛이 방안에 가득 찬 기적을 만나 황홀해서 점을 쳐보았더니 해공길상解空吉祥이라 하여 절간을 찾아갔던바, 자네같이 총명한 사람이 부처가 될 마음을 품을 것이지 관리가 되겠다는 것이 말이 되느냐고 조언하는 바람에 강서에서 이름난 마조를 찾아가게 된 것이다.

마조는 단하를 한참이나 들여다보더니, "나는 네 스승이 아니다. 네 스승은 남악에 있으니 그리로 가라"고 일러주었다. 남악은 호남의 형산으로, 거기에는 석두희천 선사가 기염을 토하고 있었다. 단하가 석두를 찾아가서 인사를 하였더니 석두는 곧 조창으로 따돌렸다. 조창이란 노무자들이 있는 곳이다. 단하는 중이 되지 못하고 절간 머슴이 된 것이다. 거기서 그는 뼛골이 빠지도록 일을 하였다. 쌀을 찧고, 물을 긷고, 장작을 패고, 돌담을 쌓고, 무엇이든 시키기가 무섭게 열심히 했다. 그러는 동안에 그의 마음에는 기쁨이 넘치기 시작했다. 부처가 된다는 것은 참선하는 것도 아니고, 생각하는 것도 아니고, 글을 읽는 것도 아니다. 모든 사람을 위해 자기를 바치는 것, 그것이 부처다. 단하의 기쁨은 자기를 넘어서 일터로 번지게 되었다.

석두는 이런 단하를 더 이상 내버려둘 수가 없었다. 풀을 뜯겠다고 대중을 마당으로 모았다. 단하는 때를 놓치지 않을세라 대야에 물과 면도를 가지고 마당으로 달려갔다. 석두는 웃으면서 머리털을 잘라주었다.

"삭제수발削除鬚髮. 단제번뇌斷除煩惱. 당원중생當願衆生. 구경적멸究竟寂滅."

노래를 부르면서 머리를 깎았다. 그리고 삼귀계三歸戒, 삼취정계三聚淨戒, 십중금계十重禁戒를 내리고자 했다. 그랬더니 단하는 귀를 막고 밖으로 뛰어나가고 말았다. 대승을 넘어선 단하에게는 그런 소승적인 계율은 쓸데없는 검부러기였다. 그는 강서로 마조를 찾아갔다. 빡빡 머리를 깎고 일체 번뇌를 벗어버린 자기의 깨끗한 모습을 보이고 싶었기 때문이다. 그는 마조를 만나기 전에 법당에 들어가 문수보살 목상 위에 무등을 탔다. 사람들은 깜짝 놀라 마조에게 급히 달려갔다. 마조가 달려와 본즉 그것은 단하였다. 그의 눈동자는 진리의 빛으로 빛나고 있었다. 마조는 "내 아들 천연天然아!" 하고 끌어안았다. 단하는 뛰어내려 마조의 발 밑에 무릎을 꿇었다. 이름을 지어주셔서 감사하다고 진심으로 예의를 표했다. 머리는 석두가 깎고, 이름은 마조가 지어준 자랑스런 불자였다. 관리가 되려던 단하는 중이 되었다. 인작人爵보다 천작天爵이 더 크다는 것을 알았기 때문이다. 단하가 부처를 불살랐다는 이야기는 유명한 이야기다.

늙어서 단하산에 살면서 많은 젊은이를 가르쳤다. 그래서 지금은 단하 스님이라고 부르게 되었다. 오늘 나오는 이야기도 만년의 이야기인 듯하다.

단하가 어떤 중에게 물었다(단하문승丹霞問僧).

"어디서 왔나(심처래甚處來)?"

"산 밑에서 왔습니다(승운僧云 산하래山下來)."

단하가 다시 물었다.

"밥은 먹고 왔나? 아직 못 먹었나(하운霞云 끽반료야미喫飯了也未)?"

"밥은 먹고 왔습니다(승운僧云 끽반료喫飯了)."

단하는, "너 같은 얼간이에게 밥을 준 사람은 눈이 있느냐?" 하고 외쳤다(하운霞云 장반래여여끽저인將飯來與汝喫底人 환구안마還具眼麼).

그 말에 중은 말문이 막히고 말았다(승무어僧無語).

후에 장경이 보복에게 물었다. 밥 먹인 사람에게 무슨 죄가 있다고 눈이 있느니 없느니 하는 것은 너무하지 않느냐고 나무랐다(장경문보복長慶問保福 장반여인끽將飯與人喫 보은유분報恩有分 위십마불구안爲什麽不具眼).

보복은, "밥을 먹인 자나 먹은 자나 모두 눈알이 꿰지기야 마찬가지지"라고 했다(복운福云 시자수자이구할한施者受者二俱瞎漢).

장경은, "최선을 다했는데 왜 눈이 꿰졌다고 하는 거지?" 하고 물었다(장경운長慶云 진기기래盡其機來 환성할부還成瞎否).

보복은, "내가 눈이 꿰졌다고 말하고 싶은 거지(복운福云 도아할득마道我瞎得麽)."

결국 장경과 보복은 서로 일진일퇴 승부가 안 난 것 같다. 그러나 단하와 젊은 중 사이에는 승부가 너무도 뚜렷하다. 젊은 중은 산 밑에서 올라왔다고 의기양양하게 대들었지만 밥 먹었느냐는 질문에 꼼짝도 못하고 나가떨어진다. 어디서 왔느냐가 보통 질문이 아니듯이 밥을 먹었느냐도 보통 질문이 아니다. 어디서 왔느냐에 그래도 구체적인 주소를 말 안 하고 산 밑에서 올라왔다는 향상일로向上一路의 젊은 중의 용기는 가상하지만 밥을 먹었느냐는 질문에 밥을 먹었다는 대답은 너무도 즉물적이다. 밥을 먹었으면 거기서 자지 무엇 때문에 이 밤에 산꼭대기까지 올라오나. 눈이 꿰지고 얼이 빠졌나. 의기양양해서 올라왔던 망아지는 코 꿰인 송아지처럼 꼼짝도 못하고 산을 내려갔다.

그 후 백 년이 지나 설봉산의 장경과 보복이 이 이야기를 듣고 이렇게 서로 말한다.

"쩧고 까부는 장면, 그러나 스스로 깨닫지 않으면 모두 장님이다. 누구를 깨닫게 할 수도 없고, 누구에게 깨달음을 얻을 수도 없다. 스스로 깨닫는 것이다."

단하는 언제나 이런 노래를 불렀다.

"내 속의 진주만 찾아 가지면 무명의 잠꼬대는 곧 깨어나리. 아무리 온 몸이 가루가 되어도 한 가지는 언제나 길이 빛나리. 아는 것이 본체가 아니고, 신비한 진주는 형태가 없다. 깨달으면 그대로 부처요, 미혹하면 만 권의 경전도 모두 혹이다."

77. 운문의 호떡

『벽암록』제77장은 〈운문답호병雲門答餬餅〉이다. 본문은 극히 간단하다.

어떤 중이 운문에게 물었다(승문운문僧問雲門).

"어떤 것이 부처나 조사를 초월하는 말씀입니까(여하시초불월조지담如何是超佛越祖之談)?"

운문이 말하기를, "빵떡(문운門云 호병餬餅)."

사람들은 극단으로 가기를 좋아한다. 어떤 중이 진리를 찾는데, 부처님이나 조사님도 대단한데 부처님, 조사님에게도 만족하지 못하고 부처님보다 더 큰 것, 조사님보다 더 큰 진리를 찾고 있는 것이다. 이런 사람은 구원의 길이 없다. 절망뿐이다. 마치 풍선같이 잔뜩 바람이 들어 바람 든 무처럼 어떻게 할 도리가 없다. 바람을 더 집어넣어 터트리는 수밖에 없다. 사람은 절망에 빠질 때 도리어 살 길이 생기는지도 모른다. 절망은 죽음에 이르는 병이기도 하지만 혼을 깨우치는 약이 될 수도 있다. 죽음이 사람을 썩게도 하지만 사람을 살리기도 한다. 종기가 곪으면 고약을 붙여서 더 곪게 하는 수밖에 없다.

운문은 초불超佛 월조越祖의 진리를 찾는 젊은이에게 초초불超超佛 월월조越越祖의 진리를 찾아보라고 한다. 그것이 빵떡이라는 것이다. 부풀어 오른 빵떡이다. 어서 더 부풀어보라는 것이다. 그래서 추상과 이상의 꿈이 깨지고 현실로 돌아오라는 것이다. 불조佛祖를 넘어서는 진리라 해도 빵 한 조각을 베푸는 자비에 있는 것이지 별것이 아니다. 진리의 궁극은 사랑이요, 남을 살리자는 것이지 그 이상 더 있을 리가 없다. 왕도정치의 핵심은 정전법井田法이다. 백성을 밥 먹여 살리자는 것이지 그밖에 무엇이 있단 말인가. 하나님의 말씀이 아무리 굉장해도 밀떡 다섯 개와 물고기 두 마리에 있지 별것이 아니다. 사랑을 잊은 진리, 그것은 독이지 아무것도 아니다.

진리, 진리 하지만 진리란 언제나 평범한 데 있는 것이지 독특한 것이 아니다. 영원은 찰나에 있고, 추상은 구체 속에 있고, 하늘은 흙 속에 있다. 초불超佛 월조越祖의 진리가 하늘에 있는 것도 아니고, 그보다 더 높은 곳에 있는 것도 아니고, 있다면 가장 비근한 데 있다. 일상시도日常是道라고 한다. 불도는 하늘에 있는 것도 아니고, 땅에 있는 것도 아니다. 살고 죽는 데 있다. 생사를 떠나서 불도가 있을 리가 없다.

그렇다면 생사의 핵심이 어디에 있겠느냐. 떡 한 조각, 빵 한 조각에 있지 그 이상 또 어디에 있겠느냐. 부처가 있다면 떡 속에 있고, 조사가 있다면 밥 속에 있지, 떡과 밥을 제외하고 부처가 어디 있고, 조사가 어디 있으며, 부처를 넘어서고, 조사를 넘어서는 더 큰 진리라도 떡 속에 있고, 밥 속에 있지 그것을 넘어서서 있을 곳이 없다.

우리가 떡을 먹는 것이 부처를 먹는 것이요, 밥을 먹는 것이 조사를 먹는 것이거늘 그것을 모르고 밥에 욕심을 내고, 떡에 욕심을 내어 부처를 괴롭히고, 조사를 괴롭히고, 우주를 괴롭히고, 세계를 괴롭히고, 천하를 괴롭히고 있는 것이다. 떡을 떼며 이것은 내 살이요, 포도주를 부으며 이것은 내 피라고 한다. 떡과 포도주만 내 살이요, 내 피가 아니다. 일체의 밥이 내 살이요, 일체의 물이 내 피일 것이다. 진리는 밥을 떠나서 있는 것이 아니다. 밥 안에 있다. 아니 밥 자체가 진리이다.

실존은 그대로 진리다. 밥을 보고 진리를 못 보면 그것은 밥을 보는 것이 아니며, 밥을 먹어도 독을 먹고 있는 것이다. 밥과 진리는 둘이 아니다. 초불 월조의 진리가 있다면 밥 외에 있을 리가 없고, 떡 외에 있을 리가 없다. 그래서 운문은 초불 월조의 진리를 찾는 젊은 중에게 부풀어 오른 빵떡을 보여준다. 부풀고 부풀어서 터져 죽어 죽음 속에서 다시 살아 나와야 밥이 진리임을 깨닫게 될 것이다. 쌀이 밥이 되듯이 번뇌가 보리가 되고, 중생이 부처가 되어야 깨달을 수 있다. 부처가 되기 전에는 밥이 진리인 줄을 알지 못한다. 부처나 밥이나 진리나 모두 사람을 살리자는 한 뜻에는 다름이 없다.

부처를 초월하고 조사를 초월하는 진리라 할지라도 그것은 모두 생명의 근원임에 틀림이 없다. 나를 살려주는 것 일체가 밥이다. 환경이 식食이다. 풀잎 위의 벌레처럼 우리는 밥 위에 살고 있다. 밥 위에서 배가 고파 죽겠다고 야단치는 것이 얼빠진 중의 물음이다. 부처를 초월하고 조사를 초월하는 진리를 찾는 것은 한마디로 배고프다는 말에 불과하다. 너무도 허기져서 허튼 수작을 하고 있다. 거기에 대해서 운문은 단도직입적으로 찐빵을 내놓는다. 뜨끈뜨끈한 찐빵, 그것만이 허기진 얼간망둥이를 살릴 수 있기 때문이다. 배고픈 사람에게 필요한 것은 찐빵뿐이다. 꿈을 꾸고 있는 사람에겐 깨우는 길밖에 없다.

깬다는 것은 현실을 볼 수 있게 된다는 것이다. 현실을 못 보고 실존을 이해할 수는 없다. 실존은 현실 존재요, 진실 존재다. 가장 진실한 것이 있다면 밥밖에 없다. 밥을 먹으면 산다. 모든 생명의 근원은 진실하다. 모든 거짓은 망상에서 나온다. 망상에서 마魔가 나오고, 마귀가 나오고, 모든 요망한 것이 나온다. 망상은 현실을 보지 못하게 한다. 현실을 볼 수 있는 이상, 이것이 부처를 초월하고 조사를 초월한 이상이다. 현실적인 것이 이상적인 것이요, 이상적인 것이 현실적인 것이다. 이상과 현실의 일치, 이것이 깨닫는다는 것이다. 그것은 논란을 불허하는 절대의 세계다. 찐빵, 밀떡, 무엇이든지 좋다. 먹고 배만 부르면 그것으로 족하다.

78. 보살이 본 물

『벽암록』 제78장은 〈십육개사입욕十六開士入浴〉이라는 장이다. 개사開士란 보살과 마찬가지로 현인이요 철인이다.

옛날에 십육 현인이 목욕할 때가 되었다(고유십육개사古有十六開士 어욕승시於浴僧時). 예에 따라 욕탕에 들어갔다(수례입욕隨例入浴). 그 순간에 물의 이치를 깨달았다(홀오수인忽悟水因). 여러 선사님들(제선덕작마생회諸禪德作麽生會), 그분들이 "묘촉선명妙觸宣明 성불자주成佛子住"라고 말하는 것을 어떻게 이해했느냐(타도 묘촉선명他道妙觸宣明 성불자주成佛子住). 아마 좀 더 깊이 찾아야 알아차릴 것 같다(야수칠천팔혈시득也須七穿八穴始得).

이 이야기는 『수능엄경首楞嚴經』에 있는 말이다.

발타바라와 그의 친구 열여섯 명의 보살이 자리에서 일어나 부처님 발밑에 절하고 부처님께 말씀을 드렸다.

"우리들은 전생에 위음왕 부처님께로부터 설법을 듣고 출가하여 목욕할 때가 되어 그 전처럼 욕탕에 들어가니 그 순간 물이라는 것을 깨닫게 되었습니다. 아직 먼지도 씻지 않고, 때도 씻지 않았지만 마음속이 깨끗하여 더러움을 넘어서고 말았습니다. 옛일을 회상하여 이제 또 부처님을 따라 출가하여 보살이 되었습니다. 그때 부처님께서 저를 발타바라라고 이름을 지어주셨습니다. 묘촉선명妙觸宣明 성불자주成佛子住를 성취하였습니다. 부처님께 통하는 방법을 물으니 내 경험으로는 부딪치는 것이 제일 좋은 방법 같다고 대답했습니다."

여기에 발타바라는 현수 대사賢首大師이고, 위음왕불은 태초의 부처님이다. 시간 이전에 벌써 부처님 밑에서 보살이 된 사람이 현수였다.

자기만 깨닫는 것이 아니라 중생을 깨닫게 하기 위하여 몇 번이고 몇 번이고 태어나는 것이 보살행이다. 보살은 부처의 제자들로서, 받드는 사람들이다. 이 사람들이 목욕탕 속에 들어가 수인水因을 깨달았다는 것이다.

수인이란 물의 성질을 깨달았다는 것이다. 물은 일체 만물을 살려줄 뿐 아니라 나무를 푸르게 하고, 꽃을 피게 하고, 열매를 맺게 하지만 물에는 자성自性이 없다. 물이 꽃이 되는 것도 아니고, 풀이 되는 것도 아니다. 물은 꽃이나 풀에 흡수되었다가 다시 또 물이 된다. 아무리 써도 없어지는 것도 아니고, 더러워지는 것도 아니다. 물은 죽는 것도 아니고, 사는 것도 아니다(불생불멸不生不滅). 물은 절대다. 물은 무아다.

이것이 사랑이요, 영원이요, 실재의 세계다. 현상을 현상답게 하지만 물은 어디까지나 물이다. 영원한 생명은 그런 것이다. 보살도 마찬가지다. 태초부터 남을 살리고 자기는 몇 번이고 또 태어나서 모든 중생을 살리는 영원한 생명이다.

물의 수인이나 보살의 각인이나 마찬가지다. 색즉시공色卽是空이요 공즉시색空卽是色이다. 색불이공色不異空이요, 공불이색空不異色이다. 부처란 별것이 아니다. 물이 되는 것이다. 사랑이 되는 것이다. 자비가 되는 것이다. 단비가 되어서 온 세상을 살려주는 것뿐이다. 백 번이라도 죽고, 천 번이라도 죽어서 세상을 살리는 것이 부처다. 그것을 위해서 자기는 만물이 되는 것이다.

물이 나무도 되고, 꽃도 되고, 열매도 된다. 그런 후에는 다시 물이 되어 시내를 흐르면서 많은 물고기를 살리고, 많은 동물을 살리면서 자신은 영원히 돌아가는 구름이요 물이다. 세상에 중을 운수雲水라고 하지만 중도 마찬가지다. 실재다. 어머니다. 성숙한 사람이다. 이런 성숙한 사람에게는 때가 때가 아니고 먼지가 먼지가 아니다. 일체가 사랑이요, 일체가 공이다. 밥을 먹어도 남을 살리기 위해서 먹고, 법을 설해도 남을 살리기 위해서 설說한다. 무자성無自性이다. 자기가 없다. 그런고로 먹어도 먹는 것이 아니고, 설하여도 설하는 것이 아니다. 그대로 먹히는 것뿐이요, 그대로 쓰여지는 것뿐이다.

물도 무자성이고, 보살도 무자성이니 무자성이 무자성에 부딪친 것이 묘촉妙觸이라는 것이다. 거울로 거울을 비추듯, 공으로 공을 통과하듯, 무로 무를 씻고, 빛으로 빛을 비추니 다만 사랑이 드러나고, 자비가 드러나고, 진리만이 드러난다. 그것이 선명宣明이다. 물이 물에 부딪쳐 물이 드러난 것뿐이다. 그래서 된 것이 또 물이다. 그것이 성불자주다. 물이 물이 되어 흘러가듯이 보살은 보살이 되어 죽어가는 것뿐이다. 그것이 사랑이다. 이런 사랑, 이런 자비, 이것이 불도요, 이 이상도, 이 이하도 아니다. 선이라고 해봤자 불도지 불도를 넘어설 수는 없다.

설두는 아픈 곳을 찌른다.

"물이 물에 부딪쳐 물이 되는 이 비밀을 선을 한다고 큰소리치는 여러분들이 좀 알아들을 수 있느냐."

선이 별것이냐, 사랑이지. 그런데 여러분은 갑론을박, 망상에 망상을 거듭하고 있으니, 칠천팔혈七穿八穴, 망상에서 깨어나 물소리를 좀 들어봄이 어떠냐 하는 것이 설두의 질문인 것 같다.

물은 본래 공, 무자성, 불가득이다. 깨치면 공이요, 무요, 사랑이요, 자비다. 사랑 속에는 씻고 닦고가 없다. 없어지는 것뿐이다. 실상무상實相無相이 되는 것이다. 그러나 무상은 무상이 아니라 영원히 실상이다. 빛이 빛을 비추어 빛이요, 사랑이 사랑을 사랑하여 사랑뿐이다. 제법은 모두 인연 소생이다. 법에 따라서 나고, 법에 따라서 간다. 그렇기 때문에 무자성이다. 무자성이니 가는 것도 없고, 오는 것도 없다. 무거래다. 무소득이다. 결국 공空뿐이다. 사랑은 공뿐이다. 내가 없고 인연에 따라 오고가는 것이 보살이요, 부처다. 온 세상이 부처가 되고 법이 되고 사랑이 될 때까지 그들은 가고 오고, 가고 오고, 가는 것도 아니고, 오는 것도 아닌 사랑뿐이다. 사랑, 사랑, 자비.

79. 투자의 모든 소리

『벽암록』제79장은 〈투자일체성投子一切聲〉이다. 투자대동投子大同 선사는 당나라 말기에서 오대 초기에 나타났던 걸승으로 서주舒州 대동산大同山에 살았기 때문에 속칭 대동 선사라고 부르기도 한다. 96세의 고령으로 세상을 떠나기까지 앙산혜적仰山慧寂, 설봉의존雪峰義存, 대수원정大隨元靜과 더불어 선풍禪風을 선양한 대덕으로, 취미무학翠微無學의 제자이다. 난세에 태어나 반도의 침입으로 대동산이 아수라장이 되었을 때, 모든 사람이 도망쳤으나 투자는 참선에 여념이 없었다. 적괴가 칼을 뽑아 목을 치려고 했으나 추호의 미동도 없었다고 한다. 결국 적괴도 도력에 굴복하여 금품을 희사하고 떠났다. 생사를 초월한 걸승이었다.

이런 투자에게 어느 날 젊은 중이 찾아와서 물었다.

"모든 소리가 다 부처님 소리라는데 정말 그렇습니까(승문투자僧問投子 일체성시불성一切聲是佛聲 시부是否)?"

"그렇고 말고(투자운投子云 시是)."

그때 중이 "그렇다면 방귀도 불성이 아닙니까?" 하고 방귀를 내갈겼다(승운僧云 화상막독불완명성和尙莫瀆不完鳴聲). 그때 투자가 몽둥이로 후려갈겼다(투자변타投子便打).

그랬더니 중이 또 물었다.

"허튼 소리 욕지거리도 부처님의 말씀입니까. 그렇지 않습니까(우문又問 추언급세어麤言及細語 개귀제일의皆歸第一義 시부是否)?"

"부처님의 말씀이지(투자운投子云 시是)."

"이 나귀만도 못한 중놈아(승운僧云 환화상작일두려득마喚和尙作一頭驢得麽)."

그러자 투자가 후려갈겼다(투자변타投子便打).

'일체성불성一切聲佛聲'이란 『법화경』에도 나오고, 『능엄경』에도 나오는 불가에서는 하나의 상식이다. 일체만물이 모두 불성을 가지고 있다든가, 신은 계시지 않는 데가 없다든가, 세상의 소리 치고 불성 아닌 것이 없다든가, 바람소리, 물소리가 모두 부처님의 설법하는 소리라든가, 진리는 없는 곳이 없다든가, 일체가 진리 아님이 없다든가 하는 말은 불가에서 밤낮 하는 소리다. 그렇다고 해서 그것이 아니라고 할 사람은 없다. 그러나 그것은 진리에 복종할 때 일체가 진리지, 진리에 거역할 때도 일체가 진리인 것은 아니다. 명의에게는 모든 풀이 다 약초가 될 수 있다. 그러나 의사 아닌 사람은 모든 풀이 다 약이 되는 것은 아니다. 어리석은 사람에게는 약이 독이 될 수도 있다.

깨달은 사람에게는 바람소리, 물소리가 모두 부처님의 사랑 아닌 것이 없다. 심지어 방귀 소리에도 인간을 살리는 방귀 소리가 있다. 병원에서 수술하고 방귀가 나왔을 때처럼 큰 기쁨은 없다. 그런 방귀는 병자를 살리는 방귀요, 그야말로 부처님의 소리요, 부처님의 자비다. 그러나 사랑과 진리를 거역하고 웃어른 앞이나 많은 사람 앞에서 방귀를 뀌면 그것은 공해요, 불경이다.

여기 아직 선악도 분별 못하는 젊은 중이 투자 앞에서 망발을 떨었으니 투자가 가만둘 리가 없다. 일체성이 불성입니까? 그렇다. 방귀도 불성입니까? 그렇다. 몽둥이 소리도 불성이다 하고 한 대 후려갈긴 것이다. 방귀의 악은 몽둥이의 악으로만 제거될 수 있다. 한번만 물었으면 족하지, 이 젊은 중은 얼마나 얌체인지 또 한 번 욕지거리, 허튼 소리도 진리냐고 묻는다. 욕지거리가 의인이 분노일 때는 선이 될 수 있고, 허튼 소리가 의사의 방편으로 쓰일 때에는 선이 될 수 있는 것은 말할 것도 없다. 그러나 철부지 젊은 중의 욕지거리가 진리가 될 수는 없다. 그것은 마치 불필요한 구타가 진리가 되지 않는 것이나 마찬가지다. 욕지거리를 제거하기 위해서는 몽둥이로 후려갈기는 길밖에 없다. 그래서라도 얼빠진 중의 얼이 들어오기만 해주면 악을 제거하기 위한 악은 큰 선으로 둔갑을 한다. 그런데 투자의 사랑의 몽둥이도 이 중을 깨우친 것 같지는 않다. 어리석은 나귀새끼가 몽둥이 두 대에 철이 들 수는 없을 것이다. 백 대, 천 대 계속 두들겨 패야 그 어느 때인가 철이 들 날이 있을 것 같다.

모든 사람이 다 부처가 된다고 망아지까지 부처가 되는 것은 아니다. 모든 사람이 다 부처가 되어도 나만은 부처가 아니다. 온 세상에 흰 눈이 덮여도 눈이 덮이지 않은 데는 있다. 그것은 내가 선 자리다. 내가 있는 동안은 부처도 아니요 아무것도 아니다. 이 중처럼 아무것도 모르는 주제에 교만만 들어차 설익은 지식을 가지고 스승을 희롱하는 악랄한 망아지는 천 대, 만 대를 얻어맞아도 사람 될 가망이 없다.

제법무아諸法無我라고 한다. 일체에는 내가 없다. 연기가 안 나는 흰 불이다. 독기를 뿜어내는 서울의 버스처럼 독기를 뿜어내는 망아지새끼들은 폐차 처분이라도 해버려야지 어떻게 해볼 가망이 없다. 내가 없어야 한다. 아만我慢이 없어야 하고, 아집이 없어야지, 아만과 아집이 있으면 진리도 사라지고, 법도 사라지고, 일체성은 악마성이 되고, 일체언은 악마언이 된다.

세상에 악마는 나다. 내가 있으면 일체가 악이요, 내가 없으면 일체가 선이다. 세상을 괴롭히는 것은 나요, 공해의 근원도 나다. 내가 없어져야 한다. 남을 적대시하고, 세계를 뒤흔들고, 일체를 무시하는 내가 없어야 한다. 남을 미워하고, 남을 괴롭히는 내가 없어야 한다. 내가 없다는 말은 사랑이라는 것이요, 공평이라는 것이다. 정의라는 것이다. 지혜라는 것이다. 남을 생각하는 마음이 나 없는 마음이다. 나 없는 마음, 이기심 없는 마음이 불심이요, 나 없는 소리가 불성이요, 나 없는 말씀이 불언이다. 일체성은 불성이다. 거기는 내가 없다. 소아가 사라지고 대아가 되었기 때문이다.

80. 조주의 갓난애

『벽암록』 제80장은 〈조주해자육식趙州孩子六識〉이다.

어떤 중이 조주에게 물었다.

"갓난아이에게도 죄의식이 있습니까(승문조주僧問趙州 초생해자初生孩子 환구육식야무還具六識也無)?"

조주가 대답했다. "빠른 물살에 공 던지기지(조주운趙州云 급수상타구자急水上打毬子)."

중이 다시 투자에게 물었다. "빠른 물위에 공을 던진다는 뜻이 무엇입니까(승부문투자僧復問投子 급수상타구자急水上打毬子 의지여하意旨如何)?"

투자가 설명해주었다. "한 순간도 흐름이 멎지를 않는다는 뜻이다(자운子云 염념부정류念念不停流)."

자연에는 본래 병이 없다. 본래무일물本來無一物이다. 병이 있는 것은 자연을 어겼기 때문이다. 정신적 자연도 마찬가지다. 정신은 본래 무일물無一物이다. 아무런 죄의식도 없다. 모든 공해는 인위적인 데서 일어난다.

자연을 떠나서 인간이 되는 곳에 병이 생기고, 죄가 생긴다. 어린애는, 인간은 인간이나 아직 많은 공해를 입지 않은 인간이다. 그렇기 때문에 인간적인 공이 아무리 커도 자연적인 급류에 떠내려가고 만다. 산간 급류에 오물을 버려도 곧 떠내려가 맑은 물을 유지하는 것과 같다.

어린애는 아직 공해를 이기고, 오염을 이길 수 있는 원생명을 가지고 있다. 그래서 어린애 같지 않으면 천국에 들어갈 수 없다고 한다. 그러나 사람은 어린애로 돌아갈 수는 없다.

인간은 자연이 될 수는 없다. 인간 집단이 커지면 커질수록 쓰레기 오물이 범람하게 된다. 탐진치貪瞋痴가 일어나고, 살도음殺盜淫이 판을 치고, 인생이 전멸의 위기에 처하게 되어 사람에겐 드디어 죽음과 싸우는 운동이 시작된다. 다시 상수도를 놓고 하수도를 깔고 공해를 막고 강물을 맑게 하는 운동이 시작된다. 그것이 수도修道요, 참선이요, 공안이요, 무심이다. 그리하여 다시 물을 맑게 하는 격류를 만들고 청류를 만들어서 맑은 물이 수도에서 쏟아져 공해가 범접을 못하게 하는 것이 염념부정류念念不停流요, 그것이 자유인이다.

자연인은 인간적인 면역을 거쳐 다시 자유인이 되는 것이다. 자연인과 자유인은 같은 모습을 띤다. 하나는 본능적으로 깨끗하고, 하나는 자치적으로 깨끗하다. 그런 면에서 성인은 어린애와 똑같이 무심하다. 아무 마음이 없다. 아무 죄가 없다. 아무 더러운 것이 없다. 무심이 유심을 거쳐서 다시 무심이 되는 것이 인생의 길이다. 자연에서 인위를 거쳐서 자유가 된 것이다.

불교에서는 물을 맑게 할 때에 육식六識을 맑게 하여야 한다고 한다. 육식이란 오식五識을 조종하는 의식의 주체다. 오식이란 보고, 듣고, 냄새 맡고, 맛보고, 만져보는 색성향미촉色聲香味觸의 다섯 가지 감각을 말한다. 이런 감각을 주관하는 것이 육식이다. 감성을 주관하는 오성悟性 같은 것이다. 그런데 육식을 주관하는 칠식七識이라는 것이 있다. 그것은 보통 마나식末那識이라고 하는 것인데 이것은 오성을 지배하는 이성理性 같은 것이다. 모든 번뇌도 여기서 나온다고 한다. 그런데 칠식을 지배하는 팔식八識이 있다. 이것을 아라야식何賴耶識이라고 하는데 이것은 이성보다 더 깊은 실천이성과 같다. 여기서 선악善惡이 생겨난다는 것이다. 수도修道를 하려면 팔식을 맑게 하여야 한다. 한강의 물을 수돗물로 쓰려면 저 팔당까지 올라가고 춘천까지 올라가서 물을 맑게 해야 하듯이 아라야식을 맑게 하여야 맑은 물을 먹을 수 있는 것이다. 유식론唯識論에서는 제팔第八의 식識인 아라야식을 맑게 하고 깨쳐야 본래 무일물의 맑은 세계가 열린다고 한다. 감성을 맑게 하기 위해서 오성을, 이성을, 실천이성을 맑게 하여 신과 영생과 자유에 통하게 되어야 탐진치의 뿌리가 뽑힌다. 풍외風外 스님은 이렇게 말한다.

"도를 닦는 사람은 먼저 식識이라는 것을 알아야 한다. 왜냐하면 오천사십 권의 대장경이 알려주자는 것은 오온五蘊 십이처

十二處 십팔계十八界다. 오온을 관리하는 것이 오관이다. 빨강은 빨갛고, 파랑은 파랗다고 아는 것이 오식五識이다. 오식의 배후에는 오식을 정리하는 것이 있다. 이것이 제육第六의 식識이다. 마치 마부가 말을 몰듯이 오식의 선악善惡 정사正邪는 육식六識이 관리하는 것이다."

이것이 생사生死의 뿌리다. 그런데 그 속에는 제칠第七의 식識이 있다. 마나식末那識이다. 모든 것을 기억하고 있지만 육식六識이 너무 까불면 잊어버리는 수도 있는데 가라앉으면 또다시 알게 된다. 이것은 생멸生滅을 관리하는 것이다. 그런데 그 속에 제팔第八의 식이란 아라야식阿賴耶識이 있다. 이것은 선악, 정사, 유무를 모르는 것 같지만 그 씨를 포함하고 있다. 여기서 일체가 일어난다. 육식六識, 칠식七識에서 잊어버려도 팔식八識에서 나타난다. 마치 땅에 씨가 묻혔다가 비가 오면 싹이 트는 것이나 마찬가지다. 팔식의 암굴을 소탕하기 전에는 생사투탈生死透脫은 불가능하다. 본래 무일물이라고 하지만 무엇이 걸려 있는 것은 팔식 때문이다. 팔식을 넘어서야 여래지如來地가 되는 것이다. 팔식의 무명無明을 넘어서야 묘각불지妙覺佛地가 된다. 묘각불지가 되면 육식은 육신통六神通이 되고, 오식은 오력五力이 되고, 삼독三毒은 삼지三智가 된다. 팔식을 넘지 못하면 팔만지옥이 열리고, 팔식을 넘으면 팔만대장경이 열린다. 그 가운데서 요령은 육식六識에서 잡아야 한다. 이것을 보통 '마음'이라고 한다.

81. 약산의 큰 사슴

『벽암록』 제81장은 〈약산사주중주藥山射麈中麈〉이다. 약산은 호남성 약산의 유엄惟儼 선사로 일찍이 형악衡嶽의 희조 율사希操律師로부터 수계受戒한 후 엄격하게 계율을 지키고 넓게 경론經論을 구하여 읽고 있다가, 어느 날 문득 스스로 깊이 느낀 바 있어 '사내자식이 계율을 떠나서 도에 통해야지 소같이 계율의 노예가 되어 세행細行에 끌려 다니다니 이게 될 말인가' 하고 곧 율법을 의지하는 생각을 버리고 남쪽으로 내려가 석두희천石頭希遷을 찾아갔다. 가서 인사를 드리고 이렇게 말했다.

"삼승십이분교三乘十二分敎는 이제 대충 짐작이 갑니다. 내 들으니 남방에는 직지인심 견성성불이라는 불도가 있다는데 제발 저에게 자비를 베풀어 가르쳐주십시오."

석두는 웃으면서 말했다.

"그것도 아직 얻지 못한 녀석이 그것 아닌 것을 얻을 수가 있겠느냐? 그것을 얻겠느냐, 그렇지 않은 것을 얻겠느냐. 너는 어느 것을 얻겠느냐?"

 약산은 통 무슨 말인지 그 말의 뜻을 알 수가 없어서 대답을 못하고 서 있었다.

 "너는 아직 내 말을 알아듣지 못하는구나. 교教에 통하면 선禪이 되고, 선에 통하면 교가 되는 것인데 아직 교도 제대로 모르면서 무슨 선을 배우겠다고 야단이냐. 선은 본래 배우는 것이 아닌데 어쩌자고 선을 배우려고 달려드는 거냐. 너는 아직 나와 인연이 닿지 않으니 저 강서에 있는 마 대사에게 가보아라."

 그는 곧 마 대사 마조를 찾아가 같은 간청을 하였다. 그랬더니 마 대사는 이렇게 말했다.

 "나는 어느 때는 너를 깜짝 놀라게도 할 것이고, 어느 때는 깜짝 놀라지 않게도 할 거야. 어느 때는 놀라게 하는 것이 좋을 것이고, 어느 때는 놀라지 않게 하는 것이 좋을 것이다. 그런데 너는 어떻게 했으면 좋겠느냐?"

 이때 약산은 무엇인가 느껴지는 것이 있었다. 그래서 머리를 숙이고 큰절을 했더니 마 대사는 깜짝 놀라서 물었다.

 "너는 무엇을 깨달았기에 그렇게 큰절을 하느냐?"

 "제가 석두를 만났을 때 꼭 모기가 쇠로 만든 황소에게 달라붙는 것 같았는데 오늘 선생님을 만나 뵈오니 같은 방식임을 알게 되었습니다."

 "그래, 그것 참 대견하구나. 그러나 너의 선생은 내가 아니고 석두임을 알아두어라."

약산은 마 대사의 말을 깊이 마음속에 간직하였다. 연약한 모기 주둥아리로, 쇠로 만든 황소의 철판을 꿰뚫는 것이다. 도란 별 것이 아니다. 불가능을 가능케 하는 것이다. 그 후 삼 년 동안 쇠로 만든 황소에 달라붙은 모기처럼 그는 마 대사에게 달라붙어 가냘픈 자기의 주둥아리로 쇠판대기보다 두터운 마 대사의 말가죽을 있는 힘을 다하여 뚫었다.

오늘 이야기도 이와 비슷한 활 쏘는 이야기다.

어떤 중이 약산에게 물었다(승문약산僧問藥山).

"넓고 푸른 풀밭에 사슴떼가 풀을 뜯고 있습니다. 어떻게 하면 가장 큰 사슴을 쏠 수 있을까요(평전천초주록성군平田淺草麈鹿成群 여하사득주중주如何射得麈中麈)?"

그때 약산이, "자 쏜다" 하자, 중이 나가 자빠졌다(산운山云 간전看箭 승방신변도僧放身便倒). 약산은, "누구든지 저 시체를 끌어다 버려라" 했다(산운山云 시자타출저사한侍者拖出這死漢). 그러자 중은 급히 달아났다(승변주僧便走). 약산은, "저런 얼간이가 어디까지 갈 수 있을까"라고 했다(산운山云 농니단한유십마한弄泥團漢有什麼限).

설두가 한마디 붙였다. "세 발자국 걷고 다섯 발자국에 쓰러질 걸(설두염운雪竇拈云 삼보수활오보수사三步雖活五步須死)."

여기에 눈이 꿰진 사슴 한 마리가 약산 평전에 숨어들었다. 약산이 얼마나 높은지 보이지도 않는 모양이다. 산 가운데 가장 높은 산을 앞에 놓고 "산 가운데 어느 산이 제일 높습니까" 하고 묻는 것이다. 사슴 가운데 제일 큰 사슴을 어떻게 쏘느냐고 얼빠진 소리를 한다. 그때 약산이 네가 사슴을 쏘기 전에 사슴이 너를 받아넘길 것이다 하고 "저 뿔"하고 고함을 질렀다. 그것이 '쏜다'라는 표현이다. 그랬더니 중은 제법 말귀를 알아들은 것처럼 나자빠졌다. 그래서 약산이 중을 끌어내라고 호통을 치니 얻어맞을까봐 무서워 달아나버리고 말았다. 약산이 뛰어야 얼마나 갈 거냐고 중얼거리자, 후세의 설두가 다섯 발자국도 못 갔을 거라고 장단을 맞춘다. 다섯 발자국도 못 가서 쓰러져서 다시 와서 얻어맞았다면 가망도 있겠지만 그 중은 영 달아나고 말았다. 제일 큰 사슴을 보고도 쏘지 못하고 달아나는 겁쟁이 중, 그런데 이 중은 자기가 사슴 가운데 사슴이라고 망상에 사로잡혀 있는 것이다. 그래서 화살에 맞았다고 쓰러지는 시늉도 하고, 그래도 잡힐 내가 아니라고 도망치기도 한다.

주객이 전도되고 전도된 인생이다. 스승을 찾을 생각은 안 하고 자기가 스승이라고 생각하는 과대망상증에는 붙일 고약이 없다. 끌어내 때려주는 길밖에 없는데 설두의 말처럼 다섯 걸음이라도 가서 쓰러지면 좋으련만 아직도 안 돌아오면 어딜 가서 찾을 것인가. 세상에는 왜 이리도 길 잃은 어린 양들이 많을까. 과대망상에 사로잡혀 자기가 제일이라고 생각하는 얼간이가 왜 이렇게도 많을까. 약산의 안타까움은 끝이 없다.

약산이 세상을 떠나는 날, 모든 사람을 모아놓고 "이제 법당이 무너진다"하고 고함을 질렀다. 무리들은 모두 기둥을 붙잡고 담벽을 밀고 야단이다. 이때 약산은 초연히 운명하였다.

82. 대룡의 뿌리

『벽암록』 제82장은 〈대룡견고법신大龍堅固法身〉이다. 대룡 스님은 정주鼎州 대룡산大龍山의 지홍智洪 선사다. 본문은 다음과 같다.

어떤 중이 대룡에게 물었다(승문대룡僧問大龍).

"색신이 무너지면 무너지지 않는 법신은 어떻게 됩니까(색신패괴色身敗壞 여하시견고법신如何是堅固法身)?"

"산꽃은 피어 붉은 비단 같고, 냇물은 고여 푸른 물감 같구나(용운龍云 산화개사금山花開似錦 간수담여람澗水湛如藍)."

사람들은 가끔 죽으면 어떻게 되나 하고 묻고 거기에 대하여 사후의 세계를 본 듯이 설명하는 사람도 많다. 그러나 그 설명이 인간의 근본문제를 해결해줄 수 있을 것 같지 않다. 벌써 사후를 묻는 그 마음이 어딘지 병이 들었는지도 모른다. 현재에 충실한 사람은 내일을 물을 겨를이 없다. 내일을 묻는 것은 현재에 금이 갔다는 것인지도 모른다.

대룡의 대답은, 사람이 죽으면 혼령이 된다고 생각하는 그 당시 사람들의 생각에 대하여 현세와 내세의 이분설을 부정하고 있는 것이다. 현세가 끝나면 영원한 내세가 있는 것이 아니라 현세는 내세를 위해 있고, 내세는 현세를 위해 있다. 색신이 파괴된 후에 견고법신이 있는 것이 아니라 색신은 견고법신을 기르기 위하여 최선을 다하고, 견고법신은 색신을 살리기 위하여 최선을 다하는 것이다. 생은 사를 위해 있고, 사는 생을 위해 있다. 생즉사요, 사즉생이다. 사는 것이 죽는 것이요, 죽는 것이 사는 것이지 삶과 죽음이 따로따로 있는 것이 아니다.

오늘을 사는 것이 오늘을 죽는 것이고, 오늘을 죽는 것이 오늘을 사는 것이다. 죽기를 결심하고 오늘을 사는 것이요, 살기를 결심하고 오늘을 죽는 것이다. 생사는 일여다. 색신과 법신은 둘이 아니다. 육체와 정신은 둘이 아니다. 육체가 정신을 위할 때 육체는 깨고, 정신이 육체를 위할 때 정신은 깬다. 깬 육체와 깬 정신이 건강한 육체요, 건강한 정신이다. 건강에는 육체도 없고, 정신도 없다. 건강은 그대로 육체요, 건강은 그대로 정신이다. 몸은 그대로 정신이요, 마음은 그대로 육체지 마음 밖에 몸이 따로 있고, 몸 밖에 마음이 따로 있는 것이 아니다.

그래서 대룡은 몸의 무너짐은 마치 시냇물이 흐르는 것 같으나 시냇물이 흐르고 흘러 푸른 호수가 됨이 마치 법신을 위함과 같고, 견고법신은 태산이 움직이지 않는 것 같이 요지부동이나 태산에는 아름다운 꽃이 피어나 붉기가 비단 같음이 마치 색신이 피어오르는 것 같다고 말한다.

공즉시색이요, 색즉시공이다. 법신이 따로 있고, 색신이 따로 있는 것이 아니다. 산에는 꽃이 피고, 시내는 호수가 되듯 법신이 곧 색신이요, 색신이 곧 법신이다. 색신과 법신의 통일이 깨지면 벌써 건강은 깨어져 얼빠진 소리를 하게 마련이다.

현세와 내세가 따로 있는 것이 아니다. 현세가 곧 내세요, 내세가 곧 현세다. 흐르는 물은 흐르지 않는 호수가 되고, 움직임을 모르는 산은 움직이는 꽃을 피워낸다. 체體와 용用은 둘이 아니고 하나요, 하나이면서 둘이다. 요는 파괴되는 색신이 곧 견고한 법신이요, 견고한 법신이 곧 파괴되는 색신이다. 법신을 떠나서 색신이 없고, 색신을 떠나서 법신은 없다.

건강한 육체에 건강한 정신이 깃들고, 건강한 정신에 건강한 육체가 깃든다. 육체와 정신이 하나로 통일될 때 육체는 육체의 건강을 유지하고, 정신은 정신의 건강을 유지한다.

요는 건강이다. 건강한 사람은 얼 차고, 힘차고, 알찬 사람이다. 알찬 사람에게는 물음이 없다. 물음은 벌써 속이 빈 증거다. 빈 속에 대룡大龍은 붉은 꽃과 푸른 물로 생수를 부어 넣어준다. 이리하여 다시 산은 산이 되고, 물은 물이 된다. 산이 없어지고 물이 있는 것이 아니라 산간에 물은 그대로 흐르고 있고, 물이 없어지고 산이 있는 것이 아니라 물속에 산은 높게 솟아있다. 산과 물은 둘이 아니다.

물이 있어 산은 빛나고, 산이 있어 물은 힘이 있다. 빛과 힘뿐이다. 빛이 무너져서 힘이 되는 것이 아니라 빛 속에 힘이 있고, 힘이 깨어져서 빛이 되는 것이 아니라 힘이 드러날 때 빛은 발한다. 빛은 힘의 꽃이요, 힘은 빛의 물이다. 생은 사를 위한 생이요, 사는 생을 위한 사다.

만일 법신을 태양으로 보고 색신을 꽃이라 생각하면 꽃은 태양을 그리워하고, 태양은 꽃을 그리워한다. 태양은 하늘의 꽃이요, 꽃은 땅의 태양이다. 태양이 있는 한, 꽃은 외롭지 않다. 꽃이 죽어서 태양이 되는 것도 아니고, 태양이 죽어서 꽃이 되는 것도 아니다. 꽃은 죽어도 또 살아나고, 태양은 져도 다시 떠오른다. 꽃도 영원하고, 태양도 영원하다. 꽃은 죽어도 죽지 않고, 태양은 져도 지지 않는다. 태양은 영원히 꽃을 피우고, 꽃은 영원히 태양을 빛낸다. 꽃이 죽어 태양이 되는 것도 아니고, 태양이 죽어 꽃이 되는 것도 아니다. 꽃은 사시에 따라 성주괴공成住壞空을 계속하고 있다.

모두 인연 시절이요, 모두 인연 소생이다. 인연에 따라 오고, 인연에 따라 간다. 간다고 서러워할 것도 아니고, 온다고 기뻐할 것도 아니다. 갈 때가 되면 가는 거고, 올 때가 되면 오는 것이다. 가서 법신이 되는 것도 아니고, 와서 색신이 되는 것도 아니다. 색신 속에 법신이 있고, 법신 속에 색신이 있다. 색신은 법신을 위할 때 가장 색신답고, 법신은 색신을 위할 때 가장 법신답다. 색과 법은 둘이 아니다. 색 있는 곳에 법이 있고, 법 있는 곳에 색이 있다.

꽃이 핀 곳에 물이 흐르고, 물이 흐르는 곳에 꽃은 피어 있다. 푸른 물가에 붉은 꽃, 아름답기도 하여라.

83. 운문의 기둥

『벽암록』제83장은 〈운문노주상교雲門露柱相交〉이다. 운문은 유명한 문언文偃 선사로서 팔십여 명의 고승을 배출한 선지식이다. 어느 날 대중에게 이렇게 물었다(운문시중운雲門示衆云).

"부처님과 집 기둥은 어쩌면 그렇게 친하냐. 저런 경지는 어떤 경지냐(고불여노주상교古佛與露柱相交 시제기기是第幾機)?"

아무도 대답이 없자 스스로 대답을 했다(자대운自代云).

"남산에 구름이 일면 북산에 비가 내리게 마련(남산기운북산하우南山起雲北山下雨)."

부처님과 기둥이 서로 어울리는 광경은 어떤 절에서도 볼 수 있는 광경이다. 기둥 뒤에 부처님이 있고, 부처님 뒤에 기둥이 있다. 부처님과 기둥은 언제나 같이 사는 동생동사의 인연이다. 부처님 없이 법당의 기둥이 있을 리 없고, 법당의 기둥 없이 부처님을 모실 수가 없다.

부처님의 몸이 기둥이요, 기둥의 마음이 부처님이다. 몸 없이 마음 없고, 마음 없이 몸 없다. 사랑의 극치요, 고불古佛과 노주露柱는 일체요, 하나다. 고불 속에 기둥이 있고, 기둥 속에 고불이 있다. 고불의 본심도 정직正直이요, 기둥의 핵심도 정직이다. 모두 고디(정貞)다. 불심도 고디요, 주심柱心도 고디다. 고디는 신神이다. 신의 핵심은 고디요, 고디의 핵심은 신이다. 부처가 드러내는 것도 고디요, 신이며, 기둥이 드러내는 것도 고디요, 신이다. 부처는 하늘을 이고 있는 힘이요, 기둥은 지붕을 이고 있는 힘이다. 하늘은 기둥의 지붕이요, 지붕은 부처의 하늘이다. 부처는 인생이요, 기둥은 자연이다. 부처와 기둥의 친밀함은 인생과 자연의 친밀함과 다를 바 없다.

　담벼락을 쳐다보고 아홉 해를 앉아있었다는 달마 대사야말로 고불과 노주의 친교의 본보기라고 할 수 있다. 산에서 평생을 사는 스님들도 모두 고불과 노주의 본보기라고 할 수 있다. 푸른 산을 바라보면서 평생을 사는 사람보다 더 행복한 사람이 있을까. 푸른 산이 아니라도 좋다. 바다와 사공이 하나가 된 곳이 천국이다. 고불도 극락이 아니요, 노주도 극락이 아니다. 고불과 노주가 하나 된 곳, 거기가 극락이다. 극락이란 하나가 된 곳이다. 고불은 노주를 그리워하고, 노주는 고불을 그리워한다. 사공은 바다를 그리워하고, 바다는 사공을 그리워한다. 일이란 별것이 아니다. 하나가 되는 것이요, 사랑하는 것이다. 그 속에 기쁨이 있고, 살 보람이 있다. 달마가 담벼락을 들여다보는 데 살맛이 있고, 기쁨이 있다. 꽃을 들여다보는 소녀의 눈에 빛이 있는 것처럼 자연을 들여다보는 인생의 눈에는 언제나 빛이 있다.

　자연이라고 해도 좋고, 죽음이라고 해도 좋다. 삶이 좋아하는 것은 죽음이요, 죽음이 좋아하는 것은 삶이다. 산이 좋아하는 것은 나무요, 나무가 좋아하는 것은 산이다. 산 없이 나무 없고, 나무 없이 산 없다. 산은 나무가 되고, 나무는 산이 된다. 둘이 아니다. 하나다. 내가 하나님 안에 있고, 하나님이 내 안에 있다. 하나님이 내가 되고, 내가 하나님이 된다. 산이 나무를 사랑하고, 나무가 산을 사랑한다. 내가 하나님을 사랑하고, 하나님이 나를 사랑한다. 하나이기 때문이다.

　고불과 노주가 서로 사귀니 그 경지가 어떤 경지인가 하고 운문이 대중에게 물은 것이다. 그러나 무리 가운데는 아무도 대답하는 이가 없었다고 한다. 하는 수 없이 남산에 구름이 기어오르고, 북산에 비가 쏟아진다고 운문이 혼자서 중얼거렸다. 남산과 북산은 하나는 앞에 있고, 또 하나는 뒤에 있어 확실히 갈려 있는 둘이지만 물과 구름의 관계이다. 구름이 내려오면 비다. 비와 구름은 하나다. 남산에서 구름이 뜨면 북산에서 비가 내리고, 북산에서 비가 내리면 남산에서 구름이 뜬다. 남산의 구름 없이 북산의 비 없고, 북산의 비 없이 남산의 구름은 없다. 멀리 떨어진 것 같아도 먼 것이 아니다.

　먼 곳 속에 가까운 곳이 있고, 가까운 곳 속에 먼 곳이 있다. 남산의 구름 속에서 북산의 비를 볼 수 있어야 하고, 북산의 비 속에서 남산의 구름을 볼 수 있어야 한다.

설두는 송에서 이렇게 노래를 부른다.

"남산운南山雲. 북산우北山雨. 사칠이삼면상도四七二三面相覩. 신라국리증상당新羅國裏曾上堂. 대당국리미타고大唐國裏未打鼓. 고중락苦中樂. 낙중고樂中苦. 수도황금여분토誰道黃金如糞土."

설두의 생각은 고생 속에 즐거움이 있고, 즐거움 속에 괴로움이 있다는 것이다. 속담에도 "젊어서 고생은 금 주고도 못 산다"고 한다. 고생 속에 즐거움이 있기 때문이다. 고생한 후에 즐거움이 있는 것도 사실이지만 고생이 곧 즐거움이 될 수 있어야 한다.

그렇게 되려면 사람이 좀 철이 들어야 한다. 좀 성숙한 인간이 되어야 한다. 운문은 그런 경지가 어떤 경지인가 하고 묻고 있지만 그것은 성숙한 경지다. '고苦'가 곧 즐거움이 될 수 있어야 한다. 그것이 보살행이다. 남을 도와주는 괴로움 속에서 무한한 즐거움을 느낄 수 있어야 한다. 그런 경지는 큰사람의 경지다. 꼬마들은 엄두도 못 낸다. 사람은 크고 봐야 한다. 큰사람이 되어야 한다. 큰사람이 되어야 괴로움 속에서 즐거움을 보고, 즐거움 속에서 괴로움을 본다. 일하는 것이 그대로 즐겁고, 노는 것이 그대로 괴로운 것이 고불이요, 노주다. 그들은 하늘을 이고, 지붕을 이고, 그 속에서 기쁨에 가득 차있다. 고불과 노주는 모두 성숙한 인격이다. 지붕을 이고 있는 기둥처럼 나라를 이고, 세계를 이고 있는 이가 고불이다. 고불의 은덕으로 오늘도 산다. 기둥의 은덕으로 오늘도 산다. 고불과 기둥에 한없는 감사를 드린다.

84. 유마의 사랑

『벽암록』 제84장은 〈유마불이법문維摩不二法門〉이다. 유마가 문수사리에게 따져 물었다(유마힐문문수사리維摩詰問文殊師利).

"어떻게 하면 보살들이 불이법문에 들어갈 수 있습니까(하등시보살입불이법문何等是菩薩入不二法門)?"

"내 생각 같아서는 모든 문제에 있어서 말을 떠나고, 글을 떠나고, 문답을 떠남이 불이법문에 들어가는 길이 아니겠소(문수왈文殊曰 여아의자如我意者 어일체법於一切法 무언무설無言無說 무시무식無示無識 이제문답離諸問答 시위입불이법문是爲入不二法門)."

이번에는 문수사리가 유마에게 물었다(어시문수사리문유마힐於是文殊師利問維摩詰).

"내 의견을 말했으니 당신 생각을 말해보시오. 어떻게 하면 보살이 불이법문에 들어갈 수 있습니까(아등각자설이我等各自說已 인자당설仁者當說 하등시보살입불이법문何等是菩薩入不二法門)?"

훗날 설두 화상이 이 공안을 읽고는, "유마가 무어라고 말했을까" 하면서 또 말하기를 "듣지 않아도 알 만하다"고 했다(설두운雪竇云 유마도십마維摩道什麽 부운復云 감파료야勘破了也).

문수가 묻는 말에 유마는 아무 말도 하지 않았다. 그래서 "유마일묵여뢰維摩一默如雷"라고 한다. 유마가 대답하지 않은 것이 대답한 것보다도 몇 천 배 더 큰 대답이 되었다는 것이다. 그래서 설두도 유마가 무어라고 했을까, 아무 대답도 없었지, 없었으니까 더욱 잘 알아듣겠다고 덧붙였다. 말없는 것이 말 있는 것보다 더 큰말이 될 수 있다. 그래서 침묵은 금이고, 웅변은 은이라고 한다. 그것은 침묵 자체가 웅변보다 낫다는 말이 아니라 침묵 배후에 사랑이 있고, 웅변 배후에 지혜가 있을 때 사랑이 지혜보다 더 큰 힘을 드러낸다는 것이다. 사랑의 직관이 지혜의 이성보다 더 밝게 볼 수가 있다. 애정보다 이성이 높고, 이성보다 자비가 더 높다. 이성의 세계가 삼차원의 세계라면 자비의 세계는 사차원의 세계다. 자비는 직관을 가지고, 이성은 추리를 가진다. 아무리 추리가 빨라도 직관을 당할 수는 없다. 아무리 소리가 빨라도 빛은 당하지 못한다. 여기에 지혜의 화신, 문수보살과 사랑의 화신, 유마거사를 들어 지혜보다 사랑이 더 위대하다는 것을 말하고 있다.

사랑은 말의 세계, 이성의 세계, 이론의 세계가 아니다. 이론의 세계는 역시 상대의 세계요, 말을 떠나라는 말도 말이요, 글을 떠나라는 말도 말이다. 문수의 말은 말 말라는 말이지만 역시 말을 떠나지 못하고 있다. 그러나 유마는 말이 없다. 사랑뿐이다.

실천뿐이요, 구원뿐이다. 웃는 자와 같이 웃고, 우는 자와 같이 울고, 앓는 자와 같이 앓고, 죽는 자와 같이 죽는 것뿐이다. 그것이 사랑이다.

유마는 『유마경』의 주인공이다. 본래 부처다. 이 세상에 다시 태어나서 속인이 되어 중생을 구제하기 위하여 애쓰고 애쓰다가 병에 걸렸다. 그래서 석가불이 제자들을 보내어 문병을 하게 한다. 어느 제자도 감히 가려는 사람이 없어 할 수 없이 문수가 문안을 간다. 문수가, 병에 어떻게 걸리게 되었는가를 묻자 유마는, "일체 중생이 앓는데 내가 앓지 않을 수가 있느냐. 중생에게 병이 없으면 나에게도 병이 없을 것이다. 아들이 병이 나니 엄마가 앓고, 아들이 병 나으면 엄마가 낫는 것이나 마찬가지다. 보살은 중생을 어린애처럼 사랑하기 때문에 중생이 앓으면 보살도 앓는 법, 보살의 병은 대자비로부터 일어난다"고 하여 병의 근원이 사랑에 있음을 말한다.

끝머리에 유마가, 어떻게 하면 불이법문에 들어갈 수 있느냐고 묻자 문수는 말과 글과 문답을 떠남이 불이법문에 들어가는 길이라고 대답한다. 말과 글과 문답을 떠나서 깊이 생각하고 명상하는 것이 아마도 진리를 깨닫는 길이 아니냐고 대답한다. 그리고 문수가 다시 유마에게 묻는다. 유마는 아무 대답 없이 앓고만 있었다. 앓는 것이 진리를 깨닫는 유일한 길이다.

사랑만이 진리를 깨닫는 유일한 길이라고 한다. 여기에 지혜와 사랑의 차이가 있다. 내가 살고 남을 살리느냐, 남을 살리고 내가 사느냐, 지혜는 나를 떠나지 못하나 사랑은 나를 떠나는 데 강점이 있다. 나를 떠나면 벌써 나는 구원된 것이고 나를 떠나지 못하면 나를 구원하기 어렵다. 도덕과 종교, 율법과 복음의 관계도 마찬가지다.

사랑 속에는 내가 없다. 무아의 세계를 거치지 않으면 대아에 이르기 어렵다. 지혜는 안에서 자기를 찾으려고 하기에 자기를 넘어서기 어렵다. 남을 살리면 나도 산다는 사랑이 내가 살면 남을 살린다는 지혜보다 앞선다. 사랑의 차원이 높기 때문이다. 남을 살리는 길이 나를 살리는 길임을 가르치려는 것이 유마의 본심이다.

유마는 본래 청정무구淸淨無垢라는 뜻이다. 청정무구는 불심이요, 자비심이다. 깨끗한 물이기에 더러움을 빨아주고 자신은 더러운 물이 된다. 그러나 물은 얼마 안 가서 또다시 맑아진다. 결국 더러운 것도 깨끗해지고, 물도 깨끗해진다. 물은 본래 깨끗하다. 일시적으로 더러우나 영원히 깨끗하다. 보살은 본래 무병이요, 일시 중생을 위해서 병에 걸리지만 영원히 무병이다. 물은 더러워져야 하는 사명이 있다. 물이 언제나 깨끗하기만 하면 더러운 것을 깨끗하게 할 수는 없을 것이다. 물은 더러운 것을 깨끗하게 하는 데 그 사명이 있다. 그러기 위해서는 물은 한 번 더러워져야 한다. 남의 더러움을 받는 것이 물이다. 마치 세상 죄의 짐을 지고 가는 어린 양이나 마찬가지다. 남을 살리기 위해서 앓고, 남을 살리기 위해서 죽는다. 그러나 영원한 생명은 영원히 죽지 않는다. 물이 다시 깨끗해지듯이 곧 죽음을 벗어버린다. 영원한 생명은 한때 죽지만 영원히 산다. 죽는 것은 자기 때문에 죽는 것이 아니다. 남을 살리기 위해서 죽는 것뿐이다.

사랑은 죽음을 초월한다. 사랑에는 죽음이 없다. 영원하다.

85. 동봉의 호랑이

『벽암록』 제85장은 〈동봉암주대충桐峯庵主大蟲〉이다. 동봉에 살던 암주는 임제의 제자 중 한 사람이라고 한다.

어떤 중이 동봉 암주가 사는 곳에 와서 물었다(승도동봉암주처변문僧到桐峯庵主處便問).

"이런 쓸쓸한 곳에서 갑자기 범이라도 만나면 어떻게 하시겠소(저리홀봉대충시這裏忽逢大蟲時 우작마생又作麽生)?"

암주는 곧 범의 소리를 냈다(암주변작호성庵主便作虎聲). 중이 무서워하는 모습을 지었다(승변작파세僧便作怕勢). 암주는 크게 웃었다(암주가가대소庵主呵呵大笑).

중이 말하기를(승운僧云), "이 늙은 도적아(저노적這老賊)."

암주가 말하기를(암주운庵主云), "그대는 어떻고(쟁나노승하爭奈老僧何)."

중은 가버렸다(승휴거僧休去).

설두가 말했다(설두운雪竇云).

"그것이 그거로군(시즉시是則是). 둘 다 같은 놈이다(양개악적 兩箇惡賊). 다만 귀를 막고 방울을 훔치기나 할 놈들이다(지해엄이 유령只解掩耳偸鈴)."

동봉에 혼자 사는 암주를 찾아가서 범이 나오면 어떻게 하려고 이런 데서 사느냐, 범이 무섭지 않느냐고 질문을 하자 암주는 범의 소리를 냈다. 범이 되면 범이 무서울 것이 없을 것이다. 산이 되면 산이 무서울 것이 없고, 강이 되면 강이 무서울 것이 없다. 무서움은 아직 되지 못해서 그렇다. 무엇이 되면 무서운 것이 없다. 무서움은 아이들의 특징이다. 어른이 되면 이 세상에 무서운 것이 없을 것이다. 무섭다는 것은 아직 무엇이 되지 못해서 그렇다. 무엇이 되는 것을 무無라고 한다. 무엇이 되면 아무것도 무서운 것이 없을 뿐만 아니라 일체와 친하게 된다. 어른이 되면 무서운 것이 없을 뿐만 아니라 일체와 친하게 된다. 이것이 사랑이다. 사랑이란 무엇이 되었다는 것이다.

사랑에는 두려움이 없다. 되기 위해서는 알아야 하고 통해야 한다. 검술에 통한 사람은 검이 무섭지 않고, 산길에 통한 사람은 산이 무섭지 않고, 어학에 통한 사람은 외국 사람이 무섭지 않고, 진리에 통한 사람은 죽음이 무섭지 않다. 통한 사람이라고 해도 좋고, 된 사람이라고 해도 좋다. 무엇이든 되면 두려움은 없어진다.

암주는 범이 된 듯 범의 소리를 냈다. 그랬더니 중은 말귀를 못 알아들었는지 겁을 집어먹고 무서워하는 모습을 취하였다. 암주가 무서움을 초월하는 방법을 가르쳐주었으면 중도 무엇이 되면 그만인데 무엇이 되지 못하고 무서워하는 시늉을 하고 말았으니 중이 '못 된' 놈인 것은 말할 것도 없다. 되지 못한 사람은 모두 못된 놈이요, 악한이요, 거지요, 도적이다. 자기가 없고, 자기 집이 없고, 자기 입장이 없는 놈들이다. 그런 놈들은 부처가 될 날이 아직 멀었다.

부처가 된다는 말은 자기가 된다는 말이요, 자기가 된다는 말은 무엇이 된다는 말이요, 무엇이 된다는 말은 일에 통한다는 말이요, 일에 통한다는 말은 이치에 통한다는 말이다. 이치에 통해야 부처가 될 수 있다. 부처란 별것이 아니다. 이치에 통하고 무엇이 된 사람이다. 된 사람이 부처다.

그런데 암주가 범소리를 내면 중도 범소리를 내고 달라붙어야 무서움을 넘어설 수가 있을 텐데 범이 못 된 중의 어리석음을 무엇이라 탓하랴. 그런데 이런 중은 한 대 후려갈기든지, 잡아먹든지, 범의 위세를 보이고 토끼건 사슴이건 잡아 먹어버렸어야 할 터인데 암주는 바람 빠진 차바퀴처럼 바람이 새어버리듯이 웃어버리고 만 것이다. 자기를 정말 무서워하는 줄 안 모양이다. 여기에 못된 암주의 본체가 드러난다. 범은 범인데 고무로 만든 범이 드러났다. 웃어대는 통에 바람이 빠진 것이다. 세상에 웃는 범은 없다. 그것도 가가대소라니 말도 안 된다. 암주는 중이 무서워하는 모습을 하자 우쭐대고 웃고 말았다. 허세가 폭로된 것이다. 실력 없는 사람들, 덜된 사람들, 사람들이 아부하고 감언이설로 비위를 맞추면 정말 자기를 위하는 줄 알고 우쭐대다가 속 다 빼앗기고 패가망신하는 얼간망둥이를 우리는 항간에서 얼마든지 본다.

암주는 중의 아첨을 진짜로 보고 웃어버렸다. 그래서 속이 다 드러나고 말았다. 그 속은 중도 아닌 늙은 도적이다. 산에서 도 닦는다고 앉아서 어리석은 대중들의 공양을 받으면서 평생을 살아온 사기꾼이요 도적놈이다. 그래서 중은 암주에게 늙은 도적이라고 욕을 퍼부었다. 그랬더니 암주도 질세라 네놈 돌중은 도적이 아닌가. 돌아다니면서 불도를 찾는 듯이 질문을 하고 여기 가서 곡식을 축내고, 저기 가서 곡식을 축내는 네놈이야말로 도적이 아닌가 하고 대꾸를 한다. 중도 할 말이 없었던지 쓸쓸히 사라져버린다.

자기를 발견하지 못하고 자기를 행하지 않는 사람은 모두 도적이요, 강도다. 설두는 이렇게 결론을 내린다. 모두 도적들이요, 모두 얼간이들이다. 그놈이 그놈이지 난놈이 없다. 그 도적놈들은 보통 도적도 못 된다. 남의 집에 도적질하러 들어갈 때 대문간 종소리가 나지 않게 들어가려면 종을 떼버려야 하는데 종은 떼지 못하고 종소리가 들리지 않게 하기 위하여 자기의 귀를 막아버리는 얼간망둥이라는 것이다. 자기 귀를 막고 대문을 열면 소리가 나는 줄도 모르고 들어갔다가 모두 붙잡히는 바보 도적들이다. 이런 도적들은 진짜 도인이 보면 곧 바닥이 드러날 가짜 중들이다. 아무 소리 않고 가만히 있으면 망신이나 면할 것을 얼어들은 풍월이라 범 흉내도 내고, 무서워하는 모양도 하고, 남의 흉내를 내다가 도리어 더 한층 바닥이 드러나게 되었다는 것이다.

86. 운문의 빛

『벽암록』제86장은 〈운문유광명재雲門有光明在〉다.

운문문언文偃 선사가 사람들에게 이런 말을 했다(운문수어운雲門垂語云).

"사람은 누구나 빛덩어리다. 보아도 보지 못하면 눈이 께져서 그렇다. 어째서 사람마다 빛덩어리지(인인진유광명재人人盡有光明在 간시불견암혼혼看時不見暗昏昏 작마생시제인광명作麽生是諸人光明)?"

스스로 대신 말하기를(자대운自代云), "부엌과 대문(주고삼문廚庫三門)", 또 말하기를(우운又云), "아무리 좋은 일도 없는 것만이야 못하지(호사불여무好事不如無)."

사람은 누구나 빛덩어리란 말을 운문은 이렇게 20년이나 되풀이했다.

사람은 이성적 동물이라고 하든지, 신의 아들이라고 하든지, 인간은 누구나 다 불성을 가지고 있다고 하든지, 사람은 존재가 나타난 현존재라고 하든지, 인권이라고 하든지, 모두 사람은 빛덩어리란 말이다. 하늘에 별이 반짝이듯이 인간은 누구나 다 지성이요, 영성이요, 성이요, 가치요, 신이요, 불이요, 빛덩어리다.

그런데 사람들은 자기가 빛인 줄을 모르고 비관하고, 자살하고, 자포자기하고, 열등의식에 사로잡히고, 정신분열을 일으키고, 자학하고, 자기를 무시하고, 천대하고, 부모를 원망하고, 하늘을 원망하고, 세상을 원망하고, 나라를 원망하고, 위정자를 원망하고, 불평불만, 체념, 이루 다 말할 수가 없다. 모든 종교란 인간이 존엄하다는 것을 가르치느라고 수많은 사찰, 수많은 승려를 가지고 있지만 그것이 제대로 효과를 드러내지 못하고 있다. 세상은 더 어두워지고, 더 비관하고, 더 불평하고, 더 어려워져간다.

그래서 운문도 사람은 모두 빛덩어리인데 아무리 보아도 보이지는 않고, 빛덩어리는커녕 흙덩어리도 못되어 캄캄하고 답답하기 짝이 없으니 사람이 빛덩어리라는 것을 어떻게 알게 해줄까. 스스로 중얼거리기를, 모든 종교가 모두 이것을 가르치자는 것인데, 절간 부엌에서부터 대문에 이르기까지 모두 이것을 가르치자는 것인데, 아는 사람은 없고 모르는 사람 투성이니 결국 가르친다는 좋은 일도 아무 쓸모가 없는 것이 아닌가. 결국 가르치지 않는 것이 낫지 않은가. 가르친다는 것이 더욱 모르게 되기만 하니 가르치지 않는 것이 낫지 않을까.

운문도 28년을 밤낮 인권이 존엄하다고 가르쳤지만 1년에 한

번 인권일이라고 기념식 한 번 치르느라 인권을 한 번 더 탄압하는 것뿐이지 인권을 존경하는 놈도 없고, 인권을 존엄하다고 생각하는 놈도 없다. 그런데 20년씩 사람은 누구나 빛덩어리라고 가르치면 무얼 하나. 안 가르치는 것만도 못하니 하고 운문은 탄식을 한다.

사람은 아무리 잘났다고 해도 잘난 것 같지가 않다. 아무데를 따져보아도 흙덩어리지 별것이 아니다. 사는 것이 사는 것 같지도 않고, 죽는 것이 죽는 것 같지도 않다. 죽어서 극락을 간다고 해도 가는 것 같지도 않고, 사는 것이 즐겁다고 해도 즐거운 것보다는 괴로움이 많은 것뿐이다.

그러면 어떻게 하면 인간이 광명인 줄을 알까. 방법은 하나밖에 없다. 빛은 어둠 속에서만 빛을 발하는 것처럼 사람을 어둠 속에 집어넣는 길밖에 없다. 젊어서 고생은 금 주고도 못 산다고 한다. 고생 속에 집어넣는 것이 십자가를 지우는 것이다. 죽음 속에 집어넣는 것이다. 지옥 속에 집어넣는 것이다. 그 속에서야 인간은 자신이 빛인 줄을 깨닫게 될 것이다. 안방에서 재우지 말고 부엌으로 내쫓고, 사랑에서 재우지 말고 대문 밖으로 내쫓아라. 좋은 일을 보지 못하게 하라. 언짢은 일 속에서 인간은 자기가 빛인 줄을 알게 될 것이다.

사람이 밤에 물속에 들어가면 자기의 온몸에서 형광이 발하는 것을 보고 놀라게 될 것이다. 사람 몸에서는 형광이 발사되고 있다. 사람의 몸은 단순한 고깃덩어리가 아니다. 빛이다. 빛이 빛나고 있다. 이 세상 모든 만물도 마찬가지다. 전자로 된 만물이 빛이 아닐 이치가 없다. 어떤 물건이든지 양전기, 음전기를 갖고 있다. 모든 만물이 태양에서 왔으니 빛 아닌 것이 없을 것이다. 모든 만물은 신이 창조하였음에 신 아닌 것이 없을 것이다. 모든 만물은 말씀으로 창조되었기에 말씀 아닌 것이 없을 것이다. 인간은 신이요, 말씀이요, 빛이다.

그러나 화산의 용암이 식어서 바위가 되듯이 바위는 빛을 발할 줄을 모른다. 사람도 빛을 발할 줄 모른다. 보이는 것은 흙덩이요, 살덩어리뿐이다. 그러나 그것이 빛덩어리인 줄을 알아야 한다. 사람이 신神인 줄을, 말씀인 줄을, 진리인 줄을 알아야 한다. 어떻게 그것을 알 수가 있을까. 물속으로, 어둠 속으로 뛰어들어가야 한다. 부엌으로 뛰어드는 장작개비처럼, 대문으로 뛰어드는 강아지처럼 선생님의 뱃속으로 뛰어들어야 한다. 말씀의 바다로 뛰어들어야 한다. 불나방이 불 속으로 뛰어들듯이 생명을 내걸고 주고삼문廚庫三門으로 뛰어들어야 한다.

장작을 패라면 장작을 패고, 방아를 찧으라면 방아를 찧는 혜능처럼 부엌이건 대문이건 어디로든지 뛰어들어 불도를 탐구하기에 여념이 없어야 한다. 좋은 일, 궂은 일이 문제가 아니다. 자기가 없어지기까지, 무아가 되고, 무념이 되고, 무상이 되고, 무가 되기까지, 자기가 없어지기까지 뛰어들어야 한다.

밤에 물속에 뛰어들지 않으면 자기의 형광을 보지 못하듯이 학문의 바다로, 예술의 바다로, 어학의 바다로, 사상의 바다로,

종교의 바다로 결사적으로 뛰어들어야 한다. 오랜 고행과 수련 끝에 자기의 재능을 알게 되고, 자기의 능력을 알게 되고, 자기의 소질을 알게 되고, 자기의 재간을 알게 되고, 자기의 본성을 알게 되고, 자기의 불성을 알게 되고, 종당은 자기가 빛덩어리인 줄을 알게 될 것이다. 뛰어 들어가는 것이다.

87. 운문의 약

『벽암록』제87장은 〈운문약병상치雲門藥病相治〉다.

운문이 사람들에게 이렇게 말했다(운문시중운雲門示衆云).

"약과 병은 상대적인 것이다. 온 세상이 모두 약이다. 그렇다면 나는 무엇이지(약병상치藥病相治 진대지시약盡大地是藥 나개시자기那箇是自己)?"

약과 병은 여러 가지 면에서 서로 연결되어 있다. 약이 병을 고치는 것은 말할 것도 없다. 옛날 석가는 응병여약應病與藥이란 말을 했다. 병에 맞추어 약을 쓰듯이 석가는 그 당시에 민중의 아픔을 없애주기 위하여 가장 적절한 해결 방법을 제시해주었다. 그것이 팔만대장경 법문이다. 석가는 언제나 민중 가운데서 가장 괴롭고 억울해하는 사람을 골라서 그의 얼굴을 들여다보면서 말씀을 계속하여 그의 얼굴에서 비감이 사라지고, 고민이 사라지고, 다시 환희의 기쁨과 안도의 한숨이 나타나기까지 설법했다는 말도 있다. 어떤 때는 이런 말을 하고, 어떤 때는 저런 말을 해서 가슴에 묻혔던 멍을 빼내주는 데 최선을 다한 것 같다. 요사이 말로 하면 상담이나 정신분석 같은 것이기도 하다. 하여튼 번뇌를 덜어주고, 고해에서 건져주고, 자기도 모르는 병을 고쳐준 것만은 사실이다. 그런 의미에서 석가는 명의와 같다. 그러나 약이 병을 고치는 것도 사실이지만 약 때문에 죽는 사람이 많은 것도 사실이다. 병이 사람을 죽이는 것이 아니라 약능살인藥能殺人이라고 하여 약이 사람을 죽인다고 한다.

병은 사람이 조심만 하면 스스로 물러가는 수가 많다. 또 병균이 미생물일 경우 사람이 가지고 있는 백혈구가 그것을 퇴치할 수도 있다. 그러나 일단 약물이 주어지면 그것이 무기물이요 금속인 경우 직접적으로 병균은 살해할 수 있으나 그것으로부터 오는 부작용과 중독은 쉽게 풀 수 없는 난치의 증상으로 발전되기 쉽다.

종교가 사람을 구원하는 것도 사실이나 종교 때문에 얼마나 많은 민중이 생명을 잃었는지 알 수 없다. 수많은 종교전쟁에 사라진 인명은 말할 것도 없고, 소규모 파쟁으로 중경상을 입은 사람은 물론, 유사종교의 중독에 쓰러지는 사람, 정당한 종교라고 하지만 욕심에 사로잡혀 지나친 광신과 독단 때문에 멸망에 빠지는 인생이 얼마든지 있다. 종교 때문에 새사람이 되는 사람도 많았지만 종교 때문에 못쓰게 되는 사람도 얼마나 많은지 모른다.

무엇에나 빠지면 멸망하기는 마찬가지다. 악에 빠져도 잘못이지만 선에 빠져도 잘못이고, 죄악에 빠져도 잘못이지만 구원에 빠져도 잘못이다. 쇠사슬에 매여도 부자유지만 금사슬에 묶여도 마찬가지다. 죄악에서 해탈되어야 할 것은 물론이지만 구원에서 해탈되어야 할 것은 말할 것도 없다. 번뇌에 빠져도 안 되지만 보리에 빠져도 안 되고, 생사에 빠져도 안 되지만 열반에 빠져도 안 된다. 병에 빠져도 죽지만 약에 빠지면 더욱 위험하다. 그래서 옛날부터 아파서 죽는 사람은 없지만 약 먹고 안 죽는 사람이 없다고까지 한다. 병은 자연이기 때문에 사람이 자연으로 돌아가면 저절로 고쳐지지만 약은 인위적인 것이기 때문에 인위적인 것은 막을 길이 없다는 것이다. 세상에 죄인도 문제지만 깨달았다는 사람처럼 난처한 인간은 없다. 그것이 교만이다. 교만이야말로 만악萬惡의 근본이요, 깨달았다는 경우에 독단이 얼마나 많고, 독선이 얼마나 많은지 모른다. 그래서 약능살인이란 말을 많이 한다. 깨달았다는 사람이 더 위험하다는 것이다. 그러니까 약을 초월해야 한다는 것이 운문의 노파심이다.

진대지시약盡大地是藥, 세상이 다 약이지 약 아닌 것이 어디 있나. 약이라고 뽐낼 것도 없고, 깨달았다고 뽐낼 것도 없다. 세상에 깨닫지 못한 것이 어디 있나. 일체가 존재자다. 일체가 깸이요, 일체가 진리요, 일체가 부처다. 산천 초목이 모두 기성불이다. 부처가 못 된 것(미성불未成佛)은 나뿐인지도 모른다. 그런 내가 부처가 되었다고 해서 뽐낼 것은 하나도 없다. 석가성불에 산천초목 동시성불이라고 한다. 일체가 부처다. 그런고로 부처가 되었다고 뽐낼 것은 하나도 없다. 그런데 내가 진정 부처가 되었을까 하고 깊은 반성을 해보아야 한다. 나는 무엇인가? 내가 약인가? 내가 병인가? 약이 되어도 좋고, 병이 되어도 좋으니 약이 되려면 철저하게 약이 되고, 병이 되려면 철저하게 병이 되어 진대지시약이 되든지, 진대지시병이 되든지 흑백을 명백히 하여 약이면 약을 벗어나고, 병이면 병을 벗어나서 약과 병을 모두 벗어나 약과도 상관없고, 병과도 상관없는, 정말 건강한 내가 되어야 한다. 병과 약을 초월한 사람, 그런 사람이 되어야 한다.

그러나 아무리 건강한 사람도 살아야 할 때가 있고, 죽어야 할 때가 있다. 살아야 할 때는 약을 써야 살고, 죽어야 할 때는 병에 걸려 죽는다. 약도 은혜요, 병도 은혜다. 살아야 할 때는 약이 은혜요, 죽어야 할 때는 병이 은혜다. 약도 사랑할 수 있고, 병도 사랑할 수 있는 사람이 약과 병을 다 사랑할 수 있는 사람이요, 그런 사람이 능히 약과 병을 다 다스릴 수 있는 사람이요, 그 사람의 약이 능히 병을 다스리고, 그런 사람의 병이 능히 약을 다스릴 수 있는 것이다. 나는 살 권리도 있고, 죽을 권리도 있다. 살아야 할 때에는 약을 먹고, 죽어야 할 때에는 병에 걸린다. 이럴 수 있는 사람이 약과 병을 다스릴 수 있는 자유인이다.

88. 현사와 장님

　『벽암록』 제88장은 〈현사접물이생玄沙接物利生〉이다. 현사玄沙는 설봉이 선원을 신축한다는 말을 듣고 가서 도와주다가 설봉의 속알을 체득하고 그의 후계자가 되고 말았다. 설봉은 현사보다 13년 연상으로 설봉이 87세로 세상을 떠난 것이 서기 908년이요, 그때 현사도 74세를 일기로 세상을 떠났다. 현사의 후계자로는 계침桂琛이 있고, 그의 후계자로 법안종의 창시자 법안이 있다. 현사의 강의에도 학승 천 명이 귀를 기울이는 성황을 이루었다. 본문은 맹농아盲聾啞 이야기다.

　어느 날 현사가 대중에게 이런 말을 하였다(현사시중운玄沙示衆云).

　"여러 어르신네들(제방노숙諸方老宿), 무슨 수단을 다 써서라도 사람을 만나면 그들을 살려내야지요(진도접물이생盡道接物利生). 그런데 만일 장님, 귀머거리, 벙어리 같은 병신을 만나면 어떤 방법으로 그들을 깨우쳐주지요(홀우삼종병인래忽遇三種病人來

작마생접作麽生接)? 장님은, 망치를 들고 총채를 세워보았댔자 보지 못하니 무슨 뜻인지 모를 것이고(환맹자患盲者 염추수불拈鎚竪拂 타우불견他又不見), 귀머거리는 아무리 심오한 말을 해보았댔자 들을 수 없으니 아무 쓸데없고(환농자患聾者 어언삼매語言三昧 타우불문他又不聞), 벙어리는 아무리 좋은 말씀을 가르쳐주어도 누구에게도 전달할 수가 없을 것입니다(환아자患啞者 교이설敎伊說 우설부득又說不得). 이런 종류의 사람들을 어떻게 대해야 합니까(차작마생접且作麽生接)? 이런 사람들을 구제할 수 없다면 불법은 아무 효험이 없을 것입니다(약접차인부득若接此人不得 불법무영험佛法無靈驗)."

이 말을 듣고 중은 운문을 찾아가 도움을 청했다(승청익운문僧請益雲門).

운문이 말하기를(운문운雲門云), "이놈 인사부터 해야지(여예배착汝禮拜著)." 중이 절을 하고 일어섰다(승예배기僧禮拜起). 운문이 일어서는 중을 막대기로 찌르려고 했다(운문이주장질雲門以拄杖挃). 중이 깜짝 놀라 뒤로 물러섰다(승퇴후僧退後). 운문이 말하기를(문운門云), "그대는 장님은 아니로군(여불시환맹汝不是患盲)." 다시 불러 가까이 오게 했다(부환근전래復喚近前來). 중이 가까이 나왔다(승근전僧近前). 운문이 말하기를(문운門云), "그대는 귀머거리는 아니구만(여불시환농汝不是患聾)." 운문이 다시 말하기를(문내운門乃云), "이제는 알겠느냐(환회마還會麽)?" 중이 말하기를(승운僧云), "전혀 모르겠습니다(불회不會)." 운문이 말하기를(문운문云), "그대는 벙어리는 아니로군(여불시환아汝不是患啞)." 그때 비로소 중이 무엇인가 느끼는 바가 있었다(승어차유성僧於此有省).

인생은 누구나 병신 아닌 사람이 없다. 귀가 있어도 듣지 못하고, 눈이 있어도 보지 못하고, 입이 있어도 말을 못한다. 인생은 도에 통하지 않으면 귀가 뚫리지 못하고, 진리를 깨닫지 못하면 눈이 열리지 않고, 생명을 얻지 못하면 말을 할 수가 없다. 도에 통해야 이순耳順이 되고, 진리를 깨달아야 개안開眼이 되고, 생명을 얻어야 생수가 강같이 흐른다. 도에 통하지 못하고, 진리를 깨닫지 못하고, 생명을 얻지 못한 사람들은 모두 귀머거리요, 눈먼 장님이요, 말 못하는 벙어리다. 그래서 귀가 있어도 듣지 못하고, 눈이 있어도 보지 못하고, 입이 있어도 말을 못한다. 귀머거리요, 장님이요, 벙어리다. 세상에 불구 아닌 사람이 없다. 이런 불구를 고치자는 것이 불법이다.

여기 젊은 중은 아직도 자기가 삼중고의 병신이라는 것을 모르고 있다. 그래서 다시 운문을 찾아간 것이다. 운문은 너무 어이가 없어서 장대로 찌르는 흉내도 내고, 가까이 오라고도 하고, 알겠느냐고 물어도 보아 껍데기로 듣고, 보고, 말하게 한다. 중은 운문이 자기를 희롱하고 있는 것을 본 후에야 불법이 껍데기 사람을 문제 삼는 것이 아니라 속사람을 문제 삼고 있다는 것을 안 모양이다. 이제 젊은 중은 자기가 귀머거리요, 장님이요, 벙어리인 줄 알았을까. 하여튼 알기라도 하였다면 다행이다.

우리의 귀는 개귀요, 개눈이요, 개입이다. 모두 동물적인 귀요, 눈이요, 입이다. 사람이 귀하다는 것은 동물이기 때문이 아니다. 동물 이상의 귀와 눈과 입을 가졌다는 이야기다. 불성을 듣고, 불법을 보고, 불도를 설할 수 있기에 존귀하다는 것이다. 불성을 듣지 못하고, 불법을 보지 못하고, 불도를 말하지 못하면 그것은 인면수신人面獸身이지 사람이 아니다. 일체성불성一切聲佛聲이지만 불성을 들을 수 없고, 진대지시불법盡大地是佛法이지만 불법을 볼 수가 없고, 내가 부처이면서도 불도를 설할 수가 없다. 이거야말로 삼중고의 병신인 것이다.

그러면 세상 사람들은 어떻게 삼중고三重苦의 병신이 되었을까. 그것은 삼독三毒 때문이다. 삼독은 탐진치貪瞋痴를 말한다.

탐욕이 마음속에 꽉 들어차면 아무 말도 들리지 않는다. 이기주의, 자기중심주의가 되면 아무리 철주로 내리쳐도 깨지지도 않고, 깨닫지도 못한다. 쇳덩어리 같아서 아무 말도 들리지 않는다. 먹을 것밖에 모르고, 소유할 욕심밖에 없고, 이로운 것밖에 모른다. 그런 사람은 누구의 소리도 귀에 들어가지 않는다.

그다음에는 진瞋이다. 언제나 교만하고, 남을 미워하고, 남을 업신여기는 사람은 남의 장점을 볼 수가 없다. 그런 사람은 진리와 먼 사람이요, 눈이 꿰진 사람이다. 그저 남을 미워하고, 헐뜯고, 남의 단점만 보는 사람은 일체 좋은 것을 볼 줄 모르는 눈먼 장님이다.

그다음에는 말 못하는 사람이 있다. 그것은 치정에 얽힌 사람이다. 그런 사람은 어리석은 사람이요, 얼이 썩은 사람이다. 속알이 없고 정신이 없다. 그런 사람 속에서는 할 말이 없다. 나오면 썩은 물밖에 나올 것이 없다. 어디서 생수가 쏟아질 수 있으랴. 힘없는 말, 맥없는 말, 허탈한 말, 음담패설 등 차마 들을 수 없는 말만 펑펑 쏟아놓을 뿐이다.

    탐욕을 버리면 도에 통하여 귀가 열리고, 진오瞋惡를 버리면 진리를 깨치어 눈이 열리고, 치정을 버리면 생명을 얻어 입이 열린다.

89. 운암의 한 손, 한 눈

『벽암록』 제89장은 〈운암문도오수안雲巖問道吾手眼〉이다. 운암은 약산유엄藥山惟儼의 제자다. 약산에게는 도오道吾와 운암雲巖이라는 거물급 제자가 있었다. 운암의 제자로는 동산양개라는 조동선曹洞禪의 개조가 있었다. 도오는 운암보다 13년 위이다.

운암이 태어난 것이 서기 782년, 당나라 덕종 때다. 타고나기를 총명예지, 13세에 백장회해百丈懷海를 좇아 20년, 백장이 세상을 떠나자 그는 도오원지道吾圓智와 같이 백장산을 떠나 약산을 찾아갔다. 그때 도오는 46세, 운암은 33세의 한창 나이였다. 그동안 남전보원을 찾아간 일도 있으나 결국 두 사람 다 약산유엄의 법을 계승하게 되었다.

어느 날 약산이 운암에게 물었다.

"그대는 백장에게 이십 년 동안 배웠다는데 무엇을 배웠나?"

운암이 이런 것, 저런 것을 주섬주섬 주어 섬기니 약산은 다음과 같이 물었다.

"네가 본 것은 백장이 본 것과 3천 리나 간격이 있구나. 그렇다면 그대는 백장과 같이 있을 때 백장에 대하여 의심나는 것이 아무것도 없었나?"

운암은 있었다고 하면서 이런 이야기를 했다.

"백장이 어느 날 교실에 들어오더니 학생들에게 모두 나가라고 야단쳤습니다. 그래서 학생들이 허둥지둥 밖으로 뛰어나가니 백장은 다시 들어오라고 고함을 질렀습니다. 그래서 학생들이 다시 돌아오니 백장은 다시 그것이 무어냐고 고함을 지르고 돌아가고 말았습니다."

그 말을 들은 약산은 이제야 백장을 만났다고 말하였다. 그 말이 떨어지자마자 운암은,

"저도 오늘 친히 백장을 만나 뵈었습니다" 하고 대답하였다. 그 후부터 운암은 딴사람이 되고 말았다. 백장과 약산과 운암이 한통이 된 것이다. 통한 것이다.

오늘 이야기는, 운암이 도오에게 물은 것이다(운암문도오雲巖問道吾).

"대자비보살은 그 많은 손과 눈을 가지고 도대체 무엇 하고 있는 겁니까(대자비보살大慈悲菩薩 용허다수안작십마用許多手眼作什麽)?"

도오가 대답했다(오운吾云).

"캄캄한 밤에 뒷짐 지고 베개 찾는 사람 같군(여인야반배수모침자如人夜半背手摸枕子)."

운암이 말하기를(암운巖云), "알 만합니다(아회야我會也)."

도오는(오운吾云),

"너는 무엇을 알았단 말이냐(여작마생회汝作麼生會)."

그러자 운암이 말했다(암운巖云).

"하지 않는 것이 없고, 돌보지 않는 것이 없다는 말이지요. 온 몸이 손이요 눈이니까(편신시수안偏身是手眼)."

도오는(오운吾云),

"말은 옳은 말이지만 아직도 팔 부밖에 표현이 안 됐군(도즉태살도道卽太殺道 지도득팔성只道得八成)."

운암이 말하기를(암운巖云),

"사형의 생각은 어떻습니까(사형작마생師兄作麼生)?"

도오는(오운吾云),

"이 몸이 곧 손이요, 눈이지(통신시수안通身是手眼)."

세상에 이렇게 괴로움이, 어려움이 많은데 사랑이신 보살님은 무얼 하고 계신가. 신은 없는 것이 아닌가 하고 운암이 묻는다. 도오가, 보살의 눈은 멀고, 손은 묶여져 보지도 못하고, 쓸 수도 없는 것이 아닐까. 신은 없는 것이지 무어냐 하고 대답하니까, 운암이 알겠다고 말한다. 무엇을 알았다는 말인가. 일체를 돌보시는 이가 신 아니냐. 일체를 돌보시는 이가 보살 아니냐. 내가 오늘 사는 것도 신의 덕이요, 보살의 덕이지 무어냐고 말한다.

도오는 이렇게 말한다. 그 말이 옳기는 옳지만 아직 충분하지는 못하다. 충분하지 못하다는 것이 무슨 말이냐. 보살이 일체를 돌보는 것도 사실이지만 내가 일체를 돌보는 보살이 되어야지. 신이 없다고 나무라지 말고, 내가 신이 되어 신의 눈이 되고, 신의 손이 되어 남을 돌보아주어야지. 그래야 신의 아들이요, 보살의 딸이다. 나를 빼놓고 우주가 사랑이거니, 신이 사랑이거니 해서는 불충분하다는 것이다. 나 자신이 천수보살이 되어야지. 되려고 노력할 뿐만 아니라 내가 본래 보살임을 깨달아서 내 속에서 사랑이 쏟아져 나오게 되어야지. 편신偏身이 보살이니 나도 보살이 되어야지 하고 노력하는 보살에 대하여, 내가 본래 보살이니 아무 노력 없이도 저절로 남을 돌보아줄 수 있게 되어야지 한다. 퍼내는 물이 아니라 쏟아지는 물, 그것이 편신시수안偏身是手眼이 아니라 통신시수안通身是手眼이란 말이 아닐까.

  유위有爲가 아니라 무위無爲라는 세계가 초재론에서 내재론으로 옮겨가는 것이며, 이때 신은 밖에 있는 것이 아니라 안에 있다. 세상문제를 해결할 이는 밖에 있는 것이 아니라 안에 있다. 내가 해야 한다. 내가 주인인데, 자기가 주인이고, 자기의 책임인 것은 잊어버리고 당치도 않은 천수천안 보살은 무엇하고 있느냐고 불평불만 하는 맹꽁이들을 일깨워주기 위해서 이런 이야기가 벌어졌을 것이다.

  요는 자각이요, 주체 의식이 문제다. 언제나 자기가 주인인 것을 생각하고 일체 책임을 내가 진다는 각오가 있어야 한다. 그러면 남에게 책임을 물을 필요가 없고 모두 내 책임임을 통탄하고 내가 나의 최선을 다해야 한다. 물론 내가 세상일을 다할 수는 없다. 내가 할 수 있는 한계가 있을 것이다. 내가 통할 수 있는 세계가 있다. 내가 통할 수 있는 세계만 돌보면 된다. 온 세상을 내가 돌보는 것이 아니라 내 세상을 내가 돌보면 된다. 나의 힘이 미치는 세계, 나의 힘이 통하는 세계, 그곳을 보살피고 돌보아야 한다.

사람은 무엇이나 할 수 있는 것이 아니다. 그러나 하나는 할 수가 있다. 목수면 목수, 미장이면 미장이, 한 가지만은 할 수가 있다. 목수와 미장이를 다하기는 어렵다. 사람은 편신이 되기는 어렵다. 그러나 한 가지는 할 수 있다. 한 가지 할 수 있는 것이 통신通身이다. 한 가지에는 통할 수 있다. 사람은 전지전능全知全能은 아니다. 그러나 일지일능一知一能일 수는 있다. 한 가지를 알고 한 가지를 행할 수는 있다. 일지의 일안一眼과 일능의 일수一手를 가지고 자기의 통하는 세계를 사랑하는 것, 그것이 통신시수안通身是手眼이다.

90. 지문의 지혜

『벽암록』제90장은 〈지문반야체智門般若體〉다. 지문 선사는 운문의 법손法孫이요, 『벽암록』의 송을 쓴 설두의 선생이다. 어떤 중이 지문에게 물었다(승문지문僧問智門).

"반야체는 어떤 것입니까(여하시반야체如何是般若體)?"

지문이 말하기를(문운門云),

"조개가 달을 삼킨 것이지(방함명월蚌含明月)."

중이 또 물었다(승운僧云).

"반야용은 어떤 것입니까(여하시반야용如何是般若用)?"

지문은(문운門云),

"토끼가 새끼를 가졌다고나 할까(토자회태兎子懷胎)."

반야라는 것은 요즘말로 진리라고 해두자. 진리의 본체가 무엇이며, 진리의 작용이란 무엇인가. 진리를 깨달았다는 것은 어떤 것이며, 진리를 실천한다는 것은 어떤 것인가. 진리를 깨달았다는 말은 주체의식이 생겼다는 말이다. 자기 속에 하나님을 모시게 되었다는 말이다. 내 안에 하나님이 있고, 소우주 안에 대우주가 있고, 내 속에 나라가 있고, 민족이 있고, 세계가 있고, 우주가 있고, 모두, 작은 것 속에 큰 것이 들어있는 상태다. 이런 것을 찰나 속에 영원이 있다고도 하고, 이슬 속에 달이 들어있다고도 하고, 내 안에 하나님이 있다고도 하고, 지문의 대답처럼 조개가 명월을 삼켰다고도 표현한다.

    모두 나라를 위해서, 세계를 위해서, 우주를 위해서 죽을 수 있는 상태다. 민족의식, 국가의식이 강하고, 주체의식이 강하여 개체 속에 전체가 들어있는 상태다. 내가 나보다 더 큰 것을 생각하고, 자기보다 더 큰 것을 자기 속에 가지고 있는 것이다. 국가적 차원, 민족적 차원, 전체적 차원에 서는 것이다. 해와 달과 별을 모두 삼켜버리는 것이다. 하나님도 먹어버리고, 부처도 먹어버리고, 다 먹어버린다. 이것이 진리를 깨달았다는 것이요, 자기의 입장이 선 것이요, 산꼭대기에 오른 것이요, 전체를 파악한 것이요, 관觀이 생긴 것이다. 전지全知다. 다 안 것이다. 자기를 안 것이다. 병아리가 계란에서 깨어 나오듯이 자기 발로 서게 된 것이다. 이제는 독립한 자주인이 된 것이다. 자기 속에 우주를 보고, 세계를 보고, 인생을 보는 것이다. 자기의 세계가 생기고, 자기의 입장이 생기고, 자기의 집이 생기고, 자기의 식구가 생겼다. 자기가 그 집과 그 세계의 주인이 된 것이다. 주체의식, 자주의식, 주인의식, 어른의식, 이런 것이 반야般若의 체體요, 진리를 깨달았다고 한다. 이것은 된 세계요, 지知를 초월한 세계다. 그래서 지라고 하지 않고 반야般若라고 한다. 도의 일을 아는 것이 아니라 도지사道知事가 된 것이다. 어른이 된 것이다. 반야체는 어른이 되었다는 말이다. 조개가 달을 가슴속에 품고 있듯이 도지사가 도道 전체를 언제나 자기 마음속에 품고 있다. 어린애를 품고 집안 살림을 돌보는 어머니처럼, 주인의식, 주인이 된 것을 찰나 속에 영원을 포함하고 있다고 한다. 이것은 관의 세계요, 됨의 세계지, 단순히 아는 것으로 끝나는 세계가 아니다. 이것이 반야체 般若體다.

그다음 반야용般若用은 그 반대로 전체 속에 개체가 있는 것이다. 토끼 속에 새끼가 있고, 전체 속에 하나가 있듯이 전체 속에 속하고 있는 부분을 말한다. 달 속에 이슬이요, 영원 속에 찰나다. 반야체가 이상이라면 반야용은 현실이다. 반야체가 마음의 세계라면 반야용은 몸의 세계다. 반야체가 지知의 세계라면 반야용은 행行의 세계다. 행의 세계란 극히 좁은 세계다. 보기는 천하를 내려다보고, 조개 속의 달처럼 눈 속에 천하가 들어갈 수 있지만, 행의 세계는 하루 종일 걸어보았자 백 리 길을 갈 수가 없다. 백 리라야 지구의 극히 일부분이요, 우주의 극히 일부분이요, 천체의 극히 일부분이요, 영원 속의 찰나에 불과하다. 인간이 할 수 있는 것은 그것뿐이다. 그러나 그것이 가장 소중하다. 반야체인 아버지가 되어 할 수 있는 것은 밥벌이하느라고 종일 수레를 끌고, 종일 물건을 팔고, 종일 풀을 뜯고, 종일 글을 가르치고, 종일 글을 쓰고, 종일 흙을 파는 것이다.

나에게 맡겨진 사명을 다하는 것이다. 전체 속에 들어가 극히 작은 개체가 된다. 토끼 속에 들어있는 새끼들처럼 전체 속에 개체가 되어 개미처럼 쌀 한 알을 지고 걸어가고 있는 것이다.

반야체는 무한대요, 반야용은 무한소다. 반야체는 하나님을 사랑하는 것이요, 반야용은 이웃을 사랑하는 것이다. 하나는 이상이요, 하나는 현실이다. 반야체 없이 반야용 없고, 반야용 없이 반야체 없다. 이상적인 것이 현실적인 것이요, 현실적인 것이 이상적인 것이다.

아버지가 되어 집의 주인이 되지만 회사에 들어가면 저 말단 사원에 불과하다. 말단 사원을 할 수 있어야 아버지 구실을 할 수 있고, 아버지 구실을 할 수 있어야 말단 사원도 할 수 있다. 돈을 벌어야 밥을 먹고, 밥을 먹어야 돈을 번다. 반야체에서 반야용이 나오고, 반야용에서 반야체가 나온다. 이상 없이 현실 없고, 현실 없이 이상 없다. 주체 의식 없이 사명감 없고, 사명감 없이 주체 의식 없다. 지 없이 행 없고, 행 없이 지 없다. 행의 세계는 언제나 극히 적은 일을 자발적으로 하는 것이다. 반면에 지의 세계는 어떻게 하다 깨닫는 것이다. 전체가 내 속에 들어오는 것은 쉬운 일이 아니다. 나의 힘을 넘어서서 그것은 타력으로 되는 것이다. 산꼭대기에 서자 눈앞이 탁 터지는 것 같다. 보려고 해서 보는 것이 아니다. 저절로 보여진 것이요, 남의 덕으로 보여진 것이다. 그러나 행의 세계는 내 속에서 나오는 생수를 막을 수가 없어서 얼마든지 퍼내야 하는 자발적인 세계다. 그것은 자유의 세계요, 즐거운 세계다. 각覺의 세계는 기쁜 세계요, 남을 위하는 이타利他의 세계로서 즐거운 세계다. 자기 사명을 완수하는 세계는 즐거운 세계다.

91. 염관의 코뿔소

『벽암록』제91장은 〈염관서우선자鹽官犀牛扇子〉다. 염관이란 항주 염관이라는 지명으로 그곳에 제안齊安 국사가 살았으므로 제안을 염관이라고 한다. 염관은 해창원에 주하여 당나라 선종 황제의 국사이기도 하다. 마조에게 인가를 얻은 걸승으로서 어려서부터 총명하여 생시에도 신광神光이 조실照室하였다는 분이다. 92세까지 살면서 많은 후배를 교화하였다.

염관이 어느 날 사환을 불렀다(염관일일환시자鹽官一日喚侍者). "나를 위해서 서우 선자를 가져오너라(여아장서우선자래與我將犀牛扇子來)." 서우는 코뿔소요, 선자는 부채다. 코뿔소의 뿔로 자루를 만든 부채인지, 코뿔소를 그린 부채인지 확실치 않다. 코뿔소를 그린 부채라고 해두자.

사환이 "부채는 다 찢어져서 못쓰게 되었습니다"라고 말하였다(시자운侍者云 선자파야扇子破也). 염관이 말하기를 "부채는 찢어졌어도 코뿔소야 남아 있을 것이 아니냐. 그러면 그 코뿔소를 끌고 오너라" 하였다(관운官云 선자기파扇子旣破 환아서우아래還我犀牛兒來). 사환은 아무 대답도 못했다(시자무대侍者無對).

세상에는 변하는 것과 변하지 않는 것이 있다. 변하는 것 속에 변하지 않는 것이 있고, 변하지 않는 것 속에 변하는 것이 있다. 우리의 일상생활은 변하지만 우리의 주체성은 변하지 않는다.

몸은 변해도 마음은 변하지 않고, 부채는 찢어져도 코뿔소는 영원하다. 염관이 부채를 가져오라고 하는 이유는 더워서 가져오라고 하였을 것이다. 부채는 이미 찢어졌다고 해도 사환의 지혜까지 찢어질 수는 없다. 부채가 찢어졌다면 부채를 대신할 만한 무엇을 갖다 올렸어야 할 것이다. 선풍기든지, 에어컨이든지 요는 염관의 마음을 꿰뚫어보고 그 마음에 맞는 무엇을 갖다주어야 한다. 만일 그런 것을 발견할 수 없어서 몸을 시원하게 해줄 수 없으면 자기의 지혜라도 보여주어서 마음이라도 시원하게 해드려야 한다. 마음을 시원하게 해주는 것이 더 바람직할지도 모른다.

염관이, 부채가 찢어졌으면 그 코뿔소라도 끌고 오너라 했을 때 그곳에 있는 돌맹이든 나무든 아무것이나 들고 가서 코뿔소를 가져 왔습니다 하며 갖다 바쳐야 할 것이다. 이놈아, 그것이 나무지 코뿔소냐 하고 야단치면 절대계에 나무와 코뿔소가 어디 있습니까 하고 반문을 하든지, 코뿔소를 잡아 오너라 하면 코뿔소를 몰아 내어주십시오 하고 대답하든지, 하여튼 염관이 무어라고 하면 이편에서도 무어라고 하여 어떻게 해서든지 공세를 취해야 한다. 비록 사환으로 있을망정 주체성은 강하게 실재함을 보여주어야 부채는 찢어져도 코뿔소는 건재함이 드러나게 된다.

사실 여기 이야기는 염관이 부채가 찢어진 것을 모르고 하는 소리가 아니라 다 알면서 이 재료를 이용하여 제자의 지혜를 한 번 시험해보자는 마음에서 나온 자비였는지도 모른다. 그렇다면 더욱 있는 지혜를 다 내어 스승의 마음을 기쁘게 해 올려야 한다.

그런데 여기 다른 네 사람의 망아지새끼들이 저마다 한 번씩 뛰어보겠다고 야단들이다. 먼저 투자投子가, "나 같으면 이렇게 대답할 것이다. 끌어내는 것은 어렵지 않으나 뿔이 좀 다쳐서 쓸모없을 것 같습니다"(투자운投子云 불사장출不辭將出 공두각부전恐頭角不全) 하고 선생님의 마음을 일단 떠본 후에 그래도 가져오라면 또 한마디를 던질 준비를 한다.

설두는 염관 대신으로 투자에게 집요하게 달라붙는다. "뿔이 부러졌어도 좋으니 어서 끌고 오너라(설두염운雪竇拈云 아요부전저두각我要不全底頭角)." 이에 석상石霜이 말하기를, "만일 코뿔소를 스님에게 드리면 나는 가진 것이 없게 되나요(석상운石霜云 약환화상즉무야若還和尙卽無也)?" 하고 다시 스님의 마음을 떠본다. 그랬더니 설두가 말한다. "천하에 가득 찬 것이 코뿔소인데 가진 것이 없다는 말이 웬 말이냐(설두염운雪竇拈云 서우아유재犀牛兒猶在)."

자복資福이 땅 위에 동그라미를 그려놓고 그 가운데 소 우牛 자를 적어놓았다(자복획일원상資福畵一圓相 어중서일우자於中書一牛字). 우주가 그대로 부채요, 인생이 그대로 코뿔소인데 가져갈 것도 없고, 가져올 것도 없지 않을까 하고 논쟁의 중단을 요청하자, 설두가(설두염운雪竇拈云), "말은 끊어져도 현실은 해결될 수 없지 않느냐. 가져오라면 가져와야지 못 가져온대서야 해결될 수 없지 않느냐. 어린애들 가지고는 안 되겠다(적래위십마부장출適來爲什麽不將出)"라고 말한다.

보복이, "사환을 바꾸어보시지요"라고 말한다(보복운保福云 화상연존和尙年尊 별청인호別請人好).

설두는, "네 녀석이 힘을 써도 그것 하나 끌어내지 못하는 바보들"이라며 송에 이렇게 노래 부른다(설두염운雪竇拈云 가석노이무공可惜勞而無功).

"건강한 정신과 건강한 육체만 있으면 아무 문제도 없지(서우선자용다시犀牛扇子用多時). 그러나 건강이 얼마나 중요한지 정말 깨달은 사람은 없을 듯하다(문착원래총부지問著元來總不知). 건강한 정신과 건강한 육체는 한없는 행복의 뿌리이다(무한청풍여두각無限淸風與頭角). 그러나 일단 건강을 잃으면 회복하기가 참 어렵다(진동운우거난추盡同雲雨去難追)."

설두가 힘을 주어 말하기를, "건강한 육체와 건강한 정신을 회복하려면 어떻게 하면 되지요? 여러분 의견을 말해보시오(설두부운雪竇復云 약요청풍재복若要淸風再復 두각중생頭角重生 청선객각하일전어請禪客各下一轉語). 건강을 잃었을 때 어떻게 하면 건강을 회복할 수 있지요?"한다(문운問云 선자기파扇子旣破 환아서우아래還我犀牛兒來).

이때에 어떤 중이 뛰어나와, "그런 생각 안 하면 되지 않나요?"한다(시유승출운時有僧出云 대중참당거大衆參堂去).

이때 설두가 고함을 지르며 "고래 낚시를 놓았는데 겨우 새우 한 마리 걸려들었구나. 이 밥통들 어서 가서 밥이나 처먹어라"하고 내려왔다(설두갈운雪竇喝云 포구조곤경抛鉤釣鯤鯨 조득개하마釣得箇蝦蟆 변하좌便下座).

92. 석가의 설법

『벽암록』제92장은 〈세존일일승좌世尊一日陞座〉다. 세존은 석가의 십대호명의 하나다. 열 덕(십덕十德)을 갖춘 이를 말한다.

여래如來는 허망虛妄이 전혀 없다는 뜻이요, 응공應供은 좋은 복전福田이란 뜻이며, 정변지正徧智는 법계法界를 안다는 뜻이다. 명행족明行足은 삼명三明을 갖추었다는 뜻이요, 선서善逝는 돌아오지 않음을 이름이요, 세간해世間解는 중생국토衆生國土를 안다는 뜻이며, 무상사無上士는 더불어 같은 이가 없다는 뜻이다. 조어장부調御丈夫는 다른 사람의 마음을 조화시킨다는 뜻이다. 천인사天人師는 중생의 눈동자가 될 수 있고, 불佛이란 삼취三聚를 앎이며, 이 열 덕(십덕十德)을 갖춘 이가 세존이다.

세존이 설법한다고 강단에 올라갔다(세존일일승좌世尊一日陞座). 49년 설법에 300여 번 큰 집회를 했다고 하는데 이런 설법으로 진리가 깨달아질 것인가 하고 생각해보면 도저히 될 성질의 것이 아니다. 진리라는 것은 남에게 말할 수 있는 성질의 것도 아니고, 남에게서 들을 수 있는 것도 아니다. 진리는 스스로 깨닫는 것이요, 계시로서 이루어지는 것이지 가르칠 성질의 것도 아니고(교외별전教外別傳), 배울 성질의 것도 아니다(불립문자不立文字).

그런데 진리를 설한다고 올라간 것 자체가 큰 잘못이라고 할 수밖에 없다. 그러나 진리가 자각自覺에 의한다고 하지만 자각을 가져오게 하는 데는 설법보다 더 큰 것은 없다. 공부는 자신이 하는 것이지만 선생님의 도움처럼 공부에 도움 되는 것은 없다. 물론 선생님에게만 의지하고 자기는 일체 생각하지 않는다면 선생님의 도움이 도리어 해로울지는 몰라도, 스스로 생각하는 제자에게는 선생님의 설법처럼 자각에 도움이 되는 것도 없다. 그래서 석가도 설법을 하고, 제자들도 수없이 설법을 들었을 것이 아닌가.

오늘도 수많은 사람들이 석가의 설법을 들으려고 모여들었고, 석가도 설법하려고 올라간 것이다. 이때 사회를 맡아본 이가 문수 보살이다. 지혜가 많기로 제일 유명한 보살이다. 보통은, 요새 국회에서 회의를 시작할 때에 의사봉을 치듯이, 시작할 때 망치로 세 번 딱딱 치고 "여기 모이신 훌륭한 여러분들, 부디 진리를 깨달으시기를 바랍니다(법연용상중法筵龍象衆 당관제일의當觀第一義)"라고 한다. 그리고는 "선생님의 강연이 끝났으니 선생님의 진리를 깨달으셨습니까. 진리란 이런 것입니다(제관법왕법諦觀法王法 법왕법여시法王法如是)" 하고 끝을 내는 것이다. 그런데 오늘

문수는 석가가 설법도 시작하기 전에 망치를 딱딱 두드리고 "이것으로 강연은 끝났습니다"라고 했다는 것이다(문수백추운文殊白槌云 제관법왕법諦觀法王法 법왕법여시法王法如是). 그래서 석가는 강단을 내려오고 말았다(세존변하좌世尊便下座).

문수의 생각으로는 진리는 보고 아는 것이지 들어서 아는 것이 아닌 것이다. 결국 진리는 소리나 빛에 있는 것이 아니고 마음에서 마음으로 전하여지는 것(이심전심以心傳心)인지도 모른다. 마음은 소리라고 할 수도 없고, 빛이라고 할 수도 없다. 석가를 볼 때 문수는 한없는 감격을 느꼈고(직지인심直指人心), 자기의 초라한 모습에 가슴이 터지도록 슬펐을 것이다(견성성불見性成佛). 문수는 자기에게 채찍을 가하여 자기도 석가처럼 되려고 일로매진하였을 것이다(일도출생사一道出生死). 그래서 자기도 모르는 동안에 자기가 되어 나온다(일체무애인一切無碍人). 이 순간에 문수는 자각에 도달하여 성불했음에 틀림이 없다. 오늘은 석가가 문수를 낳은 날이요, 오늘은 문수가 사람이 된 날이다.

인생에는 이런 장면이 있어야 한다. 말을 듣기 전에 벌써 깨달음이 있어야 한다. 그것은 위대한 인격과 위대한 인격이 서로 만남에서 이루어진다. 가섭이 석가를 만나고, 문수가 석가를 만남에서 이루어진다. 물론 이전에도 문수가 석가를 여러 번 보았을 것이다. 그러나 그것은 육체의 눈으로 육체를 보았지 정신의 눈으로 정신을 본 것은 아니었다. 그런데 때가 무르익어 그들은 정신의 눈으로 정신의 꼴을 보게 된 것이다.

석가는 이미 석가가 아닌 부처요, 문수도 이미 문수가 아닌 부처다. 나무에 나무를 잇고, 돌에 돌을 쌓아 올리듯 위대한 인격에서 위대한 인격이 탄생해 나오는 것이다. 오늘은 문수의 생일이요, 성불을 보는 중생의 기쁨 또한 오죽하랴. 그래서 문수는 오늘이야말로 설법 중 설법이요, 법왕 중 법왕의 진짜 설법이 성립된 날이다. 오늘이야말로 법왕 중 법왕이 탄생되는 날이요(제관법왕법諦觀法王法), 오늘이야말로 진짜 설법 중 설법이 이루어지는 날이다(법왕법여시法王法如是). 감격의 날이요 기쁨의 날이다. 한마디의 설법도 없이 최대의 설법이 끝이 난 셈이다. 이것이 〈석가승좌〉라는 오늘의 이야기다.

　설두는 송에, "1,250명의 수제자 가운데 똑똑한 녀석이 한 사람이라도 있었으면 석가가 설법하러 올라가지도 않았을 것이고(열성총중작자지列聖叢中作者知 법왕법령불여사法王法令不如斯), 팔만대중 가운데 똘똘한 놈이 한 놈이라도 있었으면 문수가 망치를 두드릴 필요조차도 없었을 것을 머저리 밥통들만 잔뜩 모여서 석가가 올라가고 문수가 내려치는 폐를 끼쳐드렸구나(회중약유선타객會中若有仙陀客 하필문수하일추何必文殊下一槌)"하였다.

　세존승좌의 묵연단좌하고 무언무설의 진여풍광을 본 사람은 말을 듣지 않아도 봄바람이 스쳐가는 것을 느꼈을 것이다. 굉지宏智의 시詩.

일단진풍견야마一段眞風見也麼

면면화모리기준綿綿化母理機梭
직성고금함춘상織成古錦含春象
무내동군누설하無奈東君漏泄何

좋다. 한 폭의 그림을 보는 것 같구나. 꽃은 붉고, 버들은 푸른데 봄바람에 취하지 않을 사람이 그 누구랴.

93. 대광의 춤

『벽암록』제93장은 〈대광사작무大光師作舞〉다. 대광사大光師는 대광산에 살던 거회居誨 선사다. 그는 석상石霜의 제자로서 20년을 하루같이 수도하여 드디어 득도한 걸승이다.

오늘은『벽암록』제74장에 나오는 옛날 금우 화상이 끼니때만 되면 밥통을 들고 나와 춤을 추면서 "얘들아 밥 먹어라" 하고 노래를 불렀다는 그 이야기에 대해서다. 이것을 어떤 사람이 장경長慶 스님에게 물어보았을 때 장경은 "먹는 것이 좋아서 그랬겠지(인재경찬因齋慶讚)" 하고 대답한 일이 있는데, 이 사람은 그래도 '아무리 먹는 것이 좋아서 그랬을까' 하고 의심을 품고 무슨 다른 뜻이 있지 않나 하고 대광 스님에게 물었다는 것이다(승문대광僧問大光 장경도長慶道 인재경찬因齋慶讚 의지여하意旨如何). 그랬더니 대광이 곧 춤을 추기 시작했다(대광작무大光作舞). 그러자 그 젊은 중이 절을 했다(승예배僧禮拜). 대광이 물었다. "무얼 보고 절하는 거지(광운光云 견개십마見箇什麼 변예배便禮拜)?" 중이 춤을 추었다(승작무僧作舞). 그랬더니 대광이 "여우같은 녀석" 하고 한탄하였다(광운光云 저야호정這野狐精).

여기 대광과 장경과 금우의 세계는 도의 무르익은 데가 있는 것 같다. 밥 때가 되어 기뻐함이 마치 천진난만한 어린아이 같다. 밥 때가 되면 그저 기쁜 것이 자연이요, 거기에 조금도 의심할 것이 없다. 그런데 의심을 한다는 것은 대단히 병이 든 증거다. 밥맛이 꿀맛이어야 건강한 사람인데 밥맛이 없다면 이것은 어딘가 병이 든 사람이다. 밥을 보면 이성이 무딜 정도로 밥에 도취하는 사람이 정말 건강한 사람이 아닐까. 밥 소리만 나도 밥에 취하여 춤을 추고 노래를 부르는 것이 생명의 약동이리라. 어린애는 난 지 수십 일만에 두 배로 자란다고 한다. 밥이 곧 살이요, 피다. 신진대사가 그렇게 빠를 수가 없다. 밥을 먹어도 또 배고프고, 먹어도 또 배고픈 시기가 어린 시절이다. 그렇다고 끼 때도 되지 않았는데 계속 먹을 수도 없다. 그래서 일각이 여삼추처럼 기다리는 것이 밥 때다. 그러니 밥 소리가 나자마자 덤벼드는 어린애를 보고 밥통을 든 엄마가 춤을 추지 않게 됐나. 어서 먹이고 싶고, 어서 먹고 싶은 것이 엄마의 마음이요, 어린애의 마음이다. 이 마음을 몰라서 묻는 것도 이상하고, 대답하는 것도 이상하다. 대광은 물을 필요도 없고, 대답할 필요도 없다. 어머니의 마음으로 춤을 추면 그만이요, 그 이상 무슨 대답이 필요할까. 금우의 이야기만 듣고도 장경처럼 "너무 좋아서 그랬겠지" 할 겨를도 없이 대광은 일어서서 춤을 춘다.

그때 만일 도에 통한 중이라면 같이 춤을 추든지 어린애처럼 뛰어 들어오면 그만일 것이다. 그런데 이 중은 무슨 진리나 깨달은 것처럼 대광을 향해 공손히 절을 하였다. 옛날 사람들은 진리를 깨달았을 때에는 선생님의 은혜에 감사하여 큰절을 하는 수가 가끔 있었다. 그런데 이 중도 진리나 깨달은 것처럼 큰절을 했다는 것이다. 대광이 깜짝 놀라 "요 맹추야, 네가 무엇을 깨달았다고 큰절을 하는 거냐" 하고 묻자 중은 정말 진리를 깨달아 기쁨을 감출 수가 없는 듯이 춤을 추었다는 것이다. 대광은 너무도 어이가 없어서 "이 여우같은 자식" 하고 불쾌한 한마디를 내던졌다.

세상에 참과 거짓은 언제나 그 모습은 비슷하나 그 속은 절대 아니다. 절대의 세계는 한 사람이 노래를 부르면 다른 사람이 춤을 추는 조화된 세계지 노래를 부르니 춤을 추어야겠다는 인위적인 억지의 세계가 아니다. 참은 무위자연이지 생각해서 뜯어맞추는 세계가 아니다. 모든 인위가 참의 세계는 아니다. 참의 세계는 창조의 세계요, 예측불허의 세계다. 절을 하고, 춤을 추고, 하는 맞추는 세계가 아니다. 사차원의 세계는 합리의 삼차원과 경험의 이차원을 넘어선 세계다. 나타나는 것마다 전무후무한 창작의 세계요, 독일무이獨一無二한 절대의 세계지, 예측할 수 있는 질서정연한 그런 세계는 아니다.

대광의 춤은 금우의 춤의 모방이 아니다. 금우의 춤이나 대광의 춤이나 하나의 새로운 창작이요, 하나의 절대다. 이런 절대에 부딪치면 언어가 끊어지고 손발을 둘 곳이 없는 황홀한 세계이지, 그곳에 진리는 어디 있고, 깨닫는 것은 어디 있고, 절은 어디 있고, 감사는 어디 있나. 그것은 다 하지하下之下요, 말지말末之末이다. 사람은 무엇이나 이성과 경험으로 두들겨 맞추고 억지로 해석함으로 그것을 아는 줄 생각하고, 깨달은 줄 생각한다. 그것은 어림없는 망발이다. 합리와 경험의 세계는 여우의 세계다. 그것은 미혹의 세계요, 현혹의 세계요, 악몽의 세계다. 인간은 좀처럼 꿈을 깨기가 어렵다. 그래서 가끔 꿈속에 꿈을 꾼다. 꿈속에서 자기가 깬 줄로 생각하고 화장실에 가서 오줌을 누다가 자리에 지도를 그리는 수가 있다. 진리의 세계는 아는 세계가 아니다. 그것은 깨닫는 세계다. 그 세계는 이해와 경험을 넘어선 사차원의 세계다. 사차원은 사차원만이 알 수 있다. 사차원이 되지도 못하고 된 체 하는 젊은 중은 매를 맞아도 되게 맞고, 혼이 나도 되게 나야 한다. 사실 대광의 춤이나 욕은 몽둥이 이상의 몽둥이였는지도 모른다.

 그래서 설두는 송頌에, "춤의 화살도 아프지만 욕의 화살은 더 아플 터인데(전전유경후전심前箭猶輕後箭深) 춤도 욕도 모르면 이것은 금덩어리나 나뭇잎이다(수운황엽시황금誰云黃葉是黃金). 스승들의 노력은 한결같은데(조계파랑여상사曹溪波浪如相似) 어리석은 젊은이들은 땅을 디디고 설 줄도 모르니(무한평인피륙심無限平人被陸沈) 기가 막히다."

94. 능엄의 눈

『벽암록』 제94장은 〈능엄경약견불견楞嚴經若見不見〉이다. 능엄이라는 말은 인도말 '슈렁가마(수능엄首楞嚴)'라는 말인데 견고堅固라는 뜻이다. 이 경의 내용은 아난이 자기의 견고한 입장을 가지지 못하고 물에 빠지는 것을 석가가 구원해주는 장면을 그린 것이다. 아난은 본래 미남자로 태어나 많은 여자들의 유혹을 받았다. 그런데 어느 날 마돈가라는 미인에게 홀려 거의 물에 빠지게 되었다. 석가가 보다 못해 문수 보살을 보내어 구해주었다.

　세상 문제치고 남녀의 문제처럼 어려운 것이 없다. 남자는 여자에 빠지고, 여자는 남자에 빠진다. 석가는 "세상에 성욕이 지금의 배만 강하다면 세상에 구원받을 사람은 한 사람도 없을 것이다"라고 말했다고 한다. 다행히 아직도 구원받는 사람이 많은 것은 성욕이 그리 성하지 않기 때문이다. 아난은 석가의 사촌동생으로 25년을 석가를 따라다니면서 얼마나 많은 설법을 들었는지 모른다. 그러나 아난의 성욕 불은 석가의 45년 설법을 가지고도 끌 수가 없었다. 아난은 석가가 죽기까지 불을 못 끄고 계속 번뇌에 사로잡혔다가 석가가 죽은 후에야 철이 들어, 결국 성욕을 극복하고 부처가 되어 석가의 설법을 글로 옮겨 오늘의 경전을 남겨놓은, 불교에서 가장 공이 큰 사람의 한 사람이 되었다.

역시 말 가지고는 되지 않는다. 철이 들어야 한다. 철이라는 것은 그렇게 들기가 어렵다. 철은 자연이라 내 마음대로 어떻게 할 수 없는 절대적인 것이다. 그러기에 신앙이 필요하고 각성이 필요하다. 내 힘으로 되는 것이 아니다. 내 힘을 넘어서야 한다. 어떻게 내 힘을 넘어서느냐. 여기 인간의 수행과 겸허한 마음이 필요하다. 나 없는 마음, 구름 한 조각 없이 맑게 개인 가을 하늘처럼 맑고 티 없는 깨끗한 마음이 필요하다. 이런 마음 아니면 도저히 자기를 볼 수가 없다. 자기를 볼 수 있는 눈, 이 눈이 필요하다. 내가 나를 볼 수 있을까. 눈이 눈을 볼 수 있을까. 상식적으로 말하면 눈은 눈을 볼 수 없다. 눈이 볼 수 있는 것은 눈 아닌 것만이다. 그런데 볼 수 없는 나를 계속 보라는 것이 불교다. 볼 수 없는 것을 보기 전에는 정말 보았다고 할 수가 없다. 보이는 것만 보는 것이 과학이다. 그러나 철학은 보이지 않는 것을 보는 것이다.

석가가 요구하는 것은 과학적인 눈이 아니다. 철학적인 눈이다. 보이지 않는 것을 볼 수 있는 눈, 자기를 볼 수 있는 눈, 눈을 볼 수 있는 눈, 이 눈을 석가는 요구하고 있는 것이다. 이러한 철학적인 눈이 없으면 과학적인 눈이 되고 말아 색을 초월 못하고 색에 빠지고, 물에 빠지고, 물질과 관능의 노예가 되고 만다. 잘 살아보겠다는 마음은 벌써 물질과 과학에 빠진 사람들이다.

세상에 물에 빠진 사람이 얼마나 많은가. 여기에 대하여 『능엄경』은 물에 빠져 헤매는 사람들에게 육지의 반석을 제시하여 번뇌에서 헤매는 사람을 구원하고자 한다. 특히 아난이 일체제법의 근원에 도달하지 못하고 망법을 진리로 착각하는 망상에 빠져있음을 갈파하고 진리는 원명정묘圓明淨妙하고 비생비멸非生非滅한, 본래 영원하며 절대적인 것이라고 말하고 있다.

이제 본문을 한번 읽어본다.

"『능엄경』에 말하기를(능엄경운楞嚴經云), 내가 절대일 때(오불견시吾不見時) 너는 어떻게 나의 절대 입장을 보지 못하느냐(하불견오불견지처何不見吾不見之處). 만일 절대 입장을 보면(약견불견若見不見) 자연 그는 절대의 모습이 아니겠느냐(자연비피불견지상自然非彼不見之相). 만일 나의 절대의 입장을 보지 못하면(약불견오불견지지若不見吾不見之地) 자연 절대가 아니니(자연비물自然非物) 어찌 상대적인 네가 아니겠느냐(운하비여云何非汝)."

절대를 보아야(견불견見不見) 절대적인 네가 되고(물여物汝) 절대가 아니면(비불견非不見) 절대를 볼 수가 없다(불견불견不見不見). 절대적 입장, 그것이 수능엄首楞嚴의, 견고불괴堅固不壞의, 금강반석의 세계다.

절대적 입장이란 감성의 이해利害, 쾌락快樂의 상대적 입장을 초월한 실천이성의 절대적 입장을 말한다. 그러기 위해서는 견불견을 초월한 순수이성이 되어야 한다. 순수이성이 주체성이 될 때 목적의 왕국은 성립된다. 그 세계는 영원의 세계요, 자유의 세계다. 자유의 세계에는 이해와 쾌락과 감성의 침해가 있어서는 안 된다. 그것은 생사를 초월한 평탄한 길이요(일도출생사一道出生死), 아무도 방해할 수 없는 무애의 세계다(일체무애인一切無碍人). 절대는 주체의 세계에서만 가능하다. 행의 세계, 실천의 세계 그것이 불견지상不見之相이요, 불견지지不見之地다. 절대의 세계는 주관(여汝), 객관(물物)의 세계는 아니다.

설두는 송頌에서 이렇게 말했다.

"코끼리를 보았느니, 소를 보았느니 모두 장님의 더듬거림이다(전상전우예불수全象全牛瞖不殊). 지금까지 많은 선배들도 모두 마찬가지다(종래작자공명모從來作者共名模). 정말 석가 늙은이를 보고 싶다면(여금요견황두로如今要見黃頭老) 삼천대천세계를 헤매도 쓸 데가 없다(찰찰진진재반도刹刹塵塵在半途)."

요는 자기의 주체성을 찾아 실천이성을 가지고 자기 세계를 건설해가는 것뿐이다. 자기의 세계에만 자유가 있다. 쓸데없이 삼천세계를 찾아 헤매도 남는 것은 고단뿐이다.

인간이 절대가 되는 길은 자기를 아는 것이다. 자기가 자기를 알 때 자기는 자기가 된다. 절대는 자기가 자기를 아는 자각에서만 가능하다. 자각은, 아는 것과 알려진 것이 같은 가장 직접적인 지식이요, 확실한 지식이다. 모든 지식은 자각에서 출발한다. 자각은 무지無知에 대한 지식(지知)이다. 알 수 없는 것을 아는 것이요, 볼 수 없는 것을 보는 것이다(견불견見不見). 이것이 지식의 근거요, 지식의 지식이다.

95. 장경의 알맞이

『벽암록』 제95장은 〈장경유삼독長慶有三毒〉이다. 장경長慶과 보복保福은 모두 설봉雪峰의 좋은 제자다. 누가 더 낫다고 하기 어려운 난형난제의 수제자들이다. 어느 날 장경이 보복에게 이런 말을 했다(장경유시운長慶有時云).

"설사 아라한에게 삼독三毒이 있다고 말할 수 있을지언정 여래如來에게 두 종류의 말이 있다고 말할 수는 없다(영설아라한유삼독녕說阿羅漢有三毒 불설여래유이종어不說如來有二種語). 여래께서 말씀을 안 하셨다고 말하는 것이 아니다. 다만 두 종류의 말을 안 했다는 것뿐이다(부도여래무어不道如來無語 지시무이종어只是無二種語)."

그때 보복이, "여래의 말씀이란 어떤 것인가" 했다(보복운保福云 작마생시여래어作麽生是如來語).

그랬더니 장경이 말했다(경운慶云).

"여래의 말씀을 말하면 무얼 해. 들을 수 있는 귀가 있어야지.

귀머거리가 어떻게 들을 수 있겠어(농인쟁득문聾人爭得聞)."

그 말에 보복이, "그대는 나를 바보천치인 줄 알고 하는 소리인가"라고 했다(보복운保福云 정지이향제이두도情知爾向第二頭道).

그때 장경이 말하기를 "그대가 바보가 아니라면 여래의 말씀이 어떤 것인지 말해보게나" 했다(경운慶云 작마생시여래어作麼生是如來語).

보복은, "자 말은 그만하고 차나 한 잔 드시지" 하고 말했다(보복운保福云 끽다거喫茶去).

처음에 아라한阿羅漢이란 말이 나오는데 아라한은 소승불교의 성인이다. 피나는 수도 끝에 탐진치貪瞋癡를 극복하고 성인이 된 것이다. 탐진치를 삼독三毒이라고 한다. 삼독을 도적에 비하고, 탐진치를 없앴다고 해서 아라한을 살적殺賊이라고 한다. 아라한은 다시는 육도六道 윤회輪回에 빠질 수는 없다. 그래서 아라한을 불생不生이라고 한다. 아라한을 무학無學이라고 부르기도 한다. 더 배울 것 없이 진리의 잔치에 참여하면 된 것이다. 그래서 응공應供이라고도 한다.

나중에 대승불교大乘佛敎가 생기고 보살사상이 나와서 소승小乘을 헐뜯고 아라한을 무시하는 생각이 나오지만 본래 아라한은 삼독을 벗어난 건강한 정신이다. 다만 그들은 자기와 피나는 싸움 끝에 자기를 이긴 사람이라고 대승에서는 소승을 보고 어리석다고 한다. 그것은 힘의 낭비이기 때문이다. 왜 자기와 자기가 싸워서 힘을 낭비할 필요가 있느냐. 그 힘으로 남을 위하면 자기

중심이 없어지고, 자기가 없어지면 탐진치도 없어지는 것이 아닌가. 남을 사랑하면 남도 살고, 자기도 사는 일석이조一石二鳥의 효과가 있는 것이 아닌가. 공연히 자기와 싸우면 자기의 힘도 없어지고, 남을 도울 힘도 없어져 자기도 망하고, 남도 망하고 마는 어리석은 사람이 된다는 것이다. 그래서 대승에서는 남도 살리고, 자기도 사는 보살이 성인이라고 한다. 부처가 될 수 있는 것은 보살이지 아라한이 아니라고 한다.

   그런데 문제는 사랑이다. 사랑이란 성숙한 사람에게서만 가능하다. 성숙한 사람은 남을 사랑하고 자기를 잊고 결국은 자기도 사랑하는 결과가 된다. 그러나 어린 사람은 남을 생각 못하고 자기만 생각하여 남에게 피해가 많으니 억지로라도 자기를 제한하여야 한다. 여기 아라한의 길이 당연하고 필요하다. 어른에게는 대승이 옳은 길이요, 아이에게는 소승이 옳은 길이다. 아이더러 남을 생각하라고 해도 안 될 말이고, 어른보고 자기만 생각하라고 해도 안 될 말이다. 어른은 으레 남을 생각하고, 아이는 으레 자기를 생각한다. 자기 생각이 지나치면 남을 해치고, 남의 생각이 지나치면 자기를 해친다. 무엇이나 알맞이가 제일이다. 알맞이를 중도中道라고 한다.

   세상에는 석가가 소승을 부정하고 대승을 강조했다든지, 대승을 부정하고 소승을 강조했다든지 하는 서로 모순되는 두 가지 사상을 말한 것처럼 생각하는 사람도 있어, 어떤 사람은 소승을 강조하여 계율을 주장하고, 어떤 사람은 대승을 강조하여 보시를 주장하는 사람도 있다. 그러나 석가의 입장은 그런 대립되는 두 가지를 말한 것이 아니다. 석가가 대승을 말하고 소승도 말했지만 대승과 소승을 갈라서 대립되게 말한 것은 아니다. 아라한에 삼독이 있을 리가 없고, 보살에 삼악이 있을 리가 없다. 설사 아라한에게 삼독이 있고, 보살에게 삼악이 있다손 치더라도 석가는 절대, 소승 제일이니, 대승 제일이니 그런 말을 했을 리가 없다. 석가는 절대, 소승이니, 대승이니 하여 어느 편을 든 것이 아니라 소승은 소승다워야 하고, 대승은 대승다워야 함을 말했을 뿐이다.

그때 보복이 장경의 말을 듣고 있다가 "그런데 장경, 네가 석가의 말을 알아들었다면 너는 소승이냐, 대승이냐. 너는 아이냐, 어른이냐" 하고 물었다. 그때 장경은 "보면 알고, 들어보면 알지 나에게 물을 것이 무엇이냐. 네가 나를 보아도 모르는 것을 보면 너는 장님이나 귀머거리가 아니냐" 하자 보복은 "네가 나를 얕보아도 너무하지, 내가 정말 몰라서 묻는 줄 아느냐. 너를 한번 떠보려고 묻는 것이지" 하였다. 장경이 "네가 정말 석가의 말을 알아들었다면 한번 말해보라. 너는 지금 어린애냐, 어른이냐. 너는 소승이냐, 대승이냐" 하자, 보복은 "자, 그런 소리 그만두고 같이 차나 마시자" 하였다.

같이 차나 마시자고 나오는 것을 보면 이 두 사람은 모두 어른인 것 같다. 그러나 아이라고 차 못 마시라는 법도 없다. 둘이다 아이인지도 모른다. 그러나 여기 대립은 없다. 어른이면 어른답게 같이 차를 마시고, 아이면 아이답게 같이 차를 마시면 된다. 그것이 석가의 마음이요, 석가의 말씀일 것이다.

96. 조주의 세 마디

『벽암록』 제96장은 〈조주삼전어趙州三轉語〉다. 본문도 마찬가지다. "조주가 대중에게 세 가지 전어를 말씀하셨다(조주시중삼전어趙州示衆三轉語)."

전어轉語란 '전신轉身의 어語'라고 하여 사람이 죽었을 때 선약을 먹여 살려내듯이 정신적인 고민에 이럴 수도 저럴 수도 없는 진퇴유곡에 빠졌을 때 한마디로 그 사람의 생기를 되찾아주는 지혜의 말씀이다.

그것은 보통사람이 할 수 있는 것이 아니다. 세계적인 명의처럼 결승, 도인만이 해낼 수 있는 것이다. 조주처럼 고불古佛이 되어야 능히 기사회생의 기적을 낳게 할 수 있다.

『조주화상어록』에 이런 말이 있다.

"조주종심 선사가 강단에 올라가서 말씀하시기를(사상당시중師上堂示衆), 금불은 용광로를 건너지 말고(금불부도로金佛不渡爐), 목불은 불 위로 지나가지 말고(목불부도화木佛不渡火), 진흙으로 만든 부처님은 물위로 건너가지 마라(이불부도수泥佛不渡水). 진불은 그 속에 있다(진불내리좌眞佛內裡坐). 보리열반菩提涅槃 진여불성眞如佛性, 모두 몸에 붙은 옷, 이것을 번뇌라고 한다. 실제로 어디 입힐 것인가. 한마음이 나지 않으면 이 세상에 아무 걸림이 없다(일심불생一心不生 만법무구萬法無咎). 너는 다만 바로 앉아보기를 20년 해라. 그래도 안 된다면 내 목을 잘라도 좋다고 하였다."

이 말은 지관타좌只管打坐, 30년 한 길을 오로지 파라는 것이다. 30년을 한 가지에 정열을 쏟아서 안 된다면 나의 모가지를 잘라가도 좋다는 조주 스님의 확신이다.

쓸데없이 돈 벌려고 하지도 말고, 감투 쓰려고 하지도 말고, 이름 내려고 하지도 마라. 탐진치貪瞋癡를 끊어버리고 오직 자기의 개성을 살려가는 것이다. 열반이니, 불성이니 그런 생각도 마라. 그런 생각하고 있는 동안은 아직도 번뇌를 벗지 못했다. 아무 생각도 하지 말고 자기의 할 일만 해가는 것뿐이다. 그러면 세상에 어떤 문제가 있을 리가 없다. 그저 파들어 가라. 생명수가 터져 나오도록 한 우물을 파 들어가라. 세상을 탐내지도 말고, 세상을 원망하지도 말고, 세상에 빠져들지도 말고, 세상 생각은 일체 단념하고, 오로지 자기의 한 길을 떳떳이 걸어가라. 그 길만이 산다. 이것이 조주의 삼전어三轉語라는 것이다.

탐내지 마라. 쇠는 흙 속에서 녹이 슬어버린다. 화내지 마라. 나무는 불에 타버린다. 빠지지 마라. 흙은 물에 풀어져버린다. 탐

貪이건, 진瞋이건, 치癡건 일념불생이면 만법으로도 걸어 맬 데가 없다. 요는 탐진치의 삼독을 뽑아버리는 것이다. 이것이 조주의 삼전어이다.

사실 세상에 할 말이 있다면 그 말밖에 없다. 욕심을 버려라. 그러면 산다. 많이 먹지 마라. 그리하면 병이 없을 것이다. 남을 미워하지 마라. 그리하면 죽이는 일은 없을 것이다. 치정에 빠지지 마라. 그러면 더러운 것은 없을 것이다. 기사회생하는 선약이래야 이거지 그 이상 무슨 말이 있을 리 없다. 그래서 설두는 이 세 마디에 찬송을 붙였다.

첫번째 송은 "이불부도수泥佛不渡水 신광조천지神光照天地 입설여미휴立雪如未休 하인부조위何人不雕僞"이다.

물에 빠지지 말라는 것이다. 남자는 여자에 빠지고, 여자는 남자에 빠진다. 치정이 사회적으로 나타나면 정치요, 권력이요, 감투요, 당파요, 온 세상을 멸망의 도가니로 끌어들이는 무서운 전쟁이다. 이것이 모두 치정에서 일어난다. 세상에 제일 큰 문제가 치정이다. 학문이 있고 지식이 있는 사람도 예외는 아니다. 이것은 보통 지혜로 해결될 문제가 아니다. 옛날 제2조 혜가가 출생할 때 신의 지혜가 방안에 찼다고 한다. 그런 혜가가 진리를 탐구하기 위해서 엄동설한 눈 속에 서서 사흘을 기다리며 팔을 자른다. 이런 구도의 정열이 아니면 어떻게 치정의 소굴에서 벗어날 수 있을까. 목숨을 내던지고 진리만을 추구하지 않는 한 인생은 물에 빠짐을 벗어날 수가 없다.

찬송의 두 번째 송은 "금불부도로金佛不渡鑪 인래방자호人來訪紫胡 패중수개자牌中數箇字 청풍하처무淸風何處無"이다.

쇠는 흙에 들어가면 마치 금불이 용광로에 들어간 것처럼 상록이 다 돋아 없어지고 만다. 마찬가지로 사람에게 탐욕이 붙으면 어느새 인간성을 상실하고 짐승처럼 사정도 없고 인정도 없다. 옛날 자호 스님이 사나운 개 한 마리를 기르면서 누구나 들어오면 잡아먹힌다고 써놓아서 말썽이 되었다지만 탐욕은 인간을 마구 물어 죽이는 늑대와 같다. 이런 늑대가 어디엔들 없으랴. 역시 탐욕을 벗어버리고 깨끗한 사람이 되기 전에는 시원한 바람은 불 날이 없다. 탐욕만 버리고 무소유의 존재가 되면 어디든 청풍이 불지 않는 데가 있으랴.

세 번째 송은 "목불부도화木佛不渡火 상사파조타尙思破竈墮 장자홀격착杖子忽擊著 방지고부아方知辜負我"이다.

화내는 것처럼 어리석은 일은 없다. 일시적인 격정에 살인도 하고, 방화도 해서 감옥신세를 지게 된다. 그러나 감정이 식으면 그렇게 맹랑한 일은 없다. 옛날 조왕신을 모시는 사당에 희생제물을 바치지 않으면 변액이 대단하였다. 그 말을 듣고 혜안慧安 국사가 너는 흙과 돌로 빚어진 숯가마인데 희생을 바치지 않으면 사람을 해친다니 도대체 네놈은 누구냐고 숯가마를 쳤다. 그랬더니 숯가마가 무너지며 조왕신이 나타나 내가 화를 내어 범죄한 업보로 오랫동안 여기 갇혀 있었는데 스님의 도움으로 해탈하게 되어 고맙다고 인사를 했다. 그래서 혜안은 내가 해탈시킨 것이 아니라 네 본성이 너를 해탈시킨 것이라고 일러주었다. 화는 내 본성에 거슬리는 것이다. 고요한 호수에 물결이 없듯이 평정한 마음이 인간의 본심이다. 불도, 물도, 흙도 인간의 본성은 아니다. 본성은 무無다. 심心은 필경 불가득不可得이다. 불에, 물에, 흙에 잡히면 그곳이 지옥이다.

97. 금강경의 공덕

『벽암록』제97장은〈금강경경천金剛經輕賤〉이다.『금강경』은 『대반야경』속의 '금강능단金剛能斷'이라는 부분을 뽑아서 번역한 것으로 진리는 마치 금강보검처럼 무엇이나 자르지 못할 것이 없다는 것을 비유해서 한 말이다. 세상에 진리처럼 강한 것이 어디 있으랴. 금강은 체體가 견고하기 때문에 어떠한 물건을 가지고도 깨뜨릴 수가 없다. 또 금강은 너무도 날카로워서 무엇이나 깨뜨릴 수 있다. 금강석은 본래 나무가 숯이 된 것인데 순수한 탄소의 결정이다. 모든 협잡물이 다 빠져버리고 순수무구한 숯만이 뭉친 것이 금강석이다. 세상에 제일 강한 것이 있다면 순수해지는 것이다. 깨끗하다고 하든, 불가득不可得이라고 하든, 공이라고 하든 모두 순수의 별명에 불과하다.

내가 나 된 것이 순수다. 내가 타고난 본성을 회복하고 본연자성이 되어 티끌만큼의 잡된 생각과 망상이 틈타지 못하는 무념무상의 경지가 금강석이다. 세상에 금강석같이 굳은 것도 없고, 금강석같이 날카로운 것도 없다. 산에 닿으면 산이 부서지고, 물에 닿으면 물이 말라버리는 것이 금강석이다.

옛날부터 이 책이 상당히 존중되어 특별히 영험이 있다고 여겨져서 이 경을 집에 간직하고 가끔 외우기만 하여도 잡귀가 물러나고 행운이 깃들인다는 민간신앙까지 생기게 되었다. 이렇게 『금강경』이 유행하게 되자 그 시대에 살던 설두도 『금강경』에 대해서 한마디 안 할 수가 없었던 모양이다. 본문의 이야기는 이야기가 아니라 『금강경』의 한 절을 인용한 것뿐이다.

"『금강경』에 말하기를(금강경운金剛經云), 어떤 사람이든 세상 사람들로부터 경시와 천대를 받을 경우가 있을 터인데 그럴 때는 이렇게 생각하는 것이 좋을 것이다(약위인경천若爲人輕賤). 그 것은 이 사람이 전생에 흉악한 범죄를 저질러 당연히 지옥에 떨어졌어야 하는 건데(시인선세죄업是人先世罪業 응타악도應墮惡道), 부처님의 자비로 지옥에 떨어지는 것이 면제되고, 다시 속죄하는 기회가 주어져 이 세상에 다시 태어난 것이다. 그리하여 속죄하는 방법은 벌을 받는 것인데 어떤 벌을 받는가 하면 이 세상 사람들에게 경시와 천대를 받는 것이다(이금세인경천고以今世人輕賤故). 그렇게 경시와 천대를 받으면 그 덕택에 전생이 지었던 모든 죄업이 소멸되어 다시 죄 없는 사람이 되어 극락정토에 들어갈 수가 있다(선세죄업先世罪業 즉위소멸則爲消滅) 하였다."

이것이 본문의 내용이다. 이 말은 세인에게 천대를 받는 것을 비관하지 말고 이 천대가 나를 정죄淨罪케 하는 부처님의 자비로 생각하여 천대를 달게 받고 운명에 순응하여 운명을 극복하라는 이야기다.

운명을 극복하는 길은 운명을 도피해도 안 되고, 운명과 싸워도 안 되고, 운명을 이해하고, 운명을 사랑하는 수밖에 길이 없다. 나에게 부딪친 운명을 근시안적으로만 생각하지 말고 원시안적으로 보아 영원한 생명의 입장에서 모든 간난고초가 나를 순금으로 만들고 부처로 만들어가는 하나의 과정이라고 받아들이는 것이다. 이 과정을 거치지 않으면 순금이 될 수 없다는 것을 이해하는 것이다. 불의 고초를 당하든지, 물의 고초를 당하든지 간난고초를 달게 받아 기쁜 마음으로 운명에 순응하고, 운명을 사랑함으로써 운명을 극복해가라는 것이다.

더욱이 『금강경』을 읽고 불도를 수도하기 때문에 친척과 사회에서 받는 박해라면 더욱더 가치가 있을 것이다. 종교적인 이유든, 숙명적인 이유든 박해에 대처하는 길은 박해에 감사하는 무저항의 저항이 있을 뿐이다. 원수 같은 운명을 사랑하고, 원수를 사랑함으로 악을 선으로 이겨내는 신앙이 『금강경』의 이야기일 것이다. 물론 설두는 그런 위로와 격려를 위해서 이 글을 인용한 것은 아닐 것이다.

인과응보의 점수漸修의 사상에 만족하지 말고 그보다 더 높은 돈오頓悟의 경지가 선禪의 경지다. '일초직입여래지一超直入如來地'의 현묘지극의 경지, 그 경지는 이해니 사랑이니 하는 세계가 아니고 진리와 내가 하나가 된 세계이다. 순심진성자체純心眞性自體

가 곧 반야般若가 되는 진리를 체득한 세계, 그런 세계까지 높아져야지, 아직 이해와 사랑의 세계에 있으면 안 된다는 말을 하고 싶어서 『금강경』의 한 구절을 인용한 모양이다. 원오圜悟가 착어著語라고 해서 해석을 붙여 야단을 친다.

"방일선도放一線道, 무어라고 하든 내버려두어라. 어떤 이론을 전개하든 모두 어린애의 울음을 멈추기 위한 사탕발림이니 전생에 죄를 지었다고 하건, 경시천대를 받아야 속죄된다고 하건, 무어라고 하든 내버려두어라. 어른이 되면 그런 말도 필요 없고, 사탕발림도 필요 없고, 울지도 불지도 않을 터이니. 이런 문구를 인용할 필요도 없는데 설두는 무엇 하러 이런 글을 인용하여 짐스럽게 만들었나(여주마재驢駐馬載)."

금강불괴金剛不壞 진여眞如 자체自體에는 미오迷悟도 없고, 죄복罪福도 없고, 경천輕賤도, 존중도 없다. 그런 것은 모두 상대적인 것으로 절대의 세계, 어른의 세계는 다만 법열法悅이 있을 뿐이다. 물론 인간은 하나의 생성과정으로 점수가 없을 수 없으나 결국은 돈오에 안주하고 내가 곧 부처라는 경지에 도달하여 전생도 부처요, 내생도 부처요, 현생도 부처인 영원한 생명임을 자각하여 아미타불이 되어 극락에서 무량수를 살아가야만 한다. 이것이 설두가 하고 싶은 말인지도 모른다.

98. 천평의 잘못

　『벽암록』제98장은 〈천평화상양착天平和尙兩錯〉이다. 천평 화상天平和尙은 상주相州 천평산天平山의 종의 선사從漪禪師다. 천평이 젊어서 사방을 유람하다가 여주汝州 서원西院 사명 선사思明禪師를 만났을 때의 일이다. 천평 화상이 여기저기 돌아다니다가 서원에 들르게 되었다(천평화상행각시참서원天平和尙行脚時參西院). 그런데 천평은 언제나 하는 소리가 있었다.

　"진리를 깨달았다고 말하지 마라. 진리를 깨달은 사람을 아무리 찾아보아도 한 사람도 없더라(상운常云 막도회불법莫道會佛法 멱개거화인야무覓箇擧話人也無)."

　어느 날 서원이 멀리서 천평을 보고 "종의"하고 불렀다(일일서원요견소운一日西院遙見召云 종의從漪). 천평이 힐끗 돌아보았다(평거두平擧頭). 그랬더니 서원이 "낙제"하고 소리 질렀다(서원운西院云 착錯). 천평은 하는 수 없이 몇 발자국을 더 걸어갔다(평행삼양보平行三兩步). 그랬더니 서원은 또다시 "낙제"하고 소리 질렀다(서원우운西院又云 착착). 천평은 어이가 없어 서원 앞으로 가까이 갔다(평근전平近前). 그때 서원은 공손히 물었다.

"내가 아까 두 번씩이나 낙제라고 말했는데 당신 생각에는 내가 낙제 같소, 그대가 낙제 같소(서원운西院云 적래저양착適來這兩錯 시서원착是西院錯 시상좌착是上座錯)?"

천평이 말하기를 "제가 낙제지요(평운平云 종의착從漪錯)" 하니 서원이 또 소리 질렀다. "낙제"(서원운西院云 착착). 그래서 천평은 떠나가려고 했다(평휴거平休去). 그때 서원이 말하였다.

"여기서 여름이나 같이 지내면서 내가 두 번씩이나 낙제라고 말한 뜻을 풀어보는 것이 어떻소(서원운西院云 차재저리과하且在這裏過夏 대공상좌상량저양착待共上座商量這兩錯)?"

그러나 천평은 그대로 떠나버렸다(평당시변행平當時便行).

후일 천평산의 주지가 되어 대중에게 말하였다(후주원위중운後住院謂衆云).

"내 젊어서 돌아다닐 때 우연한 인연으로 사명 스님한테 가게 되어 두 번씩이나 야단맞았지(아당초행각시我當初行脚時 피업풍취被業風吹 도사명장로처到思明長老處 연하양착連下兩錯). 그때 사명 스님이 나더러 한해 여름 묵으면서 같이 공부하자고 하더군(경유아과하更留我過夏 대공아상량待共我商量). 나는 그때 선생님이 잘못이라고 말은 안 했지(아부도임마시착我不道恁麼時錯). 그러나 내가 남쪽으로 길을 떠나간다는 행동으로 이미 선생님이 잘못이라고 말해버린 거나 마찬가지라고 나는 속으로 느끼고 있었지(아발족

향남방거시我發足向南方去時 조지도착료야早知道錯了也)."

이 이야기에 설두는 송頌을 지었다.

"선禪을 한다는 무리들이 왜 이다지도 경박하냐(선가류애경박禪家流愛輕薄). 아무 맥도 못 추면서 큰소리는 쾅쾅 치는구나(만두참래용불착滿肚參來用不著). 울어야 할지, 웃어야 할지 얼빠진 천평아(감비감소천평로堪悲堪笑天平老). 아무것도 모르면서 젊었을 때 떠돌이를 후회한다나(각위당초회행각卻謂當初悔行脚). 못난 것들(착착錯錯). 서원의 시원한 바람도 불 수 없게 되었지(서원청풍돈소삭西院淸風頓銷鑠)."

세상에는 채 되지 못한 것처럼 따분한 것은 없다. 밥도 익어야지, 절반 익은 밥처럼 사람 몸에 해로운 것은 없다. 세상에는 설익은 얼간이들이 왜 이렇게도 많으냐. 설익은 도끼질에 발등 찍힌다고 세상은 설익은 사람들 때문에 문제다. 짐승도 아무 문제가 없고, 신도 아무 문제가 없는데, 다만 사람만이 문제다. 이는 사람이 과도적 존재이기 때문이다. 그러니까 사람은 언제나 자기가 미완성이라는 것을 알고 겸손히 남에게 배워야 한다. 그런데 설익은 의사가 사람 잡는다고 알지도 못하면서 아는 체하고 행세하는 데 세상은 엉망이 되어버린다. 화두니 공안이니 몇 마디 주워들은 것으로 진리나 깨달은 듯 설치는 꼴은 가히 볼 수 없는 참상이다.

진리라는 것은 그렇게 깨달아지는 것도 아니요, 사람이라는 것이 그렇게 쉽게 되는 것도 아니다. 깨달았다고 해도 더 깨달아야 하고, 사람이 됐다고 해도 더 되어야 한다. 사람이 신이 되기 전에야 어디 끝이 있고, 어디 완성이 있으랴. 성인들도 자기들을 성인이라 못 했거늘 하물며 범부들이야. 선이 다도 아니고, 불교가 다도 아니다. 선이 있기 전에도 진리는 있었고, 불교가 있기 전에도 진리는 있었다. 불교니, 선이니 하는 것도 결국은 어린애가 우는 것을 멈추게 하기 위한 어리광에 불과하다. 그런 것은 알아도, 몰라도 그것이 무슨 큰 것이 아니다. 그런 어리광을 몇 개 얻어듣고 무슨 진리나 깨달은 것처럼 으스대면서 세상에 불도를 아는 놈은 나밖에 없다는 듯이 여기저기 떠돌아다니면서 불교를 안다고 말하지 마라.

지금까지 아무리 찾아보아도 불교를 아는 놈은 아무도 없다고 까불어대는 천평을 향하여 망아지라 해도 통하지 않고, 송아지라 해도 통하지 않길래 여름이나 같이 지내면서 어떻게 헛김이나 좀 뽑아주려고 했는데, 달아나고 마는 강아지를 어떻게 하나. 그리고 나중에는 주지가 되었어도 헛김이 안 빠져 돼지처럼 뒹구는 것이 전부니, 설두의 의분도 가히 알 만하다. 세상에 아는 체하는 놈처럼 기막힌 일은 없다. 아는 것은 안다고 하고, 모르는 것은 모른다고 솔직히 고백하는 양심이 아쉽다. 더욱이 못 되고 된 척하는 돼지에게 어떻게 진리를 가르칠 수 있을까. 서원의 안타까움이 눈에 보이는 것 같다.

불법佛法이란 알고 모르고가 아니다. 알기 전에도 불법은 있었고, 안 후에도 불법은 있다. 불법은 아는 것만 가지고는 안 된다. 그것을 행할 수 있는 힘이 있어야 하고, 그것을 행해본 후의 기쁨이 따라야 한다. 지知와 행行과 열悅이 합쳐야 신信이 된다. 불법은 자신自信이 있어야 한다. 나의 자신이 타신他信을 끌어낼 수 있도록 힘차야 한다. 그리하여 나와 남이 다 같이 기쁨에 젖어야 한다. 하늘을 쳐다보아도 자신이 있고, 땅을 굽어보아도 자신이 있어, 쳐다보면 한없이 높고, 찍어보면 한없이 굳은 금강보검, 그런 것이 불도다. 이런 칼은 함부로 휘두르면 그야말로 큰일이다. 칼을 가진 사람은 깊이 감추어두어야지.

99. 숙종의 부처

『벽암록』제99장은 〈숙종십신조어肅宗十身調御〉다. 십신十身이란 천차만별의 중생이 가진 기근機根의 정도에 따라 중생을 구원하기 위하여 나타나는 부처의 화신을 말한다.

『화엄경』에는 1. 무착불無着佛, 2. 원불願佛, 3. 업보불業報佛, 4. 주지불住持佛, 5. 열반불涅槃佛, 6. 법계불法界佛, 7. 심불心佛, 8. 삼매불三昧佛, 9. 성불性佛, 10. 여의불如意佛을 십신이라 하고, 조어調御는 십호十號인 1. 여래如來, 2. 응공應供, 3. 정변지正徧知, 4. 묘행족妙行足, 5. 선서善逝, 6. 세간해世間解, 7. 무상사無上士, 8. 조어장부調御丈夫, 9. 천인사天人師, 10. 불세존佛世尊 가운데 하나다.

조어調御란 아무리 사나운 짐승이라도 길들일 수 있는 사람을 말하는데 세상 사람들이 아무리 악마 같아도 부처 손아귀에 들면 꼼짝도 못하게 된다는 부처의 도력道力을 나타내는 말이다. 십신이 부처님의 지혜를 나타낸다면 조어는 부처님의 도력을 나타내는 말이다. 부처는 중생에 응할 수 있는 지혜와 중생을 구원할 수 있는 자비를 가진 분이다. 그러므로 십신조어는 부처의 별명이라고 해도 좋다.

본문을 보면, 당나라 황제 숙종이 충 국사에게 물었다(숙종제문충국사肅宗帝問忠國師).

"십신조어란 어떤 것입니까(여하시십신조어如何是十身調御)?"
국사가 말했다(국사운國師云).

"주인님, 비로봉 꼭대기를 디디고 넘어가라는 말입니다(단월답비로정상행檀越踏毘盧頂上行)."

그러자 황제는 이렇게 말했다(제운帝云).

"나는 무슨 말인지 모르겠는데(과인불회寡人不會)."

국사가 말했다(국사운國師云).

"자기를 부처라고 생각하지 말라는 말입니다(막인자기청정법신莫認自己淸淨法身)."

세상에는 부처라면 절간에 안치한 불상이 부처인 줄 알고 엎드려 절하고 손이 발이 되도록 복을 비는 사람이 얼마나 많은지 모른다. 타력불교他力佛敎다. 그런 사람들은 대개 우상숭배의 공상에 빠지기 쉽다. 그런 사람들에게는 부처라는 한없이 높은 이상을 제시하여 수도, 수법하게 하는 것이 얼마나 중요한지 모른다. 그래서 왕이 부처가 무엇이냐고 물을 때 우상을 깨뜨리고 이상을 제시한다.

부처는 하늘에 빛나는 별이다. 아무리 올라가도 닿을 수 없는 이상이 부처요, 비로봉 꼭대기까지 올라갔다고 마음 놓아도 안 된다. 비로봉 꼭대기에서 더 올라가야 별바다이다. 끊임없이 주저앉으려는 우리의 태만한 마음에 채찍을 가하는 것이 비로봉을 넘어서 올라가라는 말일 것이다. 태산이 아무리 높아도 그것은 흙이지 별은 아니다.

지혜는 별같이 빛나야 한다. 그것은 영원한 이상이요, 현실화될 수 없는 세계다. 그런데 세상에는 자력불교自力佛敎가 있다. 내가 깨치면 곧 부처다, 라고 생각하는 망상에 사로잡힌 사람이 얼마든지 있다. 스스로 깨쳤다고 생각하고 큰소리치는 사람도 있고, 정말 깨쳤다고 해도 그것이 다인 줄 아는 사람도 있다. 깨치면 깨치는 것으로 끝나는 것이 아니다. 남을 깨치게 해주는 무한한 노력이 있어야 한다. 모든 사람이 다 부처가 되기까지는 나는 절대 부처가 안 되겠다는 보살행처럼, 앉을 겨를도 없이 중생을 제도하는 도력이 있어야 한다. 부처란 부처가 되어 자기 혼자만 구원받으면 되는 것이 아니다. 깨끗한 물이 세상의 더러움을 깨끗하게 해주기 위하여 자기 자신은 구정물이 되어 더러운 도시의 가운데를 흘러가는 것 같은 자비와 사랑이 있어야 한다.

충 국사의 말대로 자기가 청정법신이라고 안주하면 안 된다. 구정물이 되어야 한다. 힘이다. 대중을 구원할 수 있는 힘이 있어야 한다. 한마디로 말하면 지혜는 별처럼 빛나야 하고, 도력은 대지처럼 튼튼해야 한다. 반야의 공과 자비의 색이 하나가 되어 색즉시공이요, 공즉시색의 감응도교感應道交가 있어야 한다. 열 가지로 변할 수 있는 지혜의 십신과, 악마도 능히 구원할 수 있는 자비의 조어가 있어야 십신조어가 되는 것이다.

그런데 제왕은 지혜를 우상화하여 자기는 무슨 소리인지 모르겠다는 회의에 빠졌고, 자비를 표상화하여 자기를 청정법신이라고 망상하는 독단에 빠지고 만 것이다. 충 국사는 황제를 회의와 독단에서 구원하기 위하여 두 번씩이나 평범하면서도 뼈 있는 소리를 해준다.

설두는 충 국사를 칭찬하여 노래 부른다.

"국사라고 해서 영광도 아니다. 부처에게는 국사도 없고 돌중도 없다(일국지사역강명一國之師亦强名). 충 국사의 실력만이 세상을 뒤흔든다(남양독허진가성南陽獨許振嘉聲). 당나라의 천자를 붙들어주고(대당부득진천자大唐扶得眞天子) 비로봉을 밟고 넘어가게 한다(증답비로정상행曾踏毘盧頂上行). 그의 쇠망치는 모든 우상을 때려 부수고(철추격쇄황금골鐵鎚擊碎黃金骨), 천지 사이에 아무것도 걸릴 것이 없게 만든다(천지지간경하물天地之間更何物). 우주의 별바다는 한없이 빛나는데(삼천찰해야심심三千刹海夜沈沈) 누가 우주선에 올라탈 수 있겠나(부지수입창룡굴不知誰入蒼龍窟)."

목숨을 내걸고 진리에 투신하는 충 국사와 같은 용기가 아니고야 어찌 제왕을 교육하는 스승이 될 수 있으랴.

옛날부터 스승은 대기대용大機大用, 기변신속機辨迅速, 어구묘령語句妙靈, 살활기봉殺活機鋒, 박학광람博學廣覽, 감각불매鑑覺不昧, 은현자재隱顯自在의 지혜를 가지고, 주장柱丈, 불자弗子, 선판禪板, 궤안几案, 여의如意, 죽비竹篦, 목사木蛇를 마음대로 사용할 수 있는 도력을 가져야 한다고 했다.

    불도를 익힌다는 것은 자기를 익힌다는 것이요, 자기를 익힌다는 것은 자기를 잊는 것이다. 자기도 잊고, 부처도 잊은 한없이 넓은 동해바다 위에 대일여래大日如來의 아침 해가 솟아오른다.

100. 파릉의 푸른 칼

『벽암록』 제100장은 〈파릉취모검巴陵吹毛劍〉이다. 파릉은 악주岳州 파릉巴陵 신개원新開院의 호감顥鑑 선사다. 운문 스님의 제자로 당대 굴지의 대종사다.

어떤 중이 파릉에게 물었다(승문파릉僧問巴陵).

"머리털도 잘린다는 금강보검이란 어떤 것입니까(여하시취모검如何是吹毛劍)?"

파릉이 대답해주었다(능운陵云).

"아름다운 산호가지에 부드러운 달이 걸려 있구먼(산호지지탱착월珊瑚枝枝撐著月)."

지혜의 무서운 칼이 번뜩 빛날 때 사랑의 부드러운 미소가 펼쳐져야 한다. 지혜의 결론은 사랑이 되어야 한다. 빨간 산호 밭에 걸리는 달처럼 아름다운 어린이 가슴에 사랑의 어머니가 나타나야 한다. 지혜의 싸움은 사랑의 평화를 위해서 있다. 군인이 일선에서 취모검을 휘두름은 그 나라의 어린이가 어머니 품안에서 평화를 누리기 위해서다. 취모검의 목적은 산호가지에 달이 빛나는 평화의 세계다.

『벽암록』제100장의 공안은 칼 가는 연습인데, 그 목적은 평화를 건설하기 위한 노력이다. 칼은 언제나 인간의 지혜를 나타내고 모든 사람이 나면서 가지고 있는 이성의 빛을 의미하기도 한다. 난세를 살아가기 위해서는 언제나 칼을 갈고 무장해야 한다. 그렇지 않으면 우리 같은 처지에서 하루라도 살아남을 자격이 없다. 그러나 일단 적을 막으리만큼 무기가 준비되면 그다음에는 국방을 튼튼히 한 후에 국내에는 다시 평화를 회복하여야 한다.

그래서 설두는 이렇게 칭송했다.

"칼을 쓰는 것은 불안을 막기 위한 부득이한 조치다(요평불평要平不平). 방어는 물샐틈없이 준비되어 밖에서 보면 없는 듯하다(대교약졸大巧若拙). 일단 싸움이 나면 손바닥을 뒤집고 눈앞을 가리키듯 지혜와 도력을 가져야 한다(혹지혹장或指或掌). 하늘 높이 빼든 칼날은 흰 눈이 부실 정도로 빛나고(의천조설倚天照雪), 대장장이도 더 다듬을 것이 없고(대야혜마롱불하大冶兮磨礱不下), 기능공도 더 손질할 데가 없다(양공혜불식미헐良工兮拂拭未歇). 그러나 아무리 굉장한 금강보검이라고 해도 전쟁을 위해서 있는 것이지, 전쟁이 끝나면 별별일도 없다(별별別別). 평화의 시대에는 나뭇가지에 걸린 농기구가 칼보다도 몇 배의 값이 있다(산호지지탱착월珊瑚枝枝撑著月)."

결국 칼은 평화를 이룩하기 위한 하나의 수단이요, 그것이 목적이 될 수는 없다. 부처가 금강보검을 들게 되는 것은 일체중생의 불평을 없애주기 위해서이다. 불교에서는 이 보검이 부처에게만 있는 것이 아니라 누구에게나 있다고 한다. 누구나 가지고 있어 부족함도 더함도 없이 원만구족이라고 한다. 이 보검을 옛날부터 마음이라고 하여, 이것은 사람이 날 때 생기는 것도 아니고, 죽을 때 없어지는 것도 아니라 했다. 그것은 본래부터 있는 것이요, 영원히 있다.

그러나 그것이 검으로 끝나는 것은 아니다. 그것은 하나의 사랑의 방패가 되어야 한다. 사랑의 달이 되어야 한다. 자비의 달이 되어야 한다. 칼은 다시 풀무 속에 들어가 평화의 농기구로 바뀌어야 한다. 해가 지고 달이 뜨듯이 지혜의 아내는 가고, 사랑의 엄마가 와야 한다. 아내와 엄마는 딴 사람이 아니다. 절대자와 만나 어린애를 나면 엄마가 된다. 칼은 다시 방패로 변하여 산호가지에 걸려야 한다. 인간에게 가장 중요한 것은 칼이 방패가 되는 절대경험이다. 이 경험을 통해 지혜는 자비가 된다. 자비의 달이 만물을 비친다.

마음의 달은 홀로 둥글어 그 빛은 만상을 삼키니(심월고원心月孤圓 광탄만상光吞萬象), 빛은 둘레를 비치는 것이 아니고 둘레 또한 있는 것이 아니니(광비조경光非照境 경역비존境亦非存), 빛과 둘레가 다 없어지면 다시 또 무엇이 있으리요(광경구망光境俱亡 부시하물復是何物). 세상에 있는 것은 사랑뿐이다.

이리하여 『벽암록』 제100장이 끝이 나는데 원오圜悟는 마지막에 이런 시를 덧붙인다.

"배 안에 만석 쌀을 싣고 닥치는 대로 꺼내서 사람들에게 나누어준다(만곡영주신수나萬斛盈舟信手拏). 쌀은 사람의 몸을 살리고, 공안화두는 사람의 마음을 살찌운다. 뱀이 쌀 한 톨을 먹으려다가 항아리 속에 빠져버린다(각인일립옹탄사卻因一粒甕吞蛇). 그러나 생명을 실은 공안도 말에 걸리고 글자에 잡히면 도리어 공안에 빠져 목숨을 잃는다. 지금까지 설두의 '송고백칙頌古百則'의 공안을 설명해왔는데(염제백전구공안拈提百轉舊公案), 이런 설명은 눈알 속에 모래를 집어넣는 것과 같아서 얼마나 많은 사람의 눈을 멀게 했을까(철각시인기안사撒却時人幾眼沙)."

결국 밤에 촛불을 켜는 것과 같아서 불이 밝을수록 밤하늘의 별들은 보이지 않는 법이다. 진리의 설득은 도리어 진리를 어둡게 만드는 결과를 자아내기 쉽다. 진리는 설명해서 밝아지는 것이 아니다. 진리를 밝히는 방법은 아무데도 없다. 진리를 밝힌다는 것은 자기를 밝히는 것이다. 자기를 밝힌다는 것은 자기를 천난만고千難萬苦 속에 집어넣는 것뿐이다. 용광로 속에 금돌을 집어넣듯이 자기를 고난 속에 집어넣어 순금이 빛날 때까지 기다리는 것이다. 자기가 밝아지는 그날, 자기는 자기를 잊게 되는 것이다. 자기가 자기를 잊고 자기가 없어진 날, 오직 진리의 빛은 천하를 덮을 것이다.

털을 자를 만한 금강보검이 어디 있을 건가. 산호같이 빨강게 불붙는 용광로 속에서 달빛같이 녹아내리는 쇳물 속에 빛나는 취모검이 있지 않을까. 소아가 무아가 되어 대아가 되듯, 광석은 녹아 쇳물이 되었다가 금빛이 찬란한 취모검이 될 것이다. 참 만고일성순參萬苦一成純을 또 한 번 깨우쳐주는 원오圜悟의 자비심에 눈물이 앞을 가리어 천지가 캄캄하다.

벽암록 주요 선사 법계표

인도불교

석가모니불(BC 565~486 ?)

2대: 마하가섭

3대: 아난

......

28대: 보리달마

중국 선종불교 6대조

1조: 보리달마(470년 무렵 남북조시대 인도에서 중국으로 옴)

2조: 신광혜가(수, 487~593)

3조: 감지승찬(당, 529~613 ?)

4조: 파두도신(당, 580~651)

5조: 황매홍인(당, 601~675 ?)

6조: 대감혜능(당, 638~713)

6조 대감혜능의 세 제자:

1. 청원행사(당, 671~740)/ 2. 남양혜충(당, 675~775)/
3. 남악회양(당, 677~744)

1. 청원행사 → 석두희천(당, 700~790) →

　　　　　천황도오/ 약산유엄/ 단하천연

　천황도오(당, 748~807) → 용담숭신(당, ?) →

　　덕산선감(당, 782~865) → 설봉의존(당, 822~908) →

　　운문문언(당, 864~949, 운문종 시조) →

　　향림징원(북송, 908~987) → 지문광조(북송, ?) →

　　설두중현(북송, 980~1052, 『송고백칙』 편저자)

　약산유엄(당, 751~834) → 운암담성(당, 782~841) →

　　동산양개(당, 807~869) → 용아거순(당, 835~923)

　단하천연 → 취미무학 → 투자대동

2. 남양혜충 → 탐원진응(당, ?)/숙종제(당, 711~762)

3. 남악회양 → 마조도일(당, 709~788 ?) → 남전보원/ 백장회해

　　남전보원(당, 748~834) → 조주종심(당, 778~897)

　　백장회해(당, 749~814) → 위산영우/ 황벽희운

　　　위산영우(당, 771~853) → 앙산혜적(당, 807~883)

황벽희운(당, ?~850) → 임제의현(당, ?~ 866, 임제종 시조) →
삼성혜연(당, ?)/ 흥화존장(당, 824~888) →
보응혜옹(당, 860~952) → 풍혈연소(북송, 896~973) →
…… (6대 생략)
원오극근(남송, 1063~1135, 『불과원오선사벽암록』편저자)

* 일러두기 *

1. 생몰연대가 미상인 것은 물음표(?)로 표시함.
2. 같은 서열의 제자들은 '/'로 표시함.
3. 계승하는 제자들은 '→'로 표시함.
4. 연대들이 출처에 따라서 다소 다르게 나타나는데 우리나라 자료들과 중국자료들을 찾아 정리하였다.
5. 벽암록 100칙에 나오는 선사들을 모두 열거하지 않았다. 주요 계통을 잇는 선사들로 구성하였다.
6. 다음은 선사들과 관련된 중국 역대 왕조의 연대이다.
   수나라(581~619)/ 당나라(618~907)/ 오대십국(907~979)/ 북송(960~1127)/ 남송(1127~1279)

벽암록 해제

『벽암록碧嚴錄』은 『벽암집碧嚴集』이라고도 한다. 원제는 『불과원오선사벽암록佛果圜悟禪師碧嚴錄』이다.

설두중현雪竇重顯(북송, 980~1052)은 『경덕전등록景德傳燈錄』(도원道原 찬撰, 1004년)의 1,700칙則 공안公案 중에서 선禪의 정수가 되는 100칙(본칙本則)을 골라 송頌을 붙여 『송고백칙(혹은, 설두송고雪竇頌古)』(1050년경)이란 책을 간행하였다.

그 후, 1125년 원오극근圜悟克勤(남송, 1063~1135)은 설두의 『송고백칙』에 주석을 붙이고 책의 제목을 『불과원오선사벽암록』이라고 하였다.

원오극근의 『불과원오선사벽암록』은 1128년에 처음 간행되었지만 그의 제자, 대혜종고大慧宗杲(남송, 1089~1163)가 이 책이 선의 핵심을 오히려 형식화한다고 하여 간행된 책들을 모아 소각하였다고 한다.

그러나 원오극근의 『불과원오선사벽암록』은 1297년 원나라

때 장명원張明遠이라는 거사에 의해 재출간되어 오늘날 전해지게 되었다.

『벽암록』은 모두 10권, 100칙이며, 한 칙마다 설두중현의 〈본칙本則〉, 〈송頌〉이 있고, 〒 〈본칙〉과 〈송〉에 대하여 원오극근이 붙인 〈수시垂示〉, 〈착어著語 혹은 평어評語〉, 〈평창評唱〉으로 구성되어 있다.

〈칙則〉이란 법칙, 모범, 본받다의 뜻이다.

벽암록 100칙은 선의 정수가 되는 100가지 모범이 되는 공안이라는 말이다.

찾아보기

〈책명〉

금강경金剛經 43~5, 382~86, 519~22

금강능단金剛能斷 519

능엄경楞嚴經 435, 504, 506

대반야경大般若經 519

물불천론物不遷論 250

미타경彌陀經 267

반야론般若論 250

법화경法華經 212, 435

보장론寶藏論 250, 359

수능엄경首楞嚴經 225, 429, 504, 506

신심명信心銘 32, 345~47

아함경阿含經 375

열반론涅槃論 250

열반경涅槃經 287

왕오천축국전往五天竺國傳 62

유마경維摩經 250, 359, 458

조주화상어록趙州和尚語錄 514

팔만대장경八萬大藏經 97, 102, 349, 441, 471

화엄경華嚴經 154

〈인명〉

가

가섭 20, 53, 63, 107

거량巨良 332~33

경청(경청도부鏡淸道怤) 112~17, 119~20, 152~53, 155, 238, 242, 281~84

공자 101, 294~95, 376

광용光涌 351

구마라습(쿠마라지바) 250, 359~60

구봉(구봉도건九峰道虔) 271~72

구지(금화구지金華俱胝) 130~36, 349

귀종(귀종지상歸宗智常) 391~92

금강지金剛智 62

금우金牛 410~13, 500~02

나

나산(나산도한羅山道閑) 291

남악(남악회양南岳懷讓) 35~6, 40, 258, 420

남원南院 117~18, 242, 354

남전(남전보원南泉普願) 28~9, 34, 175~80, 192~98, 248~54, 258,

266, 317, 355, 364~65, 367, 369~70, 372, 391~92, 420

노피盧陂 240

니체 272

다

단하(단하천연丹霞天然) 420~24
달마(보리달마菩提達磨) 18, 20~5, 30, 32, 96, 98, 107~09, 115, 121, 135, 138, 382, 406, 453
담성(운암담성雲巖曇晟) 267
대광거회大光居誨 500~03
대룡지홍大龍智洪 447~49
대수법진大隨法眞 184~85, 187~88, 191, 434
대주혜해大珠慧海 413
덕산(주덕산/ 덕산선감德山宣鑑) 42~54, 150, 207, 291, 296~98, 301~02, 348
덕운德雲 154
데바 98
도신(파두도신破頭道信) 306~07
도심道深 162
도오원지道吾圓智 327~28, 330, 402, 480~82

도응 112

동봉(동봉암주桐峯庵主) 461~62

동산(동산수초洞山守初) 87~94, 207

동산(동산양개洞山良价) 50~1, 112, 266~68, 302

마

마곡(마곡보철麻谷寶徹) 196~99, 391~92

마조(마대사/ 마조도일馬祖道一) 28, 34~6, 39~41, 82~3, 166~67, 169, 171, 176~83, 197~99, 258, 261, 266, 318~22, 391, 405~08, 410, 413, 415, 420~22, 443~44, 490

마호메트 222

맹자 22

명초(명초덕겸明招德謙) 291~93

무착無著 219~20

목주(목주도명睦州道明) 59, 77~8

목탑 234

문수文殊 219~20, 421, 456~58, 496~98, 504

바

바울 29

반산보적盤山寶積 229, 232, 236

발타바라(현수) 429~30

방거사龐居士(방온龐蘊) 261~64, 411, 420

법안(법안문익法眼文益) 37~9, 62~7, 475

백낙천 420

백은 110

백장(백장회해百丈懷海) 47, 81~3, 166~67, 169~70, 175~77, 191, 318~22, 395~99, 401~03, 406~07, 420, 480~81

보복(보복종전保福從展) 69, 71, 152, 153, 155, 422~23, 493, 509~10, 512

보응(보응혜옹寶應慧顒) 238

보화 232~35

부대사傅大士 382~85

부상좌 287~89, 329

사

삼성혜연三聖慧然 214~16, 296~302, 358, 387~90

상암주 162, 164~65

서선 324, 326

서원사명西院思明 523~25

석가 18 20 53 100~09, 138, 187~88, 220, 238, 247, 272, 286, 294, 374~76, 458, 471~73, 495~98, 504~05, 512

석두희천石頭希遷 43, 258, 261, 420~22, 442~43

석상경저石霜慶諸 328~30, 500

선회善會 289

설두(설두중현雪竇重顯) 60, 63~4, 106, 118, 128~29, 135~36, 142, 144, 152~53, 155, 196, 198~99, 209, 222, 230, 262, 265, 293, 316, 325, 329, 335, 350, 354~55, 361, 412, 432, 444~45, 455~57, 461, 464, 485, 492~94, 498, 503, 507, 520~21, 525~26, 531, 534, 536

설봉(설봉의존雪峰義存/ 진각대사) 50~7, 59~60, 71, 95, 112, 115, 147~52, 207~08, 238, 242, 271, 287, 291, 299~303, 309~12, 329, 378~80, 434, 475, 509

소동파 231

소크라테스 246, 349

승조僧肇(조법사) 65, 248, 250~51, 359~61

승찬(감지승찬鑑智僧璨) 32, 306~07, 346~47

아

아난다(아난) 63, 375~76, 504~05

아라한 509~12

아리스토텔레스 22, 390

아미타불 522

암두전활巖頭全豁 150, 207~08, 291, 309~12, 377~81

앙산혜적仰山慧寂 214~16, 296, 298, 301, 351, 387~90, 410, 434

약산유엄藥山惟儼 261, 264, 267, 402~04, 420, 442~46, 480~81

양무제 18, 20~1, 382~83, 385~86

염관제안鹽官齊安 490~92

영운 110

예수 31

오구烏臼 415~19

오봉五峯 396, 399~400

용담(용담숭신龍潭崇信) 43, 45~7

용수 98

용아(용아거둔龍牙居遁) 138~41

왕연빈(왕태부) 291~94

운문문언雲門文偃 58~60, 69, 71, 77~8, 92~7, 100~01,

103~06, 108~12, 117, 123, 142, 147,
149~51, 162, 171, 174, 211~12, 217,
243, 245, 286~87, 291, 304, 307~08,
323~26, 350, 352, 357, 359, 425~28,
452, 454~55, 466~68, 471, 476~77,
533

운암담성雲巖曇晟 396, 401~04, 480~82, 485

유마維摩 456~59

유정 177~79

원오(원오극근圜悟克勤) 522, 536~37

육긍(육긍대부陸亘大夫) 248~51, 253

위산대안潙山大安 191

위산(위산영우潙山靈祐) 42, 47~9, 157~58, 160, 191, 266~67, 396~99

위음왕불 429~30

이광(비기장군) 48~9

임제(임제혜조臨濟慧照) 49, 53, 139~41, 201~03, 206~07, 233~35, 238, 296, 299, 301, 354, 357, 358, 387, 410~11, 461

자

자복(자복여보資福如寶) 209~11, 493

자호 517

장경章敬 196~97

장경(장경혜릉長慶慧稜) 69, 71, 147~48, 150~53, 155, 291,
412, 422~23, 500~01, 509~10,
512

장사경잠長沙景岑 224~25, 227~28

장자 307

전좌협산 288~89

점원중흥漸源仲興 327~30

정상좌定上座 201~03, 206~08

정주(정주석장定州石藏) 415, 417, 419

조주(조주종심趙州從諗) 26~32, 34, 72~6, 165, 192~95,
256~59, 276, 278, 280, 314~17,
336~38, 341~44, 345~47, 369~72,
410, 438, 514~16

증자 407

지공 382~83, 385

지문광조智門光祚 142, 144, 146, 485

지장(지장계침/나한계침羅漢桂琛) 64~6, 176~77, 405~07, 475

진조陳操 209~12

차

천룡 133, 136

천평종의天平從漪 523~26

천황 43

철마(유철마劉鐵磨) 157~58, 160~61

청봉 38~9

청원행사 43, 258

충국사(남양혜충국사南陽慧忠國師) 125~29, 391~92, 529~31

취미무학翠微無學 139~41, 258, 434

취암(취암영삼翠嚴令參) 68~71

타

탐원 127

투자대동投子大同 150, 257~59, 301, 434~36, 438, 492

파

파릉(파릉호감巴陵顥鑑) 95~8, 533

파초혜청芭蕉慧淸 351

풍외風外 440

풍혈(풍혈연소風穴延沼) 118, 160, 238, 240~42, 354, 356

프로메테우스 70

플라톤 247, 390

하

하양 234

한퇴지 420

향엄(향엄지한香嚴智閑) 110, 301

화산(화산무은禾山無殷) 271~73, 275

황벽(황벽희운黃檗希運) 81~4

황산곡 110

향림징원香林澄遠 121, 123, 142

향엄지한香嚴智閑 296, 299, 301

현사(현사광록玄沙廣錄) 147~48, 150~51, 475

현측玄則 38~40

형옥희조衡嶽希操 442

혜가(신광혜가神光慧可) 21, 23~5, 30, 32

혜능(대감혜능大鑑慧能) 43, 107, 258, 355~56

혜랑(보자혜랑報慈慧朗) 291~93

혜안慧安 517

혜초慧超 62~4

홍인(황매홍인黃梅弘忍) 355

홍화 354, 358

흠산문수欽山文邃 150, 207~08, 332~34

〈용어〉

가

견성성불 45, 47, 52, 85, 143, 180, 190, 194, 206, 442, 497

계성광장설 231

교외별전 불립문자 45, 85, 190, 406, 496

기사구명 85

기성불 18, 23, 117, 370, 408, 473

기자승어부 101, 246, 299

끽다거 31

다

대사일번 189, 307

독좌대웅봉 166~67

마

만법귀일 일귀하처 278

무비불無非不 18, 20, 25

무자성 431~32

무정설법 266~67, 269

미성불 18

바

번뇌즉보리 111, 307

법안종 475

벽암 172

보리본무수 86

본래무일물 86, 180, 356, 438

본래본법성 366

불생불멸 430

사

사구백비 405~07

사대원무주 232, 250~51

사사불공 193

사사무애화엄법계 236

삼계무법하처구심 230~31, 236~37

삼계유심 만법유식 66

상신실명 30, 134, 189, 195, 198, 242, 301, 372

색즉시공 공즉시색 431, 449, 530

색불이공 공불이색 431

석가성불 18

석가양구 189, 374~75

세존양구 373, 376

소요유 227

수처위주 입처개진 344

신심탈락 85

실상무상 432

실유불성 108, 124, 370

심외무법 66

심즉시불 111, 178

아

열반부주 106

열반적정 190

영광독요 형탈근진 362

유협간택 32, 245, 337, 342, 345

위앙종 157, 387

응무소주생기심 231

이심전심 85, 180, 238

인자요산 지자요수 227

일도출생사 일체무애인 497, 507

일면불 월면불 34~5, 41

일이관지 85

일체개고 190

일체개공 384

임제종 258

자

전도인생 370

전후제단 79

점심 43~4

제법무아 190, 437

제행무상 190

조동종 258, 268, 480

좌구성로 121, 123~24, 142

줄탁지기 113~15, 117, 119, 284

중류절단 206, 241

즉심성불 40, 112

즉심시불 112

즉심즉불 177, 179, 181~82, 273

지관타좌 85, 515

직지인심 45, 47, 85, 182, 190, 194, 406, 442, 497

차

처처불상 193

천상천하유아독존 107~08, 111, 263, 338~39

천연자성신 366

천재일우 46

천지동근 만물일체 65, 248, 251, 253~55

청정법신 243, 286, 531

체로금풍 171~74

춘풍취태고 232

타

타성일편 165, 167

탐진치 삼독 103, 332, 342~43, 439, 478, 510, 515~16

통연명백 346, 348

파

평상심시도 29, 31, 113, 317

하

허당우적성 283~85

확연대오 47, 267

환연빙석 348

활연대오 110, 242

허령지각 226

체로금풍體露金風
벽암록 풀이

지은이 | 김흥호
발행인 | 임우식
기획 편집 | 이경희 · 임우식

1판 1쇄 발행 | 2025년 8월 20일

발행처 | 사색 출판사
전화 | 010-4226-0926 팩스 02-6442-9873
홈페이지 | www.hyunjae.org
이메일 | gabeim@hanmail.net
인쇄 | !nDefine

Copyright ⓒ 김흥호 2025, Printed in Korea.
값 22,000원

ISBN 978-89-93994-30-8

*저자와의 협의에 따라 인지는 생략합니다.
*잘못된 책은 바꿔드립니다.